Lohner · Der Tod im Existentialismus

Alexander Lohner

# Der Tod im Existentialismus

## Eine Analyse der fundamentaltheologischen, philosophischen und ethischen Implikationen

Ferdinand Schöningh

Paderborn · München · Wien · Zürich

Die Deutsche Bibliothek – CIP-Einheitsaufnahme

**Lohner, Alexander:**
Der Tod im Existentialismus: eine Analyse der fundamentaltheologischen, philosophischen und ethischen Implikationen / Alexander Lohner. – Paderborn; München; Wien; Zürich: Schöningh, 1997
ISBN 3-506-75245-6

Umschlaggestaltung: INNOVA GmbH, D-33178 Borchen

Gedruckt auf umweltfreundlichem, chlorfrei gebleichtem und alterungsbeständigem Papier ∞ ISO 9706



Printed in Germany. Herstellung: Ferdinand Schöningh, Paderborn

ISBN 3-506-75245-6

# Inhaltsverzeichnis

# Prolog

Die Existenzphilosophie beschäftigt sich nicht mit dem Menschen im allgemeinen, sondern mit dem konkreten Individuum. Es geht ihr nicht um den Menschen schlechthin, sondern um das Selbst, um die letzte Realität des Selbst. Für die Existenzphilosophie ist der Mensch nicht bloß vorhanden, sondern Existenz, insofern er sich in der Entscheidung, mit der er die Fülle des Seins umfaßt, verwirklicht. Wenn somit Heidegger vom „Dasein", Jaspers von der „Existenz" oder Sartre vom „Pour-soi" sprechen, meinen sie damit prinzipiell dasselbe: Die konkrete, individuelle Existenz, die nur subjektiv von einem Existierenden erkannt werden kann und sich jeder begrifflich-rationalen Analyse oder Definition entzieht.

Für die Auseinandersetzung mit der Todesproblematik bedeutet das, daß diese keine abstrakte, theoretisch-allgemeine sein kann. Vielmehr wird die Erkenntnis der menschlichen Sterblichkeit erst dann belangvoll, wenn der Mensch die Bedeutung dieses Geschehens für das eigene Selbst erfaßt, wenn er es auf sein konkretes, individuelles Selbst bezieht und erkennt: Ich bin es, der sterben muß!

Die Einschätzung und Bewertung der menschlichen Sterblichkeit und des Todes ist bei den Existenzphilosophen dann aber eine unterschiedliche.

Die vorliegende Arbeit referiert die Todesanalysen der bedeutendsten Existenzphilosophen: Martin Heidegger, Jean-Paul Sartre, Albert Camus, Karl Jaspers, Gabriel Marcel und Peter Wust. Auch Max Scheler wird in dieser Studie zu den Existenzphilosophen gezählt, und seine Reflexionen zum Thema Tod und Sterblichkeit werden ausführlich dargestellt.

Wir werden sehen, daß die Existenzphilosophen sehr unterschiedliche Antworten auf die Frage nach dem *Sinn* des Todes gegeben haben. Alle Existentialisten eint der Appell an das Individuum, ein Selbst zu werden – die weltanschaulichen Standpunkte divergieren allerdings sehr. Welche Antworten die Existenzphilosophen auch auf die Todesproblematik entwickelt haben – nihilistische, lebens- und sinnbejahende, religiöse – immer waren es Antworten von besonderer Tiefe und Ernsthaftigkeit. Insofern werden die folgenden Kapitel zeigen, daß die Gedanken der Existentialisten zur menschlichen Sterblichkeit auch als Gegenreaktion zu den oberflächlichen und simplifizierenden Todesreflexionen der Lebensphilosophen – die in vielem ja als Vorläufer der Existenzphilosophen zu betrachten sind – angesehen werden können. Aus diesem Grunde wird auch der Beschäftigung der Lebensphilosophen mit der Todesthematik breiter Raum gewährt werden.

Wenn der Mensch sich der Frage nach dem Sinn des Lebens stellt, wird er zwangsläufig mit dem Problem konfrontiert, ob es ein Leben nach dem Tode gibt. So ist es selbstverständlich, daß auch die Philosophie sich neben der Religion dieser existentiellen Menschheitsfrage nicht entziehen kann. Pascal verurteilte es als einen schwerwiegenden Fehler, wenn Philosophen die Unsterblichkeit der Seele nicht behandeln. Diese Frage berührt, wie er betont, die Alternative „unseres Alles oder unseres Nichts". Für Kant gehört die Frage nach der Unsterblichkeit zu den „unvermeidlichen Aufgaben der reinen Vernunft selbst". Henri Bergson schreibt einmal: „Wenn die Philosophie auf diese Fragen (...) wirklich nichts zu antworten hätte (...) – dann wäre es beinahe angebracht, jenes Wort Pascals zu variieren und zu sagen, die ganze Philosophie sei nicht die Mühe einer Stunde wert."[1] Daher werde ich die Reflexionen der behandelten Existentialisten auf die Frage hin beleuchten, ob sie ein Leben nach dem Tode für möglich gehalten haben.

Denn auch im zwanzigsten Jahrhundert haben Philosophen sich bemüht, Argumente für ein Leben nach dem Tode zu entwickeln (z.B. Scheler, Bergson, Whitehead, von Hildebrand u.a.).

Von den in dieser Arbeit behandelten Existenzphilosophen haben nur Gabriel Marcel, Peter Wust und (zeitweise) Max Scheler positive Argumente für ein Leben nach dem Tode entwickelt. Aber auch Karl Jaspers spricht – wir werden sehen, in welchem Sinne – von „Unsterblichkeit".

Hier tut sich das Problem auf, daß sich alle Existenzphilosophen (wie auch alle Lebensphilosophen) in der Ablehnung jeglichen anthropologischen Dualismus einig waren. Da die christlichen Kirchen ihre Hoffnung auf ein Leben nach dem Tode jahrhundertelang nahezu exklusiv an ein bestimmtes dualistisches Menschenbild und das *anima separata*-Modell gebunden haben, bewirkte dies bei einigen Existentialisten die Verwerfung des Unsterblichkeitsgedankens überhaupt. Aber auch die Existenzphilosophen, die ein Leben nach dem Tode bejahten, konnten diese postmortale Existenz nicht im Sinne einer *anima separata* verstehen. Insofern konvergieren ihre Reflexionen mit Bemühungen von Theologen unseres Jahrhunderts, welche dem heutigen wissenschaftlichen Erkenntnisstand über die psycho-physische Einheit des Menschen sowie der nicht-dualistischen Anthropologie der Heiligen Schrift gerecht werden wollten, und neue, den Leib-Seele-Dualismus vermeidende Eschatologien entwickelt haben.

Trotz ihrer philosophischen Ausrichtung ist die vorliegende Studie eine fundamentaltheologische Arbeit, weil sie im letzten einem theologischen Anliegen dient: Wenn es Aufgabe der Fundamentaltheologie ist, unsere christlichen Glaubensüberzeugungen auf ihre intelligiblen Anteile hin zu beleuchten, um sie dem Verstande nahe zu bringen und damit dem konkreten Menschen vermittelbar zu machen, drängt sich der heutigen (Fundamental)theologie die Beschäftigung der Existenzphilosophie geradezu auf. Denn trotz ihrer derzeitigen (relativen) Bedeutungslosigkeit im gängigen akademischen Philosophenbetrieb hat der Existentialismus – wie kaum eine andere Weltanschauung – das Denken, Fühlen und Sprechen der Menschen unseres Jahrhunderts geprägt. Insofern bietet die Beschäftigung mit den Reflexionen der Existenzphilosophen zur Todesproblematik eine vorzügliche Basis, den heutigen Menschen zum einen der weitverbreiteten Todesverdrängung zu entziehen und zum anderen einen Verstehenshorizont zu erschließen, in welchem

[1] Bergson, H.: Die seelische Energie. Aufsätze und Vorträge. Jena 1928. S. 52

die Verkündigung der christlichen Botschaft von der Treue Gottes zu uns, welche auch den Tod überwindet, geschehen und wirken kann. Denn mit dem Existentialismus erhob sich – (von Ausnahmen abgesehen) zum bisher letzten Mal – eine Philosophie, welche dem Todesproblem nicht auswich und es adäquat und mit dem notwendigen Ernst reflektierte. Spätere Philosophien (Analytische Philosophie, Strukturalismus) wichen und weichen dieser Thematik im allgemeinen aus und behandeln primär den Menschen existentiell weit weniger bedrängende Fragen.

Die Philosophien der in dieser Arbeit behandelten Denker werden nacheinander in getrennten Kapiteln zur Darstellung gebracht – allerdings nicht isoliert, vielmehr nehmen die einzelnen Darstellungen inhaltlich aufeinander bezug. Die Anordnung der Kapitel ist keine historisch orientierte, sie folgt einer inneren Logik, die im Laufe der Arbeit deutlich werden wird.

Dabei wird klar werden, daß sich die Todesreflexionen des jeweiligen Existentialisten weit weniger aus gegenseitigen Beeinflussungen und argumentativen Übernahmen als aus dem eigenständig-souveränen philosophischen Ringen des einzelnen Denkers um die Vereigentlichung des Selbst, in dessen Mittelpunkt die Todesthematik steht, erklären. Das kann auch gar nicht anders sein: So wie jede Existenzwerdung des Selbst sich immer nur *individuell* vollziehen kann, so erklärt sich auch das Gedankensystem, welches dieses Ringen begleitet, mehr aus der *Individualität* des Denkers als aus argumentativen Dependenzen. Die vorliegende Arbeit verfolgt also zwei Ziele: 1. zu erhellen, was die Existentialisten unseres Jahrhunderts zur Sterblichkeit des Menschen zu sagen hatten, und 2. zu demonstrieren, welche Bedeutung diese Reflexionen für die Theologie im allgemeinen und die Eschatologie im besonderen haben.

Die vorliegende Arbeit wurde im Sommersemester 1995 als Dissertation von der Katholisch-Theologischen Fakultät der Ludwig-Maximilians-Universität angenommen. Mein besonderer Dank gilt meinem Doktorvater Prof. Dr. Heinrich Döring, der die Entstehung der Arbeit mit Interesse und hilfreichem Rat unterstützt hat. Außerdem gebührt mein Dank Herrn Prof. Dr. Richard Heinzmann, Herrn Prof. Dr. Manfred Weitlauff und Herrn Prof. Dr. Heribert Wahl, welche die Promotion als Gutachter und Prüfer begleitet haben.

Danken möchte ich weiterhin Frau Roswitha Nagel M.A., Frau Stephanie Pfennig und Herrn Rupert Schneider, welche die Arbeit korrekturgelesen haben.

# A. Einführung in die Existenzphilosophie

## I. Wesen, Anliegen und Geschichte der Existenzphilosophie

### *1. Was will Existenzphilosophie?*

Es geht allen Existenzphilosophen – in der Nachfolge Sören Kierkegaards – darum, den Menschen zu seiner Selbstwerdung aufzufordern, ihn aus der Uneigentlichkeit herauszurufen zur Entscheidung der vollendeten Daseinsverwirklichung.

Für die Existenzphilosophie ist der Mensch nicht bloß vorhanden, sondern Existenz, insofern er sich in der Entscheidung, mit der er die Fülle seines Seins umfaßt, verwirklicht. Es führt aber nicht weit, das existenzphilosophische Anliegen im Horizont der (scholastischen) Polarität von essentia und existentia, also zwischen einem Wesen, So-sein und Was-sein einer Sache und deren aktueller Erscheinung, dem Daß-sein, dem faktischen Vorhanden- und Wirklich-sein, zu verstehen. Denn nicht den Dingen, sondern nur mehr dem Menschen wird „Existenz" zugeschrieben, er „hat" sie aber nicht, sondern ist Existenz, worunter nun in der Existenzphilosophie die Vollzugsweise menschlichen Daseins verstanden wird.[1] Der katholische Existenzphilosoph Peter Wust sieht es so:

> „In der klassischen Seinslehre hat der Begriff der Existenz die Bedeutung des Wirklichseins eines Etwas. Das „existere" bedeutet als „esse existentiae" das Dasein irgend eines Etwas in Unterscheidung von dem Sosein dieses Etwas („esse essentiae"). Dieses Dasein nennt man auch das Sein schlechthin („esse simpliciter"). (...) Die heutige Existenzphilosophie faßt den Begriff der Existenz oder das Dasein in dem ganz engen Sinne der menschlichen Existenz oder des menschlichen Daseins."[2]

Wust führt aus:

> „Als Dasein oder als Existenz unterscheidet man den Menschen von allem übrigen Seienden, weil er nicht schlechthin ist, was er ist, sondern um sein Sein ringen muß, sei es nun im Wissen um sich selbst oder im Gestalten seiner selbst."[3]

Existenzphilosophie vollzieht sich zunächst einmal im konkreten Leben und sie muß auch ethische und soziale Wirkungen hervorbringen. Es sei daran erinnert, daß Jean-Paul Sartre und Albert Camus sich beispielsweise ihr ganzes Leben lang politisch engagiert haben, man denke an Camus' Kampf für die

---

1 Vgl. Zimmermann, F.: Einführung in die Existenzphilosophie. Darmstadt 1977. S. 5 f.

2 Wust, P.: Ungewißheit und Wagnis. Ges. Werke. Bd. IV. Münster 1964. S. 314

3 Ders. ebda. S. 315

Freiheit Algeriens oder sein leidenschaftliches Engagement gegen die Todesstrafe. Philosophie, die sich nur in abstrakten und theoretischen Reflexionen ergeht, ist – aus der Sicht des Existentialismus – nutz- und sinnloser Luxus. Auch der Weg, der zur Existenzphilosophie führt, ist nicht der theoretischer und abstrakter – d.h. lebensferner – Reflexionen. Existenzphilosophie wird aus dem Leben und seinen Problemen geboren. Karl Jaspers beispielsweise hat nie ein akademisches Studium der Philosophie unter der Leitung eines Lehrers absolviert. Wohl verspürte er dazu gelegentlich die Neigung; aber er hielt sich in der Jugend für zu unbegabt. „Der Weg zur Philosophie führt nicht über das abstrakte Denken“[4], schreibt er in seinem autobiographischen Werk *Rechenschaft und Ausblick*. Vielmehr führt er über das Erkennen der Realität, der Natur und des Menschen. Jaspers studierte zunächst Naturwissenschaften und Medizin und war als Psychiater tätig. Das Miterleben menschlichen Leids, aber auch das eigene Schicksal – Karl Jaspers' Leben war von Jugend an durch Krankheit bedroht – führten ihn zur Philosophie. Welchen Sinn hatte die Anstrengung des Tätigseins, wenn durch die Wahrscheinlichkeit des frühen Todes kein objektives Resultat zu erwarten war? Auf diese Frage antwortet keine (Natur-) Wissenschaft. „Es blieb nur ein Weg: Die Philosophie mußte die Wahrheit, den Sinn und das Ziel unseres Lebens zeigen.“[5]Allgemein betrachtet erwächst Philosophie – für den Existentialismus – aus der spezifischen Daseinsnot des Menschen. Aufgrund der prinzipiellen Nichtfestgelegtheit seines Wesens ist der Mensch einer gewissen Ungeborgenheit ausgesetzt. Während die Dinge der untergeistigen Natur (Pflanzen und Tiere, noch deutlicher die Dinge der unbelebten Natur, z.B. die Gestirne) in Beständigkeit und Ausdauer bestimmten Gesetzen folgen, in vollkommener Art- und Wesensgesetzlichkeit zentriert sind und auf gar keinen Fall von der Ordnung ihres Wesens bewußt abweichen können, ist der Mensch als Wesen der Freiheit und der Wahl nicht bloß vorhanden, sondern Existenz, insofern er sich in der Entscheidung, mit der er die Fülle seines Seins umfaßt, verwirklicht. Der Mensch würde nicht philosophieren, wäre er sich seiner selbst und seiner Welt gewiß. Das Reflexionsvermögen des Menschen erst macht, daß dieser die Kontingenznot, die der Mensch an sich mit allen übrigen Kreaturwesen teilt, erleidet. Im engeren Sinne des Wortes meint man mit Leiden nämlich nicht bloß die Veränderung zum Schlechteren selbst, sondern zugleich auch deren Erfahrung. Der Mensch leidet, weil er – im Unterschied zum Tier – um seine Endlichkeit und Gebrechlichkeit weiß. Das tiefste Motiv der Philosophie war und ist, trotz der Differenzen aller philosophischen Systeme, die Sehnsucht nach einer Region der Stabilität und der Sicherheit. Der Mensch sucht in der Philosophie die Antwort auf seine existentiell tiefsten Fragen. Philosophische Richtungen oder Schulen, die diese tiefste Aufgabe der Philosophie leugnen oder vernachlässigen, verfehlen das Wesen des Philosophischen. Die Existenzphilosophie ist eine Gegenströmung zu extrem rationalistischen Richtungen in der Philosophie und zur

4 Jaspers, K.: Rechenschaft und Ausblick. München 1951. S. 384
5 Ders. ebda. S. 385

übertriebenen Betonung des technisch-rationalen Denkens im menschlichen Leben (des „Ge-stells", wie Heidegger sagt). Ihre Vertreter wenden gegen rationalistische Philosophien, aber ebenso gegen Repräsentanten des Deutschen Idealismus, ein, sie hätten den Menschen bloß in seiner Eigenschaft als denkendes Wesen zum Thema der Philosophie gemacht und hätten mit dieser einseitigen Betrachtungsweise das vernachlässigt, was er im innersten Wesen sei. In der Existenzphilosophie hingegen wird der Mensch, wie es Kierkegaard formuliert, nicht nur als „Denker", sondern als „existierender Denker" in den Mittelpunkt der philosophischen Reflexion gerückt. Aus dieser Sicht erscheint er nicht als ein in der Abstraktion eines objektiven Wissens dahinlebendes Wesen, sondern als Wesen, das von elementaren Stimmungen, Emotionen und seelischen Grunderfahrungen erschüttert wird. Solche sind z.B. Angst, Verzweiflung, Sorge, Schuld, Ekel, die Gewißheit des Todes, Gefühle der Einsamkeit, Sinnlosigkeit und Absurdität. Wir werden noch sehen, daß auch die positiven Erfahrungen menschlichen Seins Thema philosophischer Reflexion sind: Liebe, Solidarität, Mit-Sein, Hoffnung. Zahlreiche Arbeiten von Existenzphilosophen sind der phänomenologischen Beschreibung und Analyse solcher Grunderfahrungen, Grundstimmungen und Grenzsituationen des menschlichen Lebens gewidmet.

Es ist im weiteren wichtig zu beachten, daß ich die Begriffe „Existenzphilosophie", „Existentialismus", „Existentialphilosophie" oder „existentielle Philosophie" usw. als Synonyme verwende. Der Begriff „Existentialismus" hat heute oft einen stark atheistischen Klang, da er mit der Philosophie Sartres assoziiert wird. Mit Johannes B. Lotz[6] geht die vorliegende Arbeit davon aus, daß die von Frankreich kommende Bezeichnung „Existentialismus" schlicht eine Folge der französischen Sprache ist. Es ist im Französischen unmöglich, eine Vokabel wie „Existenzphilosophie" zu bilden. Im Französischen muß das Äquivalent des Wortes „Existenzphilosophie" entweder „la philosophie de l'existence" oder „l'existentialisme" heißen. So gesehen ist eine inhaltliche Scheidung in (atheistischen) Existentialismus und (nicht-atheistische) Existenzphilosophie unnötig: Prinzipiell kann man beide Begriffe zur Umschreibung der Philosophie der Existenzerhellung verwenden. So verschieden die Antworten und Weltanschauungen beispielsweise der atheistisch-nihilistischen Existenzphilosophen (Sartre, Camus) im Vergleich zu denen der christlichen Existenzphilosophen (Gabriel Marcel, Peter Wust, Ferdinand Ebner) auch waren, so eint sie doch alle ein gemeinsames Anliegen: Den Menschen aus der Uneigentlichkeit herauszurufen zur entschiedenen und engagierten Existenz- und Daseinsweise. Sahen die einen auch im „heroischen Nihilismus", der sich trotz der Einsicht in die Sinnlosigkeit und Absurdität des menschlichen Lebens für die Verbesserung der sozialen Lebensbedingungen engagiert, die höchste (da illusionslose und mutigste) Existenzweise, während die anderen in der religiösen Daseinsweise die Vollendung der menschlichen Seelenkräfte und Hoffnungen erblickten, so eint sie

6 Lotz, J.B.: Sein und Existenz. Kritische Studien in systematischer Absicht. Freiburg 1965. S. 22 f.

doch das gleiche Problembewußtsein, die gleiche Fragestellung und Sensibilität für die Existentialien menschlichen Seins.

## *2. Die historische Grundlage und Entwicklung der Existenzphilosophie*

Wenn wir unter „Existenzphilosophie" im engeren Sinne nämlich auch eine Erscheinung des zwanzigsten Jahrhunderts verstehen, so ist Existenzphilosophie (im weiteren Sinne) so alt wie die Geschichte des philosophischen Denkens überhaupt. So kann schon Sokrates als Existentialphilosoph betrachtet werden. Platon entwirft in seiner *Politeia* ein ewiges Meisterwerk existentialphilosophischen Denkens. Existenzphilosophie auf höchstem Niveau ist die gesamte christliche Philosophie von Augustinus über Anselm, Bernhard, Bonaventura zu Thomas. Auch die Scholastik ist echte Existenzphilosophie, insofern sie überall von der Lebenserfahrung der mittelalterlichen Mystik inspiriert ist. Doch das Mittelalter kreist noch primär um die Gottesfrage und interpretiert das menschliche Dasein nur im Horizont derselben. So gesehen ist die Existenzphilosophie unseres Jahrhunderts ein Produkt des neuzeitlichen Säkularisationsprozesses. Fragte das Mittelalter noch primär nach Gott (und erst von ihm aus nach dem Menschen), so setzte nun eine grundsätzliche Akzentverschiebung im Denken ein: Die Philosophie wurde anthropozentrisch. Zwar erst im 20. Jahrhundert explizit entfaltet, reicht die Existenzphilosophie in ihren Anfängen in die erste Hälfte des 19. Jahrhunderts zurück. Genau besehen ist sie eine Gegenreaktion gegen die Einseitigkeit des Deutschen Idealismus. Der Hegelianismus hatte – nach Kierkegaard – mit dem Verlust des konkreten Menschen geendet; der Mensch war sich selbst wieder zum Problem und zum Frageobjekt geworden. Gegen die Überbewertung des Allgemeinen betont Kierkegaard wieder die Eigenständigkeit und Unableitbarkeit der einzelnen Person; und er ruft den Menschen dazu auf, seine Existenz aktiv und in freier Entscheidung zu ergreifen. Auch in der Lebensphilosophie, wie sie gegen Ende des 19. Jahrhunderts und zu Anfang des zwanzigsten Jahrhunderts vertreten wurde von Denkern wie Nietzsche, Bergson, Dilthey, Simmel und Troeltsch, hat die Existenzphilosophie eine Vorläuferin. Im Werk Heideggers und Jaspers' erhält die Existenzphilosophie ihren systematischen Charakter. Bereits 1927 war Heideggers *Sein und Zeit* erschienen, ein paar Jahre später (1931) Karl Jaspers' bedeutende dreibändige *Philosophie*, deren zweiter Band bezeichnenderweise mit *Existenzerhellung* betitelt ist. 1937 erschien *Ungewißheit und Wagnis* des christlichen Existenzphilosophen Peter Wust. Vor der Publikation der genannten Bücher war von der Lehrtätigkeit der genannten Denker bereits eine eminente Stärkung des existenzphilosophischen Gedankens ausgegangen. Dabei darf man die Existenzphilosophie keinesfalls lediglich als ein intern philosophisches Anliegen ansehen. Etwa zur gleichen Zeit prägte sich eine eng verwandte theologische Richtung aus, die den Rückgriff auf Sören Kierkegaard mit ihr gemeinsam hatte – die Dialektische Theologie (Karl Barth, Gogarten, Bultmann usw.). Man muß darüber hinaus zugleich an die dichterischen Erscheinungen der damaligen Zeit denken, um die geistige Bewegung vollständig interpretieren zu können. Hier ist vor allem Rilke zu nennen, dessen Spätwerk zu Beginn der Zwanziger Jahre erst im Horizont der Existenzphilosophie adäquat zu verstehen ist. Die philosophisch-literarische Richtung der Existenzphilosophie setzte erst nach dem Zweiten Weltkrieg (mit Sartre, Gabriel Marcel und Albert Camus) ein. Seit Mitte der sechziger Jahre hat die Existenzphilosophie ohne Zweifel an Bedeutung und Einfluß verloren, um anderen philosophischen Strömungen (Neopositivismus, Strukturalismus, Analytische Philosophie usw.) Platz zu machen. Diese Entwicklung ist sicher zu bedauern, zu wichtig waren und sind ihr Anliegen und ihre Fragestellung. Sehr pessimistisch formuliert es Winfried Weier:

> „Die Existenzphilosophie wurde – etwa seit Mitte der sechziger Jahre – aus dem Mittelpunkt philosophischer Fragestellung verdrängt und in ein Außenseiter- und Randdasein verbannt: Nicht zum Besten der Philosophie. Denn ihre fundamentale Fragestellung wie ihre weitertragenden Impulse gerieten mehr und mehr in Vergessenheit, um schließlich ganz verlorenzugehen."[7]

## *3. Verdienste und Gefahren der Existenzphilosophie*

Es sind vor allem zwei Verdienste, die sich die Existenzphilosophie erworben hat:

1. Sie hat den existentiellen Gedanken, das existentielle Anliegen wieder in die Philosophie zurückgeholt.
2. Sie hat das Lebensgefühl des Menschen, das Bewußtsein seiner steten Gefährdetheit, philosophisch zur Sprache gebracht. Existenzphilosophie stellt so die Sinnfrage und fordert den Menschen auf, ein Selbst zu werden.

Zu eher theoretisch orientierten Philosophien (wie dem Neukantianismus und der Analytischen Philosophie) bestehen wenig Berührungspunkte.

Existenzphilosophie betont, daß jeder Mensch, auch der Philosoph und Wissenschaftler, schon durch die pure Tatsache seiner Existenz eine entscheidende Voraussetzung mitbringt. Man philosophiert nicht dann richtig, wenn man so objektiv und „voraussetzungsfrei" denkt, daß man vor lauter Objektivität und „Überparteilichkeit" übersieht, daß es ein Mensch, ein durch seine Existenz determinierter Mensch ist, welcher philosophiert und nicht ein freischwebendes „Bewußtsein überhaupt".

Ein weiteres Verdienst der Existenzphilosophie ist die allgemeine Restitution des Bewußtseins für die permanente Gefährdetheit des menschlichen Daseins. Durch die Existenzphilosophie ist an die Stelle der naturalistischen Anthropologie und Lebensphilosophie mit ihrem oft oberflächlichen Votum für das harmonische Einssein mit der subhumanen Natur und ihrer Negativ-

---

[7] Weier, W.: Strukturen menschlicher Existenz. Grenzen heutigen Philosophierens. Paderborn 1977. S. 273

wertung des menschlichen Geistes und seinen Zielsetzungen eine neue Frage nach der spezifischen Seinsweise des menschlichen Daseins und dessen Existentialien gesetzt worden.[8]

Tatsächlich kann man in der Existenzphilosophie auch die adäquate Manifestation des Lebensgefühls der Menschen des zwanzigsten Jahrhunderts sehen. Das spezifische Vokabular, welches nicht nur in philosophischen Traktaten und Arbeiten vorkommt, sondern popularisiert zur Zeitsprache und gängiger Ausdruck des modernen Lebensgefühls (der Dichtung, der Filmkunst usw.) geworden ist, dokumentiert dies. Die Begriffe von der „Seinsnot" und „Seinsqual", der „Seinssorge" und des „Scheiterns", des „Lebens in der Geworfenheit" usw. zeigen, wie weit die Existenzphilosophie das heutige Denken und Empfinden zur Sprache bringt.

In diesem Zusammenhang übt Existenzphilosophie häufig Kritik an der Enge des positivistischen (bzw. transzendentalphilosophischen) Erfahrungsbegriffs. Erfahrung ist nicht nur sinnliche Erfahrung aufgrund der Affektion; vielmehr muß das ganze Spektrum des menschlichen Erfahrungsreichtums, also auch seine poetisch-künstlerischen, existentiellen, politischen und religiösen Erfahrungen, berücksichtigt werden.

Für jede Philosophie, die sich dem Menschen verpflichtet weiß, kann die Existenzphilosophie wertvolle Erkenntnisse erschließen. Zur Überwindung der Aushöhlung, die auch das spezifisch Menschliche ins Materielle oder Biologische einebnet oder schlechthin lediglich periphere Phänomene tangiert, muß eine Philosophie bestehen, die differenzierter und gründlicher die Dimensionen menschlicher Existenz ausleuchtet. Christliche Philosophie wird dabei vor allem eine solche Existenzphilosophie beachten, die nicht – wie der atheistische „Existentialismus" – unter der einseitigen Betonung dieses oder jenes Teilaspektes des menschlichen Daseins dem Nihilismus verfällt, sondern vielmehr das Gesamt menschlicher Existenz im Auge behält und vor allem auch die Realität berücksichtigt, auf die der Mensch ausgerichtet ist.

So sehr man in der Existenzphilosophie bedeutende Aspekte der Wahrheit und der Werthaftigkeit anerkennen und ihre Verdienste betonen muß, sollte man jedoch ihre Schattenseiten bzw. gefährlichen Tendenzen nicht unerwähnt lassen. Einige Existenzphilosophen waren nicht frei von Skeptizismus, Relativismus, Agnostizismus und Subjektivismus. Problematisch ist jede Form von Existentialismus, die in ihrer Auseinandersetzung mit dem extremen Szientismus einem übertriebenen Mißtrauen gegen alle Wahrheitssuche, einem relativistischen Argwohn gegen das Allgemeine überhaupt und alles Denken, das über das Erfahrene und phänomenologisch Aufzeigbare hinausgeht, verfällt. So werden wir sehen, daß Karl Jaspers' Philosophie vor existentiell höchst wichtigen Fragen – wie den nach der Existenz Gottes und dem Leben nach dem Tode – zurückweicht und schweigt. Durch diesen Skeptizismus einiger Existenzphilosophen ist es gekommen, daß die Existenzphilosophie überhaupt, die ja ohne Zweifel ein uraltes und wichtiges Anliegen darstellt seit Platon und Augustinus, vielfach als eine Modetorheit

---

[8] Ich denke dabei an biologistisch orientierte Lebensphilosophen wie Klages und Spengler.

eingeschätzt wurde und wird.[9] Nach dem katholischen Existenzphilosophen Peter Wust ist die Gefahr des Skeptizismus und Subjektivismus dadurch gegeben, daß die Existenzphilosophie ihre Betrachtungen der menschlichen Existentialien nicht in eine umfassende metaphysische Gesamtschau einbaut. Eben darum macht sich Wusts Werk zum Ziel, diese metaphysische Aufarbeitung zu leisten.[10]

> „Eben deshalb aber ist es notwendig, daß wir diese Problematik erneut in ihrer tiefen metaphysischen Bedeutung aufzurollen versuchen."[11]

Auf diese Weise sollten nicht nur der spezifische Relativismus, sondern auch der weit verbreitete Pessimismus und Nihilismus der Existenzphilosophie überwunden werden. Wust sieht neben der positiven und wertvollen Existenzphilosophie (etwa eines Kierkegaard oder des frühen Scheler) nämlich auch den „faustischen Existentialismus"[12], der, wie Wust in seinem Aufsatz *Die Wende im abendländischen Denken der Gegenwart* sagt, „in der Seinsqual den letzten Sinn vom Sein erblicken zu müssen glaubt"[13]. Dieser Existentialismus ist, aufgrund seiner permanenten und ausschließlichen Reflexion über die menschliche Existenz, welche nur als „versteckter Egoismus oder gar als verkleideter Stolz gedeutet werden muß"[14], außerstande, noch das wahre Wesen des Seins, die Intelligibilität und Bonität der Welt, zu erkennen. „Für den verblendeten Blick seines Reflexionsegoismus bleiben die Seinspforten verschlossen"[15], charakterisiert der Philosoph von Münster das Wesen dieses Existentialismus. Besonders in „Heideggers Mißachtung der Kategorie der bloßen Seinsvorhandenheit"[16]sei diese Haltung manifest geworden, aber auch der Scheler der zweiten Periode und Karl Jaspers verfallen diesem Verdikt Wusts.

Obwohl Wust hier sicher zum Teil richtig gesehen hat, wäre gegen seine vielleicht zu negative Interpretation zu betonen, daß z.B. Heidegger es häufig abgelehnt hat, der Existentialphilosophie zugezählt zu werden, weil er das Ziel seines Philosophierens in einer neuen Ontologie sah. Auch Karl Jaspers wollte über die Erhellung der Existenz zu einer philosophischen Metaphysik vorstoßen. Ohne Zweifel gilt dies auch und ganz besonders für Gabriel Marcel, dessen Reflexionen ganz vom Gottesglauben getragen sind.

---

9 Der Vorwurf des Irrationalismus und des Relativismus findet sich v.a. in folgenden kritischen Darstellungen und Kommentaren zur Existenzphilosophie: Bochenski, I.: Europäische Philosophie der Gegenwart. Bern 1947. Kuhn, H.: Begegnung mit dem Nichts. Tübingen 1950. Lukács, G.: Die Zerstörung der Vernunft. Berlin 1954. Mende, G.: Studien über die Existenzphilosophie. Berlin 1956. Reidemeister, K.: Die Unsachlichkeit der Existenzphilosophie. Vier kritische Aufsätze. Berlin/Göttingen/Heidelberg 1954.

10 Siehe dazu mein Buch „Peter Wust: Gewißheit und Wagnis. Eine Gesamtdarstellung seiner Philosophie". Paderborn/München/Wien/Zürich 1995

11 Wust, P.: Ungewißheit und Wagnis, a.a.O., S. 323.

12 Ders.: Weisheit und Heiligkeit. Ges. Werke. Bd. VI, a.a.O. S. 102

13 Ders. ebda. S. 99.

14 Ders. ebda. S. 101.

15 Ders. ebda. S. 102.

16 Ders. ebda.

### *4. Die Betonung der psycho-physischen Einheit bei den Existenzphilosophen*

Ein wichtiger Gedanke der Existenzphilosophen bezüglich der menschlichen Leiblichkeit – vor allem bei Gabriel Marcel – besagt, daß der Leib des Anderen mir „Medium“ ist, durch das der Andere mir nicht verborgen, sondern zugänglich ist. Im täglichen Leben ist das die selbstverständlichste Sache der Welt. „Jeder akzeptiert“, so stellt Wilhelm Antonius Maria Luijpen fest, „daß der Patient dem Arzt zugänglich ist, der Kunde dem Verkäufer, der Schüler dem Lehrer“[17]. Damit wird keinesfalls behauptet, die Subjektivität und die subjektive Intention seien für den Anderen je absolut durchsichtig und evident. Es bedeutet aber sehr wohl, daß ich den Anderen „als den anderen, also das Subjekt *sehen* kann“[18]. Die kartesianische Engführung[19] des Verhältnisses von Leib und Seele ist der historische Grund dafür, daß man sich den Kontakt des bewußten Ich mit dem bewußten Anderen nicht mehr als einen direkten vorstellen konnte. Sehr richtig schreibt Luijpen:

> „Das Subjekt wurde ja als ein in einer Maschine verschollenes Subjekt, die der Leib ist, aufgefaßt. Auch die Subjektivität des anderen sei so in seinem Leib versteckt und verschollen. Wenn das zutrifft, ist ein direkter Kontakt meiner Subjektivität mit der des anderen nicht mehr als Möglichkeit denkbar. Meine Subjektivität ist dann von meinem Leib isoliert; mein Leib ist dann vom Leib des anderen geschieden, und schließlich ist die Subjektivität des anderen wieder von seinem Leib isoliert. Wenn „wir“ uns gegenseitig ansehen, würde das bedeuten, daß ich „auf eine Maschine schaue“, während Du „auf eine Maschine schaust“. Ich kann also eigentlich nicht sehen, ob der andere betrübt ist oder froh, ich kann nicht mehr hören, ob er wütend ist oder in Todesangst lebt.“[20]

Niemand allerdings wird vernünftigerweise bestreiten, daß er die andere Subjektivität wirklich erfassen und sehen kann. So haben Philosophen versucht, diese Möglichkeit zu erhellen, trotz der Ausführungen Descartes’. Man argumentierte dann in diversen Einfühlungs- und Analogietheorien (Dilthey, Simmel, Husserl, die frühe Edith Stein u.a.) etwa folgendermaßen: Mein Seelenleben, meine Innerlichkeit, tut sich in leiblichen Expressionen nach außen kund. Es gibt sogar eine spezifische Gesetzmäßigkeit und Konstante in der Relation zwischen meinen psychischen Dispositionen und meinen leiblichen Expressionen und Bewegungen. Nun nehme ich auch bei dem Anderen die Ausdrucksbewegung wahr, durch die ich selbst spezifische innere Zustände veräußerliche. Die Analogie erlaubt mir, auf die Präsenz von Innerlichkeit und Seelischem beim Anderen zu schließen und auf das Vorhandensein innerer Zustände, denen ich selbst durch leibliche Bewegungen Ausdruck verleihe. Nun genügte den Existenzphilosophen dieser Analogieschluß

---

[17] Luijpen, W.A.M.: Existentielle Phänomenologie. Eine Einführung. München 1971. S. 195

[18] Ders. ebda. S. 195

[19] siehe dazu: Lohner, A.: Wie Gott zum Lückenbüßer und die Welt zur Maschine wurde. Zum 400. Geburtstag des Philosophen René Descartes. In: Internationale Katholische Zeitschrift "Communio" 25. Jg (1996) S. 180 - 192

[20] Luijpen, W.A.M.: a.a.O. S. 195

nicht, um die Wirklichkeit des Kontaktes mit dem Anderen als dem Anderen zu erklären, da „die Wirklichkeit des Kontakts mit dem anderen „in eigener Person“ durch den Analogiegedanken nicht gerechtfertigt wird (...). In einem kartesianischen Kontext kann ich den anderen einfach nicht *sehen*“.[21] Ganz davon abgesehen, daß wir von einem Analogieschluß real nichts merken. Wenn ich jemanden vor Schmerzen wimmern höre, ist er mir unmittelbar präsent und sicher „in eigener Person“, ohne daß auch nur ein Minimum eines Analogieschlusses zu diagnostizieren ist. Vielmehr ist es so, daß der Analogiegedanke den direkten Kontakt mit der Präsenz des Anderen voraussetzt. Woher weiß ich denn, daß die Bewegungen des Anderen Ausdrucksbewegungen sind und nicht nur mechanische Bewegungen – Bewegungen einer komplizierten Maschine? Das kann ich nur wissen, weil ich voraussetze, daß der Andere ein Subjekt ist, und erst bei dieser Voraussetzung kann ich bestimmte leibliche Bewegungen und Symptome Ausdrucksbewegungen nennen. Von „Ausdruck“ kann man nur sprechen, wenn man die Subjektivität des Anderen erkannt hat. Es ist also festzuhalten, daß ich die Subjektivität des Anderen unmittelbar wahrnehme. Diese Grunderkenntnis der Unverborgenheit der Subjektivität des Anderen ist die Basis, auf der die existentielle Philosophie und Psychologie eine neue Anthropologie des Miteinanders aufbauen konnte. Es ist nach den Existenzphilosophen überhaupt nicht notwendig, sich auf eine Analogietheorie oder auf die diversen Einfühlungstheorien zu berufen, um die Präsenz des Anderen als des Anderen zu „erklären“ oder zu rechtfertigen, weil der Kontakt mit dem Anderen sich unmittelbar von der Begegnung mit einem Ding unterscheidet. Vor allem Sartre betont diesen Gedanken! Der Leib des Anderen, auf den ich schaue, ist nicht irgendein Körper, sondern ein menschlicher Leib – Subjekt-Leib. Aus diesem Grunde enthüllt sich der Andere unmittelbar als der Andere, als kein Ding. Luijpen kommentiert diesen Grundgedanken jeder Existenzphilosophie so:

> „Es ist der andere „in seiner Person“, den ich vor Angst zittern sehe, den ich seufzen höre in seinen Sorgen. Ich fühle die Herzlichkeit in seinem Händedruck, in der milden Sanftheit seiner Stimme, im Wohlwollen seines Blicks. Auch wer mich haßt, mich verachtet oder mir mißtraut, wem ich gleichgültig bin, wer sich bei mir langweilt, wer mich tröstet, verführen oder tadeln, überzeugen oder amüsieren will, ist mir in eigener Person gegenwärtig. Sein Blick, seine Gebärde, sein Wort und seine Haltung: In eigener Person ist er mir unmittelbar und direkt gegenwärtig.“[22]

Der Kartesianismus sieht im menschlichen Leib ein Objekt, eine Maschine, die man sachlich beschreiben und untersuchen kann. Der Leib des Anderen ist hier nicht „Gegenstand“ der Introspektion oder Intuition, sondern der objektiven Wissenschaft. Das Auge ist eine Linse, es hat eine Hornhaut und eine Netzhaut, von ihm führen Nerven zum Gehirn. Die Funktionsweise der Linse fällt unter die optische Geometrie usw.. Ganz anders aber sehe ich den menschlichen Leib des Anderen im alltäglichen Miteinander. Das Auge des

---

[21] Ders. ebda. S. 196
[22] Ders. ebda. S. 197

Anderen ist das „Du-das-mich-ansieht". Bei Sartre werden wir dieser „Philosophie des Blicks" ausführlich begegnen. Sehr schön sagt Luijpen:

> „Wenn sich menschliche Augen ansehen, begegnen sich Menschen. Ihr Zusammensein ist nicht das „Zusammensein" von Linsen, also von Dingen."[23]

Zusammenfassend kann Luijpen sagen:

> „Die Unverborgenheit, die direkte Anwesenheit des anderen als des anderen, habe ich also als eine ursprüngliche Tatsache zu akzeptieren. Jeder „Beweis" dafür ist überflüssig, weil es unmittelbar evident ist, und jeder Versuch, die Anwesenheit des anderen als des anderen annehmbar zu machen, scheint vorauszusetzen, daß der andere mir bereits gegenwärtig ist."[24]

[23] Ders. ebda. S. 198
[24] Ders. ebda.

# B. Der Tod in der Lebensphilosophie

## I. Der Tod in der Philosophie Friedrich Nietzsches

### *1. Friedrich Nietzsche und die Lebensphilosophie*

Die Lebensphilosophie ist jene Denkrichtung des 19. und 20. Jahrhunderts, die den Lebensbegriff auch auf theoretischem Gebiet zur Herrschaft bringen will. Am besten versteht man ihr Anliegen von ihrem Gegensatz her, von dem sie sich insgesamt absetzen wollte, vom mechanistischen, schematisierenden, an der Oberfläche haftenden, mathematisch-rationalistischen und statischen Denken, das in der Neuzeit anhob und vor allem durch Kants Wissenschaftslehre verfestigt worden war. Ihm gegenüber will man wieder das Dynamische, Werdehafte, Seelische und Erlebnismäßige in den Vordergrund stellen. Nicht zufällig erlebte die Lebensphilosophie (als Gegenreaktion) ihre Blüte zur gleichen Zeit wie der Neukantianismus, wie schon im Zeitalter der Aufklärung Männer wie Rousseau, Haman, Jacobi und Herder gegen die einseitige Hochschätzung der Vernunft die Rechte des Herzens betont hatten. Mit Rickert lassen sich zwei Richtungen innerhalb der Lebensphilosophie unterscheiden, die allerdings ineinander übergehen. Die eine interpretiert das Leben in biologischem Sinne und dehnt die dort auffindbaren Kategorien auf die gesamte Realität aus: die naturalistische Lebensphilosophie (Oswald Spengler, Ludwig Klages).

Der andere Zweig der Lebensphilosophie denkt bei Leben mehr an das innere Erleben, das niemals bloße Ratio, noch weniger nur abstrakte Erkenntnis ist, sondern ein Ineinander aller Kräfte des Gemüts und des Emotionalen. Von diesem inneren Erleben her wird die Kultur gedeutet: die geisteswissenschaftliche Lebensphilosophie (Wilhelm Dilthey, Georg Simmel, Ernst Troeltsch, Eduard Spranger, Rudolf Eucken).

Eine Philosophie, die den Lebensbegriff so in den Mittelpunkt stellt, wirft ein interessantes Licht auf das Faktum der menschlichen Sterblichkeit. Dabei betont die naturalistische Lebensphilosophie den Aspekt, daß der Tod ein natürlich-notwendiger Prozeß des Lebensstromes ist, dem nicht nur die Individuen, sondern auch ganze Gemeinschaften und Kulturen ausgeliefert sind. Die geistesgeschichtliche Lebensphilosophie reflektiert mehr die Frage, wie der Mensch in seinem Leben und Erleben, seinem Denken und Kulturschaffen auf das Faktum des Todes reagiert.

Von Friedrich Nietzsche nimmt die Lebensphilosophie ihren Ausgang. Alle Lebensphilosophen haben sich – mehr oder weniger – auf ihn berufen. Daher wollen wir uns zunächst Nietzsches Reflexionen zur Todesthematik zuwenden. Dabei sollen schon jetzt immer wieder Bezüge zu den Existenzphilosophen – die im Mittelpunkt der vorliegenden Arbeit stehen – und ihrer Interpretation der Todesproblematik hergestellt werden.

Wir werden sehen, daß die Lebensphilosophie nicht nur ganz allgemein als die Vorläuferin der Existenzphilosophie anzusehen ist, sondern daß vor allem auch die Reflexionen der Existentialisten zum Thema Sterben und Tod nicht zu verstehen sind, wenn man sich nicht vergegenwärtigt, wie die Lebensphilosophen dieses Thema angegangen sind.

## *2. Die Grundgedanken von Nietzsches Philosophie*

Nietzsches philosophische Grundüberzeugung – wie er sie v.a. in *Götzen-Dämmerung* dargestellt hat – ist die von der Perspektivität aller Wahrheit und Wirklichkeitswahrnehmung. Wahrheit ist keine Korrespondenzbeziehung zwischen dem erkennenden Geist und ontischen Soseinssachverhalten, wie es beispielsweise die Scholastik mit ihrer Wahrheitsdefinition von der „adaequatio rei et intellectus" gedeutet hatte, sondern eine lebensdienliche *Interpretation,* die auf stammesgeschichtlichen Fixierungen und gesellschaftlich gewachsenen Konventionen beruht. Wir sehen die Dinge „sub specie vitalitatis", unsere phänomenale Welt ist eine *nützliche,* sich bewährt habende *Fiktion,* die unter den unendlich vielen möglichen Interpretationen an sich nicht mehr „Wahrheit" oder theoretische „Vernunft" für sich in Anspruch nehmen kann als jede andere. Der Lebenskampf hat es für den Menschen notwendig gemacht, „das Feste dem Chaotischen entgegenzusetzen und Natur zu beherrschen"[1] – um es mit Theodor W. Adorno zu sagen. Nietzsche hat hier – auf Locke und Hume aufbauend – Erkenntnisse über die sprachimmanenten Einflüsse auf unsere Wahrnehmung vorweggenommen, die später z.T. vom Logischen Empirismus und der Analytischen Philosophie wieder aufgegriffen wurden.[2] Daß wir beispielsweise dem Geflecht der Bilder unserer phänomenalen Welt substantielle Entitäten, welche „Träger" akzidenteller „Eigenschaften" sein sollen, supponieren, beruht nach Nietzsche auf unserer historisch gewachsenen Sprachkonvention, Sätze zu bilden, die aus Subjekt und Prädikat zusammengesetzt sind. Keinesfalls folgt diese grammatikalische und logische Ordnung dabei ontologischen Strukturen, wie es Überzeugung der traditionellen Metaphysik und Sprachphilosophie gewesen war. Hinter dieser Konvention, unsere Sätze nach dem Subjekt-Prädikat-Schema zu strukturieren, steht die Vorstellung, das Seiende in seinen Eigenschaften und Attributen erfassen zu können, letztlich die scholastische Überzeugung von der Intelligibilität des Seins. Allgemein sah Nietzsche in den Philosophien und Weltanschauungen, auch den dezidiert atheistischen, die noch an einer – wie auch immer interpretierten – „Wahrheit" und der

---

1 Adorno, T.W.: Zur Metakritik der Erkenntnistheorie. Stuttgart 1956. S. 28

2 Daß hier bei Nietzsche natürlich auch Einflüsse des Nominalismus vorliegen, sei nur nebenbei erwähnt. Dazu: Abel. G.: Nominalismus und Interpretation. Die Überwindung der Metaphysik im Denken Nietzsches. In: Nietzsche und die philosophische Tradition. Würzburg 1985. S. 35-89

Möglichkeit ihrer Erkenntnis festzuhalten, die Schatten der alten Metaphysik (*Götzen-Dämmerung. Die Vernunft in der Philosophie* § 5). Der Irrtum „hat (...) unsere *Sprache* zum beständigen Anwalt". Die Sprache „gehört ihrer Entstehung nach in die Zeit der rudimentärsten Form von Psychologie: Wir kommen in ein großes Fetischwesen hinein, wenn wir uns die Grundvoraussetzungen der Sprach-Metaphysik, auf deutsch: der *Vernunft,* zum Bewußtsein bringen."[3] Überall dort, wo nach einem Sinn, nach Wahrheit und Präsenz, nach dem „eigentlichen" Sein gefragt wird, lagern noch latent metaphysisch-theologische Relikte.

„Ich fürchte, wir werden Gott nicht los, weil wir noch an die Grammatik glauben"[4], lautete Nietzsches berühmtes Diktum. Nietzsches Konventionalismus und erkenntnistheoretischer Relativismus wirkt sich – wie wir noch genauer sehen werden – vor allem in der Ethik aus. Nietzsche betont immer wieder, daß es keine objektive moralische Weltordnung gibt. Er fordert die Philosophen auf, die Illusion ethischer Normen zu destruieren und die Welt „jenseits von Gut und Böse" zu betrachten. Nietzsche empfiehlt, sich allein auf das zu verlassen, was uns die Sinne liefern, denn diese „lügen überhaupt nicht"[5] .

> „Was wir aus ihrem Zeugnis machen, das legt erst die Lüge hinein, zum Beispiel die Lüge der Einheit, die Lüge der Dinglichkeit, der Substanz, der Dauer..."[6]

Betrachtet man die Vorstellung von Ursache und Wirkung, so bietet Nietzsche hier eine Analyse, die der des Empiristen Hume nahe kommt. Unser Begriff von Ursache und Wirkung ist auf Wahrnehmungen von regelmäßig gemeinsam auftretenden Ereignissen gegründet:

> „Auf diesem Spiegel – und unser Intellekt ist ein Spiegel – geht etwas vor, das Regelmäßigkeit zeigt, ein bestimmtes Ding folgt jedesmal wieder auf ein anderes bestimmtes Ding – *das nennen* wir, wenn wir es wahrnehmen und nennen wollen, Ursache und Wirkung, wir Toren! Als ob wir da irgend etwas begriffen hätten und begreifen könnten! Wir haben ja nichts gesehen als die *Bilder* von „Ursachen und Wirkungen"! Und eben diese *Bildlichkeit* macht ja die Einsicht in eine wesentlichere Verbindung, als die der Aufeinanderfolge ist, unmöglich!"[7]

Tatsächlich erklärt unsere modellhafte Rede von „Wirkung und Ursache" nichts, sie beschreibt nur:

> „Wir haben das Bild des Werdens vervollkommnet, aber sind über das Bild, hinter das Bild nicht hinausgekommen. Die Reihe der „Ursachen" steht viel vollständiger in jedem Falle vor uns, wir schließen: dies und das muß erst vorangehen, damit jenes folgt – *aber begriffen* haben wir damit nichts."[8]

---

3 Nietzsche, F.: Werke in drei Bänden. Hrsg. von K. Schlechta. Bd. II. München 1977. S. 959
4 Ders. ebda. Bd. II. S. 959 f.
5 Ders. ebda. Bd. II. S. 958
6 Ders. ebda.
7 Ders. ebda. Bd. I. S. 1096
8 Ders. ebda. Bd. II. S. 120

Aber schon, wenn wir davon sprechen, daß ein bestimmtes „Ding" dem anderen folge, sprechen wir von einer „Zweiheit", die es wahrscheinlich nie gab – „in Wahrheit steht ein Kontinuum vor uns, von dem wir ein paar Stücke isolieren; so wie wir eine Bewegung immer nur als isolierte Punkte wahrnehmen, also eigentlich nicht sehen, sondern erschließen."[9] Es gibt aber „eine unendliche Menge von Vorgängen in dieser Sekunde der Plötzlichkeit, die uns entgehen"[10]. Die „Vernunft" projiziert in die phänomenale Welt eine Ordnung, Struktur und Zweckhaftigkeit, wo „in alle Ewigkeit Chaos"[11] und Zufall herrschen. Wenn Nietzsche also betont, daß „die Frage der Erkenntnis nicht ohne Bezug zum Sprachverständnis gelöst werden kann" – wie Johann Figl es kurz und bündig formuliert[12] –, bedarf diese Analyse in einer Hinsicht einer weiter gefaßten Entfaltung. Josef Simon interpretiert Nietzsches Position so:

> „Mit Nietzsche wäre (...) zu sagen, der Begriff der Substanz resultiere aus einer bestimmten Interpretation der Sprache im Sinne einer bestimmten Grammatik. Eine Grammatik will ja die Folge der Wörter oder ihre ästhetisch deutliche Oberfläche im Sinne einer bestimmten systematischen Regelung verstanden wissen. Sie will, so wie der Begriff Dinge identifizieren soll, Sprachstrukturen identifizieren und den wechselnden Oberflächenerscheinungen bleibende Strukturen entgegensetzen. Das Denken in der Kategorie der Substanz folgt nicht einfach der Sprache noch wird es von ihr verführt, sondern es will etwas mit ihr. Es will sie in einem bestimmten Sinn verstehen, z.B. um sich selbst als Substanz verstehen zu können. Hier wird nicht ein „Außer-uns-Seiendes" (...), sondern eine Sprachstruktur als etwas Identisches interpretiert, z.B. damit sich „Bewußtsein" gegenüber allem „Außer-uns-Seienden" oder gegenüber dem Wechsel seiner ‚Inhalte' als Identität und damit überhaupt erst als ‚etwas' verstehen kann."[13]

Für die Kausalität gilt:

> „Wir versuchen in kausalen Erklärungen Unbekanntes auf uns Vertrautes zurückzuführen, d.h. es damit gleichzusetzen, um auf diese Weise die Interpretation der Wirklichkeit, die sich bisher bewährt hat, aufrechterhalten zu können. Die Welt, wie sie schon in unserem Bewußtsein verarbeitet ist, wird als die wahre Welt zu behaupten versucht. Damit erhält sich das Bewußtsein in eben der Identität, in der es sich halten will, d.h. in ‚seiner' Identität. Es versucht es mit einer bestimmten, nämlich der ihm möglichen Erklärung, und das ist immer die, die ihm selbst etwas erklärt, die aber auch von anderen als Erklärung akzeptiert wird. Es ist diejenige, bei der die Fraglichkeit von etwas für es sich zugleich mit seinem Bedürfnis nach der Zustimmung anderer erledigt. Denn das war der Sinn des kausalen Erklärungsversuchs."[14]

---

9 Ders. ebda.

10 Ders. ebda.

11 Ders. ebda. Bd. II. S. 115

12 Figl, J.: Dialektik der Gewalt. Nietzsches hermeneutische Religionsphilosophie mit Berücksichtigung unveröffentlichter Manuskripte. Düsseldorf 1984. S. 147

13 Simon, J.: Sprache und Sprachkritik bei Nietzsche. In: Lutz-Bachmann, M.: Über Friedrich Nietzsche. Eine Einführung in seine Philosophie. Frankfurt a.M. 1985. S. 63-97; S. 66

14 Ders. ebda. S. 67

Im Denken in der Kategorie der Kausalität suchen wir nach Nietzsche also eigentlich gar nicht nach Ursachen, sondern nach Bekanntem. Simon faßt zusammen:

> „Das Denken in den traditionellen Kategorien, wie z.B. den Kategorien der Substantialität und der Kausalität, resultiert also nicht direkt aus der Sprache, sondern aus einer bestimmten Interpretation von Sprache, an deren Berechtigung wir glauben. Das ist der „Glaube an die Grammatik", mit dem Nietzsche bekanntlich den Glauben an Gott verbindet (... ). Wer an die ontologische Relevanz der Kategorien der Substantialität und der Kausalität „glaubt", der wird auch an eine oberste Substanz aller Substanzen und an eine Ursache aller Ursachen „glauben" müssen."[15]

Nietzsches asubstantialistischer Ansatz wirkt sich vor allem in seiner Anthropologie und Psychologie aus: Diese ist rein aktualistisch konzipiert. So wie wir den Phänomenen unberechtigter- und unbegründeterweise Substanz und Entität unterschieben, deuten wir unsere psychischen Prozesse fälschlicherweise als Aktivitäten einer besonderen, autonomen Selbstheit. Genauer gesagt übertragen wir den Irrtum, die seelischen Akte (des Fühlens und Denkens) entsprängen einer substantiellen Ichheit, auf die Welt und das Sein insgesamt. So wird unsere Vorstellung von der Welt durch die unerlaubte Übertragung eines Modells geprägt, das noch nicht einmal die psychischen Prozesse angemessen darstellt. Die Vernunft „sieht überall Täter und Tun: (...) glaubt an Willen als Ursache überhaupt, (...) glaubt ans „Ich", ans Ich als Sein, ans Ich als Substanz und *projiziert* den Glauben an die Ich-Substanz auf alle Dinge – es schafft erst damit den Begriff „Ding" ... Das Sein wird überall als Ursache hineingedacht, *untergeschoben;* aus der Konzeption „Ich" folgt erst, als abgeleitet der Begriff „Sein" ... Am Anfang steht das große Verhängnis vom Irrtum, daß der Wille etwas ist, das *wirkt* – daß Wille ein *Vermögen ist...*"[16]. In Wirklichkeit liegt dem seelischen Geschehen kein bleibendes substantielles Subjekt, „Kein Ich", zugrunde. Es gibt kein reales, von seinen wechselnden Erscheinungen verschiedenes, selbständiges und einheitliches Seelenwesen. Was wir Seele, Ich oder Selbst nennen, ist nichts anderes als die Gesamtwirklichkeit der psychischen Vorgänge, ein Bündel von Perzeptionen, die ständig im Fluß und in Bewegung sind, eine bloße Summe, ein bloßes Mit- und Nebeneinander von Empfindungen, Vorstellungen, Emotionen, von Bewußtseinsvorgängen überhaupt. Nietzsches Psychologie ist eine „Psychologie ohne Seele". Die Annahme einer seelischen Selbstheit ist nichts als eine Fiktion. Unsere Seele ist nichts anderes als der Gesamtinhalt unserer inneren Erlebnisse selbst, der Akte des Fühlens, Denkens und Strebens, wie es sich im Bewußtsein zu einer Einheit zusammenfügt und im evolutionären Prozeß schließlich zum selbstbewußten Denken und Wollen herauskristallisiert hat. Doch sehen wir genauer: Die Vorstellung einer autonomen denkenden Substanz ist – wie Nietzsche gegen Descartes betont – keinesfalls das Unbezweifelbarste und Evidenteste, oder gar „unmittelbare

15 Ders. ebda. S. 67 f.
16 Nietzsche, F.: a.a.O. Bd. II. S. 959 f.

Gewißheit". „Es gibt immer noch harmlose Selbst-Beobachter", spöttelt Nietzsche, „welche glauben, daß es „unmittelbare Gewißheiten" gebe, zum Beispiel „ich denke", (...): gleichsam als ob hier das Erkennen rein und nackt seinen Gegenstand zu fassen bekäme, als „Ding an sich", und weder von seiten des Subjekts, noch von seiten des Objekts eine Fälschung stattfände."[17] Das „Cogito ergo sum" (oder wie Nietzsche übersetzt: das „ich denke und weiß, daß dies wenigstens wahr, wirklich, gewiß ist"[18]) beruht auf einer Reihe „verwegener Behauptungen", „deren Begründung schwer, vielleicht unmöglich ist, – zum Beispiel, daß *ich* es bin, der denkt, daß überhaupt ein Etwas es sein muß, das denkt, daß Denken eine Tätigkeit und Wirkung seitens eines Wesens ist, welches als Ursache gedacht wird, daß es ein „Ich" gibt."[19] Der Denker erliegt hier dem Irrtum einer falschen Kausalität:

> „Ein Gedanke kommt, wenn er will, und nicht wenn „ich" will; so daß es eine *Fälschung* des Tatbestandes ist zu sagen: das Subjekt „ich" ist die Bedingung des Prädikats „denke". Es denkt: aber daß dies „es" gerade jenes alte berühmte „ich" sei, ist, milde geredet, nur eine Annahme, eine Behauptung, vor allem keine „unmittelbare Gewißheit"."[20]

So wenig, wie wir einen Reflex, ein unerwartetes Zucken u.ä. als freien Akt des autonomen Ich definieren würden, so wenig ist dies bei Gedanken und sogenannten Willensakten begründet. Der Unterschied zwischen diesen beiden Aktgruppen besteht lediglich darin, daß wir die letzteren Akte vorauszusehen gelernt haben, während wir dies bei ersteren nicht vermögen. Der Umstand der Voraussehbarkeit gewisser Akte verleitet uns zu der irrigen Meinung, diese Akte seien von uns frei und willentlich gesetzt, sie entsprängen einer eigenen substantiellen Ich- oder Selbstheit. Nietzsche expliziert diesen Vorgang an seinem berühmten Traumbeispiel:

> „Im Schlafe ist fortwährend unser Nervensystem durch mannigfache innere Anlässe in Erregung, fast alle Organe sezernieren und sind in Tätigkeit, das Blut macht seinen ungestümen Kreislauf, die Lage des Schlafenden drückt einzelne Glieder, seine Decken beeinflussen die Empfindung verschiedenartig, der Magen verdaut und beunruhigt mit seinen Bewegungen andere Organe, die Gedärme winden sich, die Stellung des Kopfes bringt ungewöhnliche Muskellagen mit sich, die Füße, unbeschuht, nicht mit den Sohlen den Boden drückend, verursachen das Gefühl des Ungewöhnlichen ebenso wie die andersartige Bekleidung des ganzen Körpers, – alles dies, nach seinem täglichen Wechsel und Grade, erregt durch seine Außergewöhnlichkeit das gesamte System bis in die Gehirnfunktion hinein: und so gibt es hundert Anlässe für den Geist, um sich zu verwundern und nach *Gründen* dieser Erregung zu suchen: der Traum aber ist das *Suchen und Vorstellen der Ursachen* für jene erregten Empfindungen, das heißt der vermeintlichen Ursachen."[21]

---

[17] Ders. ebda. Bd. II. S. 579
[18] Ders. ebda. Bd. II. S. 580
[19] Ders. ebda. Bd. II. S. 579 f.
[20] Ders. ebda. Bd. II. S. 580 f.
[21] Ders. ebda. Bd. I. S. 454 f.

Nehmen wir – ein Beispiel Nietzsches aufgreifend – an, man hätte einem Schlafenden die Füße gefesselt. Aufgrund dieses Reizes träumt er, daß Schlangen sich um seine Füße winden.

> „‚Diese Schlangen müssen die *causa* jener Empfindung sein, welche ich, der Schlafende, habe,' – so urteilt der Geist des Schlafenden."[22]

Das Traumbild, welches die Wirkung bestimmter Reize ist, wird von uns für deren Ursache gehalten.

> „So weiß jeder aus Erfahrung, wie schnell der Träumende einen starken an ihn dringenden Ton, zum Beispiel Glockenläuten, Kanonenschüsse in seinen Traum verflicht, das heißt aus ihm *hinterdrein* erklärt, so daß er zuerst die veranlassenden Umstände, dann jenen Ton zu erleben *meint.*"[23]

Ein anderes Beispiel Nietzsches findet sich in der *Götzen-Dämmerung*: Im Schlaf dringt ein ferner Kanonenschuß an unser Ohr; im Traum verbinden wir ihn mit einer Geschichte, die uns a posteriori als dessen Ursache und Erklärung erscheint. Der Wille, das Bewußtsein, das Ich als Ursachen oder Subjekte all dessen, was an Tun oder Leiden auf uns zukommt, sind „bloß nachgeboren, nachdem vom Willen die Ursächlichkeit als gegeben feststand, als *Empirie*"[24]. Gianni Vattimo kommentiert:

> „Das Subjekt ist keine causa prima, auf die man in dialektischer Weise zurückgehen könnte; es ist ein Oberflächenphänomen."[25]

Wie kommt es aber, daß der Geist des Träumenden immer so fehlgreift, während derselbe Geist im Wachen so nüchtern, behutsam und in bezug auf Hypothesen so skeptisch zu sein pflegt?
Nietzsche vermutet, so wie heute noch der Mensch im Traume schließt, „so schloß die Menschheit *auch im Wachen* viele Jahrtausende hindurch: die erste *causa,* die dem Geiste einfiel, um irgend etwas, das der Erklärung bedurfte, zu erklären, genügte ihm und galt als Wahrheit."[26]

> „Im Traum übt sich dieses uralte Stück Menschtum in uns fort, denn es ist die Grundlage, auf der die höhere Vernunft sich entwickelte und in jedem Menschen sich noch entwickelt: der Traum bringt uns in ferne Zustände der menschlichen Kultur wieder zurück und gibt ein Mittel an die Hand, sie besser zu verstehen."[27]

Nietzsche spricht vom „Irrtum der imaginären Ursachen"[28]: Wir begehen einen dieser Irrtümer, wenn die Vorstellung, welche ein gewisses Befinden erzeugte, zur Ursache desselben mißinterpretiert wird. Das ist nicht nur in Träumen der Fall, und es ist nicht nur ein Rest primitiver Denkweisen. Wir

---

[22] Ders. ebda. Bd. I. S. 455
[23] Ders. ebda. Bd. I. S. 455
[24] Ders. ebda. Bd. II. S. 973
[25] Vattimo, G.: Jenseits vom Subjekt. Nietzsche, Heidegger und die Hermeneutik. Graz/Wien 1986. S. 42
[26] Nietzsche, F.: a.a.O. Bd. I. S. 455
[27] Ders. ebda.
[28] Ders. ebda. Bd. II. S. 974

tun genau das Gleiche im Wachzustand, wenn wir Eindrücke und Empfindungen erfahren, die unseren „Ursachentrieb“[29] affizieren und uns nach Gründen zur Erklärung dieser Erlebnisse suchen lassen. Wir suchen nach Motiven, nach imaginären Ursachen. Arthur C. Danto kommentiert:

> „Es ist der Eindruck selbst, der die Interpretation, die wir ihm unterlegen, verursacht, und diese wird sinnwidrigerweise als Ursache des Eindrucks betrachtet: ein Motiv ist bloß die Interpretation eines Eindrucks.“[30]

Nietzsche führt aus:

> „Unsre meisten Allgemeingefühle – jede Art Hemmung, Druck, Spannung, Explosion im Spiel und Gegenspiel der Organe, wie insonderheit der Zustand *des nervus sympathicus*- erregen unsern Ursachentrieb: wir wollen einen *Grund* haben, uns *so und so* zu befinden – uns schlecht zu befinden oder gut zu befinden. Es genügt uns niemals, einfach bloß die Tatsache, daß wir uns so und so befinden, festzustellen: wir lassen diese Tatsache erst zu – werden ihrer *bewußt –, wenn* wir ihr eine Art Motivierung gegeben haben.“[31]

Die Erinnerung, die in solchem Falle, ohne unser Wissen, in Tätigkeit tritt, führt frühere Zustände gleicher Art und die damit verbundenen Kausal-Interpretationen herauf – nicht deren Ursächlichkeit. Der Glaube aber, oder die Annahme, daß die Vorstellungen, die begleitenden Bewußtseinsvorgänge die Ursachen gewesen seien, wird durch die Erinnerung mit hervorgebracht.

> „So entsteht eine *Gewöhnung* an eine bestimmte Ursachen-Interpretation, die in Wahrheit eine *Erforschung* der Ursache hemmt und selbst ausschließt.“[32]

Wenn es für Nietzsche keine Seelensubstanz gibt, weil „Seele“ nur der Sammelbegriff für durch neuro-physiologische Prozesse erzeugte Epiphänomene ist, kommt eine Unsterblichkeit der Seele – das sei schon jetzt am Rande erwähnt – im Sinne einer *anima separata* für Nietzsche natürlich nicht in Frage: „Die Seelen sind so sterblich wie die Leiber“[33], läßt Nietzsche Zarathustra sprechen. Aber auch über die jüdisch-christliche Vorstellung einer leiblichen Auferstehung macht sich Nietzsche in *Ecce homo* lustig.[34]

Wir sahen, daß es nach Nietzsche keine „Wahrheit“ gibt, auch alle ethische Erkenntnis ist für ihn relativ. Während von Aristoteles und Platon her durch die ganze Scholastik der Gedanke vorherrschend war, daß die Normen des Ethischen etwas Objektives und Vorgegebenes sind – und jede objektive Werteethik oder Naturrechtsethik hat an diesem Gedanken festgehalten – widerspricht Nietzsche der Vorstellung, die moralischen Normen hätten in der vom Menschen vorgefundenen Ordnung der Wirklichkeit ihr Fundament:

---

[29] Ders. ebda. Bd. II. S. 974

[30] Danto, A.C.: Friedrich Nietzsche. In: Hoerster, N. (Hg.): Klassiker des philosophischen Denkens. Bd. II. München 1993. S. 230-273; S. 250

[31] 31 Nietzsche, F.: a.a.O. Bd. II. S. 974

[32] Ders. ebda.

[33] Ders. ebda. Bd. II. S. 466

[34] Vgl. ders. ebda. Bd. II. S. 1203

Die ethischen Normen sind für ihn vom Menschen konstruiert. In seiner *Genealogie der Moral* ging es Nietzsche um die Erhellung jenes Prozesses, der zur Entstehung unserer Wertvorstellungen geführt hat. Nach Nietzsche gibt es zwei Gruppen von Menschen – Sklaven oder Herdenmenschen und Herrenmenschen. Dabei finden sich Sklaven und Herrenmenschen in allen Rassen, Völkern, Kulturen und Epochen (wenn Nietzsche auch bei gewissen „vornehmen Rassen“[35], zu denen er römischen, arabischen, germanischen, japanischen Adel, aber auch die skandinavischen Wikinger zählt[36], einen überproportionalen Anteil an Herrenmenschen vermutet), und alle Völker und Zeiten kennen eine Mehrheit von Herdenmenschen. Der Unterschied zwischen Sklave und Herr ist biologisch determiniert: Der Herrenmensch ist dem Sklaven von Natur aus (physisch, psychisch und geistig) überlegen. Jede der beiden Gruppen von Menschentypen ordnet dem Begriff „gut“ eine andere Bedeutung zu. Für die Herren bezeichnet er einfach die Qualitäten, die ihnen zukommen, und denen sie ihre Vorrangstellung verdanken: Kraft, Durchsetzungsvermögen usw.

> „Die ritterlich-aristokratischen Werturteile haben zu ihrer Voraussetzung eine mächtige Leiblichkeit, eine blühende, reiche, selbst überschäumende Gesundheit, samt dem, was deren Erhaltung bedingt, Krieg, Abenteuer, Jagd, Tanz, Kampfspiele und alles überhaupt, was starkes, freies, frohgemutes Handeln in sich schließt.“[37]

Schlecht sind in dieser originären Werteordnung des Herrenmenschen Eigenschaften wie Schwäche, Vorsichtigkeit, Sanftheit usw.. Gerade diese Qualitäten zeichnen aber den Sklaven aus – er ist von Natur aus schwach, feige, hilfsbedürftig, demütig etc. – und so erklärt er diese Eigenschaften als „gut“, wohingegen die Qualitäten des Herren für ihn gefährlich und daher „schlecht“ sind. Die „Genealogie der Moral“ bestand nun darin, daß die Qualitäten der natürlichen Schwäche, Kraftlosigkeit und Subordination – Friedensliebe, Demut, Gehorsam, Rücksichtnahme, deren allgemeine Beachtung für den Herdenmenschen lebensnotwendig sind – als gut und moralisch wertvoll akzeptiert und anerkannt wurden, während die Eigenschaften der Herren zum Bösen und Unmoralischen degradiert wurden: Aber nicht ein Akt der Vernunft oder eine moralische Naturordnung an sich hat die Werte der Herren zu dieser Dämonisierung und Subordination verurteilt, diese ist nach Nietzsche vielmehr das Ergebnis eines historischen Prozesses, in dem der Sklave dem Herren ein bestimmtes Moralverständnis zudiktiert hat. In dieser Welt, in der die Herdenmenschen gegenüber den „Vornehmen“ an sich keine Chance hätten, mußte es den Sklaven gelingen, die Herren unter Kontrolle und in einem Zustand der Ungefährlichkeit zu halten. Folglich oktroyierten die Sklaven aus der Gesinnung des Ressentiments heraus den Herren eine bestimmte Ethik auf, deren Werte durch Eigenschaften wie z.B. Rücksicht auf Schwache, Mitleid, Barmherzigkeit u.ä. zu qualifizieren sind. Dies

---

[35] Ders. ebda. Bd. II. S. 786

[36] Vgl. ebda.

[37] Ders. ebda. Bd.II. S. 779

gelang über die Religion. Da die „Vornehmen" von Natur aus nach Vollkommenheit und Veredelung streben, mußten die mit der Autorität einer angeblichen göttlichen Instanz und Macht verkündeten, von den Priestern – gewissermaßen den Anwälten und Sprechern der Sklaven – über die Jahrhunderte hinweg tradierten und verfestigten ethischen Normen und Verhaltensvorschriften in der Vergangenheit die meisten Herrenmenschen dazu bringen, diese Normvorschriften zu internalisieren. Religion – zunächst jede Religion – dient also zur Etablierung und Sicherung der Sklaven- oder Herdenmoral. Vor allem aber war es die jüdisch-christliche Religion, die den Sieg der Schwächsten, den „Sklavenaufstand der Moral"[38] vollbrachte. In der *Genealogie der Moral* bricht sich Nietzsches widerlicher Antisemitismus vollends Bahn[39]:

> „Alles, was auf Erden gegen „die Vornehmen", „die Gewaltigen", „die Herren", „die Machthaber" getan worden ist, ist nicht der Rede wert im Vergleich mit dem, was die *Juden* gegen sie getan haben, die Juden, jenes priesterliche Volk, das sich an seinen Feinden und Überwältigern zuletzt nur durch eine radikale Umwertung von deren Werten, also durch einen Akt der *geistigen Rache* Genugtuung zu schaffen wußte. So allein war es eben einem priesterlichen Volk gemäß, dem Volk der zurückgetretensten priesterlichen Rachsucht. Die Juden sind es gewesen, die gegen die aristokratische Wertgleichung (gut = vornehm = mächtig = schön = glücklich = gottgeliebt) mit einer furchteinflößenden Folgerichtigkeit die Umkehrung gewagt und mit den Zähnen des abgründlichsten Hasses (des Hasses der Ohnmacht) festgehalten haben, nämlich ‚die Elenden sind allein die Guten, die Leidenden, Entbehrenden, Kranken, Häßlichen sind auch die einzig Frommen, die einzig Gottseligen, für sie allein gibt es Seligkeit – dagegen ihr, ihr Vornehmen und Gewaltigen, ihr seid in alle Ewigkeit die Bösen, die Grausamen, die Lüsternen, dieUnersättlichen, die Gottlosen, ihr werdet auch ewig die Unseligen, Verfluchten und Verdammten sein!'"[40]

Sogar die Kreuzigung Jesu Christi war – so expliziert Nietzsche – eine historische Finte der Juden, um den Völkern den „gefährlichen Köder"[41] seiner Botschaft von Barmherzigkeit und Liebe zu allen Schwachen und Kranken zuzuwerfen. Lou Andreas-Salomé kann sagen, daß Nietzsche das Christentum als „Racheakt des Judentums an der selbstherrlichen antiken Welt auf-

---

[38] Ders. ebda. Bd. II. S. 780

[39] In diesem Zusammenhang kann man Richard Roos im wesentlichen zustimmen, wenn er feststellt: „Ich will zwar nicht die Anklage wiederholen, wonach Nietzsche der Vater des Nationalsozialismus wäre, man muß aber endlich zugeben, daß der Philosoph ganz genau wußte, was er hervorrufen wollte, als er es für notwendig erklärte, den Menschen böser zu machen, ihn zu einer neuen Barbarei zu führen, mörderische Kriege entstehen zu lassen. Wir sollen endlich aufhören, die blonde Bestie und die Apologie des Krieges, den Willen zur Macht und die Rassenlehre einfach ins Ästhetische oder Metaphysische zurückzuwerfen. Durch seinen Aristokratismus und seine Verachtung der Vielzuvielen, durch den Kult der Hierarchie und der Herrenmoral konnte Nietzsche sicher sein, begeisterte Leser zu finden – und das wußte er." (Roos, R.: Regeln zu einer philologischen Lesung Nietzsches. In: Berlinger, R. u. Schrader, W.: Nietzsche kontrovers VI. Würzburg 1987. S. 14 f) Dazu u.a.: Oduev, S.F.: Auf den Spuren Zarathustras. Der Einfluß Nietzsches auf die bürgerliche deutsche Philosophie. Köln 1977

[40] Nietzsche, F.: a.a.O. Bd. II. S. 779 f.

[41] Ders. ebda. Bd. II. S. 781

faßt. Daß die Juden den Stifter des Christentums gekreuzigt und seine Religion verleugnet haben, soll die eigentliche Feinheit dieses Racheplanes gewesen sein."[42] Daß das Christentum sich dann ausbreitete und geschichtsmächtig wurde, dies war v.a. das Werk des Juden Paulus, dessen lebensfeindliche Theologie von Schuld, Vergebung, Gnade und „Jenseits" zum Charakteristikum des Christentums wurde.[43]

> „Gewiß ist (...), *daß sub hoc signo* Israel mit seiner Rache und Umwertung aller Werte (...) über alle (...) *vornehmen* Ideale (...) triumphiert hat."[44]

Religion dient also zunächst und vor allem zur Etablierung der Sklavenmoral, denn nun werden die moralischen Normen als Gebote eines allmächtigen Gesetzgebers gedeutet. Mit diesem Irrtum einer Verobjektivierung der moralischen „Wahrheiten" wird zugleich der Aberglaube an die objektive Geltung von Wahrheit überhaupt gestützt, denn alle (ethische, logische etc.) Wahrheit wird nun als Ideenwelt und Expression eines allwissenden absoluten Geistes fundiert. In diesem Sinne sagt Nietzsche, daß der Christenglaube „auch der Glaube Platos war", nämlich „daß Gott die Wahrheit ist, daß die Wahrheit göttlich ist ..."[45]

Die Religion ist aber auch Ausdruck der feigen Angst der Herdenwesen vor den Rätseln des Lebens – und vor allem des Todes.[46] Während sich die Sklaven in ihrer Todesangst in ein fingiertes „Jenseits aller bisherigen Länder und Winkel des Ideals, eine Welt so überreich an Schönem, Fremdem, Fragwürdigem, Fruchtbarem und Göttlichem"[47] flüchten müssen, schleudert der Herrenmensch der Tatsache seiner Auslöschung – wie wir sehen werden – sein heroisch-trotziges „amor fati" entgegen.

Der Herrenmensch liegt also in den von den Herdenmenschen geknüpften Fesseln einer christlichen Ethik. Doch seine Rettung naht.

Denn in *Also sprach Zarathustra* entwirft Nietzsche die Vision einer zukünftigen Welt: der Welt des Übermenschen, dessen baldiges Erscheinen Zarathustra verkündet. Der historische Zarathustra oder Zoroaster, der Erneuerer der iranischen Religion und Begründer des Mazdaismus, glaubte, daß die Welt der Schauplatz eines dramatischen Kampfes zwischen Gut und Böse sei, wobei er Gut und Böse als objektive metaphysische Mächte verstand. Das glaubt Nietzsches Zarathustra natürlich nicht mehr. Aber da Zarathustra als erster diesen folgenschweren Irrtum beging, sollte er in Nietzsches Augen auch der erste sein, der ihn berichtigt. Nietzsches Zarathustra verkündet die Relativität aller Werte und Normen und den Tod Gottes. Beide Botschaften

---

[42] Salomé, L.: Friedrich Nietzsche in seinen Werken. Mit Anmerkungen von Thomas Pfeiffer. Hrsg. von Ernst Pfeiffer. Frankfurt a.M. 1983. S. 224

[43] Siehe zu Nietzsches Paulus-Interpretation: Bucher, R.: Nietzsches Mensch und Nietzsches Gott. Das Spätwerk als philosophisch-theologisches Programm. Frankfurt u.a. 1986. S. 136 ff.

[44] Nietzsche, F.: a.a.O. Bd. II. S. 781

[45] Ders. ebda. Bd. II. S. 208

[46] Vgl. hierzu: Henke, D.: Gott und Grammatik. Nietzsches Kritik der Religion. Pfullingen 1981. S. 36 ff.

[47] Nietzsche, F.: a.a.O. Bd. II. S. 258

geben dem Übermenschen seine ihm vom Herdenwesen geraubte und einem erfundenen Gott zugeschriebene Würde, sowie seine physisch-psychische Kraft zurück. Dieser Prozeß der Befreiung wird den Herrenmenschen zum Übermenschen wandeln. Aber noch eines wichtigen Ferments bedarf es zur Metamorphose zum Übermenschen: Was dem (gewöhnlichen) Menschen, der nur wie ein Seil ist – „ein Seil, geknüpft zwischen Tier und Übermensch"[48] – die größte Furcht bereitet, der Gedanke an den Tod, das wird dem Übermenschen zur endgültigen Befreiung. Das wird verständlich werden, wenn wir uns nun Nietzsches Behandlung der Todesproblematik zuwenden.

### *3. Der Tod in der Philosophie Nietzsches*

Verschiedene Denker, wie z.B. der christliche Existenzphilosoph Gabriel Marcel, haben darauf hingewiesen, daß dem Menschen der Gedanke an die eigene Sterblichkeit vielleicht noch ertragbar erscheinen mag, auf gar keinen Fall aber der Gedanke an den Tod des geliebten Anderen. Aus dieser Überlegung, die Marcel in die bekannte Formel: „Einen Menschen lieben, heißt ihm zu sagen, du wirst nicht sterben!" faßt, hat vor allem die christliche Philosophie und Theologie immer wieder Argumente für ein Leben nach dem Tode zu gewinnen gesucht. Nietzsche aber fährt solche aus existentieller Liebe und der Trauer der Überlebenden geborenen Reflexionen a priori ad absurdum. „Bei einem Todesfall braucht man zumeist Trostgründe, nicht sowohl um die Gewalt des Schmerzes zu lindern, als um zu entschuldigen, daß man sich so leicht getröstet fühlt"[49], spottet er in *Menschliches, Allzumenschliches*.

Auch die Überzeugung, daß die Art und Weise, wie ein Mensch stirbt, etwas über sein Leben aussagt (ein Gedanke, der zum Beispiel bei Martin Heidegger von zentraler Bedeutung ist), weist Nietzsche spöttisch zurück: Wie man stirbt, ist nach ihm gleichgültig. Er schreibt:

> „Die ganze Art, wie ein Mensch während seines vollen Lebens, seiner blühenden Kraft an den Tod denkt, ist freilich sehr sprechend und zeugnisgebend für das, was man seinen Charakter nennt."[50]

Es dürfte in der Zwischenzeit klar sein, was Nietzsche meint: Wer dem Todesgedanken gleichmütig begegnet, charakterisiert sich als Herrenmensch, wer vor ihm zittert, Angst hat, in Religion flüchtet oder den Gedanken an das Sterben verdrängt, kennzeichnet sich als „zur Herde gehörend".

„Aber die Stunde des Sterbens selber", so Nietzsche weiter, „seine Haltung auf dem Todtenbette ist fast gleichgültig dafür. Die Erschöpfung des ablaufenden Daseins, namentlich wenn alte Leute sterben, die unregelmässige oder unzureichende Ernährung des Gehirns während dieser letzten Zeit, das gelegentliche sehr Gewaltsame des Schmerzes, das Unerprobte und Neue des ganzen Zustandes und gar zu häufig der An- und Rückfall von abergläubi-

---

[48] Ders. ebda. Bd. II. S. 281
[49] Ders. ebda. Bd. I. S. 697
[50] Ders. ebda. Bd. I. S. 769

schen Eindrücken und Beängstigungen, als ob am Sterben viel gelegen sei und hier Brücken schauerlichster Art überschritten würden, – dies Alles erlaubt es nicht, das Sterben als Zeugnis über den Lebenden zu benützen. Auch ist es nicht wahr, dass der Sterbende im Allgemeinen ehrlicher wäre als der Lebende: vielmehr wird fast Jeder durch die feierliche Haltung der Umgebenden, die zurückgehaltenen oder fliessenden Thränen- und Gefühlsbäche zu einer bald bewussten bald unbewussten Komödie der Eitelkeit verführt. Der Ernst, mit dem jeder Sterbende behandelt wird, ist gewiss gar manchem armen verachteten Teufel der feinste Genuss seines ganzen Lebens und eine Art Schadenersatz und Abschlagszahlung für viele Entbehrungen gewesen."[51] Dem Tod kommt also keinerlei existentielle Bedeutung zu. Nietzsche hätte Heidegger hier wohl latente Reste religiöser Überzeugungen („An- und Rückfall von abergläubischen Eindrücken") unterstellt. (Ganz ähnlich wird übrigens Jean-Paul Sartre gegen Heideggers Gedanken von der existenzstiftenden Bedeutung des Todes argumentieren.) Angesichts der existentiellen Bedeutungslosigkeit des Todes gibt es denn für Friedrich Nietzsche auch keine philosophisch stichhaltigen oder ethischen Gründe, dem Leben nicht durch Suizid ein Ende zu setzen. Die Selbsttötung ist in gewissen Fällen „eine ganz natürliche naheliegende Handlung, welche als ein Sieg der Vernunft billigerweise Ehrfurcht erwecken sollte"[52], etwa bei Alten und Kranken ...

Überhaupt kann der Herrenmensch dem Tode etwas Tröstliches und Heiteres abgewinnen: Der Tod konstituiert nämlich auch individuelle Freiheit. Das Wissen darum, daß er sterben muß, befreit den Herrenmenschen (allerdings nur ihn) von allen allgemeinen Geboten, Gesetzen und Regeln, die der Herdenmensch ihm aufgenötigt, und die er selbst internalisiert hat. Das Faktum, daß ich sterben muß, konstituiert und enthüllt, daß die Welt in alle Ewigkeit Chaos ist. Durch den Tod relativiert sich die Bedeutung alles dessen, was ich plane und beabsichtige. Indem der Herrenmensch kraft seiner natürlichen und kühnen Stärke den Tod illusionslos als den seine Existenz zeitlich begrenzenden Faktor akzeptiert, verfestigt er seine spezifische Art von Freiheit gegenüber den religiösen, gesellschaftlichen, philosophischen und sonstigen Illusionen, mit denen die Herdenmenschen Leben und Tod umgeben. (Diesen Freiheitsgedanken angesichts des Todes greift später Albert Camus – er ist unter den Existentialisten am stärksten von Nietzsche geprägt – wieder auf!) Der Tod hat also – für den Herrenmenschen – etwas Befreiendes und Positives. So wundert es nicht, daß die Religion (als Weltanschauung der Herdenmenschen) – vor allem die jüdisch-christliche – den Tod mit bittersaurem Ernst umkleidet hat.

„Durch die sichere Aussicht auf den Tod könnte jedem Leben ein köstlicher, wohlriechender Tropfen von Leichtsinn beigemischt sein –", stellt Nietzsche fest, „und nun habt ihr wunderlichen Apotheker-Seelen aus ihm einen übelriechenden Gift-Tropfen gemacht, durch den das ganze Leben widerlich wird!"[53]

---

[51] Ders. ebda. Bd. I. S. 769 f.

[52] Ders. ebda. Bd. I. S. 497 f.

[53] Ders. ebda. Bd. I. S. 1000 f.

Es sind wieder einmal die Herdenmenschen und vor allem ihre Sprecher, Ideologen und Propheten – Nietzsche, bzw. sein Sprachrohr Zarathustra, nennen sie schlicht die „Prediger des Todes“ –, die Leben und Tod mit einem metaphysischen und religiösen Sinn umgeben. Sie müssen dies tun, weil ihnen – aufgrund ihrer natürlichen Schwäche und Armseligkeit – das Wissen um die Sinnlosigkeit und Absurdität des menschlichen Daseins und alles Seins unerträglich wäre. Es sind nicht nur die jüdischen Lehrer und christlichen Priester (die „Schwarzen“ – wie Nietzsche sagt), die solche für das Leben der „Viel-zu-Vielen“ notwendigen Mythen erzählen, auch die Buddhisten (die „Gelben“[54]) verbreiten Lebenslügen. Während aber Judentum und Kirche die Person und Individualität ungebührlich verherrlichen und die Realität des Todes mit der Idee einer Unsterblichkeit der Seele verbergen, sucht der Buddhist (scheinbar im Gegensatz dazu) sein Heil im Nirwana, d.h. in der Auslöschung der Ichheit und Individualität. Beiden ist gemeinsam, daß sie Abkehr predigen von dieser empirisch-realen, materiellen Welt.[55] Die Juden und Christen wollen die „Überflüssigen“ „mit dem „ewigen Leben“ aus diesem Leben weglocken“[56], dem Buddhisten „begegnet ein Kranker oder ein Greis oder ein Leichnam“[57] – man beachte die überdeutliche Anspielung auf das Leben des Siddharta Gautama – und er sagt: „Das Leben ist widerlegt!“[58] und „Das Leben ist nur Leiden“[59], und sehnt sich „nach Lehren der Müdigkeit und Entsagung“[60]. Auch die Asketen der verschiedenen Religionen gehören zu den „Schwindsüchtigen der Seele“[61]. Sie verweigern aus Lebensfeigheit die Zeugung und das Gebären.[62]

Man sieht hier sehr schön, daß für Nietzsche letztlich nicht die gewaltsame Beendigung oder metaphysische Auslöschung des individuellen und kollektiven Lebens die logische Konsequenz aus der Faktizität der allgemeinen Sinnlosigkeit und aus dem Chaoscharakter des Seins darstellen (insofern gilt die oben zitierte „Euthanasie“-Erlaubnis sicher nur den „Vielzuvielen“ ...), daß vielmehr das heroische „Trotzdem“ angesichts der erkannten Sinnlosigkeit, der dionysische Tanz mit dem allgemeinen Chaos, die angemessene Reaktion ist. (Nicht unähnlich argumentiert später wiederum Camus!) Freilich kann eine solche nihilistisch-trotzige Lebenshaltung – nach Friedrich Nietzsche – nur der Herren- oder Übermensch leisten.

Eng mit dem Tod ist Nietzsches Lehre von der „ewigen Wiederkehr“ verbunden! Diese besagt, in kurze Worte gefaßt, daß jedes Ereignis schon unzählig oft eingetreten sei, und zwar in allen Details und in genau der gleichen Weise, und daß es ebenso noch unzählige Male eintreten wird.

---

54 Ders. ebda. Bd. II. S. 310
55 Ders. ebda.
56 Ders. ebda.
57 Ders. ebda.
58 Ders. ebda.
59 Ders. ebda.
60 Ders. ebda.
61 Ders. ebda.
62 Vgl. ders. ebda. Bd. II. S. 311

Zarathustra, „der Lehrer der ewigen Wiederkunft“[63], formuliert die Doktrin von der ewigen Wiederkehr so:

> „‚Nun sterbe und schwinde ich‘, würdest du sprechen, ‚und im Nu bin ich ein Nichts. Die Seelen sind so sterblich wie die Leiber. Aber der Knoten von Ursachen kehrt wieder, in den ich verschlungen bin – der wird mich wieder schaffen! Ich selber gehöre zu den Ursachen der ewigen Wiederkehr. Ich komme wieder, mit dieser Sonne, mit dieser Erde, mit diesem Adler, mit dieser Schlange – *nicht* zu einem neuen Leben oder besseren Leben oder ähnlichen Leben: – ich komme wieder zu diesem gleichen und selbigen Leben, im Größten und auch im Kleinsten, daß ich wieder aller Dinge ewige Wiederkehr lehre.‘“[64]

Zarathustra lehrt also nicht die Reinkarnation im Sinne etwa der hinduistischen oder buddhistischen Seelenwanderungslehre. Die Seele kommt nicht wieder in ein neues Leben, in einem neuen Leibe. Vielmehr wiederholt das Sein, das Leben sich nach Äonen wieder in *allen* Details und Kleinigkeiten. Zarathustra lehrt, „daß alle Dinge ewig wiederkehren und wir selber mit, und daß wir schon ewige Male dagewesen sind, und alle Dinge mit uns.“[65]

Er lehrt, „daß es ein großes Jahr des Werdens gibt, ein Ungeheuer von großem Jahre: das muß sich, einer Sanduhr gleich, immer wieder von neuem umdrehen, damit es von neuem ablaufe und auslaufe: – so daß alle diese Jahre sich selber gleich sind, im Größten und auch im Kleinsten, so daß wir selber in jedem großen Jahr uns selber gleich sind, im Größten und auch im Kleinsten.“[66]

Nach einigen Interpreten hielt Nietzsche diese Lehre für die wissenschaftlichste aller Hypothesen, ja sogar für „beweisbar“.[67] Ich bezweifle, daß Nietzsche seine „Theorie“ so verstanden hat. In den zu Nietzsches Lebzeiten publizierten Werken wird die Hypothese von der ewigen Wiederkehr nämlich meist nur kurz gestreift, oft programmatisch eingeführt und als bekannt vorausgesetzt. Nur in Nietzsches Nachlaß finden sich einige physikalische Argumente zu ihrer Untermauerung, die er wohl um 1881, also etwa gleichzeitig mit *Die fröhliche Wissenschaft*, niederschrieb.

> „Wenn die Welt als bestimmte Größe von Kraft und als bestimmte Zahl von Kraftzentren gedacht werden *darf* – und jede andre Vorstellung bleibt unbestimmt und folglich *unbrauchbar* –, so folgt daraus, daß sie eine berechenbare Zahl von Kombinationen, im großen Würfelspiel ihres Daseins, durchzumachen hat. In einer unendlichen Zeit würde jede mögliche Kombination irgendwann einmal erreicht sein, mehr noch: sie würde unendliche Male erreicht sein. Und da zwischen jeder Kombination und ihrer nächsten Wiederkehr alle überhaupt noch möglichen Kombinationen abgelaufen sein müßten, und jede dieser Kombinationen die ganze Folge der Kombinationen in derselben Reihe bedingt, so wäre damit ein Kreislauf von absolut identischen Reihen bewiesen: die Welt als Kreis-

[63] Ders. ebda. Bd. II. S. 466
[64] Ders. ebda. Bd. II. S. 466 f.
[65] Ders. ebda. Bd. II. S. 466
[66] Ders. ebda. Bd. II. S. 466
[67] Vgl. Danto, A.C.: a.a.O. S. 267

lauf, der sich unendlich oft bereits wiederholt hat und der sein Spiel *in infinitum* spielt.“[68]

Beispielhaft hat Arthur Danto Nietzsches Argument rekonstruiert. Er nennt zunächst drei physikalische Sätze, die Nietzsche für wahr und miteinander verbunden hielt:

„(1) Die Gesamtsumme der Energie im Universum ist endlich.
(2) Die Anzahl der Kombinationen von Energie ist endlich.
(3) Die Energiemenge bleibt erhalten.“[69]

Aus diesen drei Sätzen soll Nietzsche – so Danto – die Lehre von der „ewigen Wiederkehr“ habe „beweisen“ wollen. Danto zeigt nun selbst, daß Nietzsches (angeblicher) „Beweis“ natürlich scheitern muß, da Nietzsche Satz (2) als logische Folgerung von Satz (1) angesehen hat. Natürlich folgt aus Satz (1) aber keinesfalls Satz (2). Danto schreibt:

„Es gibt jedoch eine durchaus naheliegende Deutung des Begriffs, nach der (1) und (3) wahr sind, (2) jedoch falsch ist. Stellen wir uns ein energieerhaltendes System vor, in dem eine endliche Gesamtenergie von, sagen wir, sechs Einheiten vorhanden ist, wobei ein Teil dieser Energie kinetisch ist. Nehmen wir weiter an, daß die kinetische Energie zunimmt, so daß die potentielle Energie abnimmt – und zwar in einem Verhältnis, das die erstere gegen sechs und die letztere gegen null streben läßt. Dieser Prozeß könnte unendlich lange währen, ohne daß die Grenzwerte erreicht werden. Und es könnte im Prinzip eine unendliche Anzahl von „Kombinationen“ kinetischer Energie von einer jeweils unterschiedlichen Größenordnung geben, ohne daß sich eine einzige dieser Konstellationen wiederholte.“[70]

Von anderen physikalischen Argumenten, die gegen Nietzsches Lehre entwickelt worden sind[71], einmal ganz abgesehen, glaube ich nicht, daß Nietzsche die Vorstellung von der ewigen Wiederkehr wirklich als wissenschaftliche Theorie verstanden wissen wollte. Dagegen spricht schon Nietzsches Ablehnung jeglichen „Wahrheits“anspruchs, seine Attacken gegen jede Wissenschaft, wobei – wie Rudolf Kreis herausgearbeitet hat – auch der Physik „sein umfassendes Zertrümmerungswerk gilt“[72]. Ich vermute, daß man in Nietzsches spielerischen „physikalischen“ Argumenten eher den Ausdruck seines Sarkasmus‘ und Spottes sehen sollte[73] , mit denen er die Physik seiner Zeit karikieren wollte. Mit anderen Worten: Die Lehre von der ewigen Wiederkehr ist für Nietzsche wohl in der Tat ein Mythos, ein Gedankenspiel. Daß er eine Hypothese oder wissenschaftliche Theorie aufstellen wollte, ist schon wegen des von Nietzsche vertretenen radikalen Konventionalismus un-

---

[68] Nietzsche, F.: Umwertung aller Werte. Aus dem Nachlaß zusammengestellt und hrsg. von Fr. Würzbach. München 1977. S. 344 f.

[69] Danto, A.C.: a.a.O. S. 269

[70] Ders. ebda.

[71] Vgl. ders. ebda. S. 269 f.

[72] Kreis, R.: Der gekreuzigte Dionysos. Würzburg 1986. S. 109

[73] Dazu: Kunnas, T.: Nietzsches Lachen. Eine Studie über das Komische in Nietzsches Werken. München 1982

glaubwürdig. Wie kann man eine Hypothese für „beweisbar" halten, überhaupt eine Hypothese aufstellen wollen, wenn es keine „Wahrheit" gibt? Und wie können „Knoten von Ursachen" wirksam werden, wenn Nietzsche das Kausalitätsprinzip überhaupt in Frage stellte? Wohl kommt Josef Barwirsch der Wahrheit näher, wenn er schreibt:

> „Die „Ewige Wiederkehr" wird von Nietzsche gelegentlich wie ein Gedankenspiel behandelt, das sich selbst nicht ernst nimmt."[74]

Auf die sehr komplexe – durch Heideggers und Löwiths bekannte Auslegungsversuche „belastete" – Deutungsgeschichte der Wiederkehridee Nietzsches kann hier nicht näher eingegangen werden. Die Interpretationen reichen von Eugen Fink[75], der in ihr ein „postmodernes" Konstrukt sieht, über Pautrat[76] , der sie als „Satori"-Erlebnis deutet, Ursula Schneider[77], die sie ähnlich als Mystik und „Gesicht" interpretiert, Reinhard Knodt[78], der sie als „Wiederkehr des Leidens" sieht, bis zu Abel[79] und Danto[80], die sie physikalisch zu rekonstruieren suchen.

Zunächst einmal ist festzuhalten, daß der historische Zarathustra ebenfalls die Lehre von immer wiederkehrenden Weltaltern und der „Andauernden Zeit" (zervan akarnan) kannte, Nietzsche also seine Idee in etwa von dem historischen Gründer des Mazdaismus genommen haben dürfte. Wenn man nun bedenkt, daß Nietzsches Zarathustra stets das Gegenteil von dem lehrt, was der historische Zoroaster lehrte, erkennt man, daß Nietzsche seine Lehre von der ewigen Wiederkehr nicht wirklich und buchstäblich für „wahr" gehalten haben kann. Man nähert sich der Bedeutung dieses Mythos wohl am ehesten, wenn man sich die Gestalt ihres Verkünders – des Zarathustras Nietzsches – vergegenwärtigt. „Singe und brause über, o Zarathustra", sagen die Tiere zu ihm, „heile mit neuen Liedern deine Seele: daß du dein großes Schicksal tragest, das noch keines Menschen Schicksal war! Denn deine Tiere wissen es wohl, o Zarathustra, wer du bist und werden mußt: siehe, *du bist der Lehrer der ewigen Wiederkunft,* – das ist nun *dein* Schicksal! Daß du als der erste diese Lehre lehren mußt – wie sollte dies große Schicksal nicht auch deine größte Gefahr und Krankheit sein!"[81]

Zarathustra ist Nietzsches Sprachrohr, oder – so darf man wohl vermuten – Nietzsche selbst. Nietzsche, der wie Zarathustra den Tod Gottes verkündet,

---

74 Barwirsch, J.: Von Marx über Nietzsche zu Othmar Spann. Zur 15. Wiederkehr des Todestages von Othmar Spann. In: Zeitschrift für philosophische Forschung. Bd. XIX. 1965. S. 692-702; S. 694

75 Fink, E.: Nietzsches Philosophie. Stuttgart 1960

76 Pautrat, B.: Brief an den Narren. Über einen ungeheuren Augenblick. In: Guzzoni, A. (Hrsg.): 90 Jahre philosophische Nietzsche-Rezeption. Hain 1979. S. 167 ff.

77 Schneider, U.: Grundzüge einer Philosophie des Glücks bei Nietzsche. Berlin 1983

78 Knodt, R.: Friedrich Nietzsche. Die ewige Wiederkehr des Leidens. Selbstverwirklichung und Freiheit als Problem einer Ästhetik und Metaphysik. Bonn 1987

79 Abel, G.: Nietzsche – Die Dynamik der Willen zur Macht und die ewige Wiederkehr. Berlin 1984

80 80 Danto, A.: a.a.O.

81 81 Nietzsche, F.: a.a.O. Bd. II. S. 466

ist ohne Zweifel auch „der erste“, der „diese Lehre“, also die Lehre von der Ewigen Wiederkunft, verkünden muß. Sie ist offensichtlich für Nietzsche ein Bildwort für die Absurdität des Daseins schlechthin. Nietzsche-Zarathustra sagt es selbst:

> „Und ewige Wiederkehr auch des Kleinsten! – das war mein Überdruß an allem Dasein!“[82]

Das Bild des ewigen Kreislaufes ist zunächst eine Metapher für das Leben des einzelnen Menschen: Trotz aller erlittenen Niederlagen und Enttäuschungen steht er immer wieder auf, hofft weiter, kämpft weiter, obgleich dieser Lebenskampf letztlich sinnlos und absurd ist, denn er endet in der Vernichtung durch den Tod.

Aber auch die Geschichte der Menschheit folgt diesem Rhythmus „des Kreises“: Immer wieder werden – in mehr oder weniger friedlichen und kulturschaffenden Epochen[83] – neue Menschen und neue Generationen geboren, deren Streben, Wirken und Hoffen durch den Tod letztlich ad absurdum geführt wird.

„Mein Seufzen saß auf allen Menschen-Gräbern“, sagt Zarathustra, „und konnte nicht mehr aufstehn; mein Seufzen und Fragen unkte und würgte und nagte und klagte bei Tag und Nacht: „ach, der Mensch kehrt ewig wieder! Der kleine Mensch kehrt ewig wieder!“[84]

Nietzsches Bild des ewigen Kreislaufs repräsentiert den Gedanken an die Absurdität alles menschlichen Daseins, radikalisiert Nietzsches Nihilismus. Viele Menschen und Weltanschauungen, die nicht an ein Leben nach dem Tode glauben, sehen den Sinn ihres Daseins und ihres Wirkens in einer besseren Zukunft für ihre Kinder oder allgemein der kommenden Generationen. Der Sozialismus beispielsweise (nach Nietzsche eine der schlimmsten Ideologien der Herdenmenschen[85]) deutet von dieser Idee einer besseren Zukunft des Kollektivs den Sinn der Einzelexistenz. Nietzsche räumt durch sein Bild der ewigen Wiederkunft mit solchen säkularisierten Sinngebungsideologien rest- und schonungslos auf. Welchen Sinn sollte das Leben des Individuums oder auch die Vielzahl der Leben aller Menschen haben, wenn die Menschheitsgeschichte nicht ein letztes Ziel, eine letzte Sinngebung – ein leidloses Dasein – besitzt? Das menschliche Leben wird in Nietzsches Kreislaufmetapher zu einem wertlosen Faktum, zu einer Gegebenheit ohne innere Rechtfertigung und Begründung. So ist die Metapher der sinnlos-ewigen Wiederkehr der „abgründlichste Gedanke“[86] – wie Zarathustra röchelnd ruft, als ihn die Erkenntnis der Überflüssigkeit aller Dinge überfällt:

> „Mein Abgrund *redet,* meine letzte Tiefe habe ich ans Licht gestülpt! (...) Ekel, Ekel, Ekel, - - - wehe mir!“[87]

---

[82] Ders. ebda. Bd. II. S. 465
[83] Vgl. Vetter, A.: Nietzsche. München 1926. S. 285 f.
[84] Nietzsche, F.: a.a.O. Bd. II. S. 465
[85] Dazu: Brose, K.: Sklavenmoral. Nietzsches Sozialphilosophie. Bonn 1990
[86] Nietzsche, F.: a.a.O. Bd. II. S. 462
[87] Ders. ebda.

Albert Camus, der große Nihilist des zwanzigsten Jahrhunderts, hat das Bild des sich ewig drehenden Kreises, die Metapher der ewigen Wiederkehr, in seinem *Mythos des Sisyphos* aufgegriffen: Sisyphos wälzt in alle Ewigkeit immer wieder seinen Felsen den Berg hinauf, und während er hinabsteigt, den heruntergerollten Felsen wiederzuholen, denkt er über sein Elend – die Absurdität der menschlichen Existenz – nach.

Das Wort vom Ekel, das Zarathustra ausruft, greift Jean-Paul Sartre, der andere große Nihilist des zwanzigsten Jahrhunderts, in seinem Roman *Der Ekel* auf. Auch Antoine Roquentin, die Hauptperson in Sartres Roman, überfällt eines Tages, unter einem Kastanienbaum, in einer Art Delirium oder Ekstase, die Erkenntnis von der Überflüssigkeit, Absurdität und Sinnlosigkeit alles Seins:

> „Die Existenz überall, bis ins Unendliche, zuviel, immer und überall; die Existenz – die immer nur durch die Existenz begrenzt ist. Ich ließ mich auf die Bank sinken, benommen, betäubt von dieser verschwenderischen Fülle von Seiendem ohne Anfang: überall Aufbrechen, Aufblühen, meine Ohren dröhnten von Existenz (…). „Aber warum", dachte ich, „warum so viele Existenzen, wo sie doch alle gleich aussehen?" (…) So viele verfehlte und hartnäckig neubegonnene und wiederum verfehlte Existenzen (…)? (…) Dieser Überfluß wirkte nicht wie Großzügigkeit, im Gegenteil. Er war trübselig, kränklich, von sich selbst behindert."[88]

Sartre dachte bei dieser Szene ohne Zweifel an Nietzsche, denn sofort anschließend an das eben angeführte Zitat heißt es:

> „Es gab Idioten, die einem etwas vom Willen zur Macht (... ) erzählten."[89]

Doch hier irrt Sartre gewaltig: Nietzsches Nihilismus ist nicht weniger radikal als der seine. Denn offensichtlich ist keine Interpretation weniger zutreffend als die, die in Nietzsches Lehre von der ewigen Wiederkehr eine Überwindung des Nihilismus sehen will. Sie ist schon gar nicht ein säkularisierter Rest religiöser *Jenseitshoffnungen* – wie einige christliche Denker meinten.[90]

Das Bild von der unaufhörlichen Wiederkehr ist zunächst einmal schonungsloser Nihilismus und Pessimismus: So wie bisher alle Menschen und Kreaturen gelitten haben, so werden auch in alle Zukunft Wesen leiden.

Sicher sind noch nicht alle Fragen geklärt, die mit Nietzsches Kreislauf- und Wiederkunftmetapher verknüpft sind.[91] Der Deutung des Kreislaufsymbols als soziologisch-anthropologischer Aussage stimmen aber heute wohl die meisten Interpreten zu. So schreibt Wiebrecht Ries:

> „Ist aber die Frage nach dem „warum" und „wozu" des Daseins „eine Frage ohne Antwort", verhallt der Schrei (...) in der Leere einer gleichsam blind sich fortzeugenden Welt."[92]

---

88 Sartre, J.-P.: Der Ekel. Reinbek b. Hamburg 1982. S. 151

89 Ders. ebda.

90 Huonder, Q.: Das Unsterblichkeitsproblem in der abendländischen Philosophie. Stuttgart u.a. 1970. S. 102 f.

91 Wohl ist richtig, was Theobald Ziegler schon im Jahre 1900 schrieb: „Diese Lehre steht (... ) doch fast wie ein Rätsel, als ein Unbegreifliches und Staunenerregendes wie die Porta Nigra in Trier da." (aus: Ziegler, T.: Friedrich Nietzsche. Berlin 1900. S. 129)

92 Ries, W.: Friedrich Nietzsche. Wie die wahre Welt endlich zur Fabel wurde. Hannover 1977. S. 94

Für Mihailo Djuritt leitet Nietzsche weniger ein kosmologisches Interesse als ein „existentiell-ontologisches“[93].

Weil die Kreislaufmetapher den Nihilismus symbolisiert, ist diese Lehre auch Nietzsche-Zarathustras „größte Gefahr und Krankheit“! Denn sie führt letztlich auch seine Philosophie ad absurdum: Was nützt letztlich das Auftreten des erwarteten „Übermenschen“, wenn Leid, Elend und Sinnlosigkeit dadurch nicht von der Erde verschwinden werden?

Denn auch und vor allem der Übermensch muß sterben – und leiden. Seine illusionslose Sicht der Welt und des Menschen, die Leben und Tod nicht mit metaphysischem oder religiösem Blendwerk verschönt, beraubt ihn auch jeden Trostes. In diesem Sinne sagt Zarathustra:

> „Der große Überdruß am Menschen, *der* würgt mich und war mir in den Schlund gekrochen: und was der Wahrsager wahrsagte: ‚Alles ist gleich, es lohnt sich nichts, Wissen würgt.‘“[94]

Der einzige verbleibende Optimismus Nietzsches stützt sich auf das Faktum, daß der Übermensch die seelische Stärke besitzt, diesem illusionslosen Wissen standzuhalten. Ja, die Lehre von der absoluten Sinnlosigkeit alles Seins ermöglicht geradezu erst das Auftreten des Übermenschen. Sie selektiert nicht nur die kommenden Übermenschen aus der Masse, die diese Erkenntnis nicht ertragen kann, heraus, der mit ihr verbundene Seelenschmerz – Zarathustra nennt ihn geheimnisvoll „Krankheit“[95] – läßt gleichsam den Übermenschen heranreifen und hervortreten. Die klare Einsicht in die Sinnlosigkeit allen Lebens, die seine „Krankheit“ ausmacht, vollendet zugleich seinen Sieg. Denn die schonungslose Erkenntnis der eigenen Sterblichkeit und sinnlosen Existenzsituation bedingt die Möglichkeit der eigenen, uneingeschränkten Freiheit – wie wir gesehen haben. Nietzsche spricht davon, daß diese Erkenntnis der Sinnlosigkeit und das daraus resultierende heroisch-nihilistische, sich empörende „Trotzdem!“ den besonderen „Willen zur Macht“ weckt und dieser wesensmäßig *ist.* Nietzsche favorisiert das dionysische Leben, welches den Tod zelebrierend integriert, ihn im „amor fati“ verklärt. Dem Großen genügt dieses von allen Zielvorstellungen befreite Weitermachen um seiner selbst willen. Dieses trotzige Weitermachen ist der einzige – rein immanente – Lebenssinn, der dem Dasein abgerungen werden kann. Auch dieses trotzig-heroische Weitermachen gegen alle erkannte Sinnlosigkeit wird durch das Kreislaufsymbol repräsentiert. In diesem Sinne kann Martin Havenstein das Kreissymbol „eine Schöpfung des Moralisten Nietzsche“[96] nennen. Auch nach Friedrich Kaulbach hat Nietzsche seine Wiederkehrmetapher „nicht als Leitfaden für objektive Welterkenntis und als „Wahrheit“, sondern als Sinnorientierung verstanden“[97].

---

93 Vgl. Djuritt, M.: Nietzsche und die Metaphysik. Berlin/New York 1985. S. 144 f.
94 Nietzsche, F.: a.a.O. Bd. II. S. 464
95 Vgl. ders. ebda. Bd. II. S. 465
96 Havenstein, M.: Nietzsche als Erzieher. Berlin 1922. S. 89
97 Kaulbach, F.: Nietzsches Idee einer Experimentalphilosophie. Köln/Wien 1980. S. 129

In *Ecce homo* heißt es:

> „Ich empöre durch mein bloßes Dasein alles, was schlechtes Blut im Leibe hat ... Meine Formel für die Größe am Menschen ist *amor fati:* daß man nichts anderes haben will, vorwärts nicht, rückwärts nicht, in alle Ewigkeit nicht. Das Notwendige nicht bloß ertragen, nicht weniger verhehlen – aller Idealismus ist Verlogenheit vor dem Notwendigen –, sondern es *lieben.*"[98]

In *Ecce homo* spricht Nietzsche über sich selbst, und es wird nun deutlich, daß er und Zarathustra, „der Fürsprecher des Lebens, der Fürsprecher des Leidens, der Fürsprecher des Kreises"[99] identisch sind.

98 Nietzsche, F.: a.a.O. Bd. II. S. 1098
99 Ders. ebda. Bd. II. S. 462

## II. Der Tod bei den Vertretern der „naturalistischen“ Lebensphilosophie

In der Folgezeit haben die (meisten) Lebensphilosophen bei Nietzsche nur den „Fürsprecher des Lebens“, d.h. den positiv-optimistischen Aspekt in seinem Werk, herausgehört. Man kann die Position der Lebensphilosophen (vor allem der biologistisch orientierten) zur Todesproblematik vereinfacht folgendermaßen zusammenfassen:

Die untergeistige Natur ist durchwoben vom Prinzip einer stetig gleichen, nicht-reflektierenden, impersonalen Es-Funktion, einem unbewußten und unaufhörlichen Drang zur Gestaltung und Entfaltung des Lebens. Hier haben wir gewissermaßen das Destillat von Nietzsches Vorstellung vom ewigen Kreislauf der Natur und des Lebens vor uns! Aber schon Schopenhauer – gewissermaßen Nietzsches Lieblingsphilosoph – hatte gelehrt, den Wert der Alogizität und Dumpfheit dieses unbewußten Lebensdranges in der Natur zu sehen und anzuerkennen. Ohne (störende) Reflexion und sinnvolle Zielsuche gestaltet und schöpft die Natur entsprechend der ihr eigenen Wesensstoßkraft nach ihrem besonderen Gestaltgesetz. Nun fand die Unbewußtheit und Alogizität der Natur nicht nur negative Wertungen innerhalb der Philosophiegeschichte. Vielmehr fand der impersonale Schwung und die objektive Zielsicherheit der Natur auch Bewunderer angesichts der Unsicherheit und Zerrissenheit der menschlichen Existenz. Der Existenzphilosoph Peter Wust hat diese, alle Lebensphilosophen mehr oder weniger einigende Sicht, einmal so zusammengefaßt:

> „Wo aber finden wir denn nun, wenn wir von unserem menschlich gebrechlichen Dasein aus um uns schauen, zunächst diese Ruhe und Stetigkeit, diese Sicherheit und Ungebrochenheit, diese schöne Treue und Wahrheit, diese gesamte Wesenbefriedetheit, die wir in uns selbst entbehren? Kein Zweifel, wir finden sie zunächst in dem stillen Notwendigkeitsgang der Natur. Die Natur hat in der Tat etwas von jener Wahrheit und von jenem Frieden, sie hat etwas von jener Treue und von jener Lauterkeit, die wir im Bereich des menschlichen Handelns fast immer vergebens suchen. Wie stolz und sicher ziehen die Sterne zu unseren Häuptern ihre unendlichen Bahnen, und wie gebrochen ist dagegen die Bewegungskurve des menschlichen Willens! Wie berechenbar und wie stetig ist die gesamte Natur um uns in ihrem Wachsen und Werden, und wie unstet und flüchtig sind wir selbst!“[1]

Deshalb glorifizieren die Lebensphilosophen die subhumane Natur und betrachten das spezifisch Menschliche, das mentale Geschehen, die Reflexion, Geschichte und Kultur, als bloße Fortentwicklung des Biologischen und des Unbewußten, im schlimmeren Fall als deren Störfaktor und Fehlentwicklung.

Das „Unbewußte ist das Primordialgesetz alles Seins. (...) Die absolute Reflexionslosigkeit, das ist der eigentliche Geburtsschoß aller Dinge“[2],

---

[1] Wust, P.: Weisheit und Heiligkeit. Ges. Werke. Bd. VI. Münster 1966. S. 115

[2] Wust, P.: a.a.O. S. 116

kommentiert Wust kritisch. Der Geist aber wird häufig (so v.a. bei Klages) als eine Fehlentwicklung der Evolution betrachtet, letztlich als der verhängnisvolle „Sündenfall“ aus der Harmonie der natürlichen Einheit, der „Auszug aus dem Paradies des Unbewußten“[3] und das „Stigma der Kulturversklavung“[4]. Meist stellt sich die Lebensphilosophie nicht in dieser Radikalität dar. Allerdings beruhen auch die gemäßigteren und geistesgeschichtlich orientierten Lebensphilosophien auf einem spezifischen „Staunen über das Mysterium des impersonalen Naturtriebs“[5], einer gewissen Geringschätzung des geistig-personalen Prinzips, welches alle Kultur fundiert.

Oft geht die Lebensphilosophie (v.a. ihre biologistische Richtung) mit einem Monismus einher: Die Natur ist eine gigantische Kraft, Macht und Wirklichkeit, die alles Sein und Seiende durchflutet, immer neue Gestalten hervorgehen und wieder zugrundegehen läßt. Alle Kreaturen, inklusive des Menschen, sind aber nur „Mosaiksteinchen“, temporäre Erscheinungen ihrer Schöpferkraft. Auch die Individualität und Autonomie des einzelnen Menschen ist gleichsam nur eine scheinbare: Sie ist nur ein Teil der das Individuum durchflutenden Seins- und Schöpferkraft. Auch kommt dem Leben des Individuums nur die Bedeutung zu, die es im Gesamt der Natur einnimmt. Insofern ist auch der Tod des einzelnen Individuums relativ unwichtig, insofern „das Leben“ weitergeht und neue Konfigurationen hervorbringt. Erst der Geist, die Reflexionsfähigkeit des Menschen, macht, daß dieser seine Existenz überbewertet und – im Unterschied zum Tier – um seinen Tod weiß. Das Reflexionsvermögen des Menschen erst macht, daß dieser die Kontingenznot, die der Homo sapiens an sich mit allen Wesen teilt, erleidet. Im engeren Sinne meint Leiden nicht lediglich das Erleben des Übels, sondern auch dessen verstehende Erfahrung. Der Mensch leidet, weil er – im Unterschied zum Tier – um seine Endlichkeit und Gebrechlichkeit weiß. (Dieser Gedanke findet sich auch bei Nietzsche. „Die Thiere und die Pflanzen“, hat er in seinem Nachlaß notiert, „ertragen diesen Gedanken.“[6])

Würde der Mensch mehr mit der ihn transzendierenden Natur mit-leben, „mit-schwingen“, seine Reflexionsfähigkeit ihrem Rhythmus des Werdens und Vergehens subordinieren, seinen Geist-Egoismus ihrer höheren Ordnung opfern, würde seine (egoistische) Angst vor dem Tod, sein nicht Fertigwerden mit seiner individuellen Endlichkeit überwunden.

Wir wollen im weiteren betrachten, welche Gestalt die Todesthematik bei den „biologistisch“ orientierten Lebensphilosophen Ludwig Klages und Oswald Spengler gefunden hat.

---

3 Ders. ebda.
4 Ders. ebda.
5 Ders. ebda. S. 117
6 Nietzsche, F.: Sämtliche Werke. Krit. Studienausgabe. Hrsg. v. Colli u. Montinari. Bd. II. München 1980. S. 77

## *1. Der Tod in der Philosophie Ludwig Klages'*

Hatten Descartes und in seiner Nachfolge die Philosophie der Neuzeit angenommen, „das ursprünglich Gewisse sei der erfassende Geist“[7], so bestreitet Klages, wie vor ihm Nietzsche[8], das Recht zu einer solchen philosophischen Behauptung. Klages weist darauf hin, daß die Selbsterkenntnis in der Tat nichts Primäres ist. Er ist der Überzeugung, daß im Individuum wie in der gesamten Menschheit die Weltentdeckung der Selbstfindung antezediert.[9] Hatte doch die Antike bereits komplexe Kosmologien entfaltet[10], ehe die Philosophie über die Seele nachzudenken begann. Auch das Kleinkind lebt zunächst in einer Welt der Objektbezogenheit, ehe es ein Ich- oder Selbstbewußtsein entwickelt.[11] Dabei sind die originären Impressionen des Menschen – der Naturvölker, aber auch noch größtenteils des Kleinkindes – stets Impressionen von etwas Beseeltem, und es bedurfte einer jahrhunderte- und jahrtausendelangen Reflexion des Geistes, um an die Stelle erscheinender Wesen leblose Dinge zu setzen. Den Blick für das Fremdseelische hat der Mensch als Träger der Zivilisation nur noch in bezug auf den Nebenmenschen bewahrt. Diese Entwicklung, die Fähigkeit hinter allen Erscheinungen des Kosmos Lebendiges und Beseeltes zu sehen zu verlieren, hält Klages für einen Irrweg der menschlichen Evolution, durch den der Mensch in einen „steigenden Automatismus des Lebens“[12] zu fallen droht. Ludwig Klages fordert daher die Entwicklung einer neuen Erscheinungswissenschaft und Wahrnehmungslehre, die die *eine* strömende Lebenskraft hinter allen Erscheinungen (von Pflanzen, Tieren und Menschen) zu erfassen vermag. Diesem Ziel dienen seine Werke „Vom Wesen des Bewußtseins“, seine „Grundlagen der Charakterkunde“ und seine „Grundlegung der Wissenschaft vom Ausdruck“, „Rhythmen und Runen“ und natürlich vor allem sein Hauptwerk „Der Geist als Widersacher der Seele“.

Die Grundgedanken von Klages' Philosophie sollen hier nur stichpunktartig genannt werden:

Klages entfaltet seine metaphysisch-philosophischen Reflexionen aus psychologischer Sicht. Bezüglich der menschlichen Psyche konstatiert er einen Gegensatz zwischen Geist und Seele, d.h. zwischen der Fähigkeit des begrifflichen Denkens oder Tatsachendenkens, welches die Realität in ein fixes System zwängt, und dem Erleben, das der Variabilität und lebendiger Fluktuation der Realität Genüge tut. Die Antike kannte bereits die Dreiteilung Leib –

---

7 Klages, L.: Der Geist als Widersacher der Seele. Dritte, verb. Auflage, in zwei Bänden. München 1954. S. 481. Anm. 13

8 Siehe zum Verhältnis Klages/Nietzsche bezüglich der philosophischen Psychologie: Klages, L.: Die psychologischen Errungenschaften Nietzsches. Leipzig 1926. Außerdem: Ganzoni, W.: Die neue Schau der Seele. Goethe – Nietzsche – Klages. Wien/Stuttgart 1954

9 Vgl. Klages, L., Der Geist als Widersacher der Seele. a.a.O. S. 153 f.

10 Vgl. ders. ebda. S. 850-923

11 Vgl. ders. ebda. S. 255 ff.

12 Ders. ebda. S. 257

Seele – Geist.[13] Der Kartesianismus verdrängt sie durch die Gleichsetzung des Geistes mit der Seele.[14] Die Dreiteilung tauchte wieder auf bei einigen Denkern der Romantik[15], doch Klages beansprucht, der erste zu sein, der in der Lage ist, an jedem Lebensvorgang zu demonstrieren, durch was er Zeichen des Leibes, der Seele oder des Geistes ist. Seele und Leib sind – nach Klages – „zusammengehörige Pole der Lebenszelle“[16]; und er hält daran fest, daß „es nur eine echte Trias gibt, die in der Lebenszelle polarisierte Zweiwesenheit von Seele und Leib“[17]. Dies ist eine Definition, welche jede Wechselwirkungslehre und jeden Dualismus zurückweist: Leib und Seele sind zwei „Erscheinungsweisen“ *einer* Wirklichkeit, der Mensch ist eine leibseelische Einheit. Der Geist hingegen ist eine geheimnisvolle Macht, die durch einen unseligen Fehlverlauf der Evolution in die Wirklichkeit des Lebens „eingebrochen“ ist, „von außen her (...), einem Keil vergleichbar, sich einschiebt“[18]. Der Geist droht permanent die doppelpolige Harmonie des menschlichen Erlebens zu spalten, er dirimiert das originäre Erleben. Der Geist droht Leib und Seele „untereinander zu entzweien, also den Leib zu entseelen, die Seele zu entleiben und dergestalt endlich alles ihm irgend erreichbare Leben zu ertöten“[19]. Lebensvorgänge sind Erlebnisvorgänge oder, kürzer gesagt: Erlebnisse. Erlebnisse (die also auch schon dem Tier zukommen) dürfen nicht verwechselt werden mit dem Bewußtsein von Erlebnissen, das vermöge des Geistes (beim Menschen) zu ihnen hinzutritt.

> „Kein Erlebnis ist bewußt, und kein Bewußtsein kann etwas erleben.“[20]

Während ein toter mechanistischer Vorgang nicht über sich hinausweist, ist jeder Lebensvorgang „Widerfahrnis“, d.h. er steht in Verbindung mit einem Außerhalbseiner, demzufolge dem Lebensträger das Widerfahrene als etwas von ihm Verschiedenes begegnet. Dem Stein, der vom Berg herabrollt, widerfährt nichts; der Gemse dagegen, die dem stürzenden Stein durch einen Sprung ausweicht, ist etwas widerfahren. An dem Beispiel wird deutlich, daß jedem „Erlebnis“ ein „Wirknis“, jedem rezeptorischen Lebensvorgang ein effektorischer zugehört und umgekehrt (wir kommen noch darauf zu sprechen!). Hatte die frühere (atomistische) Erkenntnispsychologie von simpelsten Bestandteilen der Sinnenerlebnisse, den sog. Empfindungen des Gesichtssinnes, Gehörs, Geschmacks usw. ihren Ausgang genommen und aus deren summarischer Zusammensetzung das Gesamtphänomen der Wahrnehmung erklärt, so widerspricht Klages – hier durchaus korrekt Erkenntnisse der modernen Gestalttheorie vorwegnehmend – dieser additiven und atomistischen Erkenntnistheorie. Klages differenziert an jedem Sinneserlebnis zwei

---

13 Vgl. ders. ebda. S. 6 f.; 813 f.
14 Vgl. ders. ebda. S. 727 f.
15 Vgl. ders. ebda. S. 812 ff.
16 Ders. ebda. S. 7
17 Ders. ebda. S. 815
18 Ders. ebda. S. 7
19 Ders. ebda.
20 Ders. ebda. S. 229

Seiten, zwei Komponenten: Empfindung und Schauung. Diese beiden Komponenten kennzeichnen die Lebensvorgänge (also auch schon des Tieres).

Klages demonstriert, daß „die Sinne Organe sowohl des Leibes als auch der Seele sind oder daß in jedem Erlebnis der Vorgang des Schauens der Bilder und der Vorgang des Empfindens ihrer Körperlichkeit zusammenwirken“[21]. Die Empfindung ist die rezeptorisch kennzeichnende Funktion des leiblichen Pols, die Schauung die des seelischen Pols.

> „So gewiß ein Leib ohne Seele kein lebendiger Leib mehr wäre, so gewiß muß am leiblichen Sinnesvorgang des Empfindens der seelische Sinnesvorgang des Schauens beteiligt sein.“[22]

Empfunden werden Widerstände, geschaut Erscheinungen oder Bilder im weitesten Sinne, also strukturierte Gestalten optischer Art (Bilder im engeren Sinne), akustischer Art (z.B. Melodien) usw.. Ein Widerstand wird immer zugleich am Sinnesorgan erlebt, z.B. Schmerz am Finger infolge einer Verletzung; Bilder nie: die Melodie hören wir nicht im Ohr, das Gemälde sehen wir nicht im Auge (sondern in der Seele). Durch das leibliche Empfinden tritt der Lebensträger in Verbindung mit dem schlechthin Nahen, durch das seelische Schauen mit dem schlechthin Fernen und Komplexen. Ein Druck kann nur größer oder kleiner sein; die Empfindungsinhalte unterscheiden sich daher allein durch ihre Stärke oder Intensität voneinander.[23] Die Schauungsinhalte dagegen sind Inbegriffe geformter und ganzheitlicher Qualitäten. Indem beide Vorgänge miteinander verschmelzen, Empfindung und Schauung, werden die Erlebnisse verörtlicht oder lokalisiert.[24] So entsteht unsere körperlich unterbaute Anschauungswelt. Als effektorischer Vorgang entspricht dem Empfinden der in Bewegungen sich äußernde Triebantrieb, dem Schauen der formbildende Gestaltungsantrieb. Kommt nun beim Menschen der Geist, der streng von beiden unterschieden werden muß, hinzu und trifft den empfangenden Lebensvorgang, so wird dieser zum Auffassungsakt, trifft er den wirkenden Lebensvorgang, wird er zum Willensakt.[25] Man könnte es so umschreiben: Die Wahrnehmung des Lebens – ohne die spaltende Tätigkeit des Geistes – folgt dem pulsierenden, sich stets verändernden und fluktuierenden Geschehensprozeß des Lebens und Seins.

> „Der Leib ist Träger des Empfindens und der Eigenbewegung, die Seele Träger des Schauens und Wirkens (...), der Geist Träger von Auffassungsakten und Willensakten. Dem lebendigen Leibe entspricht sonach die Körperlichkeit der Welt oder, abstrakter gesagt, ihre Materialität, der eingekörperten Seele die Erscheinung der Weltcharaktere, wachsend am seelischen Gehalt mit wachsender Seelenvorherrschaft; dem verörtlichten Geist eine Welt mit sich identischer Gegenstände.“[26]

---

[21] Ders. ebda. S. 198
[22] Ders. ebda. S. 199
[23] Vgl. ders. ebda. S. 337
[24] Vgl. ders. ebda. S. 181 f.
[25] Vgl. ders. ebda. S. 600 ff.
[26] Ders. ebda. S. 1014

Der Geist hebt die dynamischen Bilder ins Überzeitliche, Starre und fixiert sie (empfangend, d.h. im Auffassungsakt) in Begriffen und Ideen, (aktiv, wirkend) in Willensakten. Daher entstand mit dem geheimnisvollen Auftreten des Geistes die Gebärde des Zeigens, die Entstehung der Sprache und ihrer ersten rudimentären Begriffe, die Materialisierung von fixierten Ideen und Vorstellungen in Erfindungen und Werkzeugen. Der Begriff ist eine überzeitliche und damit den Werdeprozeß des Lebens vergewaltigende Struktur – und damit für Klages das Sinnbild des Geistes.[27]

> „Das aber ist der Weg des Geistes: die Welt der Sinne münzt er um in eine Welt der Begriffe."[28]

Der Wille darf also nicht nach Art des Triebes verstanden werden, er hat im Unterschied zur Antriebsbewegung gewissermaßen die Funktion einer Steuerkraft. Klages unterscheidet zwischen Trieben und Triebfedern oder Interessen, die vom Geist bestimmt, also Willensakte sind. Der Hunger z.B. ist ein Trieb, der Erwerbssinn eine Triebfeder. Triebe haben Menschen und Tiere gemeinsam, Triebfedern hat nur der Mensch. Triebe sind Lebenstatsachen, Triebfedern kommen erst dann vor, wenn das Leben um ein geistiges Zentrum kreist: um das Ich oder Selbst.

Dabei ist zu beachten, daß das Ich- oder Selbstbewußtsein das Wesensmerkmal des Geistes ist, insofern erst die Fähigkeit eine überzeitliche, d.h. den Lebensimpuls überragende Position einzunehmen, ein Ichbewußtsein ermöglicht, welches die Summe der vergangenen, gegenwärtigen und zukünftigen Lebensakte als zu einem (angeblich autonomen) Aktzentrum gehörend zusammenfaßt. Tatsächlich existiert ein solches Aktzentrum nicht wirklich substantiell. Das Selbst oder Ich ist nur eine vorübergehende, akzidentelle Erscheinungsweise der *einen* Lebenskraft, die sich fälschlich für autonom und substantiell-individuell hält.[29]

Klages schreibt:

> „Die Ichanlage, mehrfach mit dem Gleichnis des ausdehnungslosen Zentrums erläutert, um das ein Lebenszusammenhang sich zu drehen genötigt sei, kann nur als funktionelle Beschaffenheit aufgefaßt werden, (...) solange der Funktionszusammenhang namens Organismus besteht."[30]

Man sieht, wie sehr hier Klages der ganz ähnlichen Position Nietzsches folgt. Nun ist es so, und der Werdeprozeß des Kleinkindes demonstriert dies, daß sich das Ich- oder Selbstbewußtsein allmählich entwickelt. Immer mehr bemächtigt sich der Geist des Lebens. Die durch die Begriffssprache fixierte und strukturierte Erinnerung bewirkt eine „versteinende Aufbewahrung"[31], die sich immer stärker über das spontane Erleben legt. Dazu kommen dann noch angelernte Regeln, Denk- und Handlungsnormen usw., die das Leben unterjochen.

---

27 Vgl. ders. ebda. S. 1014-1021
28 Ders.: Rhythmen und Runen. Leipzig 1944. S. 466
29 Vgl. ders.: Der Geist als Widersacher der Seele. a.a.O. S. 1012 ff.
30 Ders. ebda. S. 1013
31 Ders. ebda. S. 445

„Der Weg der Verselbstung und insofern der Schicksalsweg jeder Persönlichkeit ist der Weg von der Lebensfeuchte zur Lebensverdorrung, von der Eigenherrlichkeit des Rhythmus zur Zwangsherrschaft der Regel, vom Ergänzungsverhältnis zur Entzweiung der Pole."[32]

Die Werdung des „empirischen Ich" ist folglich ein Prozeß der „Selbstaufbrauchung des Lebensstoffes, ein Vorgang, der golemartig die Welt verschlänge, fände er nicht als wesenhaft endlich eine eherne Schranke am Tode so des einzelnen Trägers als schließlich der ihm zur Wirkungsstätte dienenden Gattung"[33].

Wir sehen schon hier eine der lebensnotwendigen Funktionen des Todes: er verhindert die Versteinerung des Lebens durch den Geist, sowohl des einzelnen Lebensträgers wie des Kollektivs. Denn analog zum einzelnen Menschen macht auch die Menschheit immer mehr einen Prozeß der Vergeistigung, d.h. Erlahmung der Lebenskräfte durch.

„Das Leben ist immer Weltmitte, unsre Theorien aber wollen an die Peripherie. Phantasie ist Glut, Verstand ist Kälte. Die Erde befindet sich im Prozeß der Erkaltung, die Menschheit kommt vom Glauben zum Wissen."[34]

Dazu läuft „weltgeschichtlich" genau parallel zur Entwicklung des Individuums etwa „der Weg vom symbiotischen Brauch der Dorfmark zur abgelösten Legislative der Staatsmaschinerie"[35]. Bezüglich früherer Epochen, die noch lebenssatt, vital und geistreduziert waren, stellt Klages fest:

„Hochzeit und Leichenfeier, Rache, Krieg und Untergang, Zecherübermut und Wandersinn, Reiterkeckheit, Kindsgefühl und Mutterlust atmeten und strömten in unerschöpflichen Liedern, bald zu heißer Tat entfachend, bald in den Schlummer des Vergessens wiegend. Man dichtete und sang beim Tanz, beim vollen Becher, bei Abschied und Wiederkehr, bei Weihung und Zauberspruch, im Dämmer der Spinnstuben, vor der Schlacht, an der Bahre des Gefallenen, man reizte sich auf durch Spottlieder, focht Zwiste in Wettgesängen aus, umwob mit dunkelheller Poesie Gebirge, Quell und Strauch, Haustier, Wild und Pflanze, Wolkenzug und Regenguß. Und was uns heute nachzufühlen fast schon versagt ist, sogar die Arbeit wurde zur Feier. Nicht im Wandern und bei festlichen Gelagen nur, man sang auch beim Winden des Ankers und zum Rhythmus des Ruderschlages, beim Tragen schwerer Lasten und beim Treideln der Schiffe, beim Binden der Fässer, zum Takt des Schmiedehammers, beim Streuen der Saat, beim Mähen, Dreschen, Mahlen der Körner, beim Flachsbrechen, Weben und Flechten."[36]

Dabei läuft die Menschheitsgeschichte nicht gradlinig in Richtung immer größerer Vergeistigung, vielmehr gelang es einzelnen großen Gestalten, deren „Lebensabhängigkeit des Geistes" die „Geistesabhängigkeit des Lebens" überwog[37] (Klages zählt dazu etwa Heraklit, Goethe, die Denker der Roman-

---

[32] Ders. ebda. S. 446
[33] Ders. ebda. S. 445
[34] Ders.: Rhythmen und Runen. a.a.O. S. 466 f.
[35] Ders.: Der Geist als Widersacher der Seele. a.a.O. S. 446
[36] Ders.: Mensch und Erde. 5. Aufl. Jena 1937. S. 27
[37] Ders.: Der Geist als Widersacher der Seele. a.a.O. S. 347

tik), immer wieder „logozentrische“ oder „herakleische“ durch „biozentrische“ oder „prometheische“ Weltanschauungen und Kulturen abzulösen.[38] Allerdings bedarf es immer größerer Anstrengungen der dazu berufenen Großen oder Genii – wie Klages sagt –, das Rad der Geschichte für eine gewisse Zeit herumzudrehen, so wie „auch der Lebensreichste über das dreißigste Jahr hinaus vom All der Seele kaum einen Rest“[39] bewahrt. Nur starke emotionale Kräfte und Erschütterungen – wie sie beispielsweise in der Ekstase oder in der Kunst erlebt werden können – schaffen es jetzt hin und wieder, das Geistige aufzubrechen und den originären Lebensrhythmus spüren zu lassen. Von der Ekstase sagt Klages:

> „In ihrer Vollendung am ehesten ähnlich der Selbstvergessenheit des vollkommen Glückberauschten fährt sie vorübergehend zum Erlöschen des Bewußtseins überhaupt in einer Brandung von grundaus aufgewühlten Lebenswogen, den Ergriffenen mit einem Bildermeer überflutend, das ihn jeder Besinnung darauf beraubt.“[40]

Bezüglich der Kunst stellt Klages fest:

> „Aus solchen Werken, die echte Schaffenskraft ohne Nebenabsichten hervorbrachte, spricht uns gedämpft und vergeistigt die gleiche Elementarmacht an, deren bewußtloses Wirken wir bewundern im Sturz des Wasserfalls, im Wehen des Windes oder im Rollen des Donners, und es verschwindet dahinter der Geist eines menschlichen Machers.“[41]

Es gibt noch eine Reihe weiterer Erfahrungen, in denen *das* Leben unser scheinbares Ich überflutet.

Ganz allgemein stellt Klages fest:

> „Wann immer wir wollen oder denken, so sagen wir: *ich* denke, ich will, ich tue, und wir heben das Ich um so entschiedener hervor, je nachdrücklicher wir eben denken oder wollen. Wann aber wir Großes fühlend erlebten, so scheint es uns blaß und marklos, zu sagen: ich fühlte das folgende; und es heißt statt dessen: *es* hat mich ergriffen, erschüttert, gepackt, überwältigt, hingerissen! Was reißt uns hin? Das Leben! Und was wird hingerissen? Das Ich!“[42]

Hans Kasdorf kommentiert es so:

> „Was in diesen Augenblicken den Menschen erfüllt, ist nicht der Reichtum des persönlichen Geistes, nicht Bildung, nicht Machtgefühl. Es ist die Flut des elementaren Allebens, die auch im Menschen nie ganz verebbt, aber für gewöhnlich nur eben noch ausreicht, das tagwache *Dasein* zu tragen. In dem so angedeuteten Sinne unterscheidet sich das Dasein oder die Existenz als ein Für-sich-sein von dem volleren Leben als einem Mit-der-Welt-leben.“[43]

---

38 Vgl. ders. ebda. S. 374 f.

39 Ders. ebda. S. 446

40 Ders. ebda. S. 260

41 Ders.: Rhythmen und Ruinen. a.a.O. S. 469

42 Ders.: Vom kosmischen Eros. 3. Aufl. Jena 1930. S. 67

43 Kasdorf, H.: Ludwig Klages. Werk und Wirkung. Einführung und kommentierende Bibliographie. Bonn 1969. S. 53

Man sieht, daß Klages die Erlösung des Menschengeschlechts nicht einfach in einem Rückfall ins Vorgeistige, gewissermaßen auf die animalische Stufe, sieht: eine solche Regression ist nicht möglich. Aber es geht darum, immer wieder die vitalen Kräfte (Gemüt, Instinkt, Emotion, Rhythmus) über die geistigen Kräfte (Intellekt, Verstand, Künstlichkeit) regieren zu lassen. Das Menschliche ist immer eine Junktion zwischen Leben und Geist. Das demonstriert zum Beispiel die Handschrift des Menschen – Klages ist ja u.a. Begründer der modernen, wissenschaftlichen Graphologie: der Gehalt des Geschriebenen, der Inhalt, stammt vom Geist, die Handschrift aber ist Ausdruck der Lebenskraft, die das jeweilige Individuum beherrscht.[44]

Wir wollen uns nun – unter Ausblendung der diversen Gebiete, in denen Klages seine Weltanschauung entfaltet und dargestellt hat (Charakterologie, Gesellschaftswissenschaft, Geschichtstheorie usw.) – der Todesthematik bei Klages zuwenden.

Wir sagten: Das Leben ist bei Klages eine kosmische, alles durchdringende monistische Kraft und Wirklichkeit, die immer wieder Materie konfiguriert und belebt: so entstehen Pflanzen, Tiere, Menschen. Diese sind eigentlich nur akzidentelle Erscheinungen der einen Lebenskraft. In diesem Sinne schreibt Klages:

> „Und die Wurzeln meines Wesens reichen in diluviale Vorzeit. Es ist ein Mitfühlen mit den fernsten und totesten Entwicklungsstufen, mit dem Urbasalt, dem Meere, den Wolken und Stürmen."[45]

Insofern der Mensch nur eine akzidentelle Erscheinungsweise, ein „Mosaiksteinchen", innerhalb des kosmischen All-Einen ist, kann Klages die Zweiheit von „Leib" und „Seele" überall im Kosmos konstatieren. Dabei meint „Seele" „den Sinn des Leibes", und das Bild des Leibes „die Erscheinung der Seele". Wohlgemerkt: „Leib" und „Seele" meinen nicht nur anthropologische Gegebenheiten, sondern kosmische Qualitäten, welche eben auch in den menschlichen Phänomenen oder Erscheinungsweisen von Psychae und Soma realisiert sind. Die Analogien, die Klages dabei zieht, muten – das macht das folgende Zitat wohl deutlich – oftmals ein wenig gezwungen, okkult und naiv an:

> „Der Kosmos lebt, und alles Leben ist polarisiert nach Seele (Psychae) und Leib (Soma). Wo immer lebendiger Leib, da ist auch Seele; wo immer Seele, da ist auch lebendiger Leib. Die Seele ist der Sinn des Leibes, das Bild des Leibes die Erscheinung der Seele. Was immer erscheint, das hat einen Sinn, und jeder Sinn offenbart sich, indem er erscheint. Der Sinn wird erlebt innerlich, die Erscheinung äußerlich. Jener muß Bild werden, wenn er sich mitteilen soll, und das Bild muß wieder innerlich werden, damit es wirke. Das sind, ohne Gleichnis gesprochen, die Pole der Wirklichkeit. – Betrachten wir nun erfassend und denkend die Welt von außen, so wird sie uns überall die pelasgische Dreiheit der in der Einheit des Ganzen auseinandergegliederten Pole zeigen. Der Raum ist der Leib der Zeit, die Zeit die Seele des Raumes. Seele und Sinn der Nacht ist der Tag, Mut-

[44] Vgl. hierzu: Klages, L.: Handschrift und Charakter. 11. bis 13. Aufl. Leipzig 1929
[45] Klages, L.: Rhythmen und Runen. a.a.O. S. 473

> terleib des Lichtes die Nacht. Winter und Sommer, Schlummern und Wachen, Sterben und Entstehen reihen sich an. Das Weibliche ist Körper und Mutter der Seele, das Männliche offenbarter und offenbarender Sinn des Schoßes der Mutter. Blut und Nerv, Sonnengeflecht und Gehirn, „Herz“ und „Kopf“, Mund und Auge, links und rechts stehen im gleichen Verhältnis. Man trenne je eines dieser Glieder vom andern, und die Welt ist zertrümmert.“[46]

Julius Deussen hat hier Klages so kommentiert:

> „Nicht nur das Individuum, sondern das gesamte Leben wird als gleichermaßen in Leib und Seele „gepolt“ betrachtet. Unter Polung oder Polarität versteht Klages (... ) das Auseinandertreten des Kosmos in Erscheinung und Sinn nach dem Urschema von weiblich empfangendem Leib und männlich wirkender Seele. Infolgedessen gelangen wir reflektierend, d.h. rein theoretisch, zum Urteil über „die Welt der Kräfte“, sobald wir den seelischen Pol des Kosmos, – zum Urteil über „die Welt des Stoffes“, sobald wir den körperlichen Pol des Kosmos geistig betrachten.“[47]

Klages hat – wie fast alle Lebensphilosophen – keinen Blick für das Widrige, Feindliche und Grausame in der subhumanen Natur. Nur der menschliche Geist projiziert – aus Egoismus und Verblendung – das Feindliche in die Harmonie der Natur, weil sie ihm und seinen Plänen in die Quere kommt. Klages kann schreiben:

> „Die Natur kennt keinen „Kampf ums Dasein“, sondern nur *den* aus der Fürsorge für das Leben. Viele Insekten sterben nach dem Begattungsvorgang, so wenig legt die Natur auf Erhaltung Gewicht, wenn nur in ähnlichen Formen die Woge des Lebens weiterrollt. Was ein Tier das andre jagen und töten läßt, ist das Bedürfnis des Hungers, nicht Erwerbssinn, Ehrgeiz, Machtgelüste. Hier klafft ein Abgrund, den keine Entwicklungslogik je überbrücken wird. Nie wurden denn Arten durch andre ausgerottet, da jedem Zuviel auf der einen Seite alsbald der Rückschlag folgt, indem durch stärkere Lichtung der Beute dem Feinde die Nahrung ausgeht; sondern ihr Wechsel vollzog sich in riesenhaften Zeiträumen aus planetarischen Gründen und führte eine beständige *Vermehrung* der Unterformen herbei. Die Vertilgung Hunderter von Arten in wenigen Menschenaltern läßt keine Vergleichung zu mit dem Aussterben etwa der Saurier oder des Mammuts.“[48]

Zwar sagt Klages auch:

> „Stärker, größer, tiefer als alle Tragik *nur* des Menschen ist die Tragik der Wirklichkeit selbst, derzufolge unabtrennlich zueinander gehören: die Vollendung des *Lebens* zu überschwänglicher Schönheit, sein Auflodern in betäubenden Seligkeiten, sein bildergebärendes Strömen und das unerbittliche *Schicksal,* daran alles Leben unabwendbar zerbricht. Auf den Flötenschall seiner Lüste folgt eisiges, folgt endlich ewiges Verstummen.“[49]

Aber auch dieses „Zerbrechen“, Sterben und Vergehen findet seine Rechtfertigung angesichts der nie gedanklich auszuschöpfenden, wohl aber in ekstati-

---

46 Ders.: Vom kosmischen Eros. a.a.O. S. 63
47 Deussen, J.: Klages’ Kritik des Geistes. Leipzig 1934. S. 35
48 Klages, L.: Mensch und Erde. a.a.O. S. 30
49 Ders. ebda. S. 180

scher Ergriffenheit erleb- und fühlbaren „Größe und Tiefe und Weite des Lebens“. Das Sterben – so sahen wir schon – ermöglicht erst das schöpferische Neubeginnen der Natur:

> „Wenden wir... den Blick auf den rauschhaften Preisgebungsüberschwang, indem wir etwa an das Blutopfer des Kriegers im Kampfe denken, die bevorzugte Opferform heroischer Völker, wie sie *Schiller* im Reiterlied unvergänglich zum Ausdruck bringt: „Und setzet ihr nicht das Leben ein – Nie wird euch das *Leben* gewonnen sein“, so mag es uns vollends deutlich werden, warum alle Größe und Tiefe und Weite des Lebens dahinschwände mit der Tragik des Lebens und weshalb nur im Untergehen Erfüllung, im Sterben der göttlichen Bilder Gewähr ihrer Ewigkeit liege.“[50]

In der Tat überlebt nicht das einzelne Individuum, sondern nur der Typos, oder wie Klages sagt, das „Bild“ der Gattung, welches durch die Fortpflanzung an die Nachkommenschaft weitergegeben wird.

Klages äußert sich wie folgt zu dem Problem der Fortpflanzung:

> „Vom Buchbaum fällt eine Buchecker und gedeiht im Waldesboden zum neuen Baum. Lebt etwa die Mutterbuche im Buchenkinde fort? Gewiss nicht! Jene könnten wir umhauen und verbrennen, dieses wächst fröhlich weiter. Oder lebt etwas vom Stoff der alten in der erneuerten Buche? Ebenfalls nicht! Denn der vollerwachsene Jungbaum birgt auch nicht ein Atom mehr vom Stoff der Frucht, aus der es gedieh. Wenn aber im neuen Individuum weder das alte Individuum noch auch dessen Materie erhalten bleibt, was ist es denn eigentlich, das durch Abertausende von Geschlechtern ununterbrochen hindurchreicht? Die Antwort lautet: ein Bild! Das Bild der Eiche, das Bild der Föhre, das Bild des Fisches, das Bild des Hundes, das Bild des Menschen kehrt in jedem Einzelträger der Gattung wieder. ‚Fortpflanzung‘ heisst der physikalische, ewig unzugängliche Vorgang der Weitergabe des Urbilds der Gattung von Ort zu Ort und von Zeit zu Zeit. Das Wandernde aber ist ein sich wandelndes Bild, und unser Vermögen des Wiedererkennens der Gattung in jeglichem Einzelträger zusamt der Befähigung, nach jener ihn benennen, gründet wiederum im Erlebnis der *Ähnlichkeit*. Nicht gleich, aber ähnlich ist dem Jüngling der Mann, nicht gleich, aber ähnlich ist das Kind seinen Eltern, nicht gleich, aber ähnlich jede heutige Gattung der Stammesart, der sie entzweigte, da denn in nur weit längeren Fristen die Arten nicht weniger entstehen und vergehen wie ihre einzellebendigen Träger.“[51]

Auf das Problem der Fortpflanzung soll hier nicht näher eingegangen werden.[52] Uns interessiert hier nur der Gedanke von der Weiterexistenz des artspezifischen Bildes, den James Lewin – Klages kommentierend – so zusammenfaßt:

> „Das Geheimnis des Lebens wird hier ausschließlich dem Bilde vorbehalten. Metaphysische Prägemacht der Bilder, Wirken einer magischen Kraft, die nicht von außen bewegt, sondern von innen belebt (... ): Es wandelt sich am Einzelträger von Geburt durch Wachstum, Blüte, Alter und Tod, es wandelt sich beim

[50] Ders.: Der Geist als Widersacher der Seele. a.a.O. S. 1410

[51] Ders.: Ausdrucksbewegung und Gestaltungskraft. 3. u. 4. Aufl. Leipzig 1923. S. 138 f.

[52] Vgl. hierzu: Bartels, E.: Ludwig Klages. Seine Lebenslehre und der Vitalismus. Meisenheim am Glan 1953. S. 40 ff.

Übergang auf den neuen Träger, in dem ja keiner den anderen mathematisch genau wiederholt. Es wandelt sich im Jahrtausendalter der Gattungen, denn auch Gattungen und Arten unterliegen dem Werden und Vergehen. Nicht das Eigenwesen bleibt erhalten (noch auch der Stoff, aus dem es besteht), sondern das Bild reicht durch Abertausende von Geschlechtern ununterbrochen hindurch. Das Bild der Eiche, das Bild der Föhre, des Fisches, des Hundes, des Menschen kehrt in jedem Einzelträger der Gattung wieder. – Damit bleibt wohl die Wandelbarkeit der Bilder gerettet, aber ihre Flüchtigkeit, wie sie der fließende Raum verlangt, ist damit nicht mehr vereinbar. Im Gegenteil, hier im organischen Leben sind die Bilder das einzig Bestehende.“[53]

Klages will sich nicht recht festlegen, ob der Kosmos ein gigantischer Organismus ist (wie Fechner meint) oder nicht. Ohne Zweifel neigt er aber der ersteren Ansicht zu, wenn er feststellt:

„Wir brauchen es nicht zu entscheiden, ob das Leben über die Welt der Eigenwesen hinausreiche oder nicht, ob die Erde, wie es der Glaube der Alten wollte, ein lebendes Wesen oder aber (nach der Ansicht der Neueren) ein unfühlender Klumpen „toter Materie“ sei; denn soviel steht fest, daß Gelände, Wolkenspiel, Gewässer, Pflanzenhülle und Geschäftigkeit der Tiere aus jeder Landschaft ein tieferregendes *Ganzes* wirken, welches das Einzellebendige wie in einer Arche umfängt, es einverwebend dem großen Geschehen des Alls. Im Tönesturm des Planeten unentbehrliche Akkorde sind die erhabene Öde der Wüste, die Feierlichkeit des Hochgebirges, die ziehende Wehmut weiter Heiden, das geheimnisvolle Weben des Hochwaldes, das Pulsen seeblitzender Küstenstriche. Ihnen betteten sich ein oder blieben träumend mit ihnen verschmolzen die ursprünglichen Werke des Menschen. Ob wir den Blick auf den mahnenden Tiefsinn richten der Pyramiden, Sphinxreihen, lotosknäufigen Säulen Ägyptens, auf die scheinhafte Zierlichkeit chinesischer Glockentürme, die gegliederte Klarheit hellenischer Tempel oder auf die warme Heimlichkeit des niederdeutschen Bauernhauses, die Steppenfreiheit des Tatarenzeltes – sie atmen ein jedes und offenbaren die Seele der Landschaft, aus der sie emporgewachsen. Wie sich die früheren Völker gern Erdentsprossene nannten, so ist in Form und Farbe erdentsprossen alles, was sie schufen, von den Wohnstätten an bis zu den Waffen und Hausgeräten, den Dolchen, Speeren, Pfeilen, Äxten, Schwertern, den Ketten, Spangen und Ringen, den formschönen und zierdereichen Gefäßen, den Kürbisnäpfen und Kupferschalen, den tausendfältigen Geflechten und Geweben.“[54]

Immerhin stellt Klages fest, daß Lebendiges nicht aus Anorganischem hervorgegangen sein kann[55]:

„Weiss man, daß Lebensvorgänge Erlebnisvorgänge sind, so weiß man auch, daß lebende Substanz nicht aus unlebender Substanz entstehen kann, und wird sich nicht länger gegen die einzig mögliche Annahme sträuben, daß auch den außerorganischen Vorgangsträgern eine, obschon eigengeartete, Lebendigkeit zukommen müsse. Wäre das Leben als solches nicht kosmisches Leben, so gäbe es weder die lebende Zelle noch Wachstum noch Lebensweitergabe. Lebt aber

[53] Lewin, J.: Geist und Seele. Ludwig Klages' Philosophie. Berlin 1931. S. 97
[54] Klages, L.: Mensch und Erde. a.a.O. S. 21
[55] Vgl. Frauchiger, E.: Die Bedeutung der Seelenkunde von Klages für Biologie und Medizin. Bern 1947. S. 19-25

dergestalt das Einzellebendige nur als vergänglicher Träger des kosmischen Lebens, so bemißt sich der Grad seiner Lebensfülle nach dem Grade der Fassungskraft für das *Leben selbst* oder, mit andern Worten, darnach, ob und wieweit er im Hier und Jetzt das Allgeschehen zu bedeuten vermag, oder endlich, mit Beziehung auf den möglichen Mangel an Fülle gesagt, nach dem je und je besonderen Grade der *Lebensvereinzelung.* Dieser universalen Stufung gemäß haben ungleichen Wert verschiedene Menschen, eingerechnet ihre Leistungsergebnisse, verschiedene Tiere, Bäume, Kristalle, Landschaften und so fort."[56]

An anderer Stelle, in *Mensch und Erde*, führt Klages aus:

„Ganz geistverlassen vollends ist die Übertragung physikalischer Mengengesetze wie dessen von der Erhaltung der Kraft auf Fragen des Lebens. Noch hat die Retorte keine lebende Zelle hervorgebracht, und *wenn* sie es täte, so geschähe es nicht durch eine Verknüpfung von „Kräften", sondern weil auch die chemischen Stoffe schon Leben bargen. Leben ist beständiger Wiedererneuerung fähige *Form,* löschen wir diese aus, indem wir die Art vertilgen, so ist die Erde für alle Zeiten um sie verarmt, unbeschadet der sogenannten Erhaltung der Kräfte."[57]

Es gibt also – recht beleuchtet – nur die *eine* alles durchströmende Lebenskraft.

Stirbt der Mensch, kann man eigentlich gar nicht sagen, er sei tot:

„Was da als Leiche liegt, ist nicht gestorben, denn es war nie lebendig, und was am Individuum lebendig war, ist auch nicht gestorben, denn es lebte seit je und lebt noch. Jede Kraft ist ohne Anfang und wirkt in die Unendlichkeit fort. Ein Strom des Lebens durchflutet die verschiedenen Stoffe. Wie er sie schaukelt, so scheinen sie selbst zu leben; was sie wechselnd erfüllt, scheint in ihnen zu ruhen; was sie von fernher durchströmt, von ihnen auszugehen. Je breiter das Rinnsal, welches durch sich hindurchzuleiten der Stoff vergönnt, desto höher die Form des mit ihm verknüpft scheinenden Lebens. Auch der Genius ist nur Strombett; aber breiteres, tieferes als der gewöhnlichen Menschen – kein Sterblicher kann von sich sagen: ich lebe; sondern nur: von dem, was als Woge den Weiher durchrollt – was als Sturm durch die Bäume rauscht – was die Pflanze quellen und knospen macht – was im Eidotter ein Abbild des brütenden Vogels wirkt – was als flammende Sonne das Firmament durchmißt, lebt auch in mir ein Funke! – Wir sterben, wenn die Leitungsbahn gestört ist, so daß die Weltessenz nicht mehr einströmen kann."[58]

Dieser Gedanke sollte den Menschen trösten – er tut es aber nicht, weil der Geist Selbstbewußtsein ist und den Gedanken an seine individuelle Auslöschung nicht ertragen kann. In dem Maße, in dem er sich von dem *einen* All-Leben separiert hat, genügt ihm dessen Weiterwirken nicht mehr.

Das Tier weiß nichts von der Zukunft. Zunächst scheint das ein Nachteil gegenüber dem Menschen zu sein – selbst wenn man nur die Anforderungen des rein animalischen Überlebenskampfes betrachtet. Klages schreibt:

---

[56] Ders.: Grundlegung der Wissenschaft vom Ausdruck. Leipzig 1936. S. 297

[57] Ders.: Mensch und Erde. a.a.O. S. 30

[58] Ders.: Rhythmen und Runen. a.a.O. S. 462 f.

> „Indem man nicht das Leben selber, sondern von vorneherein das Daseinsbewußtsein der Betrachtung zugrundelegt, erscheint die beständige Augenblicklichkeit des sinnlichen Eindrucksvermögens im Lichte einer drückenden Fessel und die ihr verhaftete Tierheit um die Fähigkeit zu sämtlichen Leistungen ärmer, deren Vollbringung ein Heraustreten aus dem Bann des Gegenwartsbildes erfordert. Auch jedes Tier lebt die Fortsetzung seiner Vergangenheit, nicht aber seiner „Erfahrungen“, geschweige denn der seiner Vorgeschlechter. Es kann sich kein Werkzeug verfertigen, weil es, als ganz im Eindruckserleben darin, nicht wie der Mensch sich „vorzustellen“ vermag, was im Empfindungsmoment noch gar nicht vorhanden ist. Mit seinen natürlichen Waffen wehrt es sich zu unsrer Verwunderung trefflich; „aber sein Leben oder Tod mag davon abhängen, daß es einen Stein, der vor ihm liegt und, bloß vorwärts gestoßen, hinreichen würde, seinen Gegner zu zerschmettern, auf diesen herabwälze: es stirbt, ohne sich zu einer solchen Überlegung zu erheben, und die äußerste Not macht es niemals erfinderisch. Denn es hat keine Anschauung von dem Steine und keine Vorstellung von seiner Beweglichkeit und ihrer erst zu erwartenden Wirkung“[59], so sehr es freilich auch seinerseits sie zu erwarten und zu meiden wüßte, wenn sie als Falldrohung sinnlich erlebt worden wäre! Seine Gegenwart ist das lebendige Glied zwischen Gewesenem und Kommendem, aber es hat nicht das geringste Vorauswissen der Zukunft und ermangelt völlig des Planens, das ein bloß denkbares Übel vorbeugend entkräften würde.“[60]

Allerdings – so Klages – macht diese „Abrechnung“ Mensch/Tier eine „Gegenaufstellung“ erforderlich: Daseinsbewußtsein ist eines und dasselbe mit Bewußtsein der Endlichkeit und Vorauswissen überhaupt wird nur „mit dem Wissen um das Bevorstehen des Todes erkauft!“[61] Unaufhörlich begleitet den bewußtseinsfähigen Homo sapiens im Maße seiner Bewußtheit auch das Wissen um sein Endenmüssen, „und tragisch zerbricht sein alle Geschöpfe unterjochendes Können an der ewigen Unüberwindlichkeit des Todes!“[62] Klages zitiert Hölderlin: „Alles altert und verjüngt sich wieder; warum sind wir ausgenommen vom schönen Kreislauf der Natur?“ Und: „Das Kind ist unsterblich; denn es weiß vom Tode nichts!“[63]

Der Begriff der Unsterblichkeit oder Ewigkeit bekommt bei Klages eine ganz neue Bedeutung. „Ewigkeit“ ist die lebendige Erfahrung der *einen,* pulsierenden, alles durchströmenden Lebenskraft:

> „Manche werden alt geboren, und ob sie gleich neunzig Jahre *existieren, so* mag es sein, daß sie nicht einmal zwei Minuten *gelebt* haben. Wer aber jung dahinstirbt, geht deshalb nicht auch der Ewigkeitsaugenblicke verlustig, deren teilhaftig zu werden er begnadet war!“[64]

Indem der Mensch und nur der Mensch das Wissen um seine Sterblichkeit gewann, hat er und er allein von allen Wesen mit dem reflektierenden Geiste

---

59 Hier zitiert Klages aus: Geiger, L.: Ursprung und Entwicklung der menschlichen Sprache und Vernunft. o.O.u.J. S. 61

60 Klages. L.: Der Geist als Widersacher der Seele. a.a.O. S. 447 f.

61 Ders. ebda.

62 Ders. ebda.

63 Zitiert nach ders. ebda.

64 Ders.: Vom kosmischen Eros. a.a.O. S. 71

auch die permanente „Galgenfrist“ – wie Klages sagt – erlost, deren quälende Bitternis mit der Doktrin einer körperlosen Fortdauer zu betrügen den tiefsten Entstehungsgrund aller Religionen des Geistes bildet.

> „Was jemals Priestern und Propheten Einfluß gab, was Männer und Frauen in den „Schoß der Kirche“, in Geheimkulte und Jüngerschaften trieb, es war nie etwas andres als das unerbittliche Grauen vor dem Aufhörenmüssen und die Vorsorge für eine postmortale Unsterblichkeit. Es gibt keine kanonische Glaubensüberzeugung der Welt, die nicht für denjenigen jeglichen Sinn verlöre, der, unbekannt mit der Tatsache des Sterbens, den Wunsch nicht zu wünschen vermochte, der ihre bald phantastischen, bald dialektischen Erdichtungen eingegeben: den Wunsch nach Entwirklichung des Todes, sei es selbst um den Preis einer Entwirklichung des Lebens!“[65]

Um diesen – lebensverachtenden – Wahn des Geistes zu illustrieren, zitiert Klages den alten Mythos von Zarathustra:

> „Als der persische König Gustaspes die Lehre Zarathustras angenommen, bittet er, vier Wünsche erfüllt zu sehen: daß er sich vor keinem seiner Feinde fürchten müsse, daß er alles Gute und Böse unterscheide, was sich irgend in der Welt begebe, daß seine Seele in seinem Körper bleibe bis zum Tage der Auferstehung, endlich, daß man ihn wissen lasse, welcher Ort in der andern Welt ihm beschieden sei. „Ich will zwar“, sprach Zarathustra, „diese vier Dinge von Gott erbitten; du mußt dich aber an einem begnügen und den drei Vornehmsten Deines Hofes die andern überlassen, denn Gott schenkt sie nicht einem Menschen allein, damit er nicht sagen könne: ich bin allmächtig.“ Da verlangte Gustaspes seinen Ort in der andern Welt zu wissen.“[66]

Der archaische Mensch der Frühzeit, dessen Geist und Ichbewußtsein noch unterentwickelt waren, kannte solche Todesangst und damit verbundene Ideen individueller Unsterblichkeit noch nicht.

> „Erst die geistige Auffassungsweise, der das Sterben Existenzvernichtung bedeutet, hat ein vormals unverständliches Grauen vor dem Tode gezeitigt und mit ihm den leidenschaftlichen Wunsch nach Unsterblichkeit. Der Urmensch hingegen, dem die bloß existierende Welt noch schattenhaft sich verbarg hinter der Seelenwelt lebendiger Bilder, kannte keines der beiden. Er war noch viel zu wenig Person, als daß der Daseinsgedanke auch nur in bezug auf das eigene Ich ihn annähernd wie den heutigen Menschen hätte zu knebeln und seine Sitten zu bestimmen vermocht. So gewiß aber alles, sei es Ding, sei es Mensch, für ihn nur gleichsam nebenher „existierte“, so gewiß *lebte* für ihn keineswegs bloß der Mensch, sondern auch das sogenannt tote Ding, ja die „Materie“, aus der er besteht, ein Wort, das, wie man nicht vergessen wolle, von mater = Mutter, also dem Sinnbild des Urquells kommt! Auch ihm allerdings war das Sterben ein gewaltiges Ereignis, nur aber nicht Existenzvernichtung, sondern Lebenswandlung. Man „starb“ damals nicht in unserm Sinne, weil es noch nichts in unserm Sinne wesenhaft Totes gab!
> Um den Zusammenhang zu verstehen, der zwischen dem Zustand des Schauens und der Verewigung des Lebens waltet, muß man zuvor aufs tiefste sich hinein-

---

65 Ders.: Der Geist als Widersacher der Seele. a.a.O. S. 448 f.
66 Ders. ebda. S. 449

gedacht haben in die unüberbrückliche Kluft, welche die Todesauffassung der Urzeit von der Todesauffassung der Gegenwart trennt."[67]

Wir werden im weiteren noch sehen, daß alle Lebensphilosophen und Existentialisten die Erkenntnis von der psycho-physischen Einheit der menschlichen Natur, also die Ablehnung jeglichen Leib-Seele-Dualismus, einigt. Theologische oder philosophische Konstrukte, die die Vorstellung eines Lebens nach dem Tode an die Idee einer *anima separata,* also einer Trennung von Seele und Leib im Tode und die Weiterexistenz einer rein geistigen, leibfreien Seele, knüpfen, stoßen bei ihnen notwendigerweise auf Ablehnung. Ludwig Klages, der zu seiner Zeit noch annehmen konnte, der christliche Glaube an ein Leben nach dem Tode sei untrennbar mit der *anima-separata-*Vorstellung verbunden, zog es – wie schon vor ihm Nietzsche und nach ihm Camus – angesichts einer solchen, als lebensfeindlich empfundenen Idee vor, der Erde treu zu bleiben. Man darf daher, ob all des beißenden Spotts bei Klages, nicht das ernste anthropologische und ethische Anliegen in seinen Worten überhören:

> „Jeder echte Anhänger der geistigen Religion des Christentums glaubt an eine persönliche Seelenunsterblichkeit. Käme nun aber zu einem protestantischen oder katholischen Pfarrer ein Bauer seiner Gemeinde, um ihm zu sagen, am Grabe seines Großvaters spuke es, dort gehe nämlich dessen Seele um, so würde ihn der „Seelsorger" belehren, die großväterliche Seele befinde sich im „Jenseits" oder im „Himmel" und könne somit unmöglich noch irgendwo umgehen. Dergestalt weist der Unsterblichkeitsglaube die Seelen *aus der Welt hinaus,* macht sie aus „mächtigen Seelen" zu „armen Seelen" und entwertet den ganz entgegengesetzten Seelenglauben zum „Aberglauben". Der Katholik bewahrt in der letzten Ölung, dem Messelesen und Allerseelenfest noch Reste altertümlicher Totenpflege. Für den Protestanten, das ist den vollendeten Christen, kommt Staub zum Staube, Geist zum Geiste, während die Seele mit dem Hier auch das Dort verliert und schließlich den letzten Fußbreit Heimat. Weder auf Erden befindlich noch auf einem der abertausend Gestirne, weilt sie überhaupt nicht im Raum, sondern im Nichthier, am „überhimmlischen Ort", im – Jenseits. Damit wird folgerichtig zur Willkürsache einer weichlichen „Pietät", was im Mittelpunkte des Seelendienstes der Vorwelt gestanden: die Sorge für den Leichnam, für das Grab, für die Asche! Kunst und Kultur der Vorwelt gediehen auf dem Boden des Gräberkultes, weil sie *keine* Unsterblichkeit der Seele kennen, sondern dafür deren *währende Anwesenheit;* die gesamte unsterblichkeitsgläubige Christenheit erblickt im Leichnam bloß einen Kadaver, im Grab eine Stätte, die man nach dreißig bis vierzig Jahren zu nützlichem Gebrauch wieder umackert, im einstmals gewesenen Ahn ein völlig ohnmächtiges, weil erstorbenes Wesen, das in die Interessenkämpfe der Lebenden in keiner Weise mehr eingreift. Die Seele als unsterblich ins Jenseits versetzen, heißt, sie ihrer weltlichen Heimat berauben, sie zu einer „abgeschiedenen" und dergestalt nichtigen Seele machen!"[68]

[67] Ders.: Vom kosmischen Eros. a.a.O. S. 154 f.

[68] Ders. ebda.

## 2. *Der Tod im Werk Oswald Spenglers*

Bevor wir uns den philosophiegeschichtlichen Grundgedanken zuwenden, wie sie Oswald Spengler in seinem Werk *Der Untergang des Abendlandes* entwickelt hat, wollen wir kurz die ideengeschichtlichen Hintergründe skizzieren, die seiner Vorstellung eines notwendigen historischen Aufblühens und Vergehens zugrundeliegen.[69]

Spenglers Geschichtsphilosophie ist inspiriert vom geschichtlichen Auf und Ab der großen Weltperioden wie der Epochen Babylons, Indiens, Ägyptens, Chinas, Griechenlands, des mittelalterlichen Abendlandes, vom Steigen und Fallen bedeutender Dynastien im Wechsel der Geschichte usw.. Die Idee vom periodischen Geschichtswechsel ist alt. In Griechenland gestaltete zum ersten Mal Platon die Idee der periodischen Wiederkehr zu einer wirklichen Geschichtsphilosophie aus. Er fand eine Reihe von Gedanken vor, die er mit philosophischer Inspiration vereinigte: die „Erinnerung" an das sagenhafte Atlantis, die Kunde vom hohen Alter der ägyptischen Kultur usw. Getrieben von der Sehnsucht, seinen eigenen Idealstaat als ehedem wirklich bestehend nachzuweisen und von Widerspruch erfüllt gegen den simplifizierenden Fortschrittsglauben durch technische Höherentwicklung, wie ihn die Sophisten, „die Aufklärer der Antike"[70], vertraten, erfand er den Mythos von einem Ur-Athen, das, von Athene gegründet, von höchstem militärischen und sittlichen Format ein anderes Urreich der Insel Atlantis besiegt habe. Auch dieses war von einem Gott, Poseidon, gegründet und viele Generationen hatten, solange noch die numinosen Erbanlagen wirkkräftig waren, den göttlichen Gesetzen gehorcht. Als jedoch die göttlichen Kräfte zu schwinden begannen, degenerierten sie. Die Götter straften sie durch Versenkung der Insel in den Ozean, wie sie auch das dekadente Ur-Athen durch große Fluten reinigten. Platon, der diese grandiose Idee einer Geschichtsphilosophie entworfen hatte, „die absteigende Entwicklung von einer gläubigen, liebenden, solidarischen Gemeinschaft zur zuchtlosen, gewinnsüchtigen, gewaltpolitischen Entartung"[71], versuchte diese Idee im dritten *Buch der Gesetze* in wissenschaftliche Form zu bringen: Unzählig viele Staaten und Gemeinwesen haben, indem ihre sittlichen Kräfte erlahmten, den Abstieg vom Patriarchat zu Aristokratie, Monarchie und Demokratie vollzogen. Vollends hat dann Aristoteles „den Mythos in eine reine sozialpsychologische Mechanik (...) aufgelöst"[72]. Später hat die Stoa diese mechanische Geschichtsauffassung „wieder mit dem kosmischen Geschehen, der Verbrennung der Welt durch das Weltfeuer"[73] verbunden. Die frühchristliche Wissenschaft war noch nicht ganz frei von dieser stoischen Geschichtsphilosophie und kontaminierte sie mit den Weltuntergangsbildern

---

[69] Vgl. für das Folgende: Dempf, A.: Die ewige Wiederkehr, Ibn Chaldun und Oswald Spengler. In: Hochland. 20. Jg. Bd. I. S. 113-130

[70] Ders. ebda. S. 114

[71] Ders. ebda.

[72] Ders. ebda.

[73] Ders. ebda.

der Evangelien und mit den beeindruckenden Weltgerichtsvorstellungen der jüdischen Apokalyptik. Als vorzüglichste Synthese dieser beiden weltanschaulichen Traditionen dürfte Origenes' Apokatastasis-Lehre sein. Und doch trug das lineare Geschichtsverständnis schließlich den Sieg davon: Mit der einmaligen Erlösungstat Christi hatte die Geschichte eine eindeutige Zielbestimmtheit gewonnen. Schon bei Irenäus von Lyon kündet sich diese geschichtsphilosophische Theorie an, und Augustinus hat sie dann – im *Gottesstaat* – im gigantischen Weltbild der beiden rivalisierenden Reiche ausgebaut. Nun hat Augustinus aber auf den griechischen und syrischen Osten kaum eingewirkt, dort blieb das zyklische Geschichtsverständnis vor allem in der Mystik bestehen. Die arabische Philosophie blieb – bedingt durch den islamischen Fatalismus – ebenfalls zyklischen Welterklärungsmodellen verhaftet. Später kehrte das zyklische Denken auch im abendländischen Kulturraum wieder auf: Giambattista Vico adaptierte in seinen 1725 veröffentlichten *Grundzügen einer neuen Wissenschaft über die gemeinschaftliche Natur der Völker* die Idee der Wiederkehr des Gleichen: Die Geschichte aller Völker hat nach ihm die Stufen des göttlichen oder mystischen, heroischen und profanen Zeitalters zu durchlaufen, „und es entbehrt nicht einer gewissen Großartigkeit, wie er alle Erscheinungen der Kultur, Mythologie und Denken, Sprache und Schrift, symbolisches, heroisches und bürgerliches Recht, Sitte und Moral in diesen drei Stufen sich entwickeln läßt und daraus eine neue universale Sozialwissenschaft ziehen will“[74]. Auch Goethe kannte die Vorstellung eines notwendigen Kulturprozesses des Aufblühens und Verwelkens. Von Nietzsches Lehre von der ewigen Wiederkehr war bereits ausführlichst die Rede. Oswald Spengler hat immer wieder betont, in seiner Geschichtsphilosophie von Goethe, v.a. aber auch von Nietzsche beeinflußt zu sein.

Die geschichtsphilosophischen Grundgedanken Spenglers kann man folgendermaßen zusammenfassen: Alle historischen Groß- oder Hochkulturen – Ägypten, Babylon, Indien, China, die „apollinische“ Antike, das „magische“ Arabische, die mexikanische Kultur und das „faustische“ Abendland – sind Organismen vergleichbar.

*„Kulturen sind Organismen“*, stellt Spengler lapidar fest. Und er fährt fort:

> „Weltgeschichte ist ihre Gesamtbiographie. Die ungeheure Geschichte der chinesischen oder antiken Kultur ist morphologisch das genaue Seitenstück zur Kleingeschichte des einzelnen Menschen, eines Tieres, eines Baumes oder einer Blume. Das ist für den faustischen Blick keine Forderung, sondern eine Erfahrung. Will man die überall wiederholte innere Form kennen lernen, so hat die vergleichende Morphologie der Pflanzen und Tiere längst die Methode dazu vorbereitet. Im Schicksal der einzelnen, aufeinander folgenden, nebeneinander aufwachsenden, sich berührenden, überschattenden. erdrückenden Kulturen erschöpft sich der Gehalt aller Menschengeschichte.“[75]

---

[74] Ders. ebda.

[75] Spengler, O.: Der Untergang des Abendlandes – Umrisse einer Morphologie der Weltgeschichte. München 1963. S. 140

Spengler adaptiert bewußt Goethes Naturstudien und überträgt deren Prinzipien auf die Geschichtstheorie.[76]

> „Was wirklich Geschichtsforschung sei, reine Physiognomik nämlich, ist durch nichts deutlicher zu machen als durch den Verlauf von Goethes Naturstudien."[77]

Jede Kultur wurzelt in einer mütterlichen Landschaft. Jede erhebt sich aus dem Formenchaos einer Vorzeit und entwickelt einen bestimmten Habitus.

> „Man spricht vom Habitus einer Pflanze und meint damit die ihr allein eignende Art der äußern Erscheinung, den Charakter, den Gang, die Dauer ihres Hervortretens in die Lichtwelt unsrer Augen, wodurch sich jede in jedem ihrer Teile und auf jeder Stufe ihres Daseins von den Exemplaren aller andern Gattungen unterscheidet. Ich wende diesen für die Physiognomik wichtigen Begriff auf die großen Organismen der Geschichte an und spreche von dem Habitus indischer, ägyptischer, antiker Kultur, Geschichte oder Geistigkeit."[78]

Dabei entwickelt jede Kultur eine spezifische Religiosität, durchläuft Frühzeit (Dorik, Gotik), Reifungskrise (Dionysik, Renaissance), Spätzeit (Ionik, Barock), Alterungskrise (Sophistik, Aufklärung) und geht nach Entfaltung, Rationalisierung und Realisierung ihrer im „Ursymbol" angelegten Potenzen in die Zivilisation über, deren Dauer von der Etablierung einer imperialen Schutzordnung und -macht abhängt. Unter „Ursymbol" – das er in Beziehung setzt zu Goethes „Urpflanze" – versteht Spengler gewissermaßen den innersten Charakter einer Kultur, „die gesamte Formensprache ihrer Wirklichkeit, ihre Physiognomie im Unterschied von der jeder anderen Kultur"[79].

> „Aber das Ursymbol selbst verwirklicht sich nicht. Es ist im Formgefühl jedes Menschen, jeder Gemeinschaft, Zeitstufe und Epoche wirksam und diktiert ihnen den Stil sämtlicher Lebensäußerungen. Es liegt in der Staatsform, in den religiösen Mythen und Kulten, den Idealen der Ethik, den Formen der Malerei, Musik und Dichtung, den Grundbegriffen jeder Wissenschaft."[80]

Das spezifische Ursymbol einer bestimmten Kultur erklärt sich aus den diversen Bindungsfaktoren und objektiv artikulierenden Umweltbedingungen, welche eine universale und zeitübergreifende Gemeinschaft zu einer Kulturgestalt ausprägen. So kristallisieren sich als Bindungsfaktoren einer besonderen Kultur Raum, Zeit und genetische Dispositionen heraus: Schon aus der Gliederung und Gruppierung der Erdoberfläche differenzieren sich beengte und weitflächige Tatträume heraus. Die historische Entwicklung und Entfaltung der einzelnen Kulturen ist abhängig von den besonderen Dispositionen und geographischen Gegebenheiten der jeweiligen Tatraumgegebenheiten. Licht und Sonne, Boden und Bewässerung, Nähe oder Ferne des Meeres, meteorologische Verhältnisse, Vegetation, Tierwelt, Bodenschätze und Verkehrsmöglichkeiten, alle diese Faktoren gestalten und prägen Kultur. Alle

[76] Vgl. ders. ebda. S. 205
[77] Ders. ebda.
[78] Ders. ebda. S. 146
[79] Ders. ebda. S. 226
[80] Ders. ebda. S. 226 f.

Kulturen sind (ungefähr) von gleicher Lebensdauer (ungefähr ein Jahrtausend) und gleicher Ablaufgesetzlichkeit. Zwischen den Kulturen gibt es keine Verständigungen, Beeinflussungen oder Übergänge: Rezeptionen und Renaissancen sind Fiktionen. Sie bestehen auf morphogenetischen Parallelen. Wohl aber kann eine reife und absterbende Kultur eine erst aufblühende überlagern, so daß die junge Kultur eine ihr fremde Truggestalt, die Pseudomorphose, annimmt. Genetische Bildungsfaktoren – und sie sind nach Spengler die entscheidenden – sind die Dispositionen und Potenzen der *Rasse.* Spengler redet von „Rasseinstinkten“.[81] Hier wird der biologistische Zug in Spenglers Philosophie besonders evident: Eine Kultur „wird (... ) dadurch bestimmt, daß die leibliche Folge von Eltern und Kindern, der Zusammenhang des Blutes, natürliche Gruppen bildet, welche den deutlichen Hang verraten, in einer Landschaft Wurzel zu fassen. Auch Nomadenstämme halten ihre Bewegungen innerhalb gewisser Grenzen. Damit ist eine Dauer der kosmisch-pflanzenhaften Lebensseite, des Daseins, gegeben. Dies nenne ich Rasse. Stämme, Sippen, Geschlechter, Familien – das sind sämtlich Bezeichnungen für die Tatsache des durch Zeugungen in einer engeren oder weiteren Landschaft fortkreisenden Blutes.“[82]

Zwar hat Spengler keinen expliziten Pantheismus, keine Allbeseelungslehre oder biologistischen Monismus entfaltet – wie beispielsweise Klages –, allerdings finden sich überdeutliche Anklänge an einen solchen auch bei ihm. Alle menschliche Kultur – auch Religion, Philosophie, Kunst und Sprache – sind von kosmischen Einflüssen abhängig. „Rasse ist etwas Kosmisches und Seelenhaftes“[83], führt Spengler aus. „Irgendwie ist sie periodisch und in ihrem Innern von den großen astronomischen Verhältnissen mitbedingt.“[84]

„Alles Kosmische trägt das Zeichen der Periodizität“, expliziert Spengler: „Es besitzt *Takt.*“[85] Die nichtbelebte Materie, aber auch noch die Pflanzenwelt sind vollkommen in den periodischen Taktrhythmus des Kosmos inkludiert. Erst das Tier ist ein Mikrokosmos, der sich bereits etwas vom Gesamtkosmos absondert. Spengler führt aus:

> „Es gibt alte schöne Namen dafür: die Pflanze ist etwas Kosmisches, das Tier ist außerdem ein Mikrokosmos in bezug auf einen Makrokosmos. Erst damit, daß ein Lebewesen sich derart aus dem All absondert, daß es seine Lage zu ihm bestimmen kann, ist es ein Mikrokosmos geworden. Selbst die Planeten sind in ihrer Bahn an die großen Kreisläufe gebunden; nur diese kleinen Welten bewegen sich frei im Verhältnis zu einer großen, deren sie sich als ihrer Umwelt bewußt sind. Erst damit hat für unser Auge das, was das Licht im Raume darbietet, den Sinn eines Leibes bekommen. Etwas in uns widerstrebt, wenn wir auch der Pflanze einen eigentlichen Leib zuschreiben möchten.“[86]

81 Vgl. ders. ebda. S. 689
82 Ders. ebda. S. 688 f.
83 Ders. ebda. S. 689
84 Ders. ebda.
85 Ders. ebda. S. 559
86 Ders. ebda. S. 558 f.

Im Unterschied zum Gesamtkosmos, der Periodizität besitzt, hat der Mikrokosmos Polarität. Die Grade der Polarität erreichen im Geistigen des Menschen ihren Höhepunkt:

> „Das Wort „gegen“ drückt sein ganzes Wesen aus. Es besitzt Spannung. Wir sprechen von gespannter Aufmerksamkeit, von gespanntem Denken, aber alle wachen Zustände überhaupt sind ihrem Wesen nach Spannungen; Sinne und Gegenstände, Ich und Du, Ursache und Wirkung, Ding und Eigenschaft, alles das ist zerdehnt und gespannt, und wo die mit tiefer Bedeutung sogenannte Abspannung sich meldet, tritt alsbald Müdigkeit der mikrokosmischen Seite des Lebens, zuletzt der Schlaf ein. Ein schlafender, aller Spannungen entledigter Mensch führt nur noch ein Pflanzendasein.“[87]

Auch der Mensch bewahrt also noch Anteil an der Periodizität des Kosmischen. Einerseits Erden- und Naturwesen, ragt der Mensch über die Seinssphäre des Kosmischen und Periodischen heraus und in die Seinsweise des Geistes, der Separation und der Spannung, hinein. Die Menschennatur charakterisiert eine multiplexe Schichtung. Zunächst bietet sich ein körperliches Wesen dar, in dessen Bau sich die Stoffe und Elemente des Anorganischen integrieren. Darüber hinaus erscheint der Mensch als Organismus, der Phänomene und Funktionen des „pflanzenhaften“ und kosmischen Lebens in sich vereint. So ganz in seine biologische Körperlichkeit eingebunden und auch immer abhängig von der Periodizität und den Einflüssen des Kosmos ist der Mensch doch mehr als reine „verbundene, pflanzenhafte“ Natur und ihr gegenüber „zur Einsamkeit entlassen“[88]. Aufgrund der besonderen Komplexität seiner (neuro)physiologischen Konstitution entwickelt der Mensch ein separierendes Ich- und Selbstbewußtsein. Der Geist, die Reflexion, separiert vom Wirken der kosmischen Kräfte und lockert das natürliche Band des Fühlens und Handelns, welches die Mitglieder eines Kollektivs – der Kulturgemeinschaft, des Volks, der Rasse – liiert. Aus dem Grade der kosmischen und sozialen Verbundenheit resultiert die Stärke und Kraft der jeweiligen Kulturfähigkeit und Kreativität eines Kollektivs. Kulturelle Phänomene wie Philosophie, Kunst oder Religion sind nämlich für Spengler primär Ausdruck der vitalen, kosmisch beeinflußten Kollektivseele, nur uneigentlich Erzeugungen des Geistes. Zu letzteren werden sie erst in der geistdominierten Dekadenzepoche der Zivilisation. Insofern erhellt Philosophie auch keine Wahrheiten, sie ist nur Ausdruck der Vitalität des kollektiven „Ursymbols“. „Es gibt keine ewigen Wahrheiten“, stellt Spengler ganz im Sinne seines großen Lehrers Nietzsche fest: „Jede Philosophie ist ein Ausdruck ihrer und *nur* ihrer Zeit.“[89]

Auch die Kunst ist eine der vielen Formen des *einen* Ursymbols oder Urcharakters eines kulturschaffenden Kollektivs. Ihr Aufblühen, Gedeihen oder Untergehen ist Ausdruck der ihr zugrunde liegenden kollektiven Seelenpotenzen, der einzelne Künstler nur ihr Werkzeug.

---

87 Ders. ebda. S. 559
88 Ders. ebda. S. 558
89 Ders, ebda. S. 57

> „Nicht nur das technische Werkzeug, nicht nur die Formensprache, die Wahl der Kunstgattung selbst ist ein Mittel des Ausdrucks. Was für den einzelnen Künstler die Schöpfung eines Hauptwerkes, für Rembrandt die „Nachtwache", für Wagner die „Meistersinger" bedeuten, eine Epoche nämlich, das bedeutet für die Lebensgeschichte einer Kultur die Schöpfung einer Kunstart, als Ganzes begriffen. Jede dieser Künste ist ein Organismus für sich, ohne Vorgänger und Nachfolger, wenn man vom Äußerlichsten absieht. Alle Theorie, Technik, Konvention gehört zu ihrem Charakter und besitzt nichts Ewiges und Allgemeingültiges. Wann eine dieser Künste beginnt, wann sie erlischt, ob sie erlischt, ob sie in eine andere verwandelt wird, warum die eine oder andre unter den Künsten einer Kultur fehlt oder vorherrscht, das alles gehört noch mit zur Form im höchsten Sinne, ebenso wie jene andere Frage, warum der einzelne Maler oder Musiker – ohne sich dessen bewußt zu sein – auf bestimmte Farbentöne und Harmonien Verzicht leistet und andre so bevorzugt, daß man ihn daran erkennt."[90]

Der vorzüglichste Indikator der kulturschaffenden Seelenpotenz eines Volkes oder einer Epoche ist ihre Religion. Für Spengler ist Religion – wie für alle Lebensphilosophen – primär Gradmesser der Lebenskraft eines Volkes oder einer Epoche – metaphysische Wahrheiten enthüllt sie nicht. Die intellektuelle Reflexion der Religion ist immer Ausdruck ihrer Dekadenz:

> „Jede Seele hat Religion. Das ist nur ein anderes Wort für ihr Dasein. Alle lebendigen Formen, in denen sie sich ausspricht, alle Künste, Lehren, Bräuche, alle metaphysischen und mathematischen Formenwelten, jedes Ornament, jede Säule, jeder Vers, jede Idee ist im Tiefsten religiös und muß es sein. Von nun an kann sie es nicht mehr sein. Das Wesen aller Kultur ist Religion, folglich ist das Wesen aller Zivilisation Irreligion."[91]

Kollektive Erlebnisse der Gemeinschaft und der Einheit lassen die kosmischen, verbindenden Seelenkräfte gegenüber den vereinzelnden Geisteskräften stärker hervortreten. Es sei ein längeres Zitat Spenglers gestattet:

> „Dieser Takt kosmischer Kreisläufe lebt und webt noch unter jeder Freiheit mikrokosmischer Bewegungen im Raume und löst zuweilen die Spannung aller wachen Einzelwesen in einen großen gefühlten Einklang auf. Wer je einen Vogelzug im Äther verfolgt hat, wie er in immer gleicher Gestalt aufsteigt, wendet, wieder abbiegt und sich in der Ferne verliert, fühlt das pflanzenhaft Sichere, das „es", das „wir" in dieser Gesamtbewegung, das keiner Brücke der Verständigung zwischen dem Ich und Du bedarf. Das ist der Sinn der Kriegs- und Liebestänze unter Tieren und Menschen; so wird ein stürmendes Regiment im feindlichen Feuer zur Einheit geschmiedet, so ballt sich die Menge bei einem aufregenden Vorfall plötzlich zu einem Körper zusammen, der jäh, blind und rätselhaft denkt und handelt und nach wenigen Augenblicken wieder zerfallen sein kann. Hier sind die mikrokosmischen Grenzen aufgehoben. Es tobt und droht, es drängt und zieht, es fliegt, biegt und wiegt. Die Glieder verschlingen sich, der Fuß stürmt, ein Schrei erklingt aus aller Munde, ein Schicksal liegt über allen. Aus einer Summe kleiner einzelner Welten ist plötzlich eine Ganzheit entstanden."[92]

---

[90] Ders. ebda. S. 286
[91] Ders. ebda. S. 458
[92] Ders. ebda. S. 559 f.

Spengler interessiert an der Todesproblematik vor allem der Aspekt, daß auch Kollektive, Völker und Kulturen dem Fatum des Vergehens unterworfen sind – die Sterblichkeit des Individuums ist bei ihm nur eine untergeordnete Problematik. Obwohl der Geist bei Spengler eine nicht ganz so negative Wertung erfährt wie bei Klages, ist der Grundgedanke ähnlich:

Das Tier weiß nichts von der Zukunft. Der Mensch aber besitzt durch den Geist Zeitbewußtsein.

> „Deshalb ist jeder Zug des tätigen – empfindenden oder verstehenden – Wachseins in dem Augenblick, wo wir ihn bemerken, bereits vergangen. Wir können über Eindrücke nur nachdenken, wie es mit bezeichnender Wendung heißt, aber was für das Sinnenleben der Tiere nur vergangen ist, ist für das wortgebundene Verstehen des Menschen vergänglich."[93]

Insofern weiß er um die Endlichkeit alles Seienden und auch sein eigenes Sterbenmüssen. Nun ist das eigentliche „Wesen" der Zeit (Spengler spricht von der „chronologischen" Zeit im Unterschied zur artifiziellen „mathematischen" Zeit des analysierenden Geistes) Rhythmus, Kreislauf, ein ewiges Werden und Vergehen der singulären Gestalten des Lebens.[94] Diesen individuellen Gestaltungen des Lebens kommt nur die Bedeutung zu, die sie im Gesamt des Seins einnehmen. Insofern ist auch der Tod des einzelnen Individuums relativ unwichtig, insofern „das Leben" (beim Menschen auch das Leben des jeweiligen Volkes) weitergeht und neue Gestalten hervorbringt. Erst der vereinzelnde Geist, das Ichbewußtsein des Menschen macht, daß dieser seine Existenz überbewertet und mit dem Tod nicht fertig wird. Aus der Wachheit des Geistes und Konzentration auf die Tätigkeit des Ichs, losgelöst vom Strom des Lebens, resultiert das individualistische Ethikideal des abendländischen Menschen: die Idee der Vervollkommnung des Ichs, „sittliche Arbeit am Ich, Rechtfertigung des Ich durch Glauben und gute Werke, Achtung des Du im Nächsten um des eignen Ich und seiner Seligkeit willen, von Thomas von Aquino bis zu Kant, und endlich das Höchste: Unsterblichkeit des Ich"[95]. Wir sehen: Spengler teilt hier den Standpunkt, der alle Lebensphilosophen eint: Der Gedanke, daß er als Individuum vergehen muß, aber „das Leben" weitergeht, sollte den Menschen saturieren. Bei Spengler heißt das ganz konkret: Das Individuum soll sich angesichts des Todes an dem Gedanken erbauen, daß es in seinen Kindern und Kindeskindern weiterlebt. Fruchtbarkeit ist das höchste Naturgesetz:

> „Für den Menschen von Rasse ist erst der Tod ohne Erben der wahre und furchtbare Tod, was die isländischen Sagas so gut wie der chinesische Ahnenkult lehren. Wer in Söhnen und Enkeln fortlebt, stirbt nicht ganz."[96]

Noch einmal: Insofern der Geist des Menschen das pulsierende Geschehen der Natur transzendiert, hat er – im Unterschied zum Tier – Zeitbewußtsein.

---

[93] Ders. ebda. S. 214
[94] Vgl. ders. ebda. S. 94
[95] Ders. ebda. S. 394
[96] Ders. ebda. S. 974

Es besteht ein tief und früh gefühlter Zusammenhang zwischen diesem Zeitbewußtsein und dem Tod. Der Mensch ist das einzige Wesen, welches den Tod kennt. „Alle anderen werden älter, aber mit einer durchaus auf den Augenblick eingeschränkten Bewußtheit, die ihnen ewig erscheinen muß“[97] – sie leben, aber sie wissen nichts vom Leben wie die Kinder in den frühesten Jahren, „wo das Christentum sie noch als „unschuldig“ betrachtet“[98]. Spengler kann vom Sterben der Kinder sogar sagen:

> „Und sie sterben und sehen das Sterben, aber sie wissen nicht darum. Erst der ganz erwachte, der eigentliche Mensch, dessen Verstehen durch die Gewohnheit des Sprechens abgehoben ist, besitzt außer der Empfindung auch einen Begriff des Vergehens, das heißt ein Gedächtnis für das vergangene und eine Erfahrung von Unwiderruflichem.“[99]

Je geistbetonter – und damit vom Leben separiert – ein Mensch (bzw. die Kulturstufe, in welcher er lebt und wirkt) ist, desto mehr ängstigt er sich vor der (ihm unbekannten) Zukunft und seinem Sterbenmüssen. In diesem Zusammenhang untersucht Spengler das Verhältnis der Kulturen zum Tode und die Aussagen ihrer Religionen zu ihm. Beides enthüllt etwas über den Grundcharakter – das „Ursymbol“ – einer Kultur und den Stand ihrer Entwicklung. Religionen enthüllen – für Spengler – keine metaphysischen „Wahrheiten“ über den Sinn des Todes und ein eventuelles Weiterleben, ihre Aussagen sind lediglich Gradmesser ihrer Lebensdienlichkeit.

So ist es beispielsweise für ein Mitglied des arabischen Kulturkreises selbstverständlich, daß sein *pneuma* „als Ausfluß aus dem Göttlichen in seinem Leibe Wohnung genommen hat“[100]. Daraus folgt, daß etwas vorhanden sein muß, wenn am Weltende der Mensch wieder erstehen soll: daher die

---

97 Ders. ebda. S. 214

98 Ders. ebda.

99 Ders. ebda. S. 215. Spengler zitiert hier Tolstoi: „Vom fünfjährigen Knaben bis zu mir ist nur ein Schritt. Vom Neugeborenen bis zum fünfjährigen Kinde ist eine schreckliche Entfernung.“ (zitiert nach Spengler, O.: a.a.O. S. 215) Und Spengler kommentiert: „Hier, in diesem entscheidenden Punkt des Daseins, wo der Mensch erst zum Menschen wird (!) und seine ungeheure Einsamkeit im All kennen lernt, enthüllt sich die Weltangst als die rein menschliche *Angst vor dem Tode*“ (d.e.). Die sonderbare Vorstellung, daß der Mensch erst mit der *Aktualisierung* mentaler Akte „zum Menschen wird“, erinnert natürlich an Positionen neuerer Denker, die einem Menschen den Personenstatus erst mit der *Aktualisierung* geistiger Fähigkeiten (also nicht schon mit der *Potentialität* zur Realisierung derselben!) zugestehen wollen. Peter Singer und Norbert Hoerster kommen mit solchen Überlegungen zu gefährlichen Konsequenzen für die Ethik, insofern sie Menschen, die personal-rationale Akte nicht (noch nicht oder nicht mehr) realisieren und aktualisieren können, jedes *prinzipielle* Lebensrecht absprechen: Un- und neugeborenen Kindern, Alten und Behinderten, insofern diese durch Unfall oder altersbedingte Gehirnzersetzung das Ichbewußtsein verloren haben usw.. Daß hier bei Singer und Hoerster neben Einflüssen der Analytischen Philosophie auch Motive der Lebensphilosophie eine Rolle spielen, sei nur am Rande erwähnt. (Vgl. hierzu u.a.: Lohner, A.: Rechtfertigung der Abtreibung? Eine Auseinandersetzung mit Peter Singer und Norbert Hoerster. Bonn 1993. Ders.: Personsein und Lebensrecht. Eine Auseinandersetzung mit den Thesen Peter Singers und Norbert Hoersters. In: Reiter, J. u. Keller, R. (Hrsg.): Paragraph 218. Urteil und Urteilsbildung. Freiburg/Basel/Wien 1993. S. 293-320.)

100 Spengler, O.: a.a.O. S. 624

Vorstellung einer leiblichen Auferstehung oder – wie Spengler es formuliert – einer Auferstehung „aus den Leichen“[101]. Dies ist „in seiner Tiefe“[102] für das abendländische Weltgefühl vollkommen unverständlich. „Am Wortlaut der heiligen Lehre wurde nicht gezweifelt“, fährt Spengler aus, „aber unbewußt wurde bei geistig hochstehenden Katholiken und sehr deutlich bei Luther ein andrer Sinn untergeschoben, den wir heute mit dem Wort Unsterblichkeit, das heißt Fortdauer der Seele als eines reinen Kraftmittelpunktes für alle Unendlichkeit kennzeichnen“[103]. Es wird hier deutlich, welcher Vorstellung von der postmortalen Existenz – als Ideenkonstrukt – Spenglers Sympathie gehört: der einer leiblichen Auferstehung, während er die Idee einer leibbefreiten Unsterblichkeit der Geistseele (wie vor ihm Nietzsche) als leib- und weltfeindlich verwirft. Außerdem widerspricht letztere Idee dem biblischen und urchristlichen Verständnis: „Könnten Paulus oder Augustin unsre Vorstellung vom Christentum einmal kennenlernen“, mutmaßt Spengler, „sie würden alle Bücher, alle Dogmen und alle Begriffe als durchaus mißverständlich und ketzerisch zurückweisen.“[104]

Wir sahen: Der Geist wird mit dem Gedanken an seine individuelle Auslöschung nicht fertig. So umgibt er in der Religion das mit einer heiligen Scheu, „was dem Verstehen selbst entzogen und ewig fremd ist“[105]. Hier ergibt sich eine gewisse dialektische Spannung: Religion ist – nach Spengler – Ausdruck der Lebenskraft eines Volkes, sie erwächst also aus dessen kosmisch-biologischen Potenzen, dennoch kommt der Religion notwendig auch ein gewisser intellektuell-geistiger Aspekt zu. Denn Ziel aller Religion ist die „religiöse Überwindung der Angst *durch das Verstehen selbst*“[106]. Es gibt nur kausales Verstehen, es ist gar nicht möglich, „Verstandensein und Kausalität zu unterscheiden“[107]. D.h.: Religion forscht nach Ursachen, überweltlichen Mächten für die rätselhafte Unheimlichkeit.

> „Dies nennen wir *Glauben* und mit ihm beginnt das menschliche Geistesleben überhaupt.“[108]

Das Verstehen von Ursachen „ist sogar der Glaube schlechthin, denn auf ihm beruht das religiöse Weltverstehen“[109], das überall, wo es etwas bemerkt, mit Denknotwendigkeit Numina annimmt, flüchtige für Zufallsereignisse, und persistierende, „die etwa in Quellen, Bäumen, Steinen, Hügeln, den Sternen, also an bestimmten Orten hausen oder wie die Gottheiten des Himmels, des Krieges, der Weisheit überall gegenwärtig sein können“[110]. Das religiöse

---

[101] Ders. ebda.
[102] Ders. ebda.
[103] Ders. ebda.
[104] Ders. ebda.
[105] Ders. ebda. S. 881
[106] Ders. ebda. S. 882
[107] Ders. ebda.
[108] Ders. ebda.
[109] Ders. ebda.
[110] Ders. ebda. S. 883

Denken geht stets dahin, in der Ursachenfolge Ordnungen des Wertes und Ranges zu differenzieren bis zu höchsten Wesen oder Prinzipien. In diesem Verstehen von Ursachen liegt die befreiend-erlösende Kraft der Religion. Der Glaube an die gefundenen Interdependenzen und Relationen „bringt die Weltangst zum Weichen"[111].

> „Gott ist die Zuflucht des Menschen vor dem Schicksal, das sich fühlen, erleben, aber nicht denken, vorstellen, nennen läßt, das versinkt, solange das „kritische" – *scheidende* – furchtgeborne Verstehen Ursachen hinter Ursachen greifbar, d.h. für das äußere oder innere Auge in optischer Aufreihung feststellt, aber auch nur so lange."[112]

So haben wir es dort, wo im Areal des Religiösen das rational Hinterfragende gegenüber dem Archaisch-Schöpferischen überwiegt, bereits mit der zivilisatorischen Irreligion zu tun, dennoch bedarf „die höhere Religion (...) der wachen Spannung gegen die Mächte des Blutes und Daseins, die immer in der Tiefe lauern, um ihr uraltes Recht über diese *jüngere* Seite des Lebendigen wieder an sich zu nehmen: ‚*Wachet* und betet, daß Ihr nicht in Anfechtung fallet.'"[113] Denn wenn auch der intellektuelle Aspekt zum kausalen Verstehenwollen der Religion gehört, ist ihr tiefster naturhafter Impetus das Streben nach *Erlösung* von der geistigen Wachheit. So ist „Erlösung ein Grundwort jeder Religion und ein ewiger Wunsch für jedes wache Wesen"[114], es bedeutet „das Verlangen nach Befreiung von den Ängsten und Qualen des Wachseins, nach *Entspannung der Spannungen* des furchtgeborenen Denkens und Grübelns, nach Lösung und Aufhebung des Bewußtseins von der Einsamkeit des Ich im All, der starren Bedingtheit aller Natur und dem Blick auf die unverrückbare Grenze allen Seins, das Alter, den Tod"[115].

Wahre, originäre Religion soll also von den Plagen des Geistes salvieren: In mystischen und tranceähnlichen Zuständen verspricht sie die Überwindung der Ichgrenze und Vereinigung mit dem größeren Ganzen:

> „Der heilige Wein, der Rausch bricht die Strenge der geistigen Spannungen und ebenso der Tanz, die dionysische Kunst und jede andere Art von Betäubung und Außersichsein."[116]

Darüber hinaus verspricht Religion ein Fortleben nach dem Tode. Als Bild und Chiffre kommt der Unsterblichkeitsidee – nach Spengler – also durchaus eine lebensfördernde psychologische Bedeutung zu, allerdings muß hier deutlich differenziert werden: Wo Religion von individueller Unsterblichkeit der einzelnen Person spricht, intensiviert sie deletär die lebensfeindlichen und isolierenden Tendenzen des Geistes. Einer Unsterblichkeitsidee aber, die den Aspekt auf das kollektiv-universelle Weiterleben legt, kommt eine positive,

---

111 Ders. ebda.
112 Ders. ebda.
113 Ders. ebda. S. 881
114 Ders. ebda.
115 Ders. ebda.
116 Ders. ebda. S. 881 f.

ermutigende und lebensdienliche Funktion zu. Indem Religion das Bewußtsein vermittelt, „unentrinnbar im Banne eines kausalen Systems heiliger Gebote und Zwecke zu stehen, das man als wahr verehrt und dem man ganz angehören oder ganz entsagen muß“[117], spiegelt sie etwas wider vom kosmischen Gesetz der Natur, dem sich der Einzelne zu beugen und dem er zu dienen hat, und gegenüber dem er seine singuläre Existenz als unwichtig zu klassifizieren hat.

Aber nicht nur Religion wurzelt in der Reflexion des Menschen über den Tod: Wir *sind* die Zeit[118], und im Hinblick auf den Tod erscheint „die Geburt als das andere Rätsel“[119]. (Diesen Gedanken von der Rätselhaftigkeit von Geburt *und* Tod wird Heidegger sehr ähnlich unter dem Stichwort der „Geworfenheit“ formulieren!) Für alle nicht-menschlichen Wesen verläuft das Leben ohne eine Ahnung seiner Grenzen, das heißt „ohne ein Wissen um Aufgabe, Sinn, Dauer und Ziel“[120].

Hier liegt nach Spengler der Ursprung alles höheren Denkens, das zuerst und primär ein Nachdenken über den Tod ist. Nicht nur Religion, sondern auch jede Philosophie und jede Wissenschaft gehen von hier aus.

> „Jede große Symbolik heftet ihre Formensprache an den Totenkult, die Bestattungsform, den Schmuck des Grabes. Der ägyptische Stil beginnt mit den Totentempeln der Pharaonen, der antike mit dem geometrischen Schmuck der Graburnen, der arabische mit Katakomben und Sarkophagen, der abendländische mit dem Dom, in welchem sich der Opfertod Jesu unter den Händen des Priesters täglich wiederholt.“[121]

Erst aus der stets wachen Sorge um das Leben, das noch nicht vergangen ist, dessen Zeit aber immer knapper wird, entsteht die Sorge um das Vergangene. Ein Tier hat nur Zukunft, der Mensch besitzt und kennt auch Vergangenheit. Aus diesem Bewußtsein erwächst die Verantwortung für das Gewesene – und damit Kultur, Historie und Kunst. Durch den Tod wird dem Menschen die Geburt – und damit das Leben und seine Existenz überhaupt – zum Gegenstand der Reflexion: die Geburt der Philosophie.

So gesehen eint die Beschäftigung mit dem Tode Priestertum und Gelehrsamkeit, denn „die Furcht vor dem Tode ist nicht nur der Ursprung aller Religion, sondern auch aller Philosophie und Naturwissenschaft“[122]. (Bei letzterer denke man zum Beispiel an Medizin und Pharmazie!)

Fassen wir zusammen: Spengler ist primär an der gesetzmäßig-notwendigen Vergänglichkeit der Kulturen und Gesellschaften interessiert. Bezüglich der Sterblichkeit des Individuums gibt er eine ähnlich simplifizierende Antwort wie Klages. Zwar findet bei Spengler der Geist keine so negative Wertung wie bei Ludwig Klages, auch hat bei ihm die Reflexion über den Tod

---

117 Ders. ebda. S. 893

118 Vgl. ders. ebda. S. 215

119 Ders. ebda. S. 215

120 Ders. ebda.

121 Ders. ebda.

122 Ders. ebda. S. 986

eine positiv bewertete, kulturstiftende Bedeutung, so daß viele seiner Gedanken Motive der geisteswissenschaftlich orientierten Lebensphilosophen antizipieren, dennoch muß seine monistisch-biologistisch gefärbte Weltanschauung angesichts der Todesproblematik – existentialistisch betrachtet – ebenso enttäuschen wie die Philosophie Ludwig Klages’.

Wenden wir uns nun den geisteswissenschaftlich orientierten Lebensphilosophen zu.

# III. Der Tod in der geistesgeschichtlich orientierten Lebensphilosophie

Am ausführlichsten haben sich die geisteswissenschaftlich orientierten Lebensphilosophen Rudolf Eucken und Georg Simmel mit dem Tode beschäftigt.

## *1. Der Tod bei Rudolf Eucken*

Euckens besondere philosophische Bedeutung besteht darin, in einer metaphysikfeindlichen Zeit des Positivismus und Neukantianismus den Wert des Metaphysischen und der metaphysischen Philosophie für den Menschen und die Kultur herausgearbeitet zu haben. Der Begriff Metaphysik ist in der Philosophiegeschichte verschieden definiert worden: Für Aristoteles ist Metaphysik die erste Philosophie, Meditation über den Kosmos.

Für Descartes und den Rationalismus ist die Metaphysik die Wissenschaft von den fundamentalen Prinzipien der menschlichen Vernunft, von denen man den Aufbau der Welt sicher deduzieren kann.

Für Kant ist die Metaphysik die Sphäre der reinen Vernunft und der Freiheit, welche den Verstand übersteigt und allein mit Hilfe eines rein tranzendentalen Denkaktes erfaßt werden kann.

Nach Hegels metaphysischem System wird die Welt vom absoluten Geist durch einen dialektischen Prozeß konstituiert.

Für Wittgenstein ist das Metaphysische das Nichtsagbare und Mysteriöse. Sinnvolle Aussagen sind laut dem *Tractatus* allein auf verifizierbare Sätze beschränkt.

Die moderne positivistische Sprachanalytik schließlich klassifiziert all das als metaphysisch, was sich einer genauen Sprachanalyse entzieht.

Eucken identifiziert die Metaphysik letztlich mit der Philosophie als solcher. (Metaphysik ist das, was „sich nicht auf die Lehrsysteme der Schule beschränkt“[1].)

Im negativen Sinne tut das heute (beispielsweise) die analytische Sprachphilosophie. Letztere will zeigen, daß Philosophie bzw. philosophische Probleme nur entstehen, wenn sprachliche Ausdrücke in einem inadäquaten Kontext (außerhalb ihres Sprachspiels) und in exzeptioneller, regelwidriger und somit sinnloser Funktionsweise verwendet werden. Zugleich klassifiziert die analytische Sprachphilosophie all jene Sprachphänomene als metaphysisch, die sich einer distinkten Analyse ihrer Struktur, ihrer Elemente und ihrer Funktionsweise entziehen. Philosophie und Metaphysik (welche also identisch sind) beruhen somit auf dem falschen Gebrauch von Sprache.

---

1 Eucken, R.: Der Sinn und Wert des Lebens. 8. Aufl. Leipzig 1921. S. 119

Eucken will natürlich etwas anderes beweisen. Er will zeigen, daß die Metaphysik nicht überwunden werden kann, da sie wesensmäßig zum Menschen gehört und die Identifizierung von Philosophie und Metaphysik richtig ist. Letztlich will er zeigen, daß Philosophie richtig verstanden notwendig eine reflexive und in diesem Sinne transzendierende Disziplin und als solche Welttheorie ist. In diesem Sinne also muß sie metaphysisch genannt werden. Um die Welt deuten zu können, hat die Metaphysik das universale Prinzip zu eruieren, welches die Realität, die Weltstruktur erklärt und die Position des Menschen in ihr. Im normalen Alltagsbewußtsein steht der Mensch der Welt unreflektierend gegenüber. Indem sich der Mensch im normalen Alltagsbewußtsein distanzlos verhält, inkludiert in die Vielheit der Begebenheiten und Dinge, ist ihm die Welt unter keinen Umständen als Ganzes, sondern stets nur als Teilstück gegeben. Dieses Teilstück des Ganzen nennen wir die jeweilige Umwelt des Menschen. Erst wenn der Mensch, sich von der Abhängigkeit des Vordergründigen distanzierend, philosophierend seinen Fragehorizont erweitert und die Welt im ganzen in den Blick nimmt, wird Welt-Anschauung möglich. Metaphysik ist ein Befragen der Welt, das sich nicht mit Teilbereichen aufhält, sondern das Ganze beleuchtet und erst vom Erfassen des Ganzen aus nach dem Sinn, bzw. der Stellung des Einzelnen in ihm fragt.

Bei Emerich Coreth liest sich dieser Gedanke so (im Vorwort zur dritten Auflage seiner *Metaphysik*):

> „Weltanschauung bedeutet (...) eine erkennend verstehende, zugleich bewertende und sinngebende Gesamtauffassung der Welt und des eigenen Lebens im Ganzen der Wirklichkeit. Jeder Mensch, der überhaupt in Bewußtsein und Freiheit lebt, hat aber, wenn auch noch so wenig reflektiert und geklärt, eine solche Gesamtauffassung, die über alle empirischen Einzelerkenntnisse hinausgeht, jedoch den einzelnen Urteilen, Entscheidungen und Handlungen als umfassender Sinnhorizont vorausliegt. Wird eine derart weltanschauliche Seinsauffassung philosophisch reflektiert, somit auch kritisiert oder korrigiert, so ist das Metaphysik.“[2]

Bei Rudolf Eucken heißt es:

> „Wir gewahrten einen Aufstieg gegenüber der Natur, aber dieser Aufstieg ergab kein festes Ziel und schien schließlich in den Abgrund zu führen; der Bereich geschichtlichen Lebens unternahm einen Aufbau und brachte eine Fülle kleiner und größerer Zusammenhänge, auch ein Gesamtbild der Geschichte, aber das Ganze entbehrte eines genügenden Haltes, alles zeitliche Leben verschwand vor der stummen und stillen Ewigkeit; beim Menschen befremdete, ja erschütterte sowohl der Mangel einer sittlichen Ordnung und einer Lenkung durch eine überlegene Macht, als der innere Zwiespalt in der menschlichen Seele und das Unterliegen einer höheren Ordnung unter eine niedere. Dabei wurde viel Schätzbares geleistet und noch mehr in Fluß gebracht, unmöglich kann das Ganze ein Wahnbild sein; aber es blieb recht unfertig, das Unternommene erreichte nicht das erstrebte Ziel, das Leben gewann keinen vollen Sinn und keinen rechten Wert, es

2 Coreth, E.: Metaphysik. Eine methodisch-systematische Grundlegung. 3. Aufl. Innsbruck/Wien/München 1980. S. 3

> unterlag schroffen Widersprüchen, die sich weder ertragen noch überwinden lassen.
> Bei solcher Lage kann nur eine Umwälzung des gesamten Weltstandes, der Gewinn eines den Gegensätzen überlegenen Lebens und eines neuen Lebensgefüges eine Rettung bringen (...).
> Eine Metaphysik, eine Metaphysik des Lebens, trug unseren ganzen Aufbau und gewährte neue Ausblicke."[3]

Oftmals wird Metaphysik definiert als die Lehre von den transzendenten Realitäten. Dabei wird „transzendente Realität" im Sinne einer hinter der Natur liegenden Realität verstanden. Eucken definiert die Metaphysik aber von der Frage des Menschen her, der nach der Ordnung und dem Sinn des Seins sowie nach seiner Stellung in diesem und nach dem Sinn seines eigenen Lebens fragt. Metaphysik ist also ein Fragen, das sich für etwas anderes interessiert, als die exakte Wissenschaft und Technik es tut, das etwas anderes an den Dingen für wissenswert hält. Es geht um die Beleuchtung der Dinge im Blick auf das, was sie uns über das Sein sagen, worauf sie verweisen. Es ist ein die Dinge „sprechen" lassen, ohne „Interesse", ohne Ausbeutung und Gewalt, ohne Konstruktion.

Interpretiert man – wie Eucken es tut – Metaphysik als eine besondere Art zu fragen, dann ist das Problem, ob Metaphysik eigentlich möglich ist, obsolet geworden. Wenn Metaphysik in einem ausgezeichneten Sinn von Philosophie jenes Fragen ist, das als solches alles umfaßt, so ist die Bestreitung ihrer Möglichkeit dazu verurteilt, selbst zu sein, was sie bestreitet. Nur der gänzliche Verzicht auf solches Fragen entzieht sich dem Widerspruch, so daß sinnvoll die Frage nur sein kann, wie Metaphysik möglich ist, nicht, ob sie möglich ist. Das wichtigste Argument Euckens für die Metaphysik ist also der notwendig metaphysische Charakter des menschlichen Denkens. Der Wille zum metaphysischen Wissen ist mit der menschlichen Natur substantiell und untrennbar verbunden. Die Metaphysik hat eine existentielle Qualität, die nicht bestritten werden kann. Mag man den Wissenschaftscharakter der Metaphysik auch negieren, die Tatsache der metaphysischen Anlage des Menschen wird davon nicht tangiert. Der Mensch ist und bleibt (mit Schopenhauer gesprochen) das „animal metaphysicum".

Für Eucken ist die Metaphysik Expression einer naturalen menschlichen Neigung und in diesem Sinne praktischer Natur. Es handelt sich um das menschliche Bedürfnis, Unsicherheit, Ängste, Konflikte und Kummer, letztlich das spezifische Gefühl menschlicher Kontingenz zu bezwingen und zu überwinden. Die Sehnsucht nach Befreiung von diesen Gefühlen der eigenen Kontingenz initiiert den Wunsch nach Erkenntnis des Gesamtzusammenhanges des Seins.

Wohlgemerkt: Eucken verwendet den Begriff „Metaphysik" in einem sehr weiten Sinne. Das Wesen des Menschen ist es, nach dem Ganzen, dem Sinn des Ganzen zu fragen. In diesem Sinne besitzt der Mensch von Natur aus eine metaphysische Anlage. Metaphysisches Denken, metaphysische Philoso-

---

[3] Eucken, R.: a.a.O. S. 109

phie ist nach Rudolf Eucken schon jenes Denken, das sich vorurteilslos dem Sein öffnet, das sich einfühlsam und erkenntnisbereit dem Ganzen des Weltzusammenhanges nähert.

Metaphysik in diesem Sinne ist eine Form reflektierend-meditierender Weltbetrachtung. Meditierend innehalten, betrachten in der Hast des Daseins, Abstand halten von den Dingen des täglichen, praktischen Lebensvollzugs. Weil die natürliche Haltung direkt und praktisch ist, ist die metaphysisch-philosophische Haltung mittelbar, theoretisch und kontemplativ.

Diese besondere Bedeutung Euckens – die Verteidigung metaphysischen Denkens gegenüber einem anders orientierten philosophischen Schulbetrieb – hat Erich Becher so gewürdigt:

> „Aber er hat auch dem Fortschritt der Philosophie kräftige Impulse erteilt, nicht nur durch manchen fesselnden Gedanken, sondern vor allem durch die Mahnung zu metaphysischer Arbeit, die von seinem Schaffen ausging. Gewiß haben auch Fechner, Lotze, von Hartmann und andere in gleicher Richtung gewirkt. Jedoch die Scheu vor der Metaphysik hatte sich sehr tief und fest in der deutschen Philosophie eingewurzelt – sie beherrschte die starken, wissenschaftlich sehr ernsten Strömungen des Neukantianismus und des Positivismus. Manchmal trat die Sehnsucht nach religiöser Metaphysik bei Bannerträgern dieser Richtungen, wie bei Fr. A. Lange und J. St. Mill, dennoch hervor. Aber in strenger Selbstzucht wurde diese Sehnsucht zurückgedrängt. Zu stark war die Überzeugung, daß der Metaphysiker doch nur mit blutenden Händen an ewig verschlossene Tore poche.
> Euckens unermüdliche Arbeit hat mitgeholfen, diese Überzeugung zu erschüttern. Er hat immer wieder betont, daß ohne Metaphysik das Leben Sinn und Wert verliere. So hat er sicherlich dazu beigetragen, daß die Frage nach der Möglichkeit der Metaphysik wieder dringender wurde. Manche Denker unserer Tage, deren wissenschaftliche Gesinnung nicht minder stark und streng ist als die der Neukantianer und Positivisten, sind so dazu gekommen, diese Möglichkeit neu zu prüfen, sie zu bejahen und der Metaphysik sorgfältige Arbeit zu widmen, auch unter Verwertung naturwissenschaftlicher Ergebnisse, an denen man nicht vorübergehen darf. Wenn diese wissenschaftlich-metaphysische Arbeit, wie wir hoffen, fruchtbar sein wird, so wird man dankbar des ehrwürdigen Mannes gedenken, der mit soviel Geist, Tatkraft und Kühnheit für die verachtete Königin der Wissenschaften gestritten hat.“[4]

Nun darf man aber nicht übersehen, daß Eucken unter Metaphysik *nicht* die Philosophie des Transphysischen versteht. Metaphysik ist für ihn eine psychologische oder kulturanthropologische Notwendigkeit, die dem menschlichen Leben – um es mit den Worten Erich Bechers zu sagen – „Sinn und Wert“ verleiht. Ob das spekulative Denken ins Transphysische zu gelangen vermag, darüber ist nach Eucken nichts ausgesagt. Metaphysik ist (lediglich) Ausdruck der Tatsache, daß der Mensch nach dem Gesamt des Seins fragt, alle partikularen Grenzen gedanklich überschreiten will. Ob dies real gelingen kann, darüber schweigt Eucken. Metaphysik ist keine *Wissenschaft* der Wahrheitsfindung, sondern psychologische Hilfe der Lebensbewältigung und

4 Becher, E.: Rudolf Eucken und seine Philosophie. Langensalza 1927. S. 15

Sinnfindung. Metaphysik hat ihre Funktion darin, daß sie „alle Seelen aufrüttelt, sie mit kräftigender Überzeugung erfüllt, ihnen sichere Wege weist“[5].

Die in einer Epoche gerade vorherrschende metaphysische Philosophie ist letztlich Ausdruck „des Lebens“ als der allesdurchdringenden metaphysischen Kraft.

Der Kern der Persönlichkeit eines Menschen ist – nach Eucken – nicht individuell, sondern vielmehr allgemein. Er ist in seinem eigenen Wesen eingebettet in ein großes geistiges Gesamtgeschehen, das sich in der Geschichte der Menschheit allmählich herausbildet und überall in charaktervoller persönlicher Darstellung seine Ausprägung findet, ein geistiges Gesamtgeschehen, das sich uns erfahrungsmäßig an den Tatsachen der Geschichte darstellt, seinem tiefsten Grunde nach aber auch noch über alle geschichtliche Wirklichkeit hinausgeht und als eine metaphysische Macht in dem Leben der Menschheit sich auswirkt. Es ist ein allumfassendes Vernunftreich, in dessen metaphysische Zusammenhänge wir uns durch sittliches Handeln und religiösen Glauben erheben; ein Reich, das nicht als ein vollendetes schon irgendwie vorhanden wäre, sondern in der Tat der Menschheit mehr und mehr herausgestaltet werden soll.[6]

Wenden wir uns nun Euckens Reflexionen zur Todesproblematik zu[7]:

Eucken hat eine große Sensibilität dafür, daß in der empirischen Welt des Menschen edelstes Streben und Hoffen keine Befriedigung erfährt. Über vieles muß der Mensch sich erheben, vieles bezwingen, wenn er nicht in Nichtigkeit und Belanglosigkeit untergehen möchte. Überwunden werden muß – wie Eucken detailreich ausführt – die Stufe der Natur, die Unzulänglichkeit des menschlichen Seelenzustandes, die Zersplitterung des Kultur- und Geisteslebens. Eucken fordert – mit einem Wort – die „Überwindung der Begrenzung“[8]. Soweit das menschliche Dasein und Wirken der Naturstufe zugehört, ist es von diversen Grenzen umschlossen. Die deutlichste Grenze ist hier der biologische Tod. Eucken spricht vom unaufhörlichen Rhythmus des Lebens mit seinem Wechsel aller Gestalten, die einzelnen Wesen aber „dürfen sich nur eine knappe Frist ihres Lebens erfreuen, bald kommt der Tod und vernichtet alle Einzelexistenz“[9]. Aber nicht wie ein invariables Fatum nimmt der Mensch diese Begrenzung hin, sondern er sucht dieser mit starker Kraft zu trotzen. Es treibt den Menschen mit Notwendigkeit, alles Vorhandene an sich zu ziehen und in seine Aktivitäten zu integrieren, so daß sich

[5] Eucken, R.: a.a.O. S. 119

[6] Vgl. Wundt, M.: Rudolf Eucken. Langensalza 1927. S. 24

[7] Wir stützen uns im folgenden v.a. auf Euckens Werke „Der Sinn und Wert des Lebens“ (Leipzig 1921) und „Mensch und Welt“ (Leipzig 1918). Siehe dazu: Budde, G.: Welt und Menschheitsfragen in der Philosophie Rudolf Euckens. Langensalza 1925. Siebert, O.: Rudolf Euckens Welt- und Lebensanschauung und die Hauptprobleme der Gegenwart. Langensalza 1925. Beck, F.A.: Rudolf Eucken. Ein Geistesbild. Berlin 1927. Zimmermann, O.: Mensch und Welt. Eine Philosophie des Lebens. Von Rudolf Eucken. In: Stimmen der Zeit. Bd. 96 (1919). S. 248-251

[8] Vgl. Eucken, R.: Mensch und Welt. a.a.O. S. 137 ff.

[9] Ders.: Der Sinn und Wert des Lebens. a.a.O. S. 94

im Laufe der Historie der Lebenskreis immer mehr erweitert. Was uns dabei als (vielleicht nur unbewußtes) Ideal vorschwebt, ist nicht bloß quantitative Endlosigkeit, ein potentiell Unendliches, dem sich immer noch etwas hinzufügen ließe, sondern die tatsächliche, realisierte, aktuelle Unendlichkeit, eine qualitative Ganzheit, die alles umfaßt und in sich schließt. Die religiösen Jenseits- und Unsterblichkeitsvorstellungen gründen in dieser Sehnsucht.

Und selbst der Fortschrittsgedanke der Neuzeit wurzelt – nach Eucken – noch in solchen letztlich metaphysischen Idealen realisierter Totalität, in dieser Sehnsucht nach geschlossener Unendlichkeit. Eucken zitiert bezeichnenderweise Nikolaus von Kues:

> „Immer mehr und mehr erkennen zu können ohne Ende, das ist das Abbild der ewigen Weisheit. Immer möchte der Mensch, was er erkennt, mehr erkennen, und was er liebt, mehr lieben, und die ganze Welt genügt ihm nicht, weil sie kein Erkenntnisverlangen mehr stillt"; „wie ein Feuer, das aus dem Kiesel erweckt ist, kann der Geist durch das Licht, das aus ihm strahlt, ohne alle Grenzen wachsen."[10]

So strebt der Mensch z.B. nach „Überwindung der Zeit"[11]. Da wir – im Unterschied zum Tier – über jede besondere Stelle des Zeitlaufs uns zu erheben, in die Vergangenheit zurück und in die Zukunft vorauszuschauen vermögen, gewahren wir die „Nichtigkeit alles Geschehens"[12]. Die Gestalten ziehen wie Schatten an uns vorbei, um sich im Abgrund des Nichts zu absentieren. Auch über Philosophien, Wissenschaften und Lehren gehen die Zeiten dahin, um neuen Ideen und Problemlösungen Platz zu machen. Schließlich betrifft diese Vergänglichkeit auch die Menschheit als ganze: mit Erschrecken realisieren wir, daß alle Mühen der Weltgeschichte, die Bemühungen aller Individuen und Generationen – ihre Sorgen, Ängste und Hoffnungen – letztlich einmal umsonst gewesen sein werden, weil die Menschheit als ganzes ebenso vergehen wird wie alles Seiende auch. Es herrscht innerhalb der menschlichen Geschichte ein gewaltiges Kraftaufgebot, ein Jagen nach Erfolg und Fortschritt, ein rastloses Vorwärtsstreben von einem Punkt zum nächsten, schließlich aber war alles vergeblich. Aufs stärkste widersteht der Selbsterhaltungstrieb der Ergebung in einen derartigen Abschluß. Und doch können wir uns ihm nicht entziehen, solange wir nicht in einem höheren Leben einen transtemporären Standpunkt gewinnen. Was nützt es, Denkmäler und Monumente aus Stein und Erz zu errichten, Berichte von großen Taten zu konservieren und gierig Ruhm als höchsten Preis des Lebens zu suchen? Der Untergang des Individuums und des Kollektivs kann dadurch nicht verhindert werden. Der Versuch, die Zeit im unmittelbaren Leben des Menschen zu bezwingen, ist notwendigerweise zum Scheitern verurteilt. Wo aber finden wir jene höhere Form des Lebens, von der Eucken spricht? Der Jenaer Philosoph betont, daß es im Christentum kirchlicher Prägung nicht zu finden ist. Zwar

---

[10] Ders.: Mensch und Welt. a.a.O. S. 140
[11] Vgl. ders. ebda. S. 147
[12] Ders. ebda. S. 147 f.

vollzieht Religion „eine Erhebung über das Gebiet der Hemmung“[13], insofern sie dem Menschen die Idee der Unendlichkeit oder Ewigkeit vor Augen stellt, auch verweist sie auf eine umgreifende Wirklichkeit, die das Leben des Individuums begründet und trägt, und insofern verkündet sie richtig, „daß der Lebenskampf nicht vergeblich ist“[14]. Doch über diesen gewissermaßen pädagogischen Effekt hinaus kommt Religion kein Wert zu, denn „sie schöpft nicht aus der Vernunft, sondern aus der Unvernunft“[15]. Man kann die Aussagen und Dogmen der Religion sozusagen als psychologisch mutmachende Bilder oder Chiffren gelten lassen, doch ist ihre Behauptung, diese umgreifende Wirklichkeit sei eine transzendente, jenseitige und geistige „höhere Ordnung“, „eine Denkweise (... ), die nicht ohne Gefahr ist und leicht überspannt werden kann“[16]. Der Jenaer Philosoph entwickelt von der mentalen und psychischen Situation des Menschen der Jetztzeit ein pessimistisches Bild. Überall breiten sich Nihilismus, Banalität und Oberflächlichkeit aus. „Die folgenden Untersuchungen“, so hebt bereits das Vorwort von *Mensch und Welt* an, „gehen von der Überzeugung aus, daß wir uns heute in einer geistigen Krise befinden, wie sie in solcher Tiefe und Weite die Menschheit noch niemals erlebt hat. Die Lebenszusammenhänge und mit ihnen die leitenden Ziele sind völlig erschüttert worden, und was als Ersatz geboten wird, das genügt dem geweckten Bedürfnis bei weitem nicht, das ist meist von kläglicher Flachheit. Die Menschheit – nicht alle einzelnen, wohl aber der Hauptzug des gemeinsamen Lebens – hat zuerst den Glauben an Gott verloren, dann den an eine der Welt innewohnenden Vernunft. Sie beginnt nun auch den an sich selbst und damit den letzten Halt zu verlieren; im Gesamtergebnis wäre damit das Leben einer völligen inneren Leere und Sinnlosigkeit ausgeliefert.“[17]

Die neue Zeit hat eine deutliche Wendung zur sichtbar-materiellen Welt genommen und uns immer mehr von dieser absorbieren lassen: sie wurde unsere Hauptwelt und das Hauptziel unseres Strebens. Aber nachdem wir dem Glauben und den Ideen der Alten den Rücken gekehrt haben, liegt die Welt unheimlich vor uns, gerade weil wir sie heute in ihrem kosmischen und biologischen Ablauf verstehen; kein Mysterium ist ihr mehr immanent. Das Getriebe der Elemente läßt – justament weil wir es heute analysieren und erklären können – keinen höheren Sinn oder Zweck mehr erkennen. Die Fortschritte im einzelnen machen die Sinnlosigkeit des Ganzen evident. Mit dieser Erkenntnis stockt das seelische Innen- und Geistesleben, und dessen Erlahmen läßt die moralische Regung ermatten. Der Charakter innerer Größe, den die Geschichte uns noch in unzähligen heroischen Gestalten vor Augen führte, ist trotz oder besser gerade wegen der ernüchternden Erkenntnisse der modernen Wissenschaften dahin.

---

[13] Ders.: Der Sinn und Wert des Lebens. a.a.O. S. 120
[14] Ders. ebda.
[15] Ders. ebda.
[16] Ders. ebda. Siehe auch: Eucken, R.: Der Wahrheitsgehalt der Religion. 3. Aufl. Leipzig 1912.
[17] Ders.: Mensch und Welt. a.a.O. S. V

Doch wie sieht nun Euckens Heilmittel gegen dieses konstatierte Dilemma aus? Eucken fordert eine notwendige „Umkehrung des Lebens“[18]. Er spricht von einem in uns aufsteigenden Selbst- und Urleben, einem zeit-, raum-, weltüberlegenen schaffenden Leben, einem Selbstwerden und Selbstentfalten der Wirklichkeit, einem Beisichselbstsein oder besser Selbstschaffen des Lebens, dem wir Menschen Raum in uns bieten müssen. Eine neue Lebensbewegung soll im Menschen aufsteigen, bei ihm und unter seiner Mitwirkung zur Selbstvollendung streben und zugleich mehr aus ihm machen. Auf diese Weise soll die Kluft zwischen Mensch und Welt, zwischen Subjekt und Objekt, überwunden werden. Eucken schreibt:

> „Selbständig werden kann das Leben nur, wenn es nicht wie ein leeres Gefäß Sinn und Gehalt von draußen erwartet, sondern wenn es in sich selbst eine Bewegung trägt und einen Gehalt aus sich selbst erzeugt, wenn es aus eignem Vermögen einen Aufbau vollzieht und von diesem aus sich mit seiner Umgebung auseinandersetzt; selbständig werden kann es ferner nur, wenn es nicht an ein außer ihm gelegenes Sein gebunden ist, sondern wenn es das, was es überhaupt als Sein anzuerkennen vermag, aus sich selbst hervorbringt und von sich aus gestaltet, ohne das könnte es nie eine volle Wirklichkeit werden; vollauf selbständig werden könnte es endlich nur, wenn es nicht einen beschränkten Raum umschreibt, sondern wenn es sich zu einer unendlichen Welt erweitert, die nichts von sich ausschließt, nichts unberührt lassen darf.“[19]

Mit anderen Worten: Das Individuum soll sich als Teil des All-Einen, des Lebens selbst verstehen, sich nicht abspalten, das Leben wirken lassen, „nicht gegenüber dem Leben, sondern innerhalb seiner suchen“[20], dann wird es die Fülle der Ganzheit spüren, von der es ein Teil ist, da ja das kosmische Leben die Ursprünglichkeit, die Unendlichkeit und die Zeitüberlegenheit in sich trage. Und wieder einmal ist es der vereinzelnde und objektivierende Geist des Menschen, der ihm die rechte Erkenntnis erschwert.[21] Nun findet sich bei Eucken keine so negative Wertung des Geistes wie bei Klages: Der Mensch muß nur die rechte Perspektive einnehmen, „nur die Tatsächlichkeit an der rechten Stelle suchen“[22], dann wird er verstehen: Wer mit und im Lebensrhythmus mitschwingt, dem wird der Gedanke an die individuelle Vernichtung nicht zum Problem. Die Unsterblichkeitsfrage gehört zu den Fragen, „die sich entweder als selbstverständlich oder als unmöglich darstellen“[23], je nachdem, ob man ein unpersönliches Weiterbestehen im und mit dem Lebensstrom oder ein individuelles Weiterleben der Persönlichkeit meint.

Friedrich Alfred Beck – ein glühender Verehrer Euckens – hat dessen Reflexionen zum Todesthema so zusammengefaßt:

> „Der Glaube an eine zeitüberlegene Wahrheit ist der wesentliche Gehalt eines jeden großen Lebens; so ist auch „der Unsterblichkeitsglaube, d.h. die Überzeu-

[18] Vgl. ders. ebda. S. 101, 119, 164
[19] Ders. ebda. S. 326
[20] Ders.: Der Sinn und Wert des Lebens. a.a.O. S. 95
[21] Vgl. ders. ebda. S. 94
[22] Ders. ebda. S. 95
[23] Ders. ebda. S. 121

> gung von der Unzerstörbarkeit jener geistigen Lebenseinheit im Menschen, die ein Werk Gottes ist", ein wesentlicher Bestandteil unseres geistigen Lebens. Eine individuelle, persönliche und gar stoffliche Unvergänglichkeit ist aber unhaltbar, denn ein solcher Gedanke ist nicht aus der geistigen Art unseres Wesens gestaltet, sondern aus kleinmenschlichem Egoismus. Die Unsterblichkeit als ewige Erhaltung der geistigen Kraft kann nicht denkbar sein wie „in den gewöhnlichen Unsterblichkeitshoffnungen, die den Menschen mit Haut und Haaren in seiner ganzen natürlichen Enge, mit all seinem weltlichen Besitz in die Ewigkeit retten möchten" (Eucken). Bei allem fährt auch die philosophische Betrachtung der Dinge über die wissenschaftliche Erkenntnis hinaus zum Glauben, der nicht blinde Anerkennung bedeutet, sondern in der erlebten Tatsächlichkeit der Uroffenbarungen des Geistigen begründet ist. Nur geistig großes Leben ist ewig. Es gehört zum Wesen der geistigen Größe einer Persönlichkeit, in der „das Ewige für uns sowohl Tatsache als Aufgabe wird, Tatsache als Grundlage und Antrieb alles geistigen Lebens, Aufgabe als Ziel und Vollendung" (Eucken). Erleben und Glauben, Tatsächlichkeit und Aufgabe, Sein und Sollen sind in dieser Eröffnung des Ewigen im menschlichen Lebenskreise erreichbar. So ist die metaphysische Tiefe und kosmische Weite geistiger Ewigkeit gegeben und aufgegeben."[24]

Wir sahen: Auch Eucken vertritt eine Art Monismus, den man vielleicht sogar als unbewußten Pantheismus deuten könnte. Denn warum, so muß man fragen, sollte der Mensch gerade in der Verschmelzung mit der außergeistigen Natur Trost finden angesichts seiner individuellen Auslöschung, wenn – wie Eucken herausgearbeitet hat – gerade die Entmythologisierung dieser Natur einer der Hauptgründe ist, daß der Mensch der Neuzeit sich heimatlos und ungeborgen fühlt? Umgibt Eucken hier das kosmische Geschehen nicht wieder mit einem geradezu archaischen Mythos, der den Menschen der Jetztzeit kaum mehr zu überzeugen, geschweige denn zu befriedigen vermag? Dieser Widerspruch zeigt sich auch in Euckens eigener Wortwahl. Einmal spricht er vom „Seelenlose(n) des Naturprozesses"[25], vom „sinnlosen Rhythmus"[26] der Natur, dann wieder geheimnisvoll vom „schaffenden Weltwillen"[27] u.ä..

Generell muß man gegen die Verherrlichung der untergeistigen Natur der Lebensphilosophen fragen: Kann die letztliche Aufhebung der Individualität zugunsten eines allesumfassenden kosmischen Geschehens wirklich sinnhaft sein, wenn die Natur bzw. Evolution doch gerade Individuen hervorgebracht hat, d.h. reflektierende Wesen, die sich als distinkte und autonome Subjekte erleben? Eucken spricht dann auch vom „Wunder der Wunder" und bezeichnet damit die erfahrbare Tatsache, daß die Natur, das Ganze des schaffenden Lebens, Selbsttätigkeit in den einzelnen Seelen weckt, sie zu einer Autonomie werden läßt. Ist aber das Faktum, daß die Kräfte des menschlichen „Daseins" eine gewisse Selbständigkeit gegenüber der „Gesamtbewegung" ha-

---

24 Beck, F.A.: a.a.O. S. 36

25 Eucken, R.: Der Sinn und Wert des Lebens. a.a.O. S. 94

26 Ders. ebda.

27 Ders. ebda. S. 120

ben[28], nicht ein Widerspruch zum ethischen Ziel, das Eucken dem Menschen vor Augen führt?

Deswegen hat der Jesuit Otto Zimmermann wohl rechtbehalten, als er schon 1919 schrieb:

> „Eucken spricht viel von geistigen Spannungen, Klüften, schwersten Fragen, Verwirklichungen. Eine arge Spannung besteht in seiner eigenen Lehre zwischen dem, was er als Bedürfnis unserer Seele aufstellt, und dem, womit er dies Bedürfnis zu stillen sucht. Nicht genug weiß er zu schildern, wie unsere Seele über alles hinausschweift, was Himmel und Erde bieten, und er mäkelt auch am Christentum. Aber erfährt man, was er selbst anbietet, enttäuscht er. Seine Lebensarbeit empfiehlt sich gewiß, indem sie in idealem Schwung sich weit über die seines Jenaer Kollegen Haeckel erhebt; dennoch kann sie wegen ihrer Schäden und wegen ihrer Unklarheiten keinen Bestand haben."[29]

## *2. Der Tod im Werk Georg Simmels*

Was wir schon von Rudolf Eucken festgestellt haben, gilt auch für den (Lebens-)Philosophen und Soziologen Georg Simmel: Eine philosophische Reflexion über den Tod dient nicht (primär) dazu, metaphysisches Wissen über Sinn und Wesen des Todes und schon gar nicht über ein eventuelles Weiterleben zu gewinnen. Die Aussagen der Religionen und Weltanschauungen zum Thema Tod analysiert und beleuchtet Simmel nur, insofern sie etwas über das Verhältnis des Kollektivs oder einer Kulturepoche zum Leben, d.h. den jeweiligen Grad ihrer Lebensbejahung aussagen. Simmel beginnt seine Abhandlung *Zur Metaphysik des Todes* (der Begriff „Metaphysik" ist hier also ganz in dem eingeengten Sinne zu verstehen, wie ihn Eucken verwendet!) mit den Worten:

> „Die Kultur des innersten Lebens steht in jedem Zeitalter in enger Wechselwirkung mit der Bedeutung, die es dem Tode zuschreibt. Wie wir das Leben auffassen und wie wir den Tod auffassen – das sind nur zwei Aspekte eines einheitlichen Grundverhaltens. Die hier gebotenen Überlegungen, obgleich bemüht, ihre Abstraktionen aus ganz verschiedenen Todesbegriffen zu gewinnen, mögen in der Methode dieser Bemühungen ein Beispiel dafür sein, wie eine der augenblicklichen Kulturlage entsprungene Denkweise sich zu diesen Problemen stellt."[30]

Wenden wir uns zunächst dem Grundanliegen von Simmels Philosophie zu: Ganz allgemein betrachtet analysiert er in seinen Werken weltanschauliche Vorstellungen unter soziologischem und kulturanthropologischem Aspekt. Philosophie und religiöse Ideen sagen etwas aus über den jeweiligen Entwicklungsstand, den das Geistesleben eines Kollektivs erreicht hat.

---

[28] Vgl. ders. ebda. S. 407

[29] Zimmermann, O.: a.a.O. S. 251

[30] Simmel, G.: Zur Metaphysik des Todes. In: Logos. Internationale Zeitschrift für Philosophie und Kultur. Bd. I (1910/11). S. 57-70; S. 57

Die Individualität der menschlichen Personen bewirkt, daß ein Individuum je bestimmte Eigenschaften, Lebenshaltungen und psychische Dispositionen, welche potentiell in der menschlichen Natur und Ideenwelt vorhanden sind, stärker ausprägt als andere Menschen. Simmel hat hier verschiedene Gegensatzpaare herausgearbeitet: So repräsentieren z.B. Kant und Goethe für Simmel zwei gegensätzliche Möglichkeiten kategorialer Welterfassungen: eine mehr mechanistische und eine überwiegend dynamisch-werdehafte – also Mechanistik und Organizismus.[31]

Der katholische Existenzphilosoph Peter Wust, der in seiner Geschichtsphilosophie sehr stark von Simmel beeinflußt wurde[32], faßt dessen Vergleich von Kant und Goethe folgendermaßen zusammen:

> „Während Kant nicht so sehr an den Dingen selbst, sondern mehr an dem Wissen um die Dinge interessiert ist, während er also die Welt immer mehr vom Subjekt her, d.h. von ihrer theoretischen Geformtheit aus erfaßt, betrachtet Goethe die Welt mehr von der Seite des Objekts, von ihrer Unmittelbarkeit aus. Kant lebt im Mittelbaren, Goethe im Unmittelbaren."[33]

Simmel schreibt:

> „Vielleicht aber ist es irrig (...) nach einem stabilen Gleichgewicht beider zu suchen, vielleicht ist es der eigentliche Rhythmus um die Formel des modernen Lebens, daß die Grenzlinie zwischen der mechanistischen und der Goetheschen Auffassung der Welt – mag man sie metaphysisch, künstlerisch oder vitalistisch nennen – in fortwährender Verschiebung bleibe, so daß die Bewegung zwischen ihnen, der Wechsel ihrer Ansprüche auf das einzelne, die Entwicklung ihrer Gegenwirkungen ins Unendliche den Reiz gewährt, den wir von der unauffindbaren Entscheidung zwischen ihnen erhofften."[34]

So entspricht der Wechsel zwischen der „mechanistischen und der Goetheschen Auffassung der Welt" der „Pulsierung des Lebens überhaupt (... ), seinem überall bewährten Rhythmus, dessen einfachstes Zeichen das Ein- und Ausatmen ist; oder der Kampf zwischen den beiden offenbarte den kämpferischen Charakter aller Lebensbewegtheit, die unvermeidliche Parteiung, die deren äußere wie innere Form ist"[35].

---

31 Vgl. Simmel, G.: Kant und Goethe. Leipzig 1916

32 Vgl. Lohner, A.: Peter Wust: Gewißheit und Wagnis. Eine Gesamtdarstellung seiner Philosophie. a.a.O. S. 304-317; S. 429-433

33 Wust, P.: Die Auferstehung der Metaphysik. Gesammelte Werke. Bd. I. Münster 1963.

34 Simmel, G.: Kant und Goethe. a.a.O. S. 113 f.

35 Ders. ebda. S. 115 f.
Simmel wurde oft dahingehend interpretiert, daß die von ihm konstatierten Zentralbegriffe doch irgendeinen metaphysischen Hintergrund hätten und etwa im Sinne der platonischen Ideen zu interpretieren seien – mit anderen Worten: daß sie ein ontologisch begründetes mysteriöses Sosein oder Sowerdenmüssen darstellten. Verschiedene Soziologen haben Simmel solche Relikte metaphysischen Denkens (und Ästhetizismus) unterstellt. (Vgl. Hübner-Funk, S.: Ästhetizismus und Soziologie bei Georg Simmel. In: Böhringer, H., u. Gründer, K.: Ästhetik und Soziologie um die Jahrhundertwende: Georg Simmel. Frankfurt a.M. 1976. S. 44-58) Und unter Aufnahme der Leibnizschen Ideen bezüglich der monadologischen Besonderung und Schuld- und Konflikthaftigkeit ihrer zeitlichen Sukzession stellt Wust weiter fest: „In der Tat

Ein weiteres Gegensatzpaar – repräsentiert durch Schopenhauer und Nietzsche – ist „Lebensekel" und „Lebensjubel"[36]. Weitere gegensätzliche Möglichkeiten sind: Freiheit und Notwendigkeit, Substanz und Individualität, Sein und Haben[37], ein mehr objektbezogenes und ein mehr subjektorientiertes Verständnis der Wirklichkeit[38], eine religiös oder eine wissenschaftlich orientierte Realitätsauffassung, die Diskrepanz zwischen endlichem Unten und absolutem Oben (wie man sie z.B. bei Michelangelo Darstellung findet) oder die an sich unlösbare Antinomie zwischen strömend-chaotischem Heraklitismus und Tektonik des Gesetzes (wie sie bei Rodin dialektisch versöhnt erscheint) [39]usw..

Entsprechend dem Phänomen der Dialektik und der Oszillation kann man nicht selten in der Entwicklung des einzelnen Individuums einen Wechsel in der Dominanz des einen oder anderen Momentes diagnostizieren. Infolge der spezifischen Wechselwirkung und gegensätzlichen Beeinflussung von Individuum und Kollektiv prägen auch Gruppen und Kollektive bestimmte Eigenschaften und Ideen stärker aus als andere, und es findet innerhalb eines Kollektivs ein oszillierender Wechsel statt zwischen Phasen, welche die eine, und Phasen, welche die andere der zwei konkurrierenden Ideen stärker ausprägen. Durch diese spezifische Dialektik der Ideen gewinnen der Geist und die Kultur eine größere Weite, erneuert sich ihre bildende Kraft. Die Synthese, die im Objektiven, wo Hegel und noch Troeltsch sie suchten, nicht gelingt, besteht in der Bewegung zwischen den Antithesen, vollzieht sich reflexiv im verstehenden Subjekt. Michael Landmann kommentiert es so:

---

hat Simmel hier einen Angelpunkt des „wirklichen" Seins aufgezeigt, nämlich das Prinzip der Determination, die in ihrer Schuldhaftigkeit das Wesen der ganzen sukzessiven Wirklichkeit ausmacht, die besonders im geschichtlichen Leben alle Größe wie alle Tragik bedingt." (aus: Wust, P.: Die Auferstehung der Metaphysik. a.a.O. S. 328 f.) Nun kann und soll diese alte Streitfrage hier nicht bis ins letzte diskutiert werden. Immerhin muß man gegen Wust feststellen, daß Simmel diese metaphysischen Dimensionen seiner Überlegungen kaum gesehen haben dürfte. So sehr Simmel Anschluß an Fechners Atomismus, Leibnizsche Monaden oder Reale von Herbart ablehnt, steht er doch noch auf dem Boden von dessen Assoziationspsychologie, der Lehre von der Verschmelzung gleicher und Hemmung verschiedener Vorstellungen. Diese Gesetzmäßigkeiten erklären dann auch die jeweilige Dominanz gewisser weltanschaulicher Ideen in einem Kollektiv. Simmel rekuriert hier also auf psychologische (nicht metaphysische) Regeln, so z.B. die, „daß differente, aber zum gleichen Genus gehörige und in einer gewissen Einheit zusammengefaßte Eindrücke miteinander verschmelzen und sich dadurch gegenseitig paralysieren, daß ein mittlerer Eindruck herauskommt." (aus: Simmel, G.: Über soziale Differenzierung. Soziologische und psychologische Untersuchungen. Amsterdam 1890. S. 11. Vgl. dazu: Ders.: Soziologie. Untersuchungen über die Formen der Vergesellschaftung. 5. Aufl. Berlin 1968. S. 305-344.)

36 Vgl. Simmel, G.: Schopenhauer und Nietzsche. Ein Vortragszyklus. Leipzig 1907.

37 Vgl. Blumenberg, H.: Geld oder Leben. Eine metaphorologische Studie zur Konsistenz der Philosophie Georg Simmels. In: Böhringer, H. u. Gründer, K.: Ästhetik und Soziologie um die Jahrhundertwende: Georg Simmel. a.a.O. S. 121-134; v.a. S. 122

38 Vgl. Simmel, G.: Hauptprobleme der Philosophie. Leipzig 1911. S. 86-112

39 Vgl. Landmann, M.: Georg Simmel: Konturen seines Denkens. In: Böhringer, H. u. Gründer, K.: Ästhetik- und Soziologie um die Jahrhundertwende: Georg Simmel. a.a.O. S. 3-11; S. 4

> „Philosophieren heißt: Gegensätze stehen lassen, mit ihnen umgehen können, ein „drittes Reich“ suchen, das *nicht* ihre „Aufhebung“ ist. Auch „Probleme“ sind nicht nur zur „Lösung“ da. Die größere Aufgabe kann darin bestehen, sie sichtbar zu machen, sie zu erfahren.“[40]

Philosophie – wir sahen es – kann nicht metaphysische Wahrheiten erschließen, sie soll nur soziologische und kulturanthropologische Entwicklungen erhellen helfen. Auf die Todesthematik bezogen bedeutet das: Wenn Simmel z.B. mit der Reinkarnationsidee sympathisiert – wie wir sehen werden –, bedeutet das nicht, daß er diese für „wahr“ gehalten hätte (Simmel war in religiösen Fragen explizit Agnostiker), sondern nur, daß er diese auf das Diesseits gerichtete Fortlebenshoffnung für lebensbejahender und weltfreundlicher hielt als die auf eine leibbefreite Existenz zielende Jenseitshoffnung. Nun gibt es nämlich nach Simmels kulturhistorischer Theorie u.a. noch die Dialektik von Diesseits- und Jenseitsorientiertheit zum einen und von Individualismus und Kollektivismus zum anderen. Bezüglich der Unsterblichkeitsidee gestaltet sich diese Gegensätzlichkeit – wie wir sehen werden – in die unterschiedlichen Vorstellungen von Reinkarnation (welche weltorientiert und weniger individualistisch) und von persönlicher Weiterexistenz (welche jenseitsorientiert und individualistisch ist) aus.

Wenden wir uns nun Simmels Reflexionen zur Todesthematik genauer zu: Georg Simmel versteht seine Philosophie als Philosophie bzw. Kultur des „inneren Lebens“. Diese steht in jeder Epoche in enger Wechselwirkung mit der Importanz, die sie dem Tode zuschreibt. Wie wir das Leben interpretieren und wie wir den Tod interpretieren – das sind nur zwei Momente eines einheitlichen Grundverhaltens.

Zunächst bringt Simmel eine rein biologisch orientierte Erklärung des Todesphänomens. Den anorganischen Körper scheidet vor allem dies von dem lebendigen: daß ihm seine begrenzende Form von außen bestimmt wird – „sei es in dem äußerlichsten Sinne, daß er aufhört, weil ein anderer anfängt, sich seiner Expansion entgegenstellt, ihn biegt oder bricht; oder sei es durch molekulare, chemische oder physikalische Einflüsse, wie etwa die Form des Felsens durch Verwitterung, die der Lava durch Erstarrung fixiert wird.“[41] Der organische Körper hingegen gibt sich seine Gestalt von innen her; er hört auf zu wachsen, „wenn die mit ihm geborenen Formkräfte an ihre Grenze gekommen sind“[42]. Das „Geheimnis der Form“ liegt darin, daß sie Limitation ist; sie ist das Ding selbst und zugleich das Aufhören des Dinges, „der Bezirk, in dem das Sein und das Nichtmehrsein des Dinges Eines sind“[43]. Und das organische Wesen ist, anders als das unbelebte, zu dieser Grenzsetzung keines zweiten bedürftig. Nun aber ist seine Grenze nicht nur räumlich, sondern auch zeitlich.[44] Dadurch, daß das Sterben mit seiner Natur selbst

---

[40] Ders. ebda.

[41] Simmel, G.: Zur Metaphysik des Todes. a.a.O. S. 57

[42] Ders. ebda.

[43] Ders. ebda.

[44] Überhaupt ist diese Orientierung der Todesproblematik am Biologischen typisch für die Lebensphilosophie!

und aus Notwendigkeit gesetzt ist, muß man sich – so Simmel – von jeder „Parzen"-Vorstellung freimachen, „als würde in einem bestimmten Zeitmoment der Lebensfaden, der sich bis dahin als Leben und ausschließlich als Leben fortgesponnen, mit einem Mal „abgeschnitten""[45]. Von diesem Gesichtspunkt aus ist es für Simmel dann auch keine Frage, daß der Tod *kein* von außen her kommendes Fatum, sondern ein dem Leben immanentes Notwendiges ist. (Wir werden sehen, daß hier Sartre von einem existentialistischen Standpunkt aus einen diametral entgegengesetzten Standpunkt einnimmt.) „Den meisten Menschen", schreibt Simmel, „erscheint (... ) der Tod als eine dunkle Prophezeiung, die über ihrem Leben schwebt, aber doch erst in dem Augenblick ihrer Verwirklichung irgend etwas mit dem Leben zu tun haben wird", tatsächlich aber – so betont Simmel – „ist der Tod von vornherein und von innen her dem Leben verbunden."[46]

Ebensowenig wird das Hingerichtetsein unseres Lebens auf den Tod und seine durchgängige Determination durch ihn durch das Faktum widerlegt, daß das Leben normalerweise „eine Zeitlang aufwärtsschreitet, immer mehr und sozusagen immer lebendigeres Leben wird"[47]. Erst nach einem höchsten Kulminationspunkt – „der gewissermaßen dem Tode ferner zu sein scheint als jeder frühere"[48], beginnen die ersten Indizien und Symptome der physischen (und teilweise psychisch-mentalen) Dekadenzen. Aber auch das vitaler und intensiver werdende Leben steht schon in einem Gesamtkontext, der auf den Tod hin- und ausgerichtet ist.

Joachim Wach kommentiert Simmel so:

> „Als ungemäß erscheint Simmel jede Auffassung des Todes, die ihn als eine von *außen* dem Leben drohende Vergewaltigung nimmt, als – freundliches oder feindliches – Gegenüber, als tatsächlich, aber nicht der Idee des Lebens *nach Notwendiges.*"[49]

Ähnlich wie die Existenzphilosophen Max Scheler, Albert Camus und Karl Jaspers betont Simmel, daß wir in jedem einzelnen Momente des Lebens solche sind, „die sterben werden"[50], und der Tod wäre anders, wenn dies nicht unsere mitgegebene, „in ihm irgendwie wirksame Bestimmung wäre"[51]. Nicht erst das Lebensende, jeder Augenblick unseres Daseins wird durch ihn gezeichnet. Durch ihn vollzieht sich die spezifische Mutation der Zeit: Sie wird nun zum Medium der menschlichen Selbstfindung. Durch die Begrenztheit der Zeit bekommt alles seine Importanz und Dringlichkeit.

> „So wenig wir in dem Augenblick unserer Geburt schon da sind, fortwährend vielmehr irgend etwas von uns geboren wird, so wenig sterben wir erst in unserem letzten Augenblicke. Dies erst macht die formgebende Bedeutung des Todes

---

45 Simmel, G.: Zur Metaphysik des Todes. a.a.O. S. 58
46 Ders. ebda.
47 Ders. ebda.
48 Ders. ebda.
49 Wach, J.: Das Problem des Todes in der Philosophie unserer Zeit. Tübingen 1934. S. 29
50 Simmel, G.: Zur Metaphysik des Todes. a.a.O. S. 59
51 Ders. ebda.

> klar. Er begrenzt, d.h. er formt unser Leben nicht erst in der Todesstunde, sondern er ist ein formales Moment unseres Lebens, das alle seine Inhalte färbt: die Begrenztheit des Lebensganzen durch den Tod wirkt auf jeden seiner Inhalte und Augenblicke ein; die Qualität und Form eines jeden wäre eine andere, wenn er sich über diese immanente Grenze hinauserstrecken könnte."[52]

Hier setzt auch Simmels Kritik an der christlichen Doktrin und Interpretation des Todes ein: Das Christentum nimmt dem Tode seine apriorische Bedeutung, in dem es das Leben – gegen seine biologische Richtung und Bestimmung – „unter den Gesichtspunkt seiner eigenen Ewigkeit"[53] stellt.

Und zwar nicht nur als eine an den letzten irdischen Augenblick sich hinzufügende Prolongation des Lebens; sondern von der gesamten Reihe der Lebensinhalte hängt – nach der christlichen Vorstellung – das ewige Schicksal der Seele ab, ein jeder setzt „seine ethische Bedeutung als Bestimmungsgrund unserer transzendenten Zukunft in das Unendliche fort und durchbricht damit die ihm einwohnende Begrenztheit"[54].

Aber noch unter einem weiteren Aspekt erscheint der Tod als der Gestalter des Lebens. Die sich in der Evolution herauskristallisiert habende Position der Organismen innerhalb ihrer Welt ist die, daß sie sich in jedem Moment allein durch spezifische Akkommodationen am Leben erhalten können. Das Mißlingen dieser Anpassungen bringt den Tod. Wie jede automatische oder arbiträre Bewegung als der Drang nach Mehr-Leben interpretiert werden kann, ebenso kann sie als die Flucht vor dem Tode verstanden werden. Jede Bewegung des Lebens demonstriert sich nicht nur als eine temporäre Annäherung an den Tod, sondern wird durch ihn, der ein wirkliches Element des Lebens ist, positiv und a priori bestimmt. Und diese Bestimmung oder Formung wird justament durch die Abwendung vom Tode mitbestimmt, dadurch, daß Erwerb und Konsumtion, Aktion und Kontemplation, und all unsere anderen natürlichen Verhaltensweisen – unbewußt-instinktiv oder bewußt-reflexiv – Todesflucht sind.

> „Das Leben, das wir dazu verbrauchen, uns dem Tode zu nähern, verbrauchen wir dazu, ihn zu fliehen. Wir sind wie Menschen, die auf einem Schiff in der seinem Lauf entgegengesetzten Richtung schreiten, indem sie nach Süden gehen, wird der Boden, auf dem sie es tun, mit ihnen selbst nach Norden getragen. Und diese Doppelrichtung ihres Bewegtseins bestimmt ihren jeweiligen Standort im Raume."[55]

Hier entwickelt Simmel einen Gedanken, den wir bei Heidegger wiederfinden werden: Lebten wir ewig, so würde das Leben mit seinen Werten und Inhalten „undifferent verschmolzen bleiben"[56], d.h. alles wäre gleich-gültig, „es würde gar keine reale Anregung bestehen"[57]. Erst die Vergänglichkeit

---

52 Ders. ebda.
53 Ders. ebda.
54 Ders. ebda.
55 Ders. ebda. S. 60
56 Ders. ebda. S. 61
57 Ders. ebda.

gibt den Dingen Bedeutung, macht, daß sich eine Sinnganzheit zeigt. Angesichts der Begrenztheit der Zeit sind alle Handlungen verbunden zur Sinneinheit dieses einmaligen Selbst, das sich zu übernehmen und seine Zeit im Sinne der Selbstwerdung und Persönlichkeitsfindung zu nutzen hat. Der seelische Lebensprozeß als ganzer stellt dann mit steigender Entwicklung „das Gebilde immer klarer und stärker heraus, das man das Ich nennen kann“[58]. Durch seine Begrenztheit wird die Zeit zum Medium, daß das Selbst oder Ich sich in gewissem Sinne uno actu mit den Inhalten aus sich herausdifferenziert.

„Je mehr wir erlebt haben, desto entschiedener markiert sich das Ich als das Eine und Kontinuierende in allen Pendelschwingungen des Schicksals“[59], dergestalt „daß das Ich sich reiner in sich selbst sammelt, sich herausarbeitet aus all den fließenden Zufälligkeiten erlebter Inhalte, sich immer sicherer und von diesen unabhängiger seinem eigenen Sinn und Idee zu entwickelt“[60].

Mit diesem Gedanken hat Simmel die Grundüberzeugung der (naturalistischen) Lebensphilosophen, das Ideal und Ziel bestände in der Auflösung des Ichs, deutlich überwunden, und er hat sich hier schon sehr nahe an die Grundforderung der Existenzphilosophie angenähert, der zu werden, der man sein soll, oder – mit Simmels Worten – dasjenige zu werden, „was wir eigentlich von vornherein sind und doch wieder im vollen Sinne noch nicht sind“[61].

Sehr ähnlich wie Heidegger sieht Simmel in dieser Ermöglichung zur Selbstwerdung den eigentlichen Sinn des Todes. Dieser Sinn wird auch keinesfalls durch den destruktiven Akt des Todes selbst wieder aufgehoben – wie Sartre und (abgeschwächt) Camus meinen. Wie gegen Sartre formuliert, stellt Simmel fest, der Tod „könne zwar den Prozeß des Lebens annullieren, aber die Bedeutung seiner Inhalte nicht angreifen“[62].

Diese, die Selbstwerdung ermöglichende Bedeutung des Todes ist nun nach Simmel auch der eigentliche Gehalt der Unsterblichkeitsidee. Oder anders: Die *Idee,* das Ich hätte im Jenseits die Möglichkeit „sich ewig zu vollenden oder weiterzuexistieren“[63], ist die mystische Umkleidung dieses existentiellen Gehalts und Imperativs des Todes.

> „Die Unsterblichkeit, wie sie die Sehnsucht vieler tieferen Menschen ist, hat den Sinn: daß das Ich seine Lösung von der Zufälligkeit der einzelnen Inhalte *ganz* vollbringen könnte.“[64]

In seinem Essay *Vom Heil der Seele* definiert Simmel den existentiell-gültigen Kern der Unsterblichkeitsidee als „Herausarbeitung unserer Persönlich-

---

58 Ders. ebda. S. 62
59 Ders. ebda.
60 Ders. ebda.
61 Ders. ebda.
62 Ders. ebda. S. 62
63 Ders. ebda.
64 Ders. ebda. S. 62 f.

keit, (... ) Befreiung ihrer von allem, was nicht sie selbst ist, (... ) Sich-ausleben nach der Idee und dem Gesetz des Ich"[65].

Man sieht, daß die Jenseitsvorstellung und -idee an sich bei Simmel (ähnlich wie bei Eucken) keine negative Wertung findet (im Unterschied etwa zu Nietzsche oder Klages, die sie als metaphysische „Hinterwelt" und gefährlichen Eskapismus deuten). Allerdings *kann* die Unsterblichkeitsidee problematische Züge annehmen, und insofern findet bei Simmel eine Beurteilung und Bewertung der verschiedenen religiösen Jenseitsvorstellungen entsprechend ihrer jeweiligen Lebensdienlichkeit statt.

Normalerweise pflegt die Unsterblichkeit ja einen anderen Sinn zu haben als den von Simmel behaupteten.[66] Sie hilft hier – so Simmel – „meistens einem Haben, die Seele will Seligkeit oder das Schauen Gottes oder vielleicht nur ein Weiterexistieren überhaupt; oder, bei stärkerer ethischer Sublimierung, will sie eine Qualität ihrer selbst: sie will erlöst sein, oder gerechtfertigt, oder gereinigt"[67]. Alle diese Vorstellungen aber sind nach Simmel abzulehnen gegenüber dem von ihm gekennzeichneten existentiell-moralischen Sinn von „Unsterblichkeit" als des Zustandes der Seele, in dem ihr Sein sich nicht mehr an einem Inhalt vollzieht, der in irgend einem Sinn außerhalb ihrer selbst bestünde. „Unsterblichkeit" in diesem Sinne ist erreicht, wo das Ich ganz frei geworden ist vom Streben nach den Dingen und dem *Haben* und sich gewissermaßen mit der erreichten Fülle des eigenen Seins begnügt.[68] Diese Vollkommenheitsstufe, die an nichts Äußerem mehr haftet, impliziert dann auch die Überwindung jedes (mehr oder weniger egoistischen) Weiterexistierenwollens.

Simmel führt aus:

---

65 Simmel, G.: Das Individuum und die Freiheit. Essays. Berlin 1984. S. 116

66 Es ist heute kaum ein Zweifel mehr, daß Jaspers von Simmel (v.a.) in seiner ersten Entwicklungsphase der Existenzphilosophie – d.h. von dem Erscheinen der „Psychologie der Weltanschauungen" bis zur Veröffentlichung seines Hauptwerks, der dreibändigen „Philosophie" – wichtige Anregungen empfangen hat und daß besonders sein Frühwerk „Psychologie der Weltanschauungen" vom Einfluß der späten Lebensphilosophie Simmels zeugt. (Obwohl Jaspers selbst diesen Einfluß von Simmel nie erwähnt bzw. heruntergespielt hat, wie Hanoch Tennen gezeigt hat (Vgl. Tennen, H.: Georg Simmel und Karl Jaspers – ein Vergleich. In: Böhringer, H., u. Gründer, K., Ästhetik und Soziologie um die Jahrhundertwende: Georg Simmel. a.a.O. S. 135-174; v.a. S. 135 f.)) Siehe zum Einfluß Simmels auf Jaspers' u.a. die *Einleitung* zu Simmels Essayband „Brücke und Tür" von Margarete Susman und Michael Landmann (in: Simmel, G.: Brücke und Tür. Im Verein mit Margarete Susman, herausgegeben von Michael Landmann. Stuttgart 1957. S. VI.), Michael Landmanns *Einleitung* zu Simmels philosophischen Exkursen (in: Simmel, G.: Das individuelle Gesetz. Philosophische Exkurse, herausgegeben von Michael Landmann. Frankfurt a.M. 1968. S. 15), ferner: Brecht, F.J.: Einführung in die Philosophie der Existenz. Heidelberg 1948, S. 61. Den Einfluß von Simmel auf Jaspers philosophische Reflexionen zum Tod hat Karl Lehmann aufgezeigt. (Lehmann, K.: Der Tod bei Heidegger und Jaspers. Heidelberg 1938, S. 56) Insofern kann man vermuten, daß Simmels eigenwillige Verwendung des *Unsterblichkeitsbegriffs* auf Jaspers' ebenso ungewöhnliche Verwendung dieses Begriffs eingewirkt haben dürfte.)

67 Simmel, G.: Zur Metaphysik des Todes. a.a.O. S. 63

68 Wir werden nicht unähnlichen Gedanken bei Gabriel Marcel begegnen. Allerdings entwickelt er aus der Spanne zwischen Sein und Haben in der menschlichen Existenz Argumente für die Unsterblichkeit der Person im geläufigen Sinne des Wortes.

> „Solange wir leben, erleben wir Objekte, das Ich hebt sich zwar mit dem Vorschreiten der Jahre und ihrer Vertiefung mehr und mehr als der reine Prozeß, als das Invariable und Durchhaltende aus allen Mannigfaltigkeiten der vorüberflutenden Inhalte heraus; aber irgendwie bleibt es doch jeweilig mit diesen verschmolzen, das Sich-abheben, das Selbstsein der Seele bedeutet nur eine asymptotische Annäherung an das Ich, das nicht an irgend einem Etwas, sondern nur an sich selbst existiere. Wo an Unsterblichkeit geglaubt wird und jeder materiale Inhalt, dem sie zum Zwecke diene, abgelehnt wird, – sei es als das ethisch nicht hinreichend Tiefe, sei es als das schlechthin Unwißbare – wo sozusagen die reine Form der Unsterblichkeit gesucht wird, da wird der Tod wohl als die Grenze erscheinen, jenseits deren alle angebbaren Einzelinhalte des Lebens vom Ich abfallen und wo sein Sein oder sein Prozeß ein bloßes Sich-selbst-gehören, eine reine Bestimmtheit durch sich selbst ist.“[69]

Wir sagten bereits, daß Simmel mit der Reinkarnationsidee sympathisiert. Genauer gesagt, müßte man feststellen, daß ihm die Wiedergeburtsidee gewissermaßen die zweitliebste Vorstellung nach seiner eigenen purifizierten „Unsterblichkeits“idee ist. Zwischen der Jenseitsvorstellung der „objektiven Inhalte“ (wie Simmel sagt) einerseits und der, die „dem subjektiven Ich die Reinheit des Fürsichseins gewährt“[70], steht die Reinkarnationsvorstellung als „ein drittes Motiv“[71].

Die Seelenwanderungsidee ist dadurch gekennzeichnet, daß sie eine Zäsur macht, „an der jeweilig völlig neue Inhaltsreihen, ja, ein anderes Ich beginnt“[72]. Zunächst einmal hält Simmel die Wiedergeburtsvorstellung für logischer als die Jenseitshoffnungen von Judentum, Christentum und Islam. Die Unsterblichkeitsidee fordert nämlich nach Simmel eigentlich die Präexistenz. Daß eine Seele, „bloß weil sie zufällig entstanden ist, auch gleich ins Unendliche weiterleben sollte, gibt keinen rechten Sinn“[73]. Sehr wohl aber ist die Unvernichtbarkeit das adäquate Korrelat der *Unentstandenheit.*

Nur wenn das Leben grundsätzlich nicht auf der Form empirischer Begrenztheit ruht (was sie ja – wie wir ausführlich gesehen haben – nach den Lebensphilosophen nicht tut), nicht als ein Singuläres irdisch entstanden ist, sondern nur ein Ausschnitt aus einer ewigen Existenz ist, bildet Unsterblichkeit keinen unglaubwürdigen „Sprung aus einer Ordnung der Dinge in eine völlig heterogene“[74] mehr. Die Seelenwanderung stellt diese Ewigkeit des Lebens in einer gewissermaßen prismatischen Brechung in unzählige, different gefärbte und individuell begrenzte Existenzen dar. Der Tod ist dann nur das Ende der Individualität, „aber nicht des Lebens“[75]. Hier haben wir wieder das angeblich so trostreiche Credo aller Lebensphilosophen vor uns, und

[69] Simmel, G.: Zur Metaphysik des Todes. a.a.O. S. 64
[70] Ders. ebda. S. 63
[71] Ders. ebda.
[72] Ders. ebda.
[73] Ders. ebda.
[74] Ders. ebda. S. 64
[75] Ders. ebda.

die Wiedergeburtsidee kleidet diese Gewißheit vom ewigen Weiterwirken der *einen* Lebenskraft gleichsam in ihr mystisches Gewand. Dieser ihr zugrundeliegende richtige Aspekt und Wahrheitsgehalt bedingt auch die psychologische Kraft und Faszination, welche die Reinkarnationsidee auf die Menschen ausübt.

> „Das ist wie mit der „Unsterblichkeit" von Gedanken: der ganz große Gedanke ist nur wie ein Aktualisieren und Bewußtwerden von etwas, was die Menschheit von jeher besessen hat, was zu der Erbmasse ihres Wesens, zu ihrer ewigen Ausstattung gehört. Darin liegt das Überzeugende der großen Gedanken, auch und insbesondere der nicht wissenschaftlich erweisbaren. Sie würden nicht so unmittelbar – als hätte man es längst gewußt und jetzt würde es nur ausgesprochen – und bleibend wirken, wenn sie nicht in der Struktur der Seele präexistent gewesen wären."[76]

Über diesen ihr innewohnenden Wahrheitskern von der ewigen Weiterexistenz der einen (monistischen) Lebenskraft hinaus aber ist die Reinkarnationsidee in ihrer dogmatischen Ausformung verworren, widersprüchlich und obskur. Die philosophischen Schwierigkeiten des Seelenwanderungsgedankens lassen sich mit der Frage umreißen: „Welches Leben endet mit dem Tode? Das persönlich-individuelle?"[77] Wenn ja, dann ist es unverständlich, daß die nächste Existenz als die desselben, unzerstörten Subjekts gelten darf. Wird allerdings gerade die Persönlichkeit in allen Transformationen durchgehalten, so dürfte das in dieser Selbigkeit Konservierte schwerlich anzugeben sein, wenn es „jetzt als Fürst, dann als Tiger, dann als Bettler, dann als Schakal wiedergeboren wird"[78]. Mit anderen Worten: Welcher Inhalt des Seins oder des Bewußtseins perseveriert denn eigentlich, um die Charakterisierung all dieser Erscheinungsformen als Erscheinungen eben desselben Subjekts zu erlauben? Wenn bei verschiedenen „primitiven Völkern"[79] der Glaube existiert, das neugeborene Kind sei ein wieder zurückgekehrter Ahne, ist dies für Simmel „offenbar die roheste und äußerlichste Form der Wiederkunft"[80], das „äußerste Extrem des Individualismus"[81]. Sehr viel sublimer und der Wahrheit näherkommend ist für Simmel die Lehre des Buddhismus, nach dem ein perseverierendes Ich nicht besteht, sondern nur (akzidentelle bzw. substanzlose) Wirkungen früherer Gedanken und Taten bzw. früherer Elemente oder Elementzustände.

> „Sünde und Strafe bestünden also nicht an zwei gesonderten Subjekten, die durch ein kontinuierendes Ich verbunden wären, sondern verhielten sich einfach wie ein Geschehen und seine, vielleicht viel spätere, Wirkung, die sich an zwei subjektlosen Komplexen physisch-psychischer Elemente abspielten."[82]

---

[76] Ders. ebda.
[77] Ders. ebda.
[78] Ders. ebda.
[79] Ders. ebda.
[80] Ders. ebda.
[81] Ders. ebda.
[82] Ders. ebda. S. 65

Natürlich will Simmel nicht die buddhistische Reinkarnationsidee in ihrem dogmatischen Gehalt als „wahr" darstellen, allerdings enthält sie den eigentlichen Kern der „möglichen Vorstellungen von Seelenwanderung"[83]. Denn wenn Aristoteles auch über die Vorstellung gespottet habe, daß dieselbe Seele in verschiedenen Körpern wohnen könne[84], so können nach Simmel doch sehr wohl wesensverschiedene Komplexe, ein jedes physisch oder psychisch, die Bestimmung diese oder diese Individualität zu sein, miteinander teilen:

> „So paradox es klingt: ein Fürst und ein Tiger, ein Bettler und ein Schakal können die gleiche „Individualität" haben. Nicht ein einziger angebbarer Inhalt ihrer körperlich-seelischen Existenz mag hier oder dort der gleiche sein; dennoch kann eine Gesamtfärbung, die etwa in der Relation der Wesenselemente zueinander besteht, in ihnen übereinstimmen. Die Individualität im Verhältnis zu diesen einzelnen Elementen gleicht dem Werte eines Bruchs, der der identische sein kann, auch wenn die Faktoren, die ihn bilden, keinerlei Gleichheit besitzen."[85]

Mit anderen Worten: Gewisse Färbungen, Rhythmen oder Ähnlichkeiten, die wir in eine sprachliche Analogie zu kleiden vermögen, können wir an an sich völlig verschiedenartigen Gesamtgebilden konstatieren. So beschreiben wir (um beim Beispiel Simmels zu bleiben) gewisse Charaktereigenschaften als „schakal-" oder „tigerartig". Nach Simmel realisiert und konfiguriert der *„eine* Lebensstrom" (diese Formulierung findet sich bei ihm immer wieder) auf den verschiedenen Seinsebenen (der anorganischen, organischen, psychischen etc.) gewisse ähnliche „Grundfärbungen", „Grundrhythmen" oder „Grundverhältnisse".[86]

In der Tatsache der ewigen „Wiederkunft" dieser ontischen Grundmuster, welche die *eine* Lebensenergie immer wieder aus sich herausstellt, und in ihr alleine, wurzelt „das Motiv (... ), aus dem heraus auch die Individualität als Träger der Metempsychose noch abgeworfen werden kann und dieser wunderlichsten aller Unsterblichkeitslehren ein noch unbeschränkterer Sinn kommen mag"[87].

Auf der anderen Seite ist die Seelenwanderungslehre die Verabsolutierung gewisser Erfahrungen des täglichen, „relativischen" Lebens. Macht man sich die Variabilität bewußt, die dessen Verlauf zwischen Geburt und Tod erfährt, so scheint deren Spannweite hin und wieder kaum geringer, als sie zwischen mancher menschlichen Existenz besteht. Keinem erheblich bewegten Leben mangelt das Empfinden, sehr unterschiedliche und widersprüchliche Wandlungen erlebt zu haben, die „am Ende nur von einer rein formalen Lebenseinheit und von der Tatsache umgriffen sind, daß sich diese Inhalte in einem kontinuierlichen Fließen, in der zeitlichen Stetigkeit eines Lebensprozesses aneinanderreihen"[88]. Simmel teilt zwar die Position der ak-

83 Ders. ebda.
84 Vgl. ders. ebda. S. 65 f.
85 Ders. ebda. S. 66
86 Vgl. ders. ebda. S. 67
87 Ders. ebda.
88 Ders. ebda.

tualistischen Psychologie nicht in der Radikalität, wie wir ihr bei Klages und v.a. bei Nietzsche begegnet sind, immerhin finden sich auch bei ihm überdeutliche Ansätze zu einer aktualistischen Psychologie „ohne Seele“. Die Position Simmels hierzu erscheint etwas widersprüchlich. Zwar gibt er zu:

> „Es beharrt etwas in uns, während wir Weise und dann Toren, Bestien und dann wieder Heilige, Selige und dann wieder Verzweifelte sind.“[89]

Auch spricht er davon, daß unsere Identität „von einem beharrenden, jenseits seiner einzelnen Bestimmungen und Aktionen stehenden Ich getragen“[90] werde. Dann finden sich wieder Stellen, welche die seelische Selbstheit, also das, was wir Seele, Ich oder Selbst nennen, in der Gesamtheit der psychischen Vorgänge, der Akte des Fühlens, Denkens und Strebens, wie sie sich im Bewußtsein und in der Lebensganzheit zu einer Einheit zusammenfügt, aufzugehen lassen scheinen:

> „Das stammelnde Kind, der Mann auf der Höhe seiner Schaffenskraft, der verfallene Greis – woraufhin werden diese Erscheinungen als eine Einheit angesprochen, als weil *ein* Lebensstrom sie durchfließt, der aber ihren Inhalten keinerlei Einheit und Vergleichbarkeit zu geben vermag und der, angenommen, die Seelenwanderung bestünde als Tatsache, sozusagen keine größere Anstrengung, mindestens keine fundamental anders gerichtete, brauchte, um die noch etwas distanteren Inhalte (...) in seine formale Kontinuität aufzunehmen.“[91]

Zwischen Geburt und Tod „fühlen wir uns unzähligemale als ein “Andersgewordener“ – körperlich, seelisch, schicksalsmäßig – und fühlen dabei freilich dieselbe „Seele““[92]. Simmel ist sich dieser Diskrepanz in seiner Psychologie selbst bewußt: So spricht er von der „rätselhaften Grundtatsache des Lebens, insbesondere des in der Seele gesammelten: daß ein Wesen immer ein anderes und doch immer dasselbe ist“[93]; und dieses konstatierbare Paradoxon des Lebens „wird mit der Seelenwanderung nur in einen größeren Abstand der Momente auseinandergezogen“[94]. Insofern ist der Mythus der Reinkarnation sein Symbol und „Miniaturbild“[95] für das wechselhafte Schicksal der Seele und ihrer Metamorphosen in dem einen, individuellen Gesamtleben, „in den mannigfachen Anklängen von Lust und Leid, den Vibrierungen zwischen Kraft- und Schwächeempfindungen, der Erfülltheit und Leerheit der Stunden, den Abwechslungen von Schaffen und Aufnehmen“[96].

Letztlich huldigt auch Simmel – wie wir sahen – monistischen Vorstellungen: Die Selbstheit, die sich im Laufe eines Lebens individualisiert (und die-

---

[89] Ders. ebda. S. 68
[90] Ders. ebda.
[91] Ders. ebda. S. 67 f.
[92] Ders. ebda. S. 68
[93] Ders. ebda.
[94] Ders. ebda.
[95] Ders. ebda.
[96] Ders. ebda.

se Individuation ist – wie wir diagnostizieren konnten – ihr ethischer Imperativ und Auftrag), ist letztlich nur ein „bloßer Ausschnitt“[97] des *einen* Lebensstroms in der „Form empirischer Begrenztheit“[98]. Wir sehen: Auch bei Simmel findet sich angesichts der Todesproblematik nur der alle Lebensphilosophen einigende „Trost“ vom ewigen Weiterwirken der *einen* Lebenskraft.

Eine individuelle, persönliche Unvergänglichkeit aber ist unhaltbar, denn ein solcher Gedanke ist nicht aus dem natürlichen Urgrund unserer Seele geboren, sondern aus kleinmenschlichem Egoismus. Somit ist der tiefste Sinn der Reinkarnationsidee, daß sie „die Absolutheit von Leben und Tod gewissermaßen in eine Relativität aufhebt“[99].

> „Sie entfernt einerseits die Absolutheit des Todes überhaupt aus dem Leben, das Leben als Ganzes wird zu dem absoluten Begriff, der von dem Wechselspiel des relativen einzelnen Lebens und des relativen einzelnen Todes konkretisiert wird, und sie senkt andererseits den Tod in den Lebensverlauf hinein, als das Gleichnis dafür, daß das Leben sozusagen in jedem Augenblick die Cäsur des Todes zu überwinden hat, daß er ein positives Moment des Lebens ist und es ununterbrochen durchflicht und formt. Jenen rohen Symbolen gleich, mit denen primitive Völker doch die tiefsten naturerkennenden und metaphysischen Ideen entwickelter Geistigkeit antizipieren, deutet die Seelenwanderung darauf hin, daß es vielleicht ein Schritt ist, der den Tod zu einem Momente des Lebens selbst macht und der ihn überwindet, der den Tod schon vor den Parzenschnitt und das Leben noch hinter ihn verlegt.“[100]

Wie bei Eucken muß man auch gegen Simmel fragen: Kann die letztendliche Auslöschung der Individualität im Tode zugunsten des *einen* Lebensstroms sinnvoll sein, wenn doch die Herausarbeitung der Individualität – wie Simmel vielleicht noch stärker als Eucken betont – gerade Sinn und Zielgut des menschlichen Lebens ist? Und kann die Unsterblichkeitsidee moralischer Imperativ und Postulat im Sinne dieser Individuation sein, wie Simmel zu zeigen versucht, wenn er zugleich eindeutig diejenigen „Unsterblichkeits“-Vorstellungen favorisiert, welche die Auflösung und Aufhebung von Personalität und Individualität lehren?

---

97 Ders. ebda.
98 Ders. ebda.
99 Ders. ebda. S. 69
100 Ders. ebda. S. 70

# IV. Das Ungenügen der Reflexionen über den Tod bei den Lebensphilosophen

Man muß bei allen Lebensphilosophen (auch bei Eucken und Simmel) die kritische Frage stellen, ob den Menschen angesichts der eigenen Sterblichkeit wirklich der Gedanke trösten kann, daß er als Individuum zwar vernichtet, aber die Natur, der Kosmos oder das Leben usw. weiterbestehen wird. Welche Mutter, die am Totenbett ihres Kindes steht, sollte der Gedanke, daß es mit dem Leben im Kosmos immer irgendwie weitergehen wird, vor Verzweiflung retten? Es ist bezeichnend, daß die Lebensphilosophen, wo sie vom Tod sprechen, immer nur den eigenen Tod oder den Tod allgemein, nicht aber den Tod des konkreten Anderen meinen. Es mag ja einige Individuen geben, die den Gedanken an die eigene Auslöschung angesichts der Unendlichkeit des kosmischen Geschehens ertragen können, aber kann diese philosophische Idee angesichts des Todes des (geliebten) Anderen trösten? Und ist es wirklich nur Egoismus, wenn der Mensch den Gedanken an die eigene Vernichtung nicht ertragen kann? Eucken beispielsweise unterstellt das, wenn er feststellt:

> "Deutlich erweist sich das alte Wort, daß uns das Leben nur zum Nießbrauch verliehen ist. Gewöhnlich denkt bei diesem unablässigen Wechsel und Wandel jeder Einzelne nur an sich selbst und behandelt seine kleine Existenz als den Mittelpunkt des Ganzen; wer aber die Lebensbühne überschaut, der kann den schweren Ernst des Ganzen nicht verkennen."[1]

Und diese Kritik hat um so mehr Gewicht, als doch gerade Eucken sehr anschaulich darlegt, wie der menschliche Geist nach Überschreitung aller Grenzen strebt, daß er mentale und seelische Totalität und Ganzheit sucht. Ist es nicht schon ein antiker Gedanke, daß der Mensch nach Glück strebt, und daß wahres und vollkommenes Glück notwendigerweise die Idee der Unaufhörlichkeit und Ewigkeit in sich schließt?

Wie peripher und – angesichts der Überfülle *des* Lebens – unwesentlich die Todesfrage den Lebensphilosophen schien, wird auch daran deutlich, daß einige von ihnen (z.B. Wilhelm Dilthey, Ernst Troeltsch, Eduard Spranger) das Todesthema überhaupt nicht aufgriffen. Die negligeante – und primär oder sogar ausschließlich am Biologischen orientierte Behandlung, welche die Todesproblematik in der Lebensphilosophie gefunden hat, führte notwendigerweise dazu, daß die Existenzphilosophie – welche in der Lebensphilosophie ja ihre Vorläuferin hat – den Tod geradezu in den Mittelpunkt ihrer Reflexionen stellte. Das gilt für Karl Jaspers ebenso wie für Sartre, und ganz besonders für Heidegger und Albert Camus, und – im christlichen Sinne – für Gabriel Marcel.

Die Existentialisten erkannten mit aller Deutlichkeit, daß der Mensch angesichts seiner Sterblichkeit nicht mit dem oberflächlichen Trost, das kosmische Leben bleibe bestehen, saturiert werden kann. Die Einschätzung und

---

[1] Eucken, R.: Der Sinn und Wert des Lebens, a.a.O. S. 94

Bewertung der menschlichen Sterblichkeit und des Todes ist bei den Existenzphilosophen dann eine unterschiedliche – wie wir sehen werden. Am negativsten fällt sie bei Sartre aus: Der Tod raubt dem Leben jeglichen Sinn. Die Antwort der Lebensphilosophen hat Sartre als die unexistentielle und eskapistische Weltanschauung von „Idioten" betrachtet, wobei dieser Vorwurf – wie wir sahen – Nietzsche zu Unrecht trifft. Der Tod ist bei Nietzsche – wie bei Sartre – jenes Fatum, das dem Menschen den allesdurchherrschenden Widerwillen vor dem Dasein, den „Ekel" verursacht. Für Camus durchzieht das Wissen um die eigene Sterblichkeit alle Erfahrungen der Absurdität, von denen das Leben geprägt ist. Bei Martin Heidegger und Karl Jaspers erfährt der Tod eine sinnbejahende Deutung. Nach Heidegger entreißt die „Erfahrung des Vorlaufens zum Tode" den Menschen den beschwichtigend-negligeanten Daseinsweisen des „Man". Der Tod birgt in sich die Möglichkeit, Vollendung des Daseinsganzen zu sein, insofern er vom Dasein als ein in Freiheit vollzogener Abschluß angenommen und übernommen wird – was sicher auch etwas anderes ist als der Trost, im All-Ganzen aufzugehen. Für Jaspers ist der Tod eine „Grenzsituation", an der der Mensch, indem er an ihr scheitert, seine Existenz vollziehen kann. Jede Bagatellisierung des Todes, wie sie die Lebensphilosophen vorgenommen haben, verbietet sich von allein, weil sie dem Tod seine existenzstiftende Möglichkeit raubt. Eine christliche Deutung des Todes findet sich bei Gabriel Marcel und Peter Wust, die philosophische Argumente für das Weiterleben über den Tod hinaus entwickeln. Das gleiche versucht Max Scheler, den wir im Folgenden als Vorläufer der Existenzphilosophie demonstrieren wollen.

Jaspers, Marcel und Camus haben v.a. die existentielle und philosophische Bedeutung des Sterbens des (geliebten) Anderen betrachtet – eine Betrachtungsweise, die bei den Lebensphilosophen (unverständlicherweise) nahezu ausgeblendet bleibt. Mit der Existenzphilosophie erhob sich noch einmal (und bisher zum letzten Mal) eine Philosophie, die der Todesproblematik nicht auswich, sie nicht oberflächlich behandelte (wie die Lebensphilosophie), sondern ihrer existentiellen und weltanschaulichen Bedeutung gerecht wurde.

Wenn Hans Kunz von Ludwig Klages feststellt, dieser sei „vor dem Tode als dem schlechthinnigen, nichtigen Ende zurückgewichen"[2], so könnte man dies von allen Lebensphilosophen sagen.

Wenden wir uns also nun den Existentialisten zu.

---

[2] Kunz, H.: Martin Heidegger und Ludwig Klages. Daseinsanalytik und Metaphysik. München 1976. S. 59. Der von Kunz in diesem Buch versuchte Nachweis, daß Klages auf Heideggers Denken in bedeutender Weise eingewirkt hätte, bzw. signifikante Parallelen des Denkens bestünden, muß aber als gescheitert betrachtet werden.

# C. Der Tod in der Existenzphilosophie

## I. Tod und Fortleben bei Max Scheler

Im weiteren sollen die Philosophie Max Schelers und seine Reflexionen zur Todes- und Unsterblichkeitsproblematik behandelt werden. Dieses Unterfangen ist zunächst einmal nicht unproblematisch, insofern diese Darstellung im Kontext der Existenzphilosophen erfolgt, und Max Scheler gemeinhin nicht zu den Existentialisten gezählt wird. Allerdings wird Scheler oft als unmittelbarer Vorläufer der Existenzphilosophie betrachtet; immerhin hat er beispielsweise mit Heidegger und Sartre den phänomenologischen Ansatz gemeinsam. Es war vor allem der Existenzphilosoph Peter Wust – vielleicht der beste Kenner der Schelerschen Philosophie unter den Existentialisten –, der sich in diesem Sinne für die Zuordnung Schelers zum Existentialismus ausgesprochen hat.[1] Wust selbst wurde – wie wir noch sehen werden – in seiner Religionsphilosophie und Anthropologie wesentlich von Scheler beeinflußt.[2] Die Behandlung und Interpretation von Schelers Reflexionen zu Tod und Unsterblichkeit sind aber vor allem auch deshalb problembeladen, weil Scheler diese in seiner theistisch-christlichen Phase entfaltet und später, als er dem Christentum den Rücken kehrte und sich einer pantheistischen Weltanschauung zuwandte, nicht mehr weiterentwickelt hat.[3] Im Ge-

---

1 Wust, P.: Der Mensch und die Philosophie. Ges. Werke. Bd. IV. Münster 1964. S. 442 f.. Die Zuordnung Schelers zur Existenzphilosophie vertreten z.B. auch: Kraenzlin, G.: Existenzphilosophie und Panhumanismus. Schlehdorf 1950. Hartmann, P.N.: Max Scheler als Existenzphilosoph. In: Franziskanische Studien. Jg. 31 (1949). S. 423 f.

2 Vgl. Lohner, A.: Peter Wust: Gewißheit und Wagnis. Eine Gesamtdarstellung seiner Philosophie. a.a.O. S.224-231; S. 243 f.. Blattmann, E.: Peter Wust als Denker und Leser des Bösen. Frankfurt a.M. u.a. 1994. S. 163-171

3 Scheler schrieb die im philosophischen Nachlaß des Verfassers vorgefundenen Manuskripte (3 Hefte) zu einer Arbeit über „Tod und Fortleben“ 1911/12 und 1913/14. (Vgl. Scheler, M.: Schriften aus dem Nachlaß. Ges. Werke. Bd. I. Zur Ethik und Erkenntnislehre. Bern 1957, S. 510) Zu den drei Phasen in Schelers Denken so viel: Max F. Scheler wurde 1874 in München geboren. Er gilt als einer der Hauptvertreter der Phänomenologie, insbesondere der ontologisch orientierten sogenannten Münchner-Göttinger Schule: genannt seien hier noch Reinach und Conrad. In diesem Zusammenhang war er auch gemeinsam mit Husserl, Pfänder, Geiger und Reinach Mitherausgeber des „Jahrbuch für Philosophie und phänomenologische Forschung“. Üblicherweise werden grob drei Phasen seines Schaffens unterschieden. In einer ersten Periode ist Scheler noch von seinem Lehrer Rudolf Eucken beeinflußt. Zur kritischen Beschäftigung mit Kant und dem Neukantianismus und mit der Lebensphilosophie, besonders Nietzsche, aber auch Dilthey, den er in Berlin hörte, kommt hier in dieser Phase vor allem die Phänomenologie E. Husserls zum Tragen. Von Husserl ausgehend entwickelt er seine eigenen phänomenologischen Positionen, die ihn sein Werk hindurch begleiten werden. In die zweite,

genteil: Scheler hat den Glauben an eine persönliche Unsterblichkeit in seiner dritten Schaffensperiode aufgegeben und das Todesgeschehen nun wesentlich negativer interpretiert. Dies beweisen seine Vorlesung von 1923/24, welche unter dem Titel *Das Wesen des Todes* in den *Schriften aus dem Nachlaß* veröffentlicht wurde[4] , sowie die unvollendeten und fragmenthaften Reflexionen, die Scheler nach 1926 niedergeschrieben hat.[5] Auch Schelers Gedanken zu *Tod und Fortleben* wurden erst posthum und unvollendet als *Schriften aus dem Nachlaß* (von Maria Scheler) veröffentlicht.[6] Wenn Schelers spätere Negierung der persönlichen Unsterblichkeit auch wesentlich und in erster Linie mit seiner Abkehr vom Christentum und seinem Pantheismus zusammenhängt, ist doch zu fragen, ob es nicht auch sein (später eindeutigeres) Bekenntnis zur Leib-Seele-Einheit des Menschen war, welches ihm den Glauben an die Unsterblichkeit problematisierte und allmählich verdunkelt hat. Wir werden sehen, daß alle Existenzphilosophen die Betonung der psycho-physischen Einheit des Menschen verband. Auch Gabriel Marcel und Peter Wust, die an ein Leben nach dem Tode glaubten und es philosophisch zu begründen suchten, haben die Vorstellung einer eigenständigen Seelensubstanz und *anima separata* abgelehnt – wie wir sehen werden. Insofern die theologische Wissenschaft (zumindest die katholische) das Leben nach dem Tode damals noch ausschließlich mit dem *anima separata*-Modell zu erklären wußte, ergaben sich hier für Wust und Marcel gewisse Schwierigkeiten, das *Wie* der Weiterexistenz positiv zu deuten. Karl Jaspers und Albert Camus haben (zumindest auch) aus diesem Grund den Glauben an das Weiterleben nach dem Tode verworfen, weil ihnen die Vorstellung einer leibbefreiten Seelensubstanz unsinnig, welt- und leibfeindlich erschien. Ähnliches dürfte auch für den späten Scheler gelten. Max Scheler konnte sich nämlich bezüglich der Frage nach dem Verhältnis von Leib und Seele lange Zeit nicht festlegen. Hielt er während seiner christlichen Phase die Existenz einer eigenständigen Seelensubstanz zumindest für *denkbar*

---

„christlich-theistische" Phase fallen Werke wie „Vom Ewigen im Menschen" (1921) und „Der Formalismus in der Ethik und die materiale Wertethik" (1913/19). In der Auseinandersetzung und Ablehnung eines ethischen Formalismus (Kant) und eines Werterelativismus (Nietzsche) entwirft Scheler eine materiale Wertethik, die auf einem apriorischen, intuitiven Werterfassen (‚Wertfühlen') beruht. Ab ca. 1923 wendet sich Scheler dann mehr und mehr pantheistischen Positionen zu, in diese Periode fällt auch „Die Stellung des Menschen im Kosmos" (1928). Im Mai 1928 stirbt Scheler nach einem schweren Herzanfall in einer Frankfurter Klinik. Neben den bereits erwähnten Denkern seien noch Augustin, Bergson, Schelling, Spinoza und Schopenhauer erwähnt, deren Überlegungen für Schelers eigene Gedanken von besonderer Bedeutung waren. Zeit seines Lebens bemühte er sich, Erkenntnisse aus anderen Wissenschaften, hauptsächlich aus Psychologie und Soziologie, in sein Werk zu integrieren. Über die bereits erwähnte Ethik hinaus galt Schelers Interesse – vor allem im Spätwerk – der Metaphysik und der Anthropologie.

4 Scheler, M.: Schriften aus dem Nachlaß. Ges. Werke. Bd. III. Philosophische Anthropologie. Bonn 1987. S. 253-327

5 Ders. ebda. S. 329-341

6 Ders.: Schriften aus dem Nachlaß. Ges. Werke. Bd. I. Zur Ethik und Erkenntnislehre. a.a.O. S 9-64

(wie wir sehen werden), lehnte er später einen solchen anthropologischen Dualismus und Interaktionismus als unmöglich ab und lehrte (vor allem in *Die Stellung des Menschen im Kosmos*) einen psycho-physischen Parallelismus. Peter Wust, der – im Unterschied zu anderen katholischen Denkern seiner Zeit – die Gründe für Schelers Abkehr vom Christentum nicht simplifizierend in persönlichen Lebensumständen vermutete[7], sondern hier vor allem immanent-philosophische Motive konstatierte, sah interessanterweise gerade in Schelers (zeitweiliger) *dualistischer* Tendenz die eigentliche Ursache für die Fragilität seiner christlichen Überzeugung. Zwar sei, so fährt Wust in seinem Aufsatz *Max Schelers Lehre vom Menschen* aus, der Philosoph in seinem Werk über das Wesen der Reue „der christlichen Lehre von der Einheit der leibseelischen Menschennatur ganz nahe gekommen"[8], dennoch habe er zeitweilig mit „der alten trichotomistischen Einteilung von Leib, Seele, Geist" sympathisiert, und das habe ihn hin und wieder dazu verführt, daß er die „Lehre von der metaphysischen Einheit der menschlichen Natur für einen Irrtum hielt"[9]. Es muß hier betont werden, daß der späte Scheler zwar an der Dualität von *Geist* und *Leben* festgehalten hat, sich dieser Dualismus aber nicht mehr in einem Leib-Seele-Dualismus manifestierte. Wenn Scheler in seinem Aufsatz *Tod und Fortleben* auch betont, daß der *Glaube* an ein Leben nach dem Tode von jedem Leib-Seele-Modell (Dualismus bzw. Interaktionismus oder psycho-physischer Parallelismus) unabhängig bzw. mit jeder Anthropologie kompatibel sei (insofern der Unsterblichkeitsglaube nach Scheler auf einer anderen Ebene liegt als philosophische oder wissenschaftliche Argumente – wie wir sehen werden), so dürfte die Tatsache, daß die christliche Theologie zur Zeit Schelers nur eine dualistische Eschatologie entfaltet und „anzubieten" hatte, *ein* Grund dafür sein, daß der späte Max Scheler, der schließlich jeden anthropologischen Dualismus überwunden hatte, den Glauben an die *persönliche individuelle* Unsterblichkeit verlor.

Im weiteren werde ich so vorgehen, daß ich zunächst einmal – anhand von Schelers *Vom Ewigen im Menschen* und am Beispiel der Gottesfrage – Max Schelers phänomenologische Argumente für die Akzeptation von *Glaubens*überzeugungen und ihre Integration in die Philosophie expliziere. Dann werde ich – anhand seiner Arbeit *Tod und Fortleben* – Schelers Argumente für die intellektuelle und existentielle Berechtigtheit des Unsterblichkeits*glaubens* erläutern. Schließlich werde ich anhand von *Die Stellung des Menschen im Kosmos* Schelers endgültige (nicht-dualistische) Leib-Seele-Lehre verdeutlichen.

---

7 Diese psychologisch-biographische Deutung findet sich u.a. bei: Hessen, J.: Max Scheler. Eine kritische Einführung in seine Philosophie. Essen 1948. S. 127. Hildebrand, D. v.: Max Scheler als Persönlichkeit. In: Hochland. 26. Jg. 1928/29. Nr. 4. S. 76. Hengstenberg, H.E.: Die Tragik, eines Philosophen. Zur Denkgeschichte Max Schelers. In: Germania. Nr. 233 (1934) u.a.

8 Wust, P.: Aufsätze und Briefe. Ges. Werke. Bd. VII. Münster 1966. S. 243-287, S. 256

9 Ders. ebda.

### *1. Max Schelers Religionsphänomenologie*

Max Scheler nimmt gegenüber den klassischen „Gottesbeweisen“ eine sehr kritische Haltung ein.[10]

Scheler führt gegen die metaphysische Erkenntnis Gottes als erkenntnismäßige Grundlage der Religion an, daß sie zu vage sei, um als Fundament so deutlich behaupteter Positionen zu dienen, wie die religiösen Überzeugungen es nun einmal sind. Metaphysisches Wissen verbleibt – nach Scheler – stets in der Sphäre der Wahrscheinlichkeit, weil metaphysisches Wissen seiner Natur nach Realwissen ist. Max Scheler nimmt als Phänomenologe eine Separation der Erkenntnis in absolut sachlich-evidente Wesenserkenntnisse und wesensmäßig nur wahrscheinliche Realerkenntnis vor.

Scheler betreibt Religionsphänomenologie.[11] Die Phänomenologie betrachtet die Wesenheiten, hier: die religiösen, als Objekte, die von unserem Geist vorgefunden und geschaut werden. Nun meint dies – im Sinne Schelers – nicht, die Phänomenologie behaupte, daß notwendigerweise Dinge existieren, welche im Besitz der von uns erschauten Wesenheiten seien. Husserl wollte die Frage nach der Existenz oder Nichtexistenz dieser Dinge gerade ausgeblendet wissen.

Die Objektivität gründet für die Phänomenologie im Intentionalobjekt, nicht notwendig aber darin, daß die Phänomene Realobjekte, d.h. bewußtseinsunabhängige Realitäten wären.

> „Die rekonstruktive Phänomenologie muß und soll daher auch schrankenlos „relativistisch“ sein. Ebenso klar ist aber, daß die Wesensphänomenologie – also auch die Wesensphänomenologie der Religion – schon erheblich weiter zu gehen vermag. Obzwar auch sie nirgends eine als wahr behauptete Realsetzung eines Gegenstandes gestattet, erfolgt sie doch gerade unter bewußter Außerkraftsetzung eben des Daseinskoeffizienten der betreffenden Gegenstände – weiß man doch a priori, daß ihre aufgefundenen „Wesenszusammenhänge“, die für das Wesen der Gegenstände, auch für alle möglichen zufälligen Gegenstände des betreffenden „Wesens“ gelten, d.h. die Urteile über sie wahr sind. Realität selbst aber kann „nach“ und „gemäß“ diesen Wesenszusammenhängen immer nur eine Art der zufälligen Erfahrung setzen (mit Einschluß ihrer denkenden Verarbeitung, Erweiterung und Ergänzung), und das heißt für Gegenstände der übersinnlichen Sphäre entweder Metaphysik oder positive Selbstmitteilung Gottes, d.h. „Offenbarung“.“[12]

Der metaphysische Zugang zum Göttlichen ist verbaut, da metaphysische Spekulationen zwei Eigenschaften besitzen, die im radikalen Widerspruch stehen zur Natur der religiösen Glaubensevidenz.

---

[10] Vgl. Engert, J.: Max Scheler und die analoge Gotteserkenntnis. In: Xenion. Ehrengabe für die Görresversammlung zu Regensburg 9.-14. Sept. 1928. Regensburg 1928. S. 46-58. Siehe dazu auch: Grützmacher, R.H.: Kritiker und Neuschöpfer der Religion im 20. Jahrhundert. Keyserling, Ziegler, Blüher, Chamberlain, Steiner, Scholz, Scheler, Hauck. Leipzig 1921

[11] Vgl. Geyser, J.: Augustin und die phänomenologische Religionsphilosophie der Gegenwart mit besonderer Berücksichtigung Max Schelers. Münster 1923

[12] Scheler, M.: Vom Ewigen im Menschen. Ges. Werke. Bd. V. Bern 1954. S. 13 f.

„Die Urteile, die sie aussprechen, sind dauernde und niemals streng verifizierbare Hypothesen, und sind – da sie sich außer ihren Stützpunkten in evidenten, aber daseinsfreien Wesens- und Wesenszusammenhangserkenntnissen stets und notwendig auch auf induktorische Realurteile der positiven Realwissenschaften stützen müssen – nach der logischen Regel „Der Schlußsatz folgt der schwächeren Prämisse" immer nur von Vermutungsevidenz, also wahrscheinlich. Denn alle Urteile positiver Realwissenschaft sind ihrer Natur nach wahrscheinlich und nie evident wahr. Jedes dieser Urteile kann durch den Fortschritt der Beobachtung seiner Gültigkeit wieder beraubt werden. Denn – wie Husserl treffend gezeigt hat – jedes reale Ding und Ereignis, wie klein und arm es immer sei im Verhältnis zu anderen Ereignissen, ist wesensunerschöpflich an rein induktorischem Gehalt und wesensmäßig nur in einem unendlichen Prozeß des Bestimmens bestimmbar. Nur die evidenten Wesenserkenntnisse sind dem induktorischen Wissen gegenüber geschlossen und schneiden – bildlich gesagt – den unendlichen Prozeß, in dem das induktorische Forschen und Bestimmen dahineilt, an jedem Punkte. Aber diese daseinsfreien Erkenntnisse allein geben auch niemals ein metaphysisches Wissen, das ja seiner Natur nach ein Realwissen ist."[13]

Das metaphysische Fundament ist also evident zu schwach, um als Medium so sicher festgehaltener Überzeugung gelten zu können, wie die religiösen Überzeugungen es sind. Denn es ist festzuhalten:

„Es gibt keinen Wahrscheinlichkeits-Glauben; es gibt keinen hypothetischen Glauben. Die sich auf die Glaubensevidenz aufbauende „felsenfeste Gewißheit" ist von allem Vermutungswissen grundverschieden. Nur die Freiheit des Glaubensaktes im Unterschied vom rein sachgebundenen Verstandesakte macht die Evidenz des Glaubens und die „felsenfeste Gewißheit" möglich. Glaube ist freie Einsetzung der Person und ihres Kernes für den Glaubensinhalt und das Glaubensgut – das Glaubensurteil ist nur das Urteil über den im Glaubensakte gegebenen Gehalt. Für Hypothesen und Wahrscheinlichkeiten resp. bloße Annahmen und Vermutungen auf der Aktseite – ist im Glauben und im Glaubensgegenstand nirgends eine Stelle."[14]

Da nun Metaphysik ein zu vages Fundament fester Überzeugungen bezüglich der Existenz Gottes ist, kann das Fundament dieser Überzeugung nur ein Akt anderer Art sein, nämlich die Erfahrung der Selbstmitteilung Gottes. In diesem religiösen Akt für sich, in ihm allein ist uns – nach Scheler – die Idee und Realität Gottes gegeben. Scheler will sich Gott nähern durch den Weg der Konzentration auf die numinose Erfahrung, so wie sie der Mensch in sich vorfindet. Nur über den Weg der Religionsphänomenologie, nicht aber durch rational-metaphysische Methoden will Scheler sich den religiösen Beziehungen nähern.

Religionsphänomenologie ist dabei „eine auf den Boden der Selbständigkeit der Religion gegründete Wesensuntersuchung der Eigenart der Glaubensgegenstände und Glaubenswerte überhaupt – eine Untersuchung, die sich dann erst – da überall das Sein dem Erkennen, der Wert dem Werterfas-

---

13 Ders. ebda. S. 147

14 Ders. ebda.

sen vorangeht und die Eigenart der „Akte“ bestimmt, sekundär mit dem Wesen auch die religiösen Akte beschäftigt“[15].

Dem Menschen ist also eine spezifische Hinbeziehung des Geistes auf Gott (also Religion) wesensmäßig eigen. Es stellt sich nun die Frage, welches Bewußtsein des homo religiosus von Gott das originäre, d.h. der Ausgangspunkt für jede andere Art von Bewußtseinsbeziehung auf Gott ist. Ist das originäre Bewußtsein des Menschen von Gott im theoretischen Aktgebiet des Vorstellens, Denkens und Erkennens anzusiedeln? Oder gehört es der emotional-praktischen Sphäre der Seele, der Sphäre der Emotionen, der Affekte und des Wollens an? Im ersteren Falle wäre das originäre religiöse Erkennen des Göttlichen ein Erkennen, das aus den Fakten der Erfahrung durch schlußfolgerndes Denken erzielt wird. Im zweiten Falle bestünde es in einem spezifischen unmittelbaren Erfassen der Gottheit. Für Scheler steht fest: Das religiöse Erfassen Gottes ist ein unmittelbares; das primäre Bewußtsein von Gott ist ein Sich-von-Gott-geliebt-wissen, auf das der Mensch mit Liebe reagiert. Es ist Schelers These, daß das Wesen der Gottesidee von uns nicht rational, etwa mit Hilfe des Kausalschlusses erfaßt werden kann, sondern wir werden seiner auf eine spezifisch andere Art gewärtig. Der Mittelpunkt des Gottesbewußtseins besteht in einem eigentümlichen religiösen Erfahren Gottes, welches als Mitgeteiltsein oder Mitgeteiltwerden aufgefaßt werden muß. Für Scheler steht fest, daß der religiöse Akt im engeren Sinne ein eigentümliches Wissen des Menschen um sein Hingeneigtsein auf ein objektiv Reales außerhalb seiner selbst in der Erfahrung der numinosen Ergriffenheit ist. Das soll nicht psychologistisch mißverstanden werden. Die phänomenologische Aktlehre ist nicht Religionspsychologie, sondern religiöse Noetik. Die religiöse Erfahrung geschieht auf dem Fundament der Einheit einer gegenständlich gerichteten Operationseinheit des Geistes, die nicht mit psychologischen Begriffen erfaßt werden kann.

> „Was etwa psychologisch – also nach möglicher innerer Wahrnehmung und Beobachtung hin betrachtet – in einem Betenden vorgeht und wie es vorgeht, das ist für das Wesen des Gebetsaktes so gleichgültig, wie das Magendrücken oder die Phantasiebilder eines Mathematikers, der über ein Zahlproblem nachdenkt, für die Noetik des Zahldenkens sind. Der Gebetsakt ist nur vom Gebetssinn her zu bestimmen und wie die psychischen Materialien psychologisch zusammengesetzt sind, die in diesem Akte verwendet oder verbraucht werden – wie sie sich etwa zusammensetzen aus Empfindungen, Gefühlen, Vorstellungen, Bedeutungsakten, Worten, Ausdrucksäußerungen, Handlungen –, das geht die religiöse Noetik überhaupt nichts an.“[16]

Das Erleben des Göttlichen erweckt wohl ein ganzes Spektrum spezifischer, ausschließlich im Zustand der numinosen Ergriffenheit vorkommender Ge-

---

[15] Ders. ebda. S. 150 f.

[16] Ders. ebda. S. 151 f. Natürlich ist hier der Einfluß Rudolf Ottos mit Händen zu greifen. Vgl. Hollenbach, J.M.: Urleidenschaft und natürliche Gotteserkenntnis. Zu Max Schelers Fundierung des religiösen Bewußtseins. In: Der beständige Aufbruch. Festschrift für Erich Przywara, hrsg. von Siegfried Behn. Bd. I. Nürnberg 1959. S. 40-47

fühle, Vorstellungen, Ausdrucksäußerungen, leiblicher Ausdrucksaktionen, Handlungen inklusive der religiösen Akte des Kultes, der Liturgie usw.; die religiöse Erfahrung ist dabei eine Kategorie a priori, d.h., sie läßt sich nicht aus diesen psychischen Prozessen ableiten. Die ganze Sphäre religiöser Äußerungen von spezifischem Charakter in all seinen diversen Ausgestaltungen ist gar nicht zu verstehen ohne die Annahme einer zum Wesen des Menschen gehörigen, all diese Manifestationen initiierenden Erkenntnis des Göttlichen, durch die der Mensch – wenn auch auf nicht so ohne weiteres verstellbare Weise, so doch gleichsam unvermeidlich – unmittelbar und unabweislich das göttliche Wesen erfährt. Religiöse Erfahrungen und religiöse Äußerungen gehören zum Wesen des Menschen. Die religiöse Erfahrung entspricht dem Geiste, der dafür eine besondere „Anlage" hat. Sie bricht auf aus den Tiefen der Psyche, aus dem profunden Erkenntnisgrund der Seele. Das Areal des Göttlichen gehört zum Urgegebenen und von nichts Ableitbaren des Bewußtseins. Scheler vergleicht den religiösen Akt mit dem ästhetischen Urteil. Im Religiösen wie im Ästhetischen ordne ich dem Objekt ein Prädikat zu, das mir die Sinneswahrnehmung nicht gibt, nicht geben kann; das ich vielmehr von selbst aus eigenem Urteil ihm zumesse. Denn so wie die sinnlichen Qualitäten die Bedeutung des Schönen nicht enthalten, sondern diese Erkenntnis erst aus dem latenten Wissen um die Idee des Schönen erwächst, so ähnlich erzeugen gewisse Erlebnisse die religiöse Erfahrung. Der latenten Idee des Schönen im Menschen entspricht die numinose Anlage, als eine genuine Idee des Göttlichen und ein Prinzip, dieser Idee die Impressionen in Gemüt und Imaginationskraft zu subsumieren. So wird man nicht umhin können zuzugeben, daß das Göttliche keinesfalls nur erschlossen wird durch mittelbares Denken in Junktion mit spezifischen Gefühlen, sondern daß es erfaßt wird durch eine unmittelbare Erfahrung seiner selbst, wie vermittelt auch stets diese sei, durch die dem Menschen zunächst gegebene und stets mitgegebene, aber nie suffiziente sinnliche Welt.

Kann nun aber aus dem Dasein religiöser Akte schon das Dasein Gottes gefolgert werden? Für Scheler ja! Im selben Sinne wie Außenwelt, Ich, Welt, Umwelt, Mitwelt (Mitinnenwelt und Mitaußenwelt) ist auch die Sphäre der Phänomene, die sich im religiösen Akte dem Geiste erschließen, ein Urgegebenes und von nichts Ableitbares.

> „Und so ursprünglich „das" Bewußtsein in seiner endlichen Wesensbestimmtheit immer wesensnotwendig die Sphären „Außenwelt", „Ich", „Wir" als Korrelate hat – ohne daß die eine dieser Sphärengegebenheiten auf die andere zurückführbar ist –, genau so ursprünglich blickt es durch den religiösen Akt auch in die Sphäre der göttlichen, übersinnlichen Phänomene und Tatsachen. Daß es dabei in den Realsetzungen noch beliebig sich täuschen und irren kann, die es in einer oder der anderen dieser Sphären vernimmt, ist selbstverständlich, zieht aber die ursprüngliche Existenz der Sphäre nicht in Frage."[17]

Ein Beweis der Existenz der ganzen religiösen Sphäre aus anderen Welttatsachenbeschlüssen ist unmöglich, ebenso wie ein Beweis der Existenz der

[17] Scheler, M.: Vom Ewigen im Menschen. Ges. Werke. Bd. V. a.a.O. S. 252

Außenwelt oder des Ichs oder des Nebenmenschen unmöglich ist. Realität oder Dasein selbst beweisen zu wollen ist – nach Schelers phänomenologischem Ansatz – widersinnig. Daß ein Reales überhaupt den Erscheinungen zugrundeliege, daß wesensverschiedenen Sphären von Phänomenen auch verschiedenes Reales zugrundeliege, das ist ein Wissen, das allen möglichen Daseinsbeweisen stets vorhergeht. Scheler betont:

> „Nur ein reales Seiendes mit dem Wesenscharakter des Göttlichen kann die Ursache der religiösen Anlage des Menschen sein, d.h. der Anlage zum wirklichen Vollzug jener Aktklasse, deren Akte durch endliche Erfahrung unerfüllbar sind und gleichwohl Erfüllung fordern. Der Gegenstand der religiösen Akte ist zugleich die Ursache ihres Daseins. Oder: Alles Wissen von Gott ist notwendig zugleich ein Wissen durch Gott."[18]

Gottes Dasein ist bewiesen durch die Impossibilität, die religiöse Anlage aus irgend etwas anderem herzuleiten als aus Gott, der sich selbst durch sie den Menschen erkennbar macht. Das sich offenbarende Göttliche erschließt sich dem menschlichen Bewußtsein notwendig mit zwei Wesensbestimmungen: Es ist absolut seiend, und es ist heilig.

> „Wie mannigfaltig auch sonst dieses heilige absolut Seiende bestimmt sei in primitiven und entwickelten Religionen – diese Bestimmungen trägt es auf alle Fälle. Immer ist es ihm gegeben als „absolut Seiendes", d.h. als ein Seiendes, das allem anderen Seienden (einschließlich des es denkenden Ich selbst) an Fähigkeit zu „sein" schlechthin überlegen ist und von dem darum der Mensch in seinem gesamten Dasein wie alles andere schlechthin abhängig ist. Nicht aus einer zuerst bewußten oder gefühlten schlechthinnigen Abhängigkeit (diese könnte ja immer noch beruhen auf der Schwäche des betreffenden Menschen, auf einem zu geringen Einsatz an Willensenergie, auf persönlich oder auf historisch zu geringer Ausbildung seiner Fähigkeiten usw.) wird das „absolut Seiende" konstruiert, erschlossen oder erdacht. Es ist vielmehr die positive Bestimmung der Allüberlegenheit eines Seins selbst (derivativ auch seiner dynamischen Bestimmungen, der Macht, der Kräftigkeit usw.), die ihm an einem bestimmten Seienden anschaulich wird. Und nicht nur er selbst ist sich gegeben als schlechthin abhängig von diesem absolut Seienden, nur in sich selbst gegründeten und „ruhenden" Seienden, sondern auch alles übrige Seiende – ohne vorherige induktive Durchgehung seines Seins und seiner Qualitäten –, er selber aber nur als Teil dieses zufällig Seienden."[19]

Wenn ich die Sphäre des Göttlichen und des Absoluten habe, dann habe ich dieses als ein aus sich Seiendes, das Ursache ist dieser existierenden, nicht aus sich, sondern aus Anderem seienden Welt. Mit anderen Worten: Die Absolutheit Gottes als ens a se und die Abhängigkeit der Welt von dem sich also offenbarenden absoluten Sein ist nur und exklusiv im religiösen Akt gegeben, sie ist nicht die Erkenntnis eines logisch-metaphysischen Schlußverfahrens.

---

[18] Ders. ebda. S. 255
[19] Ders. ebda. S. 159 f.

> „Hier handelt es sich um ein Gewirktheitserlebnis, nicht um einen Schluß von der Wirkung auf die Ursache."[20]

Auch von der Ordnung und Harmonie, welche wir in der Schöpfung konstatieren, können wir – nach Scheler – an sich nicht auf den Schöpfer schließen. Allenfalls initiiert das Erlebnis der Schönheit der Natur den religiösen Akt numinoser Erfahrung. Joseph Geyser hat das – Scheler interpretierend – so formuliert: Es gibt Erkenntnis Gottes als „ein unmittelbares Innewerden desselben in und am Erlebnis der Schöpfung, (dies) ist aber kein Erschließen, d.h. mittelbares Erkennen Gottes aus der Schöpfung"[21]. Die Metaphysik bleibt innerhalb der kontingenten Möglichkeit und in der Sphäre nur wahrscheinlicher Erkenntnis stehen und führt uns nur dann über das Weltsein hinaus, wenn wir durch die religiöse Erkenntnis schon draußen sind. Nicht durch ein logisch-metaphysisches Schlußverfahren vom Kontingenten zum Notwendigen-Absoluten etwa gelangen wir zur Sphäre des Absoluten. Vielmehr ist es umgekehrt:

> „Diesen zwei Grundbestimmungen des Göttlichen, dem Ens a se und der übermächtigen oder allmächtigen Wirksamkeit entsprechen genau zwei erlebte Rückwirkungen des im religiösen Akt als sich offenbarend ergriffenen Göttlichen auf das menschliche Erleben: das Erlebnis der partiellen Nichtigkeit und Unfähigkeit alles relativen Seins und das Erlebnis der Kreatürlichkeit alles relativen Seins und des eigenen Seins als eines Teiles oder Gliedes davon."[22]

Das religiöse Erlebnis der Urergriffenheit und eigenen Kreatürlichkeit kleidet die Philosophie nachträglich in die zwei formalen Sätze der Metaphysik: Es gibt ein ens a se und: Das ens a se ist causa mundi.

### *2. Der Tod und der „Überschuß" des Lebens*

Wenden wir uns nun Schelers Abhandlung *Tod und Fortleben* zu: Scheler konstatiert zunächst eine gravierende Abnahme des Glaubens an die Unsterblichkeit der Seele in der europäischen Zivilisation, die in den letzten Jahrhunderten in zunehmendem Maße erfolgt sei. Scheler sucht nun nach den Gründen für diese eklatante Erlahmung der Glaubenskräfte: Viele Menschen meinen – so stellt Scheler fest –, dieser Glaubensschwund hänge mit dem „Fortschritt der Wissenschaften" zusammen. Diese Vorstellung wird – so der Philosoph – im allgemeinen eher etwas diffus und wenig begründet vertreten. Auf jeden Fall stellt Scheler fest, daß weder die metaphysikfeindlichen Ausführungen Kants, der jede *spekulativ-philosophische* Begründung einer menschlichen Unsterblichkeit für unmöglich erklärte, noch die Erkenntnisse der modernen Neurophysiologie und Gehirnanatomie die Unsterblichkeit der

---

20 Ders. ebda. S. 163

21 Geyser, J.: Max Schelers Phänomenologie der Religion. Nach ihren wesentlichsten Lehren allgemein verständlich dargestellt und beurteilt. Freiburg i.Br. 1924. S. 32

22 Scheler, M.: Vom Ewigen im Menschen. a.a.O. S. 163

Seele wirklich in Frage zu stellen vermögen. Sich auf Hugo Münsterberg und dessen Werk *Grundzüge der Psychologie* berufend, stellt Scheler fest:

> „Faktisch lassen sich alle auf Beobachtung beruhenden Tatsachen der Abhängigkeitsbeziehungen zwischen seelischen Erlebnissen und Vorgängen des zentralen Nervensystems mit den verschiedensten metaphysischen Theorien vom Zusammenhang von Leib und Seele wohl vereinbaren. Die „Tatsachen" erlauben also, sofern man darunter eben jene Beobachtungstatsachen versteht, keinerlei zwingenden Schluß sei es auf die Wahrheit, sei es auf die Falschheit einer dieser metaphysischen Theorien. Man kann sie ebensogut unter die dualistische Voraussetzung bringen, daß die Seele eine selbständige, mit dem Leibe in Wechselwirkung stehende Substanz sei und sich zu ihm wie der Klavierspieler zum Klavier verhalte, wie unter irgendeine der sog. „parallelistischen" Theorien."[23]

Noch einmal: Hatte Scheler 1911/12 bzw. 1913/14 noch eine eigenständige Seelensubstanz für *möglich* gehalten (er äußert sich allerdings auch nicht eindeutig positiv dazu), so bekennt Scheler sich später (vor allem in *Die Stellung des Menschen im Kosmos*) klar zum psycho-physischen Parallelismus.

Der Unsterblichkeitsglaube liegt für Scheler bezüglich seiner Gewißheit auf einer anderen Ebene als die philosophischen oder naturwissenschaftlichen Argumente. Der Unsterblichkeitsglaube *weiß* intuitiv um das ewige Leben in einer Sicherheit und Luzidität, an die philosophische und wissenschaftliche Reflexionen und Antworten überhaupt nicht heranreichen. Dieses intuitive Wissen des Glaubens bedarf auch gar nicht solcher objektiv-rationaler Argumente. Wir sehen hier ganz deutlich die Parallele von Unsterblichkeits- und Gottesglauben: Ganz allgemein will Scheler in seinen Werken immer wieder demonstrieren, daß philosophische Argumente als erkenntnismäßiges Fundament der Religion viel zu schwach und vage sind, um als Fundament so unerschütterlich behaupteter Ansichten zu dienen, wie die religiösen Überzeugungen es nun einmal sind.

Die Unsterblichkeit des Menschen ist nicht philosophisch-objektiv zu demonstrieren, sie kann nur intuitiv erfaßt werden. Sie ist nicht Ergebnis der philosophischen Forschung, sondern Gehalt einer unreflektierten Lebenserfahrung. Alle philosophischen Argumente und Rechtfertigungen für das Leben nach dem Tode sind nur nachträgliche theoretische Entfaltungen dieser intuitiven Gewißheit des Menschen. Den evidentesten Beweis für seine Behauptung sieht Scheler darin gegeben, daß es in der Geschichte Epochen gegeben hat und noch immer Kulturen gibt, in denen die Akzeptation der menschlichen Unsterblichkeit keinesfalls in einem spezifischen, religiösen Glaubensakt oder einem Akt der philosophischen Reflexion erfolgt, sondern Part der natürlichen Weltanschauung ist, die keines Beweises bedarf.
Scheler nennt hier die Kulturen Indiens und Japans.[24]

Der entscheidendste Faktor für die Auszehrung des Unsterblichkeitsglaubens kann nicht darin gesehen werden, daß der moderne Mensch kritischer und weniger „leichtgläubig" (als frühere Epochen) die religiösen oder meta-

---

23 Ders.: Schriften aus dem Nachlaß. Ges. Werke. Bd. I. Zur Ethik und Erkenntnislehre. a.a.O. S. 13

24 Ders. ebda. S. 13 ff.

physischen Jenseitsspekulationen hinterfragen würde, vielmehr muß der Grund darin erblickt werden, daß der Mensch der Neuzeit und Moderne in zunehmendem Maße jedes Verhältnis zum Tode selbst verloren hat. Der moderne Mensch glaubt in diesem Maße und so weit nicht mehr an ein Leben nach dem Tode, als er seinen Tod nicht mehr umittelbar vor Augen hat, ihn vielmehr verdrängt und das intuitive Wissen um sein Sterbenmüssen in der Oberflächlichkeit und Lustbarkeit des Alltäglichen und Kontingenten zu ersticken sucht, so daß nur noch ein neutrales urteilsmäßiges Wissen, er werde sterben (wie alle Menschen sterben), zurückbleibt. (Wir werden sehr ähnlichen Gedanken z.B. bei Heidegger und Marcel begegnen!) Wo aber der Tod nicht mehr in seiner unmittelbaren intuitiven Gegebenheitsweise erfahren, sondern nur noch hin und wieder als urteilsmäßiges Wissen festgestellt wird, dort muß auch die Idee einer Überwindung des Todes im Fortleben verblassen. Der moderne Mensch hält vor allem deshalb nicht mehr viel von der Idee der Unsterblichkeit, weil er im Grunde das eigentliche „Wesen des Todes“[25], gerade seine Ernsthaftigkeit und Radikalität nämlich, negiert. Um diese Darlegung zu untermauern, hält es Scheler zunächst für geboten, etwas über das „Wesen des Todes“ zu sagen, d.h. – genauer formuliert – über unsere intuitive Gewißheit unseres Sterbenmüssens. Es ist eine allgemein verbreitete Vorstellung – so führt Scheler aus –, daß unser Wissen vom Tode ein bloßes Ergebnis der äußeren, auf Beobachtung und Induktion bestehenden Erfahrung vom Sterben der anderen Menschen und der uns umgebenden Lebewesen sei. Nach dieser Vorstellung würde ein Mensch, der zu keiner Zeit gesehen oder erfahren hätte, wie ein anderer Mensch den Tod erleidet, keinerlei Wissen vom Tode im allgemeinen und von seinem Tode im besonderen besitzen. Diese Meinung, die den Begriff des Todes zu einem allein empirisch aus einer Summe singulärer Fälle gewonnenen Gattungsbegriff macht, hält Scheler für vollkommen falsch. Der Mensch wüßte – so Scheler – auf jeden Fall in irgendeiner Art und Weise, daß er sterben muß, selbst dann, wenn er das einzige Lebewesen auf der Welt wäre. Der Mensch macht verschiedene Erfahrungen „zum Tode hin“, die Erfahrung des Alterungsprozes-

[25] Elisabeth Ströker hat den Begriff „Wesen des Todes“ bei Scheler nicht zu Unrecht kritisiert. Sie betont, „daß die Frage nach dem „Wesen des Todes“, streng im Sinne dieser Wesensphilosophie genommen, eine sinnlose Frage ist. Denn es ist ein leitender (und sogar als Wesensgesetz ausgegebener) Grundsatz eben dieser philosophischen Richtung, daß es zu jeder Wesenheit gehört, in einer ihr zugehörigen Aktart zu adäquater Gegebenheit kommen zu können. Der Tod aber ist in keinem Akt adäquat zu geben. Er hat kein Wesen, das sich in seinem Gehalt, in seinen „Wesenszügen“ erschauen, das sich aufweisen, beschreiben, verstehen ließe. Freilich wird die Redeweise vom Wesen des Todes kaum je gemieden werden können, wo der Tod überhaupt Thema einer Betrachtung wird. Jedoch muß die umgangssprachliche Bedeutung von „Wesen“ streng getrennt gehalten werden von einem Wesensbegriff, der in einer philosophischen Theorie eine fixierte Bedeutung erhalten hat. Es ist etwas anderes, ob im Meditieren des natürlichen Bewußtseins mit dem Wesen des Todes nur gemeint ist, was sich „allgemein“ – im alltäglich-vagen Sinne dieses Begriffs – vom Tode sagen, vermuten, bezweifeln läßt, oder ob ihm selber ein Wesen zugesprochen wird von einer Theorie, die sich eigens als „Wesensforschung“ etabliert hat.“ (aus: Ströker, E.: Der Tod im Denken Max Schelers. In: Good. P.: Max Scheler im Gegenwartsgeschehen der Philosophie. Bern/München 1975. S. 199-213; S. 212)

ses und der Krankheit. All dies macht ihm deutlich, daß sein Lebenslauf einmal zu Ende sein wird. Zudem erfährt der Mensch im Schlaf das Versinken, ja zeitweilige Erlöschen seiner Bewußtseinsprozesse. So braucht der Mensch nur gleichsam diese Erfahrungen des Alterns, der Krankheit und des bewußtlosen Schlafs radikal zu Ende zu denken, sich diese endgültige Manifestation und permanenten Zustand vorzustellen, so wird er mit der Idee des Todes konfrontiert. Jeder Mensch besitzt ein intuitives Wissen um den Tod. Aber nicht erst das auf das Ende zulaufende Wissen, nicht erst die den eigenen Tod schon imaginierende Vorstellungskraft weiß um den eigenen Tod. Vielmehr ist der Tod schon immer im Leben gegenwärtig. In jeder noch so kurzen Lebensphase strukturiert er unsere Erfahrung. (Scheler – so werden wir sehen – denkt hier ähnlich wie Heidegger oder Jaspers – anders aber als Sartre!) So steht der Tod in seiner Wesensstruktur nicht erst am Ende des Lebenslaufes, sondern am Ende erfolgt nur die mehr oder weniger „zufällige" Verwirklichung des „Wesens" „Tod". Am Ende des Lebenslaufes steht nicht das pure *Was* des Todes selbst, sondern nur sein zufälliges Gestorbenwerden, seine Realisierung beim jeweiligen Individuum. Mag auch die Erfahrung des Todes Anderer das Bewußtsein der eigenen Sterblichkeit zum Durchbruch und zum vollen Erwachen bringen, das innere Todeserlebnis ist stets präsent. Es gehört zum Modus unserer Lebenserfahrung, daß sie die Richtung auf den Tod hat. Der Tod gehört zur Form und zur Struktur, in der allein uns Menschen Leben gegeben ist. (Das Tier „weiß" nicht um seinen Tod.) Noch einmal: Der Tod steht nicht erst am Ende des Lebens, er durchherrscht jeden Moment unseres Daseins. Der Tod begründet und durchzieht als intuitive Todesgewißheit alle Phasen unserer Erfahrung. Diese Todesgewißheit ist vollständig anders als das Gefühl der Todesnähe oder als das Wissen um den nahen Tod im Krankheitsfalle. Obgleich diese Todesgewißheit ein permanentes Ferment unserer Lebenserfahrung ist, kann es partiell und vorübergehend doch verdeckt und verdrängt werden. Es gibt nun eine Verdrängung der Todesgewißheit, die eine allgemeine und notwendig-normale Erscheinung unseres Lebens darstellt. Diese Verdrängung ist von hoher vitaler Zweckdienlichkeit. Würden wir Menschen stets „im Angesicht des Todes" leben, d.h. permanent den Gedanken an unsere notwendige Auslöschung präsent haben, erschienen uns alle unsere weltlich-alltäglichen Belange und Tätigkeiten so nichtig und unbedeutend, daß wir zu keinerlei gewöhnlichen, der simplen Lebenspraxis und -erhaltung dienlichen Handlung mehr fähig wären. Wir würden die Belange des Alltäglichen, unsere Beschäftigung, unsere Mühen und folglich ebenso alles, was der Bewahrung und Besserung des Lebens dient, sicherlich nicht so ernst nehmen, wären uns der Tod und die Unbeständigkeit des menschlichen Lebens luzider im Bewußtsein. Die Erfahrung lehrt, daß die Neigung der Todesverdrängung in dem Maße zunimmt, wie wir uns real dem Tode nähern. Allerdings – so Scheler – lediglich bis zu einem spezifischen kritischen Punkt, wo an die Stelle des instinktiven Lebenserhaltungstriebs eine fast instinktive Beschäftigung mit dem Tode tritt.

Von dieser lebensdienlichen Verdrängung der Todesidee absolut verschieden ist die Lebenshaltung des heutigen Menschen. Die übertriebene Flucht in die Turbulenzen der Geschäftigkeit um der Geschäftigkeit willen – hier bezieht sich Scheler auf Blaise Pascal – verdrängt die Todesidee radikal und vollkommen, insofern sie ihm die trügerische Illusion eines endlosen Fortlebens vorgaukelt und diese zum Fundament seines Daseins werden läßt. Scheler zeigt sehr glaubwürdig, daß die Idee des Fortschritts, die unsere heutige Gesellschaft und Zeit prägt – ein Fortschritt ohne eigentlichen Sinn und ohne Ziel, ein Fortschritt um des Fortschritts willen, wie man genauer konstatieren müßte –, die Hoffnung auf ewiges Leben ersetzt hat. (Diesen Gedanken hat Scheler von seinem Lehrer Rudolf Eucken übernommen!) Die Fortschrittsgläubigkeit ist das moderne Surrogat für den Unsterblichkeitsglauben. So sehr der Mensch der Jetztzeit mit dem Tod rechnet und sich auf vielfältige Weise gegen ihn versichert, so wenig ist er ihm anschaulich gegeben. Der bis zur „Katastrophe" verzeichnete und verhaßte Tod kann dem modernen Menschen auf keinen Fall mehr als Erfüllung eines Lebenssinns erscheinen. Es wird nicht mehr ehrlich und bewußt gestorben. Und vor allem: Man stirbt nicht mehr seinen Tod, vielmehr wird der Tod anonym, abstrakt, unpersönlich. Der Tod ist immer nur der Tod des Anderen. Er ist für den modernen Menschen nie ein Teil seines eigenen Lebens, sondern immer nur das „von außen" kommende (lebensfeindliche) Faktum. Während der Mensch früher „angesichts des Todes" lebte, lebt der moderne Mensch „in den Tag hinein", bis für *ihn* der letzte Tag gekommen ist. Die bewußte Auseinandersetzung mit dem eigenen Tod ermöglicht – nach Scheler, wir werden es noch genauer sehen – erst den Glauben an das Jenseits, dieses intuitive „Wissen" um das Weiterleben. Ein Glaube an das Weiterleben ist erst möglich, wenn die – trotz des Lebenswillens – mögliche geistige Versöhnung mit dem Tode erfolgt ist, die die enorme Täuschung des modernen Menschen bezüglich des Todes zu destruieren vermag. Nur der *Glaube* ermöglicht den Zugang zur Hoffnung auf Weiterexistenz; jede philosophische oder wissenschaftliche Reflexion ist hier – wie wir sahen – unmöglich. Daß die Annahme eines jenseitigen Weiterlebens bloß eine irrige Illusion sei, widerlegt Scheler entschieden durch viele historische Fakten. Scheler benennt zwei „Idealtypen" des Glaubens an das persönliche Weiterleben, nämlich Kant und Goethe.[26] Kant bezieht seinen Glauben aus dem überwältigenden Gefühl einer absoluten sittlichen Verpflichtung, die ihre vollendete Realisierung keinesfalls in der Kürze des irdischen Lebens finden kann. Goethe bezieht seinen Glauben aus einem validen geistigen Schaffens- und Kraftbewußtsein, welches das Potential eines begrenzten irdischen Daseins offensichtlich transzendiert, so daß ich von hier aus folgern kann, daß die „Entelechie" des menschlichen Lebens – wie Goethe sagt[27] – den Tod überdauert.

Doch nun zu Schelers eigenen Argumenten für das Fortleben: Er setzt an bei der *Grunderfahrung,* die bei der detaillierten philosophischen Analyse *jedes* Areals geistiger Intentionen, d.h. solcher Erlebnisse, die hinausreichen

---

26 Vgl. Scheler, M.: Schriften aus dem Nachlaß. Ges. Werke. Bd. I. Zur Ethik und Erkenntnislehre. a.a.O. S. 50 ff.

27 Vgl. ders. ebda. S. 51

über das „dumpfe Dasein jener Leibzustände, die allein wir zunächst sinnvoll Empfindungen nennen dürfen“[28], wiederkehrt – eine Erfahrung, die allerdings der natürliche Mensch permanent macht, mag er sich ihrer rational bewußt sein oder nicht. Diese Erfahrung ist mit kurzen Worten skizziert folgende: Erstens, daß die geistige Person in *jedem* ihrer Akte, in Wahrnehmung, Erinnern, Erwarten, Wollen, Können, Fühlen usw. über das *hinausgeht,* was ihr als wie immer geartete „Grenze“ des ihr gleichzeitig immer im Erleben mitgegebenen Leibes „gegeben“ ist. Scheler betont, daß „Grenze“ hier räumliche Grenze, zeitliche Grenze und Grenze des qualitativen Inhalts der Leibzustände meinen kann. Zweitens ist festzustellen, daß die Menge der Gehalte jener Akte *immer* größer ist als die Menge der ihnen entsprechenden Leibzustände.

Scheler bringt folgendes Beispiel:

> „Ich schlage die Augen auf: Eine weite Landschaft mit einer Fülle von Gegenständen, Häusern, Flüssen dehnt sich in weite Ferne vor meinem Blick. Ein andermal finde ich, die Augen aufschlagend, ein enges, kleines, leeres Zimmer. Sicher sind die beiden Sehgehalten entsprechenden sog. Empfindungen, die ihnen entsprechenden Leibzustände, von gleicher Zahl. Aber was ich sehe, das ist an qualitativer Fülle, an Weite und Ferne gewaltig verschieden. David Hume zieht daraus den Schluß, daß dieser Unterschied also nur ein Werk der sog. Assoziation und des Urteils und des Schlusses sei. Wir aber, solche absolute Konsequenz vermeidend, ziehen den Schluß, daß die anschauliche qualitative Fülle, Weite, Ferne hier und dort sowie die „Bedeutungsmomente“ im Gesehenen, die evidenter gegeben sind als alle Theorie und alle Schlüsse, nicht auf einem bloßen Unterschied jener gleichzahligen Leibzustände beruhen können, sondern daß erstens mein Sehakt über diese Zustände und die räumliche Grenze des Leibes hinausreicht, und daß zweitens die in einem Sehakt gegebene Fülle und Menge irgendwelchen Mannigfaltigkeiten die Menge der gleichzeitigen Empfindungen stets übertrifft, wie immer auch das Stattfinden eines jeden Sehakts an ganz bestimmte Empfindungen gebunden sein mag.“[29]

Konsequent am Phänomen orientiert, betont Scheler, daß der Sehakt sich über die Grenze des Leibes *hinaus„schwingt“*. Und keinesfalls erst irgend ein Komplex simpelster Sehqualitäten, sondern bereits jede simpelste Qualität einer Farbe z.B. (oder das Hören eines Tones) besitzt eine Fülle von Variationsreihen ihrer Merkmale, der keine gleich große Menge von Variationsreihen von Reiz und Empfindung entspricht. Zwar mögen jeder gegebenen Gesamtqualität eindeutig Reize und Empfindungszustände entsprechen, dies schließt jedoch – hier greift Scheler Gedanken der Gestaltpsychologie auf – das Faktum nicht aus, daß die qualitative Mannigfaltigkeit in jedem Gesehenen und Gehörten, das einfach ist, reicher ist als auf der Seite der Empfindung und des Reizes, „wenn nur der Wechsel dieser qualitativen Merkmale der Töne und Farben ein wesensgesetzmäßig in diesen Gehalten selbst gegründeter ist“[30].

---

[28] Ders. ebda. S. 42
[29] Ders. ebda. S. 43
[30] Ders. ebda.

> „Dies aber ist es, was die phänomenologische Erforschung schon der einfachen Töne, Farben, des Raumes und seiner Gliederung seitens der experimentellen Psychologie von Tag zu Tag schärfer zeigt. Immer mehr Erscheinungselemente tauchen auf, die sich nicht durch Empfindungen und eindeutige Variationen eines Reizfaktors decken lassen. (Der einen Variablen der Schwingungszahl entsprechen wahrscheinlich drei qualitative Variable eines einfachen Tones: seine Höhe, sein Vokalcharakter und die kürzlich als Qualität geltend gemachte Oktavität.) Und dies gilt nun ganz allgemein: Das Sehen und Hören hat seine eigene Gesetzmäßigkeit als pure Funktion – unabhängig von den Einrichtungen des Auges, die von Art zu Art wechseln; hat seinen eigenen „Umfang", der mit dem Umfang der Empfindlichkeit für Reize so wenig zu tun hat wie mit dem der geistigen Aufmerksamkeit überhaupt; hat seine eigene perspektivische Gesetzmäßigkeit, die mit der mathematischen Perspektive nichts zu tun hat.
> Und wieder gilt dasselbe für den Akt der Wahrnehmung. Niemals läßt sich das, was in einer Wahrnehmung eines Dinges gegeben und intendiert ist, wieder decken durch die Summe aller möglichen Sehinhalte, Hörinhalte, Riech- und Schmeckinhalte, Tastinhalte plus den Vorstellungen, die von früheren Sehinhalten usw. herstammen. Ihr Gehalt und dessen Variationsmöglichkeit ist unendlich reicher als all dies zusammen und überflutet weit das, was in diesen Sinneserscheinungen plus Derivaten allein gegeben sein könnte. Sinnliche Funktionen sind nur Selektionsformen der Anschauung."[31]

Scheler greift noch ein Beispiel auf, das die zeitlichen Grenzen des Leibes betrifft: Zum Wesen eines Leibes gehört, so wie er gegeben ist, „daß er Gegenwart erfüllt, sein Jetzt-Hier"[32]. Aber der Geist transzendiert diese Demarkation nach zwei Richtungen: Ich verweile erinnernd in meinen Antezedenzien, und nach und nach erscheint die vergangene Zeit und Welt vor meinem mentalen Auge; und ebenso verweile ich *erwartend* mental in den Gehalten meiner Zukunft. Bereits Platon, so erinnert Scheler, schöpfte in seinem *Phaidon* „aus der wunderbaren Tatsache des Erinnerns tiefe Einsichten für die Frage des Fortlebens"[33]. Das mentale Auge, das diese Totalansicht vor sich ausgebreitet hat – „es steht *über* diesem Wechsel, der jeweilig die Sphären mit besonderen Gehalten erfüllt"[34]. Hier reicht also Erinnern und Erwarten *hinaus* über die Grenzen der Leibgegebenheit, der Konditionen des Leibes und all dessen, was an Erleben mit ihm synchron ist.

Ein weiteres Beispiel stammt aus Schelers Sympathie- und objektiver Wertlehre: Ich fühle *dasselbe* Leid, dieselbe geistige Freude mit dem von mir geliebten Anderen angesichts desselben Wertes oder Unwertes eines Ereignisses, das uns beide traf. Das bedeutet nun keinesfalls, jeder erlebte sie nur als seine eigenen und wir urteilten nur, daß dies so sei. So ist es wohl bei sinnlichem Schmerz und sinnlicher Lust, die als körperliche Phänomene gegeben sind. Denn jeder hat *seinen* Leib. Für geistige Gefühle allerdings und die ihnen entsprechenden Werte, ja bereits Vitalgefühle, existiert auch ein

---

31 Ders. ebda. S. 43 f.

32 Ders. ebda. S. 44

33 Ders. ebda.

34 Ders. ebda. S. 45

35 Ders. ebda.

echtes *Miteinanderfühlen* desselben Gefühls angesichts desselben Wertes, „und hier schwingt sich mein Geist als Fühlen wahrhaft hinaus über die Grenzen meiner Leibzustände“[35].

In allen diesen Fällen konstatieren wir dieselbe den Geist und sein Sein und Leben *„konstituierende Grundtatsache“*[36]: Gebunden an inkonstante Leibzustände und ihre objektiven Korrelate im Leibkörper in der spezifischen Selektion dessen, was zum Gehalte der Intentionen der Person wird – ist das *Wesen der Person* und dieser Intentionen, ist ihr „Sinnzusammenhang“ und ist der jeweilige „Wesensgehalt“ dieser Intentionen selbst *„niemals* in Leibzustände oder Empfindungen und ihre genetischen Derivate, Reproduktionen usw. aufteilbar“[37].

> „Und wieder mehr und reicher an Wesensfülle, als alle nur möglichen Intentionen einer geistigen Person ist *sie selbst* und ist ihre geistige Welt.“[38]

Scheler bringt ein weiteres Exempel:

> „Ich gehe auf der Straße – dann ist die *Bewegungsintention* des Ganzen meines Leibes so verschieden von den Bewegungsimpulsen, die, je nach der Ausgangslage meiner Organe, ganz verschiedene Organe treffen müssen und in ganz verschiedener Zuordnung, damit ich gehe; und diese Impulse sind völlig verschieden von den Bewegungsempfindungen und ihren reproduktiven Resten, die sich erst auf Grund der stattfindenden Bewegung einstellen. Die Bewegungsintention läuft den Impulsen voraus und schwebt über ihnen als regulatives Moment; und die Impulse laufen den Bewegungsempfindungen voraus, wobei die Bewegungsintention selbst wieder durch das geistige Ziel meines Ganges in Wechsel und Abfolge gelenkt ist und auch Spazierengehen, d.h. Ausschaltung aller Zwecke, dieses Ziel sein kann.“[39]

Man kann alle diese Beispiele Schelers folgendermaßen zusammenfassen: Es ist die unmittelbare Erfahrung des Menschen, daß alle seine geistigen, intentionalen Akte einen gewissen „Überschuß“ über die Leibeinheit hinaus demonstrieren, d.h. daß die geistigen Akte die Leibesgrenze intentional transzendieren. Gilt diese intuitiv erfaßbare Tendenz nun aber auch für den gesamten Lebensschwung angesichts der Todesgrenze? Scheler beantwortet diese Frage mit einem klaren Ja! Er weist zunächst darauf hin, daß zwar die biologischen Kräfte eine abnehmende Tendenz demonstrieren, daß aber die personal-geistigen Kräfte davon unabhängig – hier folgt Scheler klar den Ausführungen seines Lehrers Eucken – nach immer weiterer Entfaltung und Transzendierung der Grenzen streben. Im Gegensatz zur Entwicklungskurve des Biologischen, des Lebens – wie Scheler sagt –, strebt der Mensch als geistiges Wesen immer mehr nach ethischer Vervollkommnung, Erweiterung seiner Freiheit und Verwirklichung seiner Personalität. Je älter der Mensch wird, desto freier wird sein sittliches Streben von den triebhaft-biologischen Anteilen seiner Natur.

---

35 Ders. ebda.
36 Ders. ebda.
37 Ders. ebda.
38 Ders. ebda.
39 Ders. ebda. S. 45 f.

„D.h. die wesenhafte Richtung alles Lebens – gegenüber der toten Natur – ist die Richtung von maximaler Freiheit zu maximaler Gebundenheit, welch letztere mit dem Tode zusammenfällt. Genau entgegengesetzt aber ist die Wesensrichtung der Entwicklung unseres Geistes: Sie geht in der Richtung der maximalen Gebundenheit durch die Lebensbedürfnisse zur vital freien und freieren Hingabe an den puren Gehalt der Sachen, Werte, Personen. Je gebundener jeder Schritt des Lebens – objektiv und subjektiv im Lebensgefühl und seinen Modi – durch die schon vollzogenen Schritte wird, je differenzierter, aber auch je starrer und unplastischer die Organisation bis zu den mannigfachen Erscheinungen der Verkalkung der Blutgefäße wird z.B. beim Menschen, desto mehr löst sich die geistige Person aus der Umklammerung durch die Lebenstriebe.“[40]

Das geistig-sittliche Streben des Menschen kann daher nicht durch Faktoren, die auf der Seite des Biologischen liegen, für immer destruiert werden.

Die personalen Werte der Freiheit und des Sittlichen finden sogar (zunehmende) Realisierung, in dem Maße die biologischen Kräfte der Natur (im Alter) abnehmen. Bedeutet dies nun – so fragt Scheler –, daß die „Entwicklungskurve“ des Geistes einen anderen Verlauf nimmt als die des biologischen Lebens?

„Gehört es zum Wesen des persönlichen Geistes, – man gestatte das Bild – in seinen Akten hinauszuschießen über die Grenze des Leibes und seiner Zustände, so kann ich fragen: Was gehört zum Wesen der Person, wenn im Sterbensakt der Leib aufhört zu sein – zur Person als der selbst noch aktuellen, konkreten Einheit aller Akte, zur Idee dieses einheitlichen, konkreten Tatfaktors, der an keine sog. „Substanz“ angeheftet werden darf? Ich antworte: Es gehört dann zum Wesen der Person genau das nämliche, was zu ihrem Wesen gehörte, als der Mensch lebte – nichts Neues also -: daß so, wie sich während des Lebens ihre Akte „hinausschwangen“ über die Leibzustände, sich nun sie selbst auch hinausschwinge über ihres Leibes Zerfall. Und nur dieses Schwingen, dieses Fort- und Hinausschwingen, dieser dynamische Actus, der zu ihrem Wesen gehört – er allein wird und muß im Sterben das volle Erleben und Sein der Person sein. Das heißt nicht, sie habe dann nur die Intention oder gar die Erwartung eines Fortlebens. Das wäre eine Platitüde; und viele Menschen – alle, die an ein Fortleben nicht glauben – haben diese Erwartung durchaus nicht. Es heißt: die Person erlebe sich hier selbst noch fortlebend.“[41]

Scheler sieht in diesen Überlegungen zwar keinen „Beweis“ für die Unsterblichkeit, wohl aber eine intuitive Gewißheit, ein „intuitives Wesensdatum“[42], welches das geistige Leben des Menschen durchwirkt und das phänomenal erlebte Fundament aller philosophischen und religiösen Unsterblichkeitsüberzeugungen darstellt. Verbunden mit dem intuitiven „Wissen“ um die Existenz eines personalen Gottes, welches in den Tiefen unserer Seele ruht, verdichtet sich diese in unserer Selbsterfahrung mitgegebene Tendenz zur unbegrenzten personalen Vervollkommnung zur *Glaubens*gewißheit unserer Fortexistenz.

40 Ders. ebda. S. 48
41 Ders. ebda. S. 46 f.
42 Ders. ebda. S. 47

„Aber damit ist nun auch alles zu Ende, was aus dem philosophisch Feststellbaren folgen möchte. Von mehr als diesem „Schwungerleben" hinaus über Leibesgrenzen – weiß ich kein Wort. Ich weiß also kein Wort, daß die Person nach dem Tode existiere; kein Wort erst recht, wie sie existiere. Denn warum sollte die Person nicht mit diesem letzten Schwunge „in" ihm durch ein metaphysisches Wunder aufhören zu sein? Existiert sie nicht fort – ich werde es nie wissen können. Existiert sie fort – ich werde es nie wissen können. Dieser Schwung allein muß noch nach Gesetzen ihres Wissens unmittelbares Erleben sein, er gehört zu ihrer Selbsterfahrung. Aber ich glaube es, daß sie fortexistiert – da ich keinen Grund habe, das Gegenteil anzunehmen, und die Wesensbedingungen für das, was ich glaube, evident erfüllt sind."[43]

Diese intuitive Evidenz oder Gewißheit wird in der Person in dem Maße reifen und sich verdichten, in dem sie sich der Todesthematik stellt:

„In der unmittelbaren Erfahrung des „Überschusses" aller geistigen Akte der Person, ja des Wesens „geistiger Akt" – über ihre Leibzustände, ja das Wesen „Leibzustand", und im Akte des Sterbens in der Erfahrung des Überschusses der Person über die Leibeinheit – hier also ist das intuitive Wesensdatum, das die Idee des Fortlebens in all ihren tausendfachen Gestaltungen vom Glauben der Wilden bis zu den geläutertsten Ideen von Kant und Goethe erfüllt. Und nun ist klar: Dieses Überschußphänomen kann nur klar zur Gegebenheit kommen, wenn und soweit auch die erste Reihe dieser Betrachtungen gilt, wenn und soweit der Tod selbst gegeben ist; wenn und soweit der Mensch nicht nur weiß und urteilt, er werde sterben, sondern „angesichts" des Todes lebt. Indem – im selben Gesamtakte also – ich es sehe, fühle und erlebe, daß die Fülle der Differenz zwischen gelebtem und zu lebendem Leben zugunsten des gelebten Lebens wächst und wächst, sehe und erlebe ich auf dem Hintergrunde dieses Tatbestandes auch ein mit der Reifung der geistigen Person selbst wieder steigendes „Überschießen" der geistigen Akte über das immer sterbensbereitere Leben."[44]

Wir sagten, daß Scheler während seiner christlichen Phase die Existenz einer eigenständigen Seelensubstanz für *möglich* gehalten hat. Allerdings ging der Philosoph auch in dieser Phase seines Denkens davon aus, daß die Seele auch nach dem Tode – diese Hypothese vorausgesetzt – niemals als *leibbefreite* weiterexistiert.

Es sei noch einmal ein längeres Zitat gestattet, das demonstriert, daß auch Scheler die leibfeindliche Vorstellung einer *anima separata* abgelehnt hat:

„Wir müssen nicht erst lernen, daß wir keine „Engel" sind! (...) Und darum ist es sogar eine Wesenseinsicht, daß zu einer Person ein Leib gehört. Und darum wissen wir: Wenn unsere geistige Person den Tod überdauert, dann ist ihr auch ein „Leib" gewiß. Denn auch in allen Jenseitsen, von denen die Mystagogen träumen, gelten die Wesenszusammenhänge. Welcher, wie? – das weiß ich nicht. Ich weiß ja auch nicht, daß ich fortleben werde – außer in der Sterbensstunde. Nicht also zu jener Lehre eines sog. spiritualistischen Unsterblichkeitsglaubens mit leiblosen Seelenpünktchen können wir auf diesem Wege gelangen. Im Gegenteil: Diese ist sicher falsch, und – wie Leibniz klar und scharf sagt – selbst

[43] Ders. ebda.
[44] Ders. ebda.

> die bildhaften Ideen der christlichen Kirche von „der Auferstehung des Fleisches“ sind unendlich tiefer und sinnvoller als jene modernen Lehren von den leiblosen „Seelenpunktsubstanzen“ und ihre sog, „Beweise“ für sie.“[45]

Scheler betont noch einmal:

> „Hier ist die Grenze erreicht. Daß die Person nach dem Tode existiert, dies ist purer Glaube, und unberechtigte, ehrfurchtslose Neugier erst recht jede Frage, wie.“[46]

### *3. Die Leib-Seele-Einheit bei Max Scheler*

In seiner letzten Lebens- und Schaffensphase wandte sich Max Scheler einer eindeutig pantheistischen Weltanschauung zu. Das wurde vor allem an seinem Buch *Die Stellung des Menschen im Kosmos* deutlich – dem Werk, dem wir uns jetzt besonders widmen wollen. Scheler spricht in diesem Buch abstrakt vom „Seinsgrund“ der Dinge, von einem urseienden Sein, das seiner selbst im Menschen inne wird, das sich im Menschen selbst erfaßt. Doch nicht diese metaphysischen Spekulationen, die in vielem an Hegel, Spinoza, Schelling und Schopenhauer erinnern, sollen uns hier interessieren.[47] Allein die Anthropologie dieses philosophischen Werkes wollen wir hier kurz beleuchten, weil Scheler in diesem Werk seine Position von der psycho-physischen Einheit des Menschen am klarsten herausgearbeitet hat.[48]

Descartes' Unterscheidung von res cogitans (Denken, Seele, Bewußtsein) und res extensa (Körper, Ausgedehntes) weist Scheler zurück, weil für ihn hier eine unzulässige Trennung von Psychischem und Physischem vorliegt. Nicht zuletzt unter Berufung auf neuere Erkenntnisse aus Physiologie, Medizin etc. ist er folgender Ansicht:

> „Ein und dasselbe Leben ist es, das in seinem Innesein psychische, in seinem Sein für andere leibliche Formgestaltung besitzt.“[49]

Scheler betont, daß die „Kluft, die Descartes, durch seinen Dualismus von Ausdehnung und Bewußtsein als Substanzen, zwischen Körper und Seele aufgerichtet hatte, (...) sich heute fast bis zur Greifbarkeit der Einheit des Lebens geschlossen (hat)“[50].

---

[45] Ders. ebda. S. 49

[46] Ders. ebda.

[47] Siehe: Brenk, B.: Metaphysik des einen und absoluten Seins. Mitdenkende Darstellung der metaphysischen Gottesidee des späten Max Scheler. Meisenheim am Glan 1975

[48] Siehe zu diesem ganzen Fragekomplex u.a.: Ternus, J.: Die Wiederentdeckung des Leibes in der philosophischen Anthropologie der Gegenwart. In: Ders.: Vom Wert des Leibes in Antike, Christentum und Anthropologie der Gegenwart. Salzburg/Leipzig 1936. S. 81-112. Weymann-Weye, W.: Das Problem der Personeinheit in der ersten Periode der Philosophie Max Schelers. Emsdetten 1940. Lorscheid, B.: Das Leibphänomen. Eine systematische Darbietung der Schelerschen Wesensschau des Leiblichen in Gegenüberstellung zu leibontologischen Auffassungen der Gegenwartsphilosophie. Bonn 1962

[49] Scheler, M.: Die Stellung des Menschen im Kosmos. Bern/München 1962. S. 73

[50] Ders. ebda. S. 75

> „Was wir hier also „physiologisch“ und „psychologisch“ nennen, sind nur zwei Seiten der Betrachtung eines und desselben Lebensvorganges.“[51]

Descartes' Grundfehler bestehe darin, „das Triebsystem in Mensch und Tier (...) völlig zu übersehen, das eben die Einheit ausmacht und die Vermittlung bildet zwischen jeder echten Lebensbewegung und den Inhalten des Bewußtseins“[52]. Die Aufgabe der modernen Forschung sei es, „zu prüfen, wieweit die gleichen Verhaltungsweisen des Organismus einmal durch physikalisch-chemische Reize von außen her, ein andermal durch psychische Reizung (...) herbeigeführt und abgeändert werden können“[53]. Grundsätzlich allerdings ist bereits klar: „Das psycho-physische Leben ist eins“[54].

Scheler lehrt einen psycho-physischen Parallelismus. Für Scheler sind das, „was wir „physiologisch“ und „psychologisch“ nennen (...) nur zwei Seiten der Betrachtung eines und desselben Lebensvorganges“[55]. Der menschliche Körper (nicht nur das Gehirn, wie Scheler bezeichnenderweise betont), ist „das physiologische Parallelfeld der seelischen Geschehnisse“[56].

> „Der physiologische und der psychische Lebensprozeß sind ontologisch streng identisch (...). Sie sind nur phänomenal verschieden.“[57]

Sich auf die Forschungen P. Schilders (u.a.) berufend, stellt Scheler fest: Psychisches und Physisches sind nur „verschiedene Zugangsweisen, die wir in unserer Erfahrung und Lenkung zu ein und demselben *ontisch einheitlichen Lebensprozeß* haben. Auch die höchsten psychischen Funktionen wie das sog. beziehende Denken entziehen sich einer strengen physiologischen Parallelisierung nicht. Endlich müssen nach unserer Lehre auch die *geistigen Akte,* da und sofern sie ihre ganze Tätigkeitsenergie aus der lebendigen Triebsphäre beziehen und ohne irgendeine „Energie“ sich für unsere Erfahrung, auch für die eigene, nicht manifestieren können, stets ein physiologisches und psychisches Parallelglied besitzen.“[58] Während unsere abendländische Medizin sich im Laufe der Zeit mehr der materiellen Ebene der einen Wirklichkeit zugewandt hat, also „der Körperseite des Menschen“[59], war die östliche Medizin stets mehr „nicht minder einseitig“[60] der seelischen Dimension zugewandt.

> "Nicht also Leib und Seele oder Körper und Seele oder Gehirn und Seele im Menschen sind es, die irgend einen ontischen Gegensatz bilden.“[61]

Sich auf die Forschungen von Goldstein u.a. berufend versucht Scheler neurophysiologische Gründe angeben zu können, warum die Potenz Geist sich im

---

51 Ders. ebda. S. 74
52 Ders. ebda. S. 74
53 Ders. ebda. S. 77
54 Ders. ebda. S. 78
55 Ders. ebda. S. 74
56 Ders. ebda. S. 73
57 Ders. ebda. S. 74
58 Ders. ebda. S. 77 f.
59 Ders. ebda. S. 78
60 Ders. ebda.
61 Ders. ebda. S. 80

Menschen manifestieren konnte (im Unterschied zum Tier).[62] Auf jeden Fall bedarf es zur Erklärung des Geistes keiner separaten Seelensubstanz; der Geist erklärt sich aus der komplizierten Struktur des menschlichen Organismus.

> „Das psychophysische Leben ist eins – und diese Einheit ist eine Tatsache, die für alle Lebewesen gilt; also auch für den Menschen. Den Menschen seinem Seelenleben nach mehr als gradweise vom Tier zu trennen, seiner Leibseele eine besondere Art von Herkunft und künftigem Schicksal zuzuschreiben, wie es der theistische Kreationismus und die herkömmliche Lehre von der Unsterblichkeit tut, dazu besteht nicht der mindeste Grund. Die Mendelschen Gesetze bestehen für den Aufbau des psychischen Charakters in dem selben Maße wie für irgendwelche körperlichen Merkmale. Die vorhandenen Verschiedenheiten zwischen Mensch und Tier im Ablauf der psychischen Funktionen sind allerdings sehr erheblich – aber sehr erheblich, und zwar weit erheblicher als die morphologischen Unterschiede zwischen Tier und Mensch, sind auch die physiologischen Unterschiede."[63]

Fassen wir zusammen: Scheler entwickelte in seiner theistisch-christlichen Schaffensperiode Argumente für ein individuelles Weiterleben nach dem Tode. Diese Argumente basierten einmal auf dem phänomenal konstatierbaren „Überschuß des Lebens", zum anderen auf dem Vertrauen auf den in den tiefsten Schichten der Seele als Person und „Du" erfahrenen Gott. In dem Maße, in dem Scheler diesen Glauben an einen personalen Gott verlor, verlor er auch seine Glaubensgewißheit bezüglich der individuellen Unsterblichkeit. In seiner christlichen Schaffensperiode hielt Scheler die Existenz einer eigenständigen Seelensubstanz für *möglich.* Zwar betonte er, daß die Frage der postmortalen Weiterexistenz von der Problematik des Leib-Seele-Verhältnisses unabhängig sei, man darf aber doch vermuten, daß *auch* die Tatsache, daß die Theologie seiner Zeit nur eine *anima separata*-Eschatologie entfaltet hatte, *mit* ein Grund für Schelers Entwicklung war. 1925 notiert Scheler folgende Gründe, warum der Gedanke an eine individuelle Unsterblichkeit der Einzelperson abzulehnen sei:

> „1. Da die Person keine Substanz ist, 2. da auch der Geist nur im Triebleben seine Akte in lebendige Tätigkeit und in Dasein umsetzen kann, dazu ein Leib (= Manifestation des Trieblebens) gehört, da 3. Person nicht fortdauern kann, da sie gar nicht „in" der Zeit ist, 4. da eine nicht in Akten *lebende* Person nicht „existiert", 5. da der Erfahrungsgehalt der Person ihr in einer körperlosen, leiblosen Ordnung nichts bedeuten und nichts wert sein könnte, 6. eine Anschauung Gottes ohne Streben widersittlich ist – und absolut „langweilig", 7. da Hineintragen aber vitaler und sinnlicher Werte in ein Milieu des Himmels verkehrt und ressentimentgebunden ist, 8. es eine „einfache Seele" nicht gibt, die inkorruptibel ist, und nur funktionelle Einheit vorliegt, *kann es persönliche individuelle Unsterblichkeit nicht geben.*"[64]

Der „Überschuß des Lebens" in Moral und Schöpfungskraft erlaubte Scheler jetzt nur noch die Verwendung eines rein weltimmanenten „Unsterblich-

---

[62] Vgl. ders. ebda. S. 78 ff.
[63] Ders. ebda. S. 78
[64] Ders.: Schriften aus dem Nachlaß. Bd. III. a.a.O. S. 336

keits"begriffs, wie wir ihn bereits bei Simmel gesehen haben und ihm noch bei Jaspers begegnen werden. 1925/26 notiert Scheler:

> „Gutsein macht relativ unsterblich und relativ frei (...). Aber dieser Prozeß ist partiell historisch identisch mit der kulturellen Fortwirksamkeit des Menschen. Der Intentionswert erfolgloser Liebe, Heroismus usw., kommt erst hier zu *Geltung.*"[65]

Unsterblichkeit gilt jetzt nur noch dem All-Einen:

> „Die Fortentwicklung ist *innergöttlich* und nur *dynamisch.*"[66]

In einem gewissen Sinne hat sich der späte Scheler hier wieder der Position der Lebensphilosophen (v.a. seines Lehrers Eucken) genähert![67]

Schon von Schelers als tragisch zu bezeichnende Abkehr von der Unsterblichkeitshoffnung her zeigt sich die Bedeutung und eminente Wichtigkeit einer Eschatologie, die jeden Leib-Seele-Dualismus vermeidet, wie es beispielsweise bei Greshake der Fall ist.

---

[65] Ders. ebda.

[66] Ders. ebda.

[67] Die Nähe des späten Scheler zur Lebensphilosophie hat herausgearbeitet: Leese, K.: Krisis und Wende des christlichen Geistes. Studien zum anthropologischen und theologischen Problem der Lebensphilosophie. Berlin 1941

# II. Endlichkeit als Existential. Heideggers Philosophie des Todes

Die folgende Analyse zu Heideggers Beschäftigung mit der Todesthematik stützt sich vor allem auf dessen Hauptwerk *Sein und Zeit*. Dies geschieht aus zwei Gründen: 1. Weil sich Heideggers Philosophie des Todes – wie Werner Marx[1] gezeigt hat – auch in späterer Zeit, d. h. nach der „Kehre" (z. B. in *Das Ding* oder *Bauen Wohnen Denken*) im wesentlichen nicht geändert hat; und weil 2. Jean-Paul Sartre sich in seiner Analyse von Heideggers Philosophie – aus naheliegenden Gründen – ausschließlich auf *Sein und Zeit* stützt.

## *1. Die Grundzüge der Philosophie Heideggers*

Heidegger geht es um eine Destruktion bzw. Überwindung der (traditionellen) Metaphysik, der Bestimmung des Seins als Präsenz. Die Heideggers Denkweg bestimmende Frage lautet: Welches ist die alle mannigfachen Bedeutungen durchherrschende einfache, einheitliche Bestimmung von Sein? Was heißt denn Sein? Woher empfängt das Sein als solches (nicht nur das Seiende als Seiendes) seine Bestimmung? Heidegger erörtert die Seinsfrage als Frage nach dem „Sinn von Sein". Die traditionelle Metaphysik hat diese Seinsfrage – nach Heidegger – „vergessen" bzw. das Sein mißverstanden, da es dieses stets nur im „Horizont" der Idee der ständigen Anwesenheit, der beständigen Gegenwart verstanden habe. Die klassische, traditionelle Präsenz-Metaphysik lebte immer von der Annahme einer reinen Präsenz und absoluten Vorhandenheit. Heidegger aber nimmt an, daß wir uns dem wahren Sinn von Sein eher nähern, wenn wir das Sein nicht vom Aspekt der Präsenz, sondern vom Aspekt der Zeitlichkeit her zu deuten suchen. Nicht im „Horizont" der Idee des ständigen Anwesens „lichtet" sich das Sein, sondern im „Horizont" der Idee der Vergänglichkeit, Fragilität und Endlichkeit. Aus dieser Grundidee heraus stellt sich für Heidegger die Aufgabe: 1. Zu demonstrieren, daß alle Interpretation des Seienden als Seiendes aus einem horizonthaften Vorverständnis von „Sein" geschieht; 2. Nachzuweisen, daß die Identifikation Sein = Anwesenheit nicht die letzte Wahrheit sein kann; 3. Durchzudenken, in welchem Sinn alle Horizonte der Seins-Auslegung auf ein transzendentales Geschehen, die *Zeit,* verweisen.[2] Heidegger wirft der klassischen Präsenzmetaphysik vor, immer nur „Seiendes" „umkreist" zu haben, wenn sie von „Sein" gesprochen hat.

---

1 Marx, W.: Die Sterblichen. In: Guzzoni, U.: Nachdenken über Heidegger. Eine Bestandsaufnahme. Hildesheim 1980. S. 160 – 175

2 Vgl. Haeffner, G.: Martin Heidegger (1889 – 1976). In: Höffe, O.: Klassiker der Philosophie II. Von Immanuel Kant bis Jean-Paul Sartre. München 1981. S. 361 – 384; S. 364

Das „Seiende" nach dem Verständnis Heideggers meint nicht nur dasjenige, was substantiell und bleibend an sich ist, sondern „seiend ist alles, wovon wir reden, was wir meinen, wozu wir uns so und so verhalten, seiend ist auch, was und wie wir selbst sind."[3] Den Unterschied zwischen „Sein" und „Seiendem" nennt Heidegger „ontologische Differenz". Was aber ist das „Sein"? Zunächst scheint dieser Begriff ja klar zu sein. Heidegger stellt fest:

> „Das „Sein" ist der selbstverständliche Begriff. In allem Erkennen, Aussagen, in jedem Verhalten zu Seiendem, in jedem Sich-zu-sich-selbst-verhalten wird von „Sein" Gebrauch gemacht und der Ausdruck ist dabei „ohne weiteres" verständlich. Jeder versteht: „Der Himmel *ist* blau"; „ich *bin* froh" und dgl. Allein diese durchschnittliche Verständlichkeit demonstriert nur die Unverständlichkeit. Sie macht offenbar, daß in jedem Verhalten und Sein zu Seiendem als Seiendem a priori ein Rätsel liegt. Daß wir je schon in einem Seinsverständnis leben und der Sinn von Sein zugleich in Dunkel gehüllt ist, beweist die grundsätzliche Notwendigkeit, die Frage nach dem Sinn von „Sein" zu wiederholen."[4]

Heidegger „umreißt" das Sein als „das, was Seiendes als Seiendes bestimmt, das, woraufhin Seiendes, mag es wie immer erörtert werden, je schon verstanden ist. Das Sein des Seienden „ist" nicht selbst ein Seiendes."[5] Dieser Satz darf nicht als Definition verstanden werden. Was der Begriff „Sein" besagen will, ist in Definitionen ohnehin nicht zu bestimmen. Heidegger schreibt:

> „Der Begriff „Sein" ist undefinierbar. Dies schloß man aus seiner höchsten Allgemeinheit. Und das mit Recht – wenn definitio fit per genus proximum et differentiam specificam. „Sein" kann in der Tat nicht als Seiendes begriffen werden; enti non additur aliqua natura: „Sein" kann nicht so zur Bestimmtheit kommen, daß ihm Seiendes zugesprochen wird. Das Sein ist definitorisch aus höheren Begriffen nicht abzuleiten und durch niedere nicht darzustellen."[6]

Nur indirekt, in Negationen, kann man sich diversen Aspekten nähern, die das Sein ausmachen.

> „Sonach wird auch das *Erfragte*, der Sinn von Sein, eine eigene Begrifflichkeit verlangen, die sich wieder wesenhaft abhebt gegen die Begriffe, in denen Seiendes seine bedeutungsmäßige Bestimmtheit erreicht."[7]

Wir sehen, daß Heidegger die klassische Präsenzmetaphysik als Irrweg ablehnt. Heidegger versteht unter „der" Metaphysik nicht eine Lehre oder gar nur eine Sonderdisziplin in der Philosophie, er meint damit nicht eines oder mehrere der überlieferten ontologischen Systemgebäude, sondern eine in sich geschlossene Grundbewegung der abendländischen Geschichte.

> „Sie erstreckt sich von den Anfängen griechischen Denkens über Platon und die mittelalterliche Ontologie, über Descartes und Kant bis zur gegenwärtigen Welt-

---

[3] Heidegger, M.: Sein und Zeit. Tübingen 1963. S. 6 f.
[4] Ders. ebda. S. 4
[5] Ders. ebda. S. 6
[6] Ders. ebda. S. 4
[7] Ders. ebda. S. 6

> stunde der anhebenden totalen Technik, um hier in ihrem innersten „nihilistischen" Un-wesen schonungslos offenbar zu werden."[8]

In einigen Werken hat Heidegger die klassische Metaphysik als Nihilismus gebrandmarkt bzw. den Zusammenhang zwischen der traditionellen Metaphysik und dem europäisch-abendländischen Nihilismus aufzuzeigen gesucht. Besonders in seinen späteren Veröffentlichungen stellt Heidegger den Nihilismus als Grundgeschehen der abendländischen Geistesgeschichte, besonders der Metaphysik, hin.[9] „In der Vergessenheit des Seins nur das Seiende betreiben – das ist Nihilismus."[10] Es ist nichts mit dem Sein[11], das Sein wird nicht bedacht, es wird vergessen im Durchdenken des Seienden. Daher „taumeln wir" in der Geschichte.[12] Es fehlt dem Denken das Fundament, das erste Zu-Denkende, sein eigentliches Element. Heidegger ist der erste „in der Geschichte der Philosophie", der „die Frage nach dem Sinn des Seins (...) als Frage eigens"[13] stellt und entwickelt. Noch nie ist das Sein selbst gedacht worden in seinem Unterschied vom Seienden.[14] Heideggers Denken versucht die „Überwindung der Metaphysik"[15]. Diese Überwindung soll geschehen durch Rückkehr in den Anfang, der nicht bewahrt wurde.[16]

Heideggers Metaphysikkritik ist also keinesfalls nur „ein Versuch, das eigene Seinsverständnis begrifflich darzulegen"[17] – wie Alexius J. Bucher meint –, vielmehr versucht Heidegger mit seiner Unterscheidung von Sein und Seiendem – eine Differenz, die zumindest seit den Vorsokratikern in der Philosophiegeschichte „vergessen" ist – „alle bisherige Metaphysik aus den Angeln heben zu können oder besser (denn er bestreitet nicht den Wert der bis jetzt gewonnenen metaphysischen Erkenntnisse): eine neue Stufe des Denkens erreicht zu haben, die ihm für ein Fortschreiten auf dem Wege ontologischer Erkenntnis unerläßlich ist."[18] Zu ergänzen wäre, daß sich – nach Heidegger – in den traditionellen metaphysischen Erkenntnissen Spuren der wahren Seinserhellung finden. In seiner Antrittsvorlesung *Was ist Metaphysik?* sagt Heidegger:

> „Ein Denken, das an die Wahrheit des Seins denkt, begnügt sich zwar nicht mehr mit der Metaphysik; aber es denkt auch nicht gegen die Metaphysik. Es reißt, um

8 Boer, W. de: Heideggers Mißverständnis der Metaphysik. In: Zeitschrift für philosophische Forschung. Bd. IX. (1955). S. 500 – 545; S. 501

9 Vgl. Schlawin, H.: Heideggers Überwindung der Metaphysik. In: Zeitschrift für philosophische Forschung. Bd. VIII. (1954). S. 585 – 594; S. 585

10 Heidegger, M.: Einführung in die Metaphysik. Tübingen 1953. S. 155

11 Vgl. ders.: Holzwege. Frankfurt a.M. 1950. S. 244

12 Vgl. ders.: Einführung in die Metaphysik. a.a.O., S. 154

13 Ders. ebda. S. 64

14 Vgl. ders.: Holzwege. a.a.O. S. 243

15 Ders.: Vom Wesen der Wahrheit. Frankfurt a.M. 1943. S. 28

16 Vgl. ders.: Einführung in die Metaphysik a.a.O. S. 133

17 Vgl. Bucher, A.J.: Martin Heidegger. Metaphysikkritik als Begriffsproblematik. Bonn 1972. S. 9

18 Meinertz, J.: Das Sein und das Nichts, die Angst, der Tod und die Zeit. Grundzüge des Existierens und Grundprobleme der Tiefenpsychologie. In: Zeitschrift für philosophische Forschung. Bd. IX. (1955). S. 32 – 55 u. S. 461 – 489; S. 35

im Bild zu sprechen, die Wurzel der Philosophie nicht aus. (...) Die Metaphysik ist im Denken an die Wahrheit des Seins überwunden."[19]

Unter „Dasein" versteht Heidegger die menschliche Seinsweise des konkret-wirklichen, lebendigen Menschen.

„Das Dasein ist ein Seiendes, das nicht nur unter anderem Seienden vorkommt. Es ist vielmehr dadurch ontisch ausgezeichnet, daß es diesem Seienden in seinem Sein *um* dieses Sein selbst geht. Zu dieser Seinsverfassung des Daseins gehört aber dann, daß es in seinem Sein zu diesem Sein ein Seinsverhältnis hat. Und dies wiederum besagt: Dasein versteht sich in irgendeiner Weise und Ausdrücklichkeit in seinem Sein. Diesem Seienden eignet, daß mit und durch sein Sein dieses ihm selbst erschlossen ist. *Seinsverständnis ist selbst eine Seinsbestimmtheit des Daseins.* Die ontische Auszeichnung des Daseins liegt darin, daß es ontologisch ist."[20]

Bei der Erhellung der Frage nach dem „Sinn von Sein" gelangt Heidegger zur Erkenntnis, daß das Dasein in diese Frage inkludiert ist. Das Dasein fällt immer wieder auf sich zurück, führt sich so permanent zum Akt des Fragens selbst zurück. Wir können bei der Frage nach dem Sein nicht von unserer eigenen Existenz abstrahieren. Nach Heidegger ist es der Grundfehler aller klassischen Metaphysik, das Sein betrachtet zu haben, wie das Subjekt ein Objekt betrachtet, und so das Sein unter das Seiende subsumiert zu haben. Nach Heidegger ist ja das Dasein der Ort, wo das Sein sich „lichtet". Die Metaphorik des Lichtes durchzieht die gesamte Philosophie des Abendlandes als ein Denkmotiv: Hier sei beispielsweise nur an das Höhlengleichnis Platons erinnert, oder an das *lumen Dei* des Augustinus und der mittelalterlichen Philosophie. Oder man denke an die Dialektik Hegels als siegreichen Kampf des Reiches des Lichtes gegen das Reich der Finsternis und an Nietzsches Metaphorik der Sonne. Die Wahrheit wird hier immer als die Helle gedacht, die uns gestattet, die Dinge so zu sehen, wie sie sind. Das Sein als Grund oder Wesen aller Dinge ist dem Lichte gleich, das nicht nur die Sichtbarkeit, sondern auch das Leben selbst auf Erden erst ermöglicht. Das Licht, dieses undinghafteste aller Seienden, ist seit jeher das ausgezeichnete Bild für das Sein als höchstes Seiendes gedacht. In der Lichtmetaphysik werden die Wahrheit, das Sein, Gott selbst, zunächst als helles Licht, als schon vorhandene und immer verfügbare Helle gedacht.[21] Auch in der Sprache und dem Denken Martin Heideggers findet sich dieses Wort der „Lichtung". Schon die Erschlossenheit des Daseins wird von Heidegger in *Sein und Zeit* „Gelichtetheit" (oder auch „Lichtung") genannt: Das Dasein ist, „an ihm selbst *als* In-der-Welt-sein gelichtet, nicht durch ein anderes Seiendes, sondern so, daß es selbst die Lichtung *ist*"[22].

„Das Seiende, das den Titel Da-sein trägt, ist „*gelichtet*". Das Licht, das diese Gelichtetheit des Daseins konstituiert, ist keine ontisch vorhandene Kraft und

[19] Heidegger, M.: Was ist Metaphysik? Frankfurt a.M. 1960. S. 9
[20] Ders.: Sein und Zeit. a.a.O. S. 12
[21] Vgl. Amoroso, L.: Heideggers „Lichtung" als „lucus a (non) lucendo". In: Philosophisches Jahrbuch. Jg. 90 (1983). S. 153 – 158; S. 153 f.
[22] Heidegger, M.: Sein und Zeit. a.a.O. S. 133

> Quelle einer ausstrahlenden, an diesem Seienden zuweilen vorkommenden Helligkeit.“[23]

Das Dasein ist also nicht durch das Licht eines anderen Seienden, sondern in seinem Sein selbst gelichtet. Leonardo Amoroso kommentiert:

> „Das Dasein ist das ontologische Seiende, d. h. es ist dem eigenen Sein und dem Sein des nicht daseinsmäßigen Seienden offen, weil es dem Dasein in seinem Sein um dieses Sein selbst geht. Der Bezug zum Sein konstituiert das Wesen des Daseins und insofern ermöglicht er auch, daß sich das Dasein – vorontologisch oder ausdrücklich ontologisch – die Seinsfrage stellt.“[24]

Zum Wesen des Menschen gehört es, daß sich ihm immer Seiendes zeigt: etwa der Himmel, die Pflanzen, die Tiere, die Mitmenschen und noch weiteres, jedenfalls aber auch sein eigener Körper. Ja, es zeigt sich ihm sogar das, was wir, uns der geläufigen Ausdrucksweise anpassend, seine „seelischen Zustände“ nennen können.[25] Aber nicht nur das: Im Dasein lichtet sich das Sein selbst. Mit dem Verständnis bzw. Verstehen von Sein ist der Mensch genannt, er als der Sein-Verstehende. Zur konkreten Ausarbeitung der Frage nach dem Sinn von Sein als dem Horizont des menschlichen Seinsverständnisses gehört daher eine konkrete Untersuchung dieses Daseins und Verstehens als eines solchen.

Die kennzeichnenden Qualitäten des Daseins sind, daß es das Je-Meinige ist, daß es persönlich und einzigartig ist. Heidegger sagt:

> „Das „Wesen“ des Daseins liegt in seiner Existenz.“[26]

Dieser berühmte Satz meint folgendes: Das Dasein ist dasjenige Seiende, das sein Sein reflektierend versteht und sich zu diesem Sein verhält.

Damit ist schon gesagt, was Heidegger unter „Existenz“ versteht: Die Vorsilbe ex des Wortes Existenz (später schreibt Heidegger „Ek-sistenz“), zeigt den ekstatischen Modus der Existenz auf. Genau besehen könnte man sagen, daß das Dasein die Möglichkeit einer Erfahrung meint, während Existenz den Akt bezeichnet, durch den dieses Ereignis verwirklicht und erlangt wird. Ich existiere, wenn ich voll bewußt und entschieden die Fülle meines Seins verwirkliche, wenn ich um mein Sein ringe, sei es nun im Wissen um mich selbst oder im Gestalten meiner selbst. Es sei nur noch einmal betont, daß Existenzverwirklichung mit der, wie Heidegger sagt, „Entschlossenheit“ zu tun hat, mit welcher ich mein Sein ergreife, mein Selbst zu realisieren trachte.

„Dasein“ und „Existenz“ vollziehen sich immer durch das „In-der-Weltsein“ resp. „Dasein“ bedeutet immer „in der Welt sein“. Dabei meint „In-der-Welt-sein“ nicht einfach die Präsenz im Koordinatensystem der raum-zeitlichen Dimension, sowie bei den nichtmenschlichen Seienden, den „Dingen“

---

23 Ders. ebda. S. 350

24 Amoroso, L.: a.a.O. S. 158

25 Vgl. Kanthack, K.: Das Denken Martin Heideggers. Die große Wende der Philosophie. Berlin 1964 S. 1 f.

26 Heidegger, M.: Sein und Zeit. a.a.O. S. 42

(wie Heidegger sagt), die einfach „vorhanden“ und an sich „weltlos“ sind. Dasein als „In-der-Welt-sein“ meint soviel wie zu tun haben mit etwas, etwas hervorbringen, bilden und formen, sich etwas angelegen sein lassen, behüten und umsorgen, durchforschen und erkunden usw., d.h. ein multirelationales und intensives Eingebundensein in die Gegebenheiten der Welt. Heidegger spricht auch vom „Seinscharakter des Besorgens“[27].

Der Begriff „Welt“ fällt aber nicht mit dem Begriff „Natur“ zusammen. Natur ist selbst ein Seiendes, das innerhalb der Welt begegnet und auf unterschiedliche Arten und Weisen entdeckt werden kann. „Der alles fundierende Seinscharakter der Naturdinge, der Substanzen, ist die Substanzialität“[28], führt Heidegger aus. Doch Substantialität macht noch nicht Weltlichkeit aus.

> „„Natur“ als der kategoriale Inbegriff von Seinsstrukturen eines bestimmten innerweltlich begegnenden Seienden vermag nie *Weltlichkeit* verständlich zu machen.“[29]

Vielmehr gilt:

> „Das Seiende als Natur kann das Dasein nur in einem bestimmten Modus seines In-der-Welt-seins entdecken. Dieses Erkennen hat den Charakter einer bestimmten Entweltlichung der Welt.“[30]

Genauer führt Heidegger aus, daß wir, indem wir in der Welt Seiendes wahrnehmen, das nicht in seiner Zuhandenheit für uns aufgeht, weil es nicht Hergestelltes oder Verwendbares ist, Natur entdecken, d. h. Seiendes, das selbst herstellungsunbedürftig und immer schon bestehend ist.

> „Das herzustellende Werk ist aber nicht allein verwendbar für ..., das Herstellen selbst ist je ein Verwenden *von* etwas für etwas. Im Werk liegt zugleich die Verweisung auf „Materialien“. Es ist angewiesen auf Leder, Faden, Nägel u. dgl.. Leder wiederum ist hergestellt aus Häuten. Diese sind Tieren abgenommen, die von anderen gezüchtet werden. Tiere kommen innerhalb der Welt auch ohne Züchtung vor, und auch bei dieser stellt sich dieses Seiende in gewisser Weise selbst her. In der Umwelt wird demnach auch Seiendes zugänglich, das an ihm selbst herstellungsunbedürftig, immer schon zuhanden ist. Hammer, Zange, Nagel verweisen an ihnen selbst auf – sie bestehen aus – Stahl, Eisen, Erz, Gestein, Holz. Im gebrauchten Zeug ist durch den Gebrauch die „Natur“ mitentdeckt, die „Natur“ im Lichte der Naturprodukte. Natur darf aber hier nicht als das nur noch Vorhandene verstanden werden (...). Der Wald ist Forst, der Berg Steinbruch, der Fluß Wasserkraft, der Wind ist Wind „in den Segeln“. Mit der entdeckten „Umwelt“ begegnet die so entdeckte „Natur“. Von deren Seinsart als zuhandener kann abgesehen, sie selbst lediglich in ihrer puren Vorhandenheit entdeckt und bestimmt werden.“[31]

Das Naturseiende sinkt also nicht herab auf die Stufe des Nur-noch-Vorhandenen, von seiner Seinsart als Zuhandener kann aber abstrahiert werden.

---

[27] Ders. ebda. S. 121
[28] Ders. ebda. S. 63
[29] Ders. ebda. S. 65
[30] Ders. ebda.
[31] Ders. ebda. S. 70

Unter Welt dagegen versteht Heidegger die „öffentliche Wir-Welt“ oder die „‚eigene‘ und nächste (häusliche) Umwelt“[32]. Welt ist „das“, „‚*worin*‘ ein faktisches Dasein als dieses ‚lebt‘“[33]. Unser alltägliches In-der-Welt-sein, unser „*Umgang* in der Welt und mit dem innerweltlich Seienden“[34] hat den Wesenszug des hantierenden, gebrauchenden Besorgens.[35] Dieses praktische Verhalten ist eine Art eigener Erkenntnis[36], d. h. das Seiende, das hier begegnet, ist „das vorthematische Seiende (...), das im umweltlichen Besorgen sich zeigt. Dieses Seiende ist dabei nicht Gegenstand eines theoretischen ‚Welt‘-Erkennens“[37]. Heidegger führt aus:

> „Das phänomenologisch vorthematische Seiende (...) wird zugänglich in seinem Sich-versetzen in solches Besorgen.“[38]

Vereinfacht kann man sagen, daß hier der „Ort“ ist, wo man nach dem Sinn von Sein fragen muß. Vom Dasein des Menschen aus, von seiner vortheoretischen, besorgenden Umgangsweise mit dem Sein und dem Seienden „lichtet“ sich das Sein. Die spezifische Erkenntnis dieses praktischen Verhaltens liefert nämlich ein anderes, tiefer gehendes Erfassen des Sinns von Sein als die theoretische und wissenschaftliche Erkenntnis, welche das Sein durch die Brille der Subjekt-Objekt-Distinktion betrachtet. Auf diese Weise werden die bisher vernachlässigten Aspekte des Seins gelichtet, so z. B. die behütenden Aspekte des Seins.

Das im Besorgen begegnende Seiende nennt Heidegger das „Zeug“. Und die Seinsweise des Zeugs ist die „Zuhandenheit“.

> „Wir nennen das im Besorgen begegnende Seiende das *Zeug*. Im Umgang sind vorfindlich Schreibzeug, Nähzeug, Werk-, Fahr-, Meßzeug. (...) Zum Sein von Zeug gehört je immer ein Zeugganzes, darin es dieses Zeug sein kann, das es ist. Zeug ist wesenhaft ‚etwas, um zu ...‘. Die verschiedenen Weisen des ‚Um-zu‘ wie Dienlichkeit, Beiträglichkeit, Verwendbarkeit, Handlichkeit konstituieren eine Zeugganzheit.“[39]
> „Die Seinsart von Zeug, in der es sich von ihm selbst her offenbart, nennen wir die Zuhandenheit.“[40]

Das Zuhandene ist „handlich im weitesten Sinne und verfügbar.“[41] Heidegger führt aus:

> „Das schärfste Nur-noch-*hinsehen* auf das so und so beschaffene ‚Aussehen‘ von Dingen vermag Zuhandenes nicht zu entdecken. Der nur ‚theoretisch‘ hinsehende Blick auf Dinge entbehrt des Verstehens von Zuhandenheit. Der

---

32 Ders. ebda. S. 65
33 Ders. ebda.
34 Ders. ebda. S. 66 f.
35 Vgl. ders. ebda. S. 67
36 Vgl. ders. ebda.
37 Ders. ebda.
38 Ders. ebda.
39 Ders. ebda. S. 68
40 Ders. ebda. S. 69
41 Ders. ebda.

> gebrauchend-hantierende Umgang ist aber nicht blind, er hat seine eigene Sichtart, die das Hantieren führt und ihm seine spezifische Dinghaftigkeit verleiht."[42]

In der Erschließung und Explikation des Seins ist das Seiende „jeweils das Vor- und Mitthematische"[43]. Das eigentliche Thema ist das Sein. Im Areal der jetzigen Analyse ist als das vorthematische Seiende das angesetzt, das im umweltlichen Besorgen sich zeigt.

> „Dieses Seiende ist dabei nicht Gegenstand eines theoretischen „Welt"-Erkennens, es ist das Gebrauchte, Hergestellte und dgl.. Als so begegnendes Seiendes kommt es vorthematisch in den Blick eines „Erkennens", das als phänomenologisches primär auf das Sein sieht und aus dieser Thematisierung des Seins her das jeweilig Seiende mitthematisiert."[44]

Diese phänomenologische Auslegung ist also kein Erkennen seiender Beschaffenheiten des Seienden, sondern ein Bestimmen der Struktur seines Seins. Als Untersuchung von Sein aber wird es zum eigenständigen und expliziten Vollzug des Seinsverständnisses, „das je schon zu Dasein gehört und in jedem Umgang mit Seiendem „lebendig" ist"[45].

> „Das phänomenologisch vorthematische Seiende, hier also das Gebrauchte, in Herstellung Befindliche, wird zugänglich in einem Sichversetzen in solches Besorgen. Streng genommen ist diese Rede von einem Sichversetzen irreführend; denn in diese Seinsart des besorgenden Umgangs brauchen wir uns nicht erst zu versetzen. Das alltägliche Dasein ist schon immer in dieser Weise, z.B.: Die Tür öffnend, mache ich Gebrauch von der Klinke. Die Gewinnung des phänomenologischen Zugangs zu dem so begegnenden Seienden besteht vielmehr in der Abdrängung der sich andrängenden und mitlaufenden Auslegungstendenzen, die das Phänomen eines solchen „Besorgens" überhaupt verdecken und in eins damit erst recht das Seiende, *wie* es von ihm selbst her *im* Besorgen für es begegnet."[46]

Das Sein „lichtet", wo Seiendes als „Zeug" begegnet (dessen korrelativer Begegnungsmodus das „Besorgen" ist), dem Dasein seine behütenden, wohlwollenden und huldvollen Aspekte. Hier öffnet sich dem Dasein der Raum für die Erfahrung einer tiefen Zugehörigkeit des Menschen zum Sein, – eine tiefere Erfahrung als sie theoretische Ideale und Ideen vermitteln können.

> „Das „praktische" Verhalten ist nicht „atheoretisch" im Sinne der Sichtlosigkeit, und sein Unterschied gegen das theoretische Verhalten liegt nicht nur darin, daß hier betrachtet und dort *gehandelt* wird, und daß das Handeln, um nicht blind zu bleiben, theoretisches Erkennen anwendet, sondern das Betrachten ist so ursprünglich ein Besorgen, wie das Handeln *seine* Sicht hat. Das theoretische Verhalten ist unumsichtiges Nur-hinsehen."[47]

---

[42] Ders. ebda.
[43] Ders. ebda. S. 67
[44] Ders. ebda.
[45] Ders. ebda.
[46] Ders. ebda.
[47] Ders. ebda. S. 69

Wo Seiendes als „Natur" erfahren wird, „lichtet" das Sein gewissermaßen seinen Modus der Eigenständigkeit, Eigengesetzlichkeit, Genuinität und Ursprünglichkeit. Letzteres ist notwendig, damit der Kosmos für das menschliche Denken nicht zu einem nur kontingent Hergestellten und Herzustellenden depotenziert wird. In der Tat charakterisiert Heidegger die Weise, in der uns heute die Unverborgenheit des Seins anspricht, mit dem Begriff „Gestell". Damit ist der Geist der technisch-wissenschaftlichen Zivilisation umrissen. In ihr werden wir „gestellt" (gezwungen), alles Seiende nicht in seinem eigenen Sein und Sinn, sondern nur insofern zu entbergen, als es faktisch vorfindliches Material der Neugestaltung, Verwertung und technischen Bearbeitung hat. Hier wird das Seiende verzweckt, funktionalisiert und der technischen Machbarkeit oder wissenschaftlichen Objektivierung subordiniert.[48] Richard Schaeffler formuliert es – Heidegger interpretierend – so:

> „Das Spezifische des Technischen Tuns gegenüber alten Weisen der Hervorbringung im Handwerk, in der Kunst und in der Natur wurde darin gesehen, daß es nicht der von sich selbst her wirkenden Natur sich hingebe, sondern diese in der Weise des Herausforderns daraufhin stelle, eine gewünschte, bestellte Energie zu liefern, die ihrerseits gespeichert und in ihren Auswirkungen auf geplante Ziele hin gesteuert werden kann. So entborgen zeigt sich das Wirkliche als bestellbarer Bestand nicht mehr als unabhängig dem Menschen gegenüberstehender Gegenstand."[49]

Wir haben in kurzen – und ganz ungenügenden – Strichen die Grundbegriffe und -gedanken der Philosophie Heideggers skizziert und nähern uns nun unserer eigentlichen Fragestellung.[50] Bevor wir allerdings zur Todesthematik bei Heidegger kommen, müssen wir noch das Verhältnis zum Anderen beleuchten, wie es in *Sein und Zeit* dargestellt wird.

## *2. Die Bedeutung des anderen Daseins für die Existenzwerdung*

Es ist bezeichnend, daß der Andere bei Heidegger in der Erfassung der zuhandenen Umwelt „*mit*begegnet".

> „Die „Beschreibung" der nächsten Umwelt, zum Beispiel der Werkwelt des Handwerkers, ergab, daß mit dem in Arbeit befindlichen Zeug die anderen „mitbegegnen", für die das „Werk" bestimmt ist. In der Seinsart dieses Zuhandenen, das heißt in seiner Bewandtnis liegt eine wesenhafte Verweisung auf mögliche Träger,

---

48 Vgl. Haeffner, G.: Martin Heidegger (1889 – 1976). a.a.O. S. 376 f.

49 Schaeffler, R.: Martin Heidegger und die Frage nach der Technik. In: Zeitschrift für philosophische Forschung. Bd. IX. (1955) S. 116-117; S. 116

50 Eine solche vorgängige Begriffserklärung ist zum Verständnis von Heideggers Philosophie unerläßlich. Sehr richtig schreibt Otto Pöggeler einmal: „Wir unsererseits verstehen die Grundworte von Heideggers eigenem Sprechen nur, wenn wir den Weg mitdenken, auf dem sie sich ergeben haben" (aus: Pöggeler, O.: Der Denkweg Martin Heideggers. Pfullingen 1963. S. 293), wobei Pöggeler ein die Definitionen Heideggers nachvollziehendes Mitdenken, keinesfalls aber „eine historische Darstellung, eine Erklärung der Entwicklung" (aus: Ders. ebda. S. 12) meint.

> denen es auf den „Leib zugeschnitten“ sein soll. Imgleichen begegnet im verwendeten Material der Hersteller oder „Lieferant“ desselben als der, der gut oder schlecht „bedient“. Das Feld zum Beispiel, an dem wir „draußen“ entlang gehen, zeigt sich als dem und dem gehörig, von ihm ordentlich instand gehalten, das benutzte Buch ist gekauft bei..., geschenkt von... und dergleichen. Das verankerte Boot am Strand verweist in seinem An-sich-sein auf einen Bekannten, der damit seine Fahrten unternimmt, aber auch als „fremdes Boot“ zeigt es Andere.“[51]

Die so im zuhandenen, umweltlichen Zeugzusammenhang „begegnenden“ Anderen werden nicht etwa zu einem zunächst nur vorhandenen Ding hinzugedacht, sondern diese „Dinge“ begegnen aus der Welt her, in der sie für den Anderen zuhanden sind, welche Welt im vorhinein auch immer schon die meine ist. Dabei unterscheidet sich zwar die „Seinsart des innerweltlich begegnenden Daseins der Anderen (...) von Zuhandenheit und Vorhandenheit“[52], es ist aber ganz klar, daß der Andere für Heidegger nicht das Primäre ist. Weder konstituiert sich nach Heidegger das Selbstbewußtsein erst in und durch die Begegnung mit dem Anderen (wie es – wenn auch in negativer Bewertung – bei Sartre der Fall ist), noch ist das Mit-sein *das* wesentliche Existential des Menschen (wie es Gabriel Marcel, Karl Jaspers und Albert Camus sehen). Der Andere ist gewissermaßen eine eigene Seinsart innerhalb der Weisen des In-der-Welt-seins, er ist *auch und mit* in der Welt:

> „Die Welt des Daseins gibt demnach Seiendes frei, das nicht nur von Zeug und Dingen überhaupt verschieden ist, sondern gemäß seiner Seinsart *als Dasein* selbst in der Weise des In-der-Welt-seins „in“ der Welt ist, in der es zugleich innerweltlich begegnet. Dieses Seiende ist weder vorhanden noch zuhanden, sondern ist so, wie das freigebende Dasein selbst – es *ist auch und mit da*. Wollte man denn schon Welt überhaupt mit dem innerweltlich Seienden identifizieren, dann müßte man sagen, „Welt“ ist auch Dasein.“[53]

Das Dasein versteht sich nach Heidegger aber nicht primär vom Anderen her, sondern „zunächst und zumeist aus seiner Welt, und das Mitdasein der Anderen begegnet vielfach aus dem innerweltlich Zuhandenen her“[54]. Nach Heidegger ist also für das Dasein *sein* Weltbezug und das sich *in ihm* konstatierende Selbstbewußtsein primordial, dem Anderen kommt hier eine nur sekundäre und dem Weltbezug unter- bzw. eingeordnete Bedeutung zu. Der Andere ist gewissermaßen ein (zusätzlicher) Aspekt der Welt, wie sie dem Dasein begegnet. Heidegger sagt ganz klar.

> „Aber der Ausdruck „Dasein“ zeigt doch deutlich, daß dieses Seiende „zunächst“ ist in der Unbezogenheit auf Andere, daß es nachträglich zwar auch noch „mit“ anderen sein kann. Es darf jedoch nicht übersehen werden, daß wir den Terminus Mitdasein zur Bezeichnung *des* Seins gebrauchen, daraufhin die seienden Anderen innerweltlich freigegeben sind.“[55]

---

[51] Heidegger, M.: Sein und Zeit. a.a.O. S. 117 f.
[52] Ders. ebda. S. 118
[53] Ders. ebda.
[54] Ders. ebda. S. 120
[55] Ders. ebda.

Zwar hat die Aussage: *Dasein ist wesenhaft Mitsein* einen existential-ontologischen Sinn. Sie will nicht (nur) ontisch feststellen, daß ich faktisch nicht allein vorhanden bin, vielmehr noch andere meiner Art vorkommen.

> „Wäre mit dem Satz, daß das In-der-Welt-sein des Daseins wesenhaft durch das Mitsein konstituiert ist, so etwas gemeint, dann wäre das Mitsein nicht eine existenziale Bestimmtheit, die dem Dasein von ihm selbst her aus seiner Seinsart zukäme, sondern eine auf Grund des Vorkommens Anderer sich jeweils einstellende Beschaffenheit."[56]

Man darf allerdings diese Feststellung Heideggers nicht in dem Sinne verstehen, daß das in der Liebe und Treue erfahrene Mitsein mit dem Anderen notwendige Voraussetzung der Existenzverwirklichung sei, wie es Marcel und Jaspers sehen. Vielmehr ist Dasein notwendigerweise Mitsein oder Mitdasein auch dort, wo der Andere absent ist oder das Verhältnis zu ihm negativ bestimmt ist:

> „Das Mitsein bestimmt existenzial das Dasein auch dann, wenn ein Anderer faktisch nicht vorhanden und wahrgenommen ist. Auch das Alleinsein des Daseins ist Mitsein in der Welt. *Fehlen* kann der Andere nur *in* einem und *für* ein Mitsein. Das Alleinsein ist ein defizienter Modus des Mitseins, seine Möglichkeit ist der Beweis für dieses. Das faktische Alleinsein wird andererseits nicht dadurch behoben, daß ein zweites Exemplar Mensch „neben" mir vorkommt oder vielleicht zehn solcher. Auch wenn diese und noch mehr vorhanden sind, kann das Dasein allein sein. Das Mitsein und die Faktizität des Miteinanderseins gründet daher nicht in einem Zusammenvorkommen von mehreren „Subjekten". Das Alleinsein „unter" Vielen besagt jedoch bezüglich des Seins der Vielen auch wiederum nicht, daß sie dabei lediglich vorhanden sind. Auch im Sein „unter ihnen" sind sie *mit da*; ihr Mitdasein begegnet im Modus der Gleichgültigkeit und Fremdheit. Das Fehlen und „Fortsein" sind Modi des Mitdaseins und nur möglich, weil Dasein als Mitsein das Dasein anderer in seiner Welt begegnen läßt."[57]

Mitsein ist für Heidegger bezeichnenderweise „eine Bestimmtheit des je eigenen Daseins"[58].

> „Mitdasein charakterisiert das Dasein anderer, sofern es für ein Mitsein durch dessen Welt freigegeben ist. Das eigene Dasein ist nur, sofern es die Wesensstruktur des Mitseins hat, als für Andere begegnend Mitdasein."[59]

Auch wenn Heidegger von „Fürsorge" spricht, darf man diesen Begriff im Kontext seiner Philosophie nicht notwendigerweise im Sinne liebender Zuwendung und Treue verstehen. Zunächst gibt es „Fürsorge", die sich auf den anderen Menschen richtet, analog dem „Besorgen des Zeugs":

> „Die Fürsorge (...) gründet in der Seinsverfassung des Daseins als Mitsein. Ihre faktische Dringlichkeit ist darin motiviert, daß das Dasein sich zunächst und zumeist in den defizienten Modi der Fürsorge hält. Das Für-, Wider-, Ohne-einander-

---

56 Ders. ebda.
57 Ders. ebda. S. 120 f.
58 Ders. ebda. S. 121
59 Ders. ebda.

sein, das Aneinandervorbeigehen, das Einander-nichts-angehen sind mögliche Weisen der Fürsorge. Und gerade die zuletzt genannten Modi der Defizienz und Indifferenz charakterisieren das alltägliche und durchschnittliche Miteinandersein.“[60]

Heidegger hat den Begriff „Fürsorge“ also sehr weit gefaßt. Auch Fehlformen des menschlichen Miteinanders werden als „Fürsorge“ bezeichnet. Solche Fehlformen der menschlichen Existenzverwirklichung gibt es viele: Widereinandersein, Aneinandervorbeigehen, Indifferenz, Feindschaft, Gleichgültigkeit. Allgemein kann man sagen, daß das Dasein stets in Gefahr ist, im alltäglichen Leben und Miteinandersein oftmals an die „Uneigentlichkeit des Man“ zu verfallen. Heidegger stellt fest:

„Das Man hat selbst eigene Weisen zu sein. Die genannte Tendenz des Mitseins, die wir die Abständigkeit nannten, gründet darin, daß das Miteinandersein als solches die *Durchschnittlichkeit* besorgt. Sie ist ein existenzialer Charakter des Man. Dem Man geht es in seinem Sein wesentlich um sie. Deshalb hält es sich faktisch in der Durchschnittlichkeit dessen, was sich gehört, was man gelten läßt und was nicht, dem man Erfolg zubilligt, dem man ihn versagt.“[61]

Das „Man“ ist beschrieben durch die Klassifizierungen „Abständigkeit, Durchschnittlichkeit, Einebnung“[62]. Heidegger führt weiter aus:

„Dieses Miteinandersein löst das eigene Dasein völlig in die Seinsart „der Anderen“ auf, so zwar, daß die Anderen in ihrer Unterschiedlichkeit und Ausdrücklichkeit noch mehr verschwinden. In dieser Unauffälligkeit und Nichtfeststellbarkeit entfaltet das Man seine eigentliche Diktatur. Wir genießen und vergnügen uns, wie *man* genießt; wir lesen, sehen und urteilen über Literatur und Kunst, wie *man* sieht und urteilt; wir ziehen uns aber auch vom „großen Haufen“ zurück, wie *man* sich zurückzieht; wir finden „empörend“, was *man* empörend findet. Das Man, das kein bestimmtes ist und das Alle, obzwar nicht als Summe, sind, schreibt die Seinsart der Alltäglichkeit vor.“[63]

Man sieht, daß Heidegger das Mitsein, das Verhältnis zum Anderen, eher negativ bewertet. Jedenfalls spielt es für die Existenzwerdung des Daseins keine oder nur eine untergeordnete Rolle. Es ist keinesfalls übertrieben, wenn John Cullberg feststellt:

„Das In-der-Welt-sein ist die Grundverfassung des Daseins; unter dieses oberste Prinzip wird auch das Mit-Sein eingeordnet. Heidegger hat niemals die Frage aufgeworfen – und von seinem Standpunkt aus niemals aufwerfen können – ob nicht die Du-Beziehung (...) ein selbständiges Existential des Menschendaseins bedeutet.“[64]

---

[60] Ders. ebda.
[61] Ders. ebda. S. 127
[62] Ders. ebda.
[63] Ders. ebda. S. 126 f.
[64] Cullberg, J.: Das Du und die Wirklichkeit. Uppsala 1933. S. 119. Zitiert nach: Delp, A.: Tragische Existenz. Zur Philosophie Martin Heideggers. Freiburg i. Breisgau 1935. S. 95. Wir werden sehen, daß – nach Heidegger und im deutlichen Unterschied zu Marcel oder Jaspers – nur der eigene Tod, nicht aber der Tod des Anderen, existentielle Bedeutung hat. Diese Sicht ist nur die konsequente Schlußfolgerung aus seiner Philosophie des Mitseins.

Und noch deutlicher:

> „Bei Heidegger ist der Mitmensch ein Moment der apriorischen Mitwelt (...). Ohne sich auch nur den Anschein zu geben, das Mitsein personalistisch zu deuten, bleibt er bei (...) dem neutralen, unpersönlichen „man" stehen. In diesem Menschen ist jede ethische Persönlichkeitsbeziehung aufgehoben."[65]

Noch schärfer formuliert es Alfred Delp:

> „Das Mitsein ist keine Ausnahme-Erscheinung in „je meiner Welt." Es ist ein besseres „um zu." „Höheres Zeug", dem „Fürsorge" zukommt."[66]

Die Uneigentlichkeit des Man meint also die egalisierende Durchschnittlichkeit des Alltäglichen, Gewöhnlichen, die mentale und praktische Anpassung an die Masse. Oftmals bringt diese Egalisierung und Vermassung für das Individuum zwar eine Zerstreuung, Milderung und Beruhigung angesichts der exzitierenden Momente der menschlichen Existenz, zugleich aber auch die Entfremdung vom eigentlichen Selbstsein. Letztlich stellt dieses Aufgehen in den Banalitäten des Man eine Art Flucht dar vor der unendlichen Mysteriösität und Abgründigkeit des menschlichen Daseins, vor der Vulnerabilität und Fragilität der menschlichen Existenz. Diese fundamentale, alles durchherrschende Befindlichkeit des Daseins ist die „Angst". Im allgemeinen Sprachgebrauch sind die Begriffe „Furcht" und „Angst" konvertibel, bei Heidegger allerdings bezieht sich „Furcht" nur auf innerweltlich Seiendes.

Die Grundstruktur des Daseins, die in der Existentialanalytik Heideggers beleuchtet wird, ist die „Sorge"[67]. Der Terminus „Sorge" bezeichnet ein „Strukturganzes" und dient der fundamentalontologischen Bestimmung des Daseins. Der Gesamtbestand des Strukturganzen läßt sich in formaler Aufzählung registrieren:

> „Das Sichängsten ist als Befindlichkeit eine Weise des In-der-Welt-seins; das Wovor der Angst ist das geworfene In-der-Welt-sein; das Worum der Angst ist das In-der-Welt-sein-können. Das volle Phänomen der Angst demnach zeigt das Dasein als faktisch existierendes In-der-Welt-sein."[68]

Diese existentialen Bestimmungen gehören „nicht als Stücke zu einem Kompositum, daran zuweilen eines fehlen könnte, sondern in ihnen webt ein ursprünglicher Zusammenhang, der die gesuchte Ganzheit des Strukturganzen ausmacht"[69].

Die Grundstruktur der „Sorge" ist in 3 Momente gegliedert[70]:

1. „Sich-vorweg-sein"
2. „In-einer-Welt-sein"
3. „Sein-bei (innerweltlich Zuhandenem)"

---

65 Ders. ebda.
66 Delp, A.: a.a.O. S. 95
67 Vgl. Heidegger, M.: Sein und Zeit. a.a.O. S. 180-200
68 Ders. ebda. S. 191
69 Ders. ebda.
70 Vgl. ders. ebda. S. 191 f.

„Dasein ist nicht ein Vorhandenes, das als Zugabe noch besitzt, etwas zu können, sondern es ist primär Möglichsein. Dasein ist je das, was es sein kann und wie es seine Möglichkeit ist.“[71]

In diesen Bestimmungen des „Seinkönnens“ und „Möglichseins“ zeigt sich die Freiheit des Daseins. Das Dasein ist frei für das „eigenste Seinkönnen“[72], d.h. für die Möglichkeit von „Eigentlichkeit und Uneigentlichkeit“[73]. Dieses „Sein zum eigensten Seinkönnen“ besagt, daß es in diesem Sein, das es selbst ist, „über sich hinaus“ ist, es ist sich selbst „vorweg.“ Heidegger formuliert es so:

„Das Dasein ist Seiendes, dem es in seinem Sein um dieses selbst geht. Das „es geht um...“ hat sich verdeutlicht in der Seinsverfassung des Verstehens als des sichentwerfenden Seins zum eigensten Seinkönnen. Dieses ist es, worumwillen das Dasein je ist, wie es ist. Das Dasein hat sich in seinem Sein je schon zusammengestellt mit einer Möglichkeit seiner selbst. Das Freisein *für* das eigenste Seinkönnen und damit für die Möglichkeit von Eigentlichkeit und Uneigentlichkeit zeigt sich in einer ursprünglichen, elementaren Konkretion in der Angst. Das Sein zum eigensten Seinkönnen besagt aber ontologisch: Das Dasein ist ihm selbst in seinem Sein je schon *vorweg*.“[74]
„Dasein ist immer schon „über sich hinaus“, nicht als Verhalten zu anderem Seienden, das es *nicht* ist, sondern als Sein zum Seinkönnen, das es selbst ist. Diese Seinsstruktur des wesenhaften „es geht um...“ fassen wir als das *Sich-vorweg-sein* des Daseins.“[75]

Das Dasein ist Seiendes, dem es in seinem Sein „*um* dieses Sein selbst geht.“[76] M.a.W.: Die Akte des Daseins sind auf die Zukunft gerichtet. Das Dasein tut in der Gegenwart etwas um eines Zieles willen, das in der Zukunft liegt. Das Dasein ist also – diesem Gedanken werden wir bei Sartre wiederbegegnen – zukunftsorientiert. Als solches ist es aber nicht ein „weltloses Subjekt“, sondern „je schon *in eine Welt* geworfen“[77]. Mit „Geworfenheit“ meint Heidegger die immer zukunftsorientierte, d.h. sorgende Existenz des Daseins, eingespannt zwischen die Fakten Geburt und Tod.[78]

„Diese Struktur betrifft aber das Ganze der Daseinsverfassung. Das Sich-vorweg-sein bedeutet nicht so etwas wie eine isolierte Tendenz in einem weltlosen „Subjekt“, sondern charakterisiert das In-der-Welt-sein. Zu diesem gehört aber, daß es ihm selbst überantwortet, je schon *in eine Welt* geworfen ist. Die Überlassenheit

71 Ders. ebda. S. 143
72 Ders. ebda. S. 191
73 Ders. ebda.
74 Ders. ebda. S. 191 f.
75 Ders. ebda. S. 192
76 Ders. ebda. S. 84
77 Ders. ebda. S. 192
78 Heidegger faßt das gerade Dargestellte an anderer Stelle so zusammen: „1. Zur Seinsverfassung des Daseins gehört wesenhaft *Erschlossenheit überhaupt*. Sie umgreift das Ganze der Seinsstruktur, die durch das Phänomen der Sorge explizit geworden ist. Zu dieser gehört nicht nur In-der-Welt-sein, sondern Sein bei innerweltlichem Seienden. Mit dem Sein des Daseins und seiner Erschlossenheit ist gleichursprünglich Entdecktheit des innerweltlichen Seienden.

des Daseins an es selbst zeigt sich ursprünglich konkret in der Angst. Das Sichvorweg-sein besagt voller gefaßt: *Sich-vorweg-im-schon-sein-in-einer-Welt.*“[79]

Mit anderen Worten:

> „*Wovor die Angst sich ängstet, ist das In-der-Welt-sein selbst.* Das Sichängsten erschließt ursprünglich und direkt die Welt als Welt. Nicht wird etwa zunächst durch Überlegung von innerweltlich Seiendem abgesehen und nur noch die Welt gedacht, vor der dann die Angst entsteht, sondern die Angst erschließt als Modus der Befindlichkeit allererst die *Welt als Welt.* Das bedeutet jedoch nicht, daß in der Angst die Weltlichkeit der Welt begriffen wird. Die Angst ist nicht nur Angst vor..., sondern als Befindlichkeit zugleich *Angst um...* Worum die Angst sich abängstet, ist nicht eine *bestimmte* Seinsart und Möglichkeit des Daseins. Die Bedrohung ist ja selbst unbestimmt und vermag daher nicht auf dieses oder jenes faktisch konkrete Seinkönnen bedrohend einzudringen. Worum sich die Angst ängstet, ist das In-der-Welt-sein selbst. In der Angst versinkt das umweltlich Zuhandene, überhaupt das innerweltlich Seiende. Die „Welt“ vermag nichts mehr zu bieten, ebensowenig das Mitdasein Anderer. Die Angst benimmt so dem Dasein die Möglichkeit, verfallend sich aus der „Welt“ und der öffentlichen Ausgelegtheit zu verstehen. Sie wirft das Dasein auf das zurück, worum es sich ängstet, sein eigentliches In-der-Welt-seinkönnen. Die Angst vereinzelt das Dasein auf sein eigenstes In-der-Welt-sein, das als verstehendes wesenhaft auf Möglichkeiten sich entwirft.“[80]

In der Angst erfährt der Mensch die Abgründigkeit und Fragilität alles Seienden und der Welt. In der Angst versinkt die Welt in die „völlige Unbedeutsamkeit“[81], es zeigt sich, „daß das innerweltlich Seiende (...) völlig belanglos ist.“[82] Mit anderen Worten: In der Angst „weiß“ der Mensch, daß sein ganzes Dasein fragil, gefährdet und kontingent, letztlich „Sein zum Tode“ ist. Aber nicht nur das Dasein der menschlichen Existenz, sondern alles Seiende ist zeitlich, vergänglich, kontingent, und diese Kontingenz alles Seienden wird in der Angst erfahren. In der Angst erfährt das Subjekt *den* „Wesensaspekt“ des Seins, alles Seienden und allen Daseins: die Vergänglichkeit und Zeitlichkeit. Mit anderen Worten: In der Angst „lichtet“ das Sein seinen Aspekt der Kontingenz und Zeitlichkeit.

---

2. Zur Seinsverfassung des Daseins und zwar als Konstitutivum seiner Erschlossenheit gehört die *Geworfenheit.* In ihr enthüllt sich, daß Dasein je schon als meines und dieses in einer bestimmten Welt und bei einem bestimmten Umkreis von bestimmten innerweltlichen Seienden ist. Die Erschlossenheit ist wesenhaft faktische.

3. Zur Seinsverfassung des Daseins gehört der *Entwurf;* das erschließende Sein zu seinem Seinkönnen. Dasein *kann sich* als verstehendes aus der „Welt“ und den Anderen her vestehen oder aus seinem eigensten Seinkönnen. Die letztgenannte Möglichkeit besagt: das Dasein erschließt sich ihm selbst im eigensten und als eigenstes Seinkönnen. Diese *eigentliche* Erschlossenheit zeigt das Phänomen der ursprünglichsten Wahrheit im Modus der Eigentlichkeit. Die ursprünglichste und zwar eigentlichste Erschlossenheit, in der das Dasein als Seinkönnen sein kann, ist die *Wahrheit der Existenz.* Sie erhält erst im Zusammenhang einer Analyse der Eigentlichkeit des Daseins ihre existenzial-ontologische Bestimmtheit.

4. Zur Seinsverfassung des Daseins gehört das *Verfallen.* Zunächst und zumeist ist das Dasein an seine „Welt“ verloren.“ (aus: Ders. ebda. S. 221)

[79] Ders. ebda. S. 192

[80] Ders. ebda. S. 187

[81] Ders. ebda.

[82] Ders. ebda.

Man sieht hier schon, daß die Angst entscheidend mit dem Wissen um den Tod zu tun hat.

### *3. Der Tod des Daseins*

Was aber haben Tod und Angst mit der Selbst- und Existenzwerdung des Menschen zu tun? Vereinfacht könnte man sagen, daß der Mensch – nach Heidegger – seine Existenz verwirklicht, wenn er sich „mit Entschlossenheit" über die Angst im Angesicht des Todes, d.h. des Nichts, erhebt. Der Mensch wird Existenz, wenn er diese Angst bezwingt, ihr standhält, sie aushält. Wir sagten, daß es der Existenzphilosophie nicht abstrakt um die menschliche Natur im allgemeinen geht, sondern um das einzelne Ich, um die letzte Wirklichkeit des Selbst. Für die Existenzphilosophie ist der Mensch nicht bloß vorhanden, sondern Existenz, insofern er sich in der Entscheidung, mit der er die Fülle seines Seins umfaßt, verwirklicht. Es geht also um den je einzelnen, unverwechselbaren Menschen. So sieht es auch Heidegger: Wäre der Mensch nur der Vollzieher eines allgemeinen Wesens, dann könnte diese Ideenverwirklichung immer von einem Anderen übernommen werden. Man kann also sagen, daß zur Existenz der Aspekt der Unvertretbarkeit und Unersetzbarkeit gehört. Dieser Aspekt ist nicht so sehr von einer allgemeinen Idee her deduzierbar oder verstandesmäßig zu durchdringen, sondern nur je selbst unmittelbar zu erfahren.

Zu den Seinsmöglichkeiten des alltäglichen Miteinanderseins in der Welt gehört normalerweise wesentlich die *Vertretbarkeit* des einen Daseins durch ein anderes:

> „In der Alltäglichkeit des Besorgens wird von solcher Vertretbarkeit vielfältig und ständig Gebrauch gemacht. Jedes Hingehen zu ..., jedes Beibringen von ... ist im Umkreis der nächstbesorgten „Umwelt" vertretbar. Die weite Mannigfaltigkeit vertretbarer Weisen des In-der-Welt-seins erstreckt sich nicht nur auf die abgeschliffenen Modi des öffentlichen Miteinander, sondern betrifft ebenso die auf bestimmte Umkreise eingeschränkten, auf Berufe, Stände und Lebensalter zugeschnittenen Möglichkeiten des Besorgens. Solche Vertretung aber ist ihrem Sinne nach immer Vertretung „in" und „bei" etwas, das heißt im Besorgen von etwas. Das alltägliche Dasein versteht sich aber zunächst und zumeist aus dem her, *was* es zu besorgen pflegt. „Man *ist*" das, was man betreibt. Bezüglich dieses Seins, des alltäglichen Miteinanderaufgehens bei der besorgten „Welt", ist Vertretbarkeit nicht nur überhaupt möglich, sie gehört sogar als Konstitutivum zum Miteinander. *Hier* kann und muß sogar das eine Dasein in gewissen Grenzen das andere „*sein*"."[83]

Das Bewußtsein um die eigene Sterblichkeit nun erhellt intensivst den Aspekt der Dringlichkeit meines Lebens. Was ich bis zu meinem Tode nicht geleistet habe, kann ich überhaupt nicht mehr leisten. Mag auch das eine oder andere Werk und Unternehmen von der Nachwelt fortgeführt werden

[83] Ders. ebda. S. 239

können, meine Selbstwerdung und Existenzverwirklichung kann nur ich alleine und niemand aus meiner Nachwelt leisten. Zunächst einmal ist es mein Tod selbst, den mir niemand anderer „abnehmen“ kann.

> *„Keiner kann dem Anderen sein Sterben abnehmen.* Jemand kann wohl „für einen Anderen in den Tod gehen“. Das besagt jedoch immer: für den Anderen sich opfern *„in einer bestimmten Sache*“. Solches Sterben für ... kann aber nie bedeuten, daß dem Anderen damit sein Tod im geringsten abgenommen sei. Das Sterben muß jedes Dasein jeweilig selbst auf sich nehmen. Der Tod ist, sofern er „ist“, wesensmäßig je der meine. Und zwar bedeutet er eine eigentümliche Seinsmöglichkeit, darin es um das Sein des je eigenen Daseins schlechthin geht.“[84]

Heidegger kann also feststellen:

> „Der Tod ist eine Seinsmöglichkeit, die je das Dasein selbst zu übernehmen hat. Mit dem Tod steht sich das Dasein selbst in seinem *eigensten* Seinkönnen bevor. In dieser Möglichkeit geht es dem Dasein um sein In-der-Welt-sein schlechthin.“[85]

Heidegger verwendet die paradoxe Formulierung vom Tode als der „Möglichkeit des Nicht-mehr-dasein-könnens“[86], „die Möglichkeit der schlechthinnigen Daseinsunmöglichkeit“[87]. Wenn das Dasein vor dieser Möglichkeit seiner selbst steht, mit dieser seiner ureigensten Möglichkeit konfrontiert wird, ist es auf sein eigenstes Seinkönnen verwiesen und insofern sind alle Bezüge und Relationen zu anderem Dasein aufgehoben. Diese eigenste, beziehungsfreie Möglichkeit des Daseins ist zugleich seine letzte und äußerste.

> „Als Seinkönnen vermag das Dasein die Möglichkeit des Todes nicht zu überholen.“[88]

Heidegger kann also sagen:

> „So enthüllt sich der Tod als die *eigenste, unbezügliche, unüberholbare Möglichkeit.*“[89]

Das aber bedeutet, daß vor dem Nichts des Todes alle Gegenstände und Bezüge ihren Wert verlieren. Keine Ideologie, keine Konvention kann mir im Angesicht des Todes das existentielle Durchleben des Todes abnehmen. Wir können nichts festhalten, keinen Gegenstand, keine Werteverwirklichung. Gerade weil der Tod das (zumindest innerweltliche) Ende und Nichts bedeutet, also dem Sterbenden auch von der Zukunft keine beistehenden und entbürdenden Faktoren zukommen können, wirft der Tod das Selbst auf sein ureigenstes Seinkönnen, seine ureigenste Möglichkeit zurück. Aber diese

---

[84] Ders. ebda. S. 240. Gegen diesen Gedanken von der Nichtdelegierbarkeit des Todes setzt sich Sartre – wir werden es ausführlich sehen – mit seinen Argumenten und Gedanken entschieden zur Wehr.

[85] Ders. ebda. S. 250

[86] Ders. ebda.

[87] Ders. ebda.

[88] Ders. ebda.

[89] Ders. ebda.

Funktion des Todes erfüllt sich nicht erst im Augenblick des Sterbens, sie durchherrscht das ganze Leben.

> „Der Tod ist eine Weise zu sein, die das Dasein übernimmt, sobald es ist."[90]

Das Gewissen fordert den Menschen auf (Heidegger spricht vom „Anruf des Gewissens"), stets seine Kontingenz und Sterblichkeit – wenn auch vielleicht teilweise unbewußt – gewärtig zu halten. Auch das Alltagsbewußtsein weiß um sein „Sein zum Tode" und „ist" doch seiner nicht eigentlich gewiß. Die verfallende Alltäglichkeit des Daseins kennt die Gewißheit des Todes „und weicht dem Gewiß*sein* doch aus"[91]. Aber dieses Ausweichen demonstriert und bezeugt phänomenal aus dem, wovor es ausweicht, daß „der Tod als eigenste, unbezügliche, unüberholbare, *gewisse* Möglichkeit begriffen werden muß"[92].

> „Man sagt: Der Tod kommt gewiß, aber vorläufig noch nicht. Mit diesem „aber..." spricht das Man dem Tod die Gewißheit ab. Das „vorläufig noch nicht" ist keine bloße negative Aussage, sondern eine Selbstauslegung des Man, mit der es sich an das verweist, was zunächst noch für das Dasein zugänglich und besorgbar bleibt. Die Alltäglichkeit drängt in die Dringlichkeit des Besorgens und begibt sich der Fesseln des müden, „tatenlosen Denkens an den Tod". Dieser wird hinausgeschoben auf ein „später einmal" und zwar unter Berufung auf das sogenannte „allgemeine Ermessen". So verdeckt das Man das Eigentümliche der Gewißheit des Todes, *daß er jeden Augenblick möglich ist*. Mit der Gewißheit des Todes geht die *Unbestimmtheit* seines Wann zusammen."[93]

Ihr weicht das alltägliche Sein zum Tode dadurch aus, daß es ihr Bestimmtheit verleiht. Solches Bestimmen kann aber keinesfalls bedeuten, das Wann des Eintreffens des Sterbens zu berechnen. Das Dasein flieht sogar vor solcher Bestimmtheit. Die Unbestimmtheit des gewissen Todes bestimmt sich das alltägliche Besorgen dergestalt, daß es vor sie die überschaubaren und klassifizierbaren Dringlichkeiten, Nöte und Möglichkeiten des nächsten Alltags schiebt. Diese Verdeckung der Unbestimmtheit trifft aber nun die Gewißheit mit. So verhüllt sich der eigenste Möglichkeitscharakter des Todes: „gewiß und dabei unbestimmt, das heißt jeden Augenblick möglich"[94].

> „Die vollständige Interpretation der alltäglichen Rede des Man über den Tod und seine Weise, in das Dasein hereinzustehen, führte auf die Charaktere der Gewißheit und Unbestimmtheit. Der volle existenzial-ontologische Begriff des Todes läßt sich jetzt in folgenden Bestimmungen umgrenzen: *Der Tod als Ende des Daseins ist die eigenste, unbezügliche, gewisse und als solche unbestimmte, unüberholbare Möglichkeit des Daseins.* Der *Tod* ist als Ende des *Daseins* im Sein dieses Seienden *zu* seinem Ende."[95]

---

[90] Ders. ebda. S. 245
[91] Ders. ebda. S. 258
[92] Ders. ebda.
[93] Ders. ebda.
[94] Ders. ebda.
[95] Ders. ebda. S. 258 f.

Was hier bezüglich der Nichtdelegierbarkeit des Todes ausgeführt wird, gilt auch vom Leben selbst: Insofern die Selbstverwirklichung keine postmortale Perturbation finden kann, demonstriert der Tod, daß die Lebensaufgabe keine Anforderung darstellt, die delegierbar wäre. Der Anspruch dieser Forderung manifestiert sich im Gewissen, welches mich angesichts der Unausbleiblichkeit meines Todes herausruft aus der Banalität der Alltäglichkeit, in welcher ich Gefahr laufe, den Tod zu negligieren und damit meine Existenzverwirklichung zu verfehlen. Wo der Tod nur als „vorkommendes Begebnis, als „Todesfall"[96] erlebt und konstatiert wird, als innerweltlich vorkommendes Ereignis neben anderen, da wird der Versuch unternommen auch den Tod der Belanglosigkeit des Man zu subsumieren. Auf diese Weise versucht der Mensch an der intensiv-existentiellen Bedeutung des Todes vorbeizusehen.

> „Die Öffentlichkeit des alltäglichen Miteinander „kennt" den Tod als ständig vorkommendes Begegnis, als „Todesfall". Dieser oder jener Nächste oder Fernerstehende „stirbt". Unbekannte „sterben" täglich und stündlich. „Der Tod" begegnet als bekanntes innerweltlich vorkommendes Ereignis. Als solches bleibt er in der für das alltäglich Begegnende charakteristischen Unauffälligkeit. Das Man hat für dieses Ereignis auch schon eine Auslegung gesichert. Die ausgesprochene oder auch meist verhaltene „flüchtige" Rede darüber will sagen: man stirbt am Ende auch einmal, aber zunächst bleibt man selbst unbetroffen."[97]

Die Analyse des „man stirbt" enthüllt unzweideutig die Seinsart des alltäglichen Seins zum Tode. Diese wird in solcher Rede und Verhaltensweise verstanden als ein unbestimmtes Etwas, das allererst irgendwoher und irgendwann eintreffen muß, zunächst aber für einen selbst „*noch nicht vorhanden* und daher unbedrohlich ist"[98]. Das „man stirbt" suggeriert, der Tod treffe gewissermaßen das Man.

> „Die öffentliche Daseinsauslegung sagt: „man stirbt", weil damit jeder andere und man selbst sich einreden kann: je nicht gerade ich; denn dieses Man ist das *Niemand*. Das „Sterben" wird auf ein Vorkommnis nivelliert, das zwar das Dasein trifft, aber niemandem eigens zugehört. Wenn je dem Gerede die Zweideutigkeit eignet, dann dieser Rede vom Tode."[99]

Das Sterben, das wesenhaft unvertretbar das meine ist, wird so zu einem öffentlichen Ereignis nivelliert, das nur dem Man begegnet. Die charakteristische Rede spricht vom Tode als permanent vorkommendem „Fall".

Heidegger stellt fest, daß es eine weit verbreitete Vorstellung ist, daß unser Wissen vom Tode ein bloßes Ergebnis der äußeren, auf Beobachtung und Induktion beruhende Erfahrung vom Sterben der anderen Menschen und der uns umgebenden Lebewesen sei. Dieser Vorstellung, welche den Begriff des Todes zu einem rein empirischen, aus einer Anzahl von Einzelfällen entwickelten Erfahrungsbegriff macht, widerspricht Heidegger entschieden.

---

[96] Ders. ebda. S. 252
[97] Ders. ebda. S. 252 f.
[98] Ders. ebda. S. 253
[99] Ders. ebda.

Zwar mögen Todesfälle die Aufmerksamkeit auf den Tod initiieren, die existentielle Gewißheit der eigenen Sterblichkeit und der Vergänglichkeit alles Seienden aber liegt auf einer tieferen Ebene. Wo immer die Schwelle des Bemerkens für das Erlebnis der Todesrichtung liegt, und mag es uns subjektiv erst durch den Vergleich der einzelnen Stadien des Lebensprozesses klar werden, das Wissen ist – vielleicht unbewußt – immer da. Wir sind uns unseres „Seins zum Tode" existentiell immer gewiß.

> „*Daß das Ableben als vorkommendes Ereignis „nur" empirisch gewiß ist, entscheidet nicht über die Gewißheit des Todes.* Die Todesfälle mögen faktische Veranlassung dafür sein, daß das Dasein zunächst überhaupt auf den Tod aufmerksam wird. In der gekennzeichneten empirischen Gewißheit verbleibend, vermag das Dasein aber gar nicht des Todes in dem, wie er „ist", gewiß zu werden. Wenngleich das Dasein in der Öffentlichkeit des Man scheinbar nur von dieser „empirischen" Gewißheit des Todes „redet", so hält es sich *im Grunde doch nicht* ausschließlich und primär an die vorkommenden Todesfälle. *Seinem Tode ausweichend* ist auch das alltägliche Sein zum Ende des Todes doch anders gewiß, als es selbst in rein theoretischer Besinnung wahrhaben möchte. Dieses „anders" verhüllt sich die Alltäglichkeit zumeist. Sie wagt nicht, sich darin durchsichtig zu werden."[100]

Das Man verleugnet den Tod, indem es ihn assimiliert und neutralisiert. Das Man will vom Tod nichts wissen und deklariert ihn als empirisches Phänomen, dessen universelle Gültigkeit fraglich bleibt. Aussagen wie „man stirbt" erlauben eine Flucht vor dem Tode, indem er aus der Definition des Selbst gedrängt wird. So setzt „sich das Dasein in den Stand, sich hinsichtlich eines ausgezeichneten, dem eigensten Selbst zugehörigen Seinkönnens im Man zu verlieren. Das Man gibt Recht und steigert die *Versuchung,* das eigenste Sein zum Tode sich zu verdecken."[101] Gibt das Dasein dieser Versuchung nach, verfehlt es seine Existenzwerdung. Es geht letztlich um die Erkenntnis, daß unsere Zeit erfüllte Zeit („Kairos") ist, daß unsere Endlichkeit *die* existentiell-ontologische Struktur unseres Daseins ist, d.h. die Gegebenheit, die meine Existenzwerdung erst ermöglicht.

Für Heidegger bedingt der Tod die Endlichkeit des Menschen: Allein durch den Tod erfahren wir uns als unterwegs Seiende, nicht in einer Aufteilung und Zergliederung dieses Weges, sondern in seiner Gesamtheit und Vollendung. Erst im Vorlaufen zum Tode demonstriert sich eine Sinnganzheit. Angesichts des Todes sind alle Handlungen verbunden zur Sinneinheit dieses einmaligen Selbst, das sich zu übernehmen und zu leisten hat. Dieser Gedanke soll im weiteren noch etwas vertieft werden.

Wir sagten: Dasein ist ein permanentes „Sich-vorweg-sein." Das „Sich-vorweg-sein" der Sorgestruktur impliziert einen für die Thematik des Todes wesentlichen Aspekt: Die „Unganzheit", d.h. die „ständige Unabgeschlossenheit" des Daseins.[102]

---

[100] Ders. ebda. S. 257
[101] Ders. ebda. S. 253
[102] Vgl. ders. ebda. S. 233 ff.

> „Die Alltäglichkeit ist doch gerade das Sein „zwischen“ Geburt und Tod. Und wenn die Existenz das Sein des Daseins bestimmt und ihr Wesen mitkonstituiert wird durch das Seinkönnen, dann muß das Dasein, solange es existiert, seinkönnend je etwas *noch nicht sein.* Seiendes, dessen Essenz die Existenz ausmacht, widersetzt sich wesenhaft der möglichen Erfassung seiner als ganzes Seiendes.“[103]
>
> „Im Dasein steht, solange es ist, je noch etwas aus, was es sein kann und wird.“[104]

Das externste „Noch-nicht“, das dem Dasein bevorsteht, ist sein Ende: der Tod. Im Hinblick auf dieses „Noch-nicht“, d.h. auf die Sorgestruktur, wird das Sein des Daseins als *Sein zum Tode* bestimmt. Erst unter Einbeziehung dieser „äußersten Möglichkeit“ kann von einer „Ganzheit“ des Daseins gesprochen werden. Der Tod „begrenzt und bestimmt die je mögliche Ganzheit des Daseins“[105]. Im Unterschied zu „Ganzheiten“, die im Bereich von Zuhandenem bzw. Vorhandenem auftauchen, z.B. summative Ganzheit, ist hier eine spezifische Ganzheit des Daseins gemeint. Er bezieht sich auf die „Möglichkeiten“ des Daseins. Die Möglichkeiten, die dem Dasein als alltägliche Möglichkeiten des Besorgens bevorstehen, sind der äußersten Möglichkeit, dem Tode, vorgelagert. Erst das Vorlaufen in die äußerste Möglichkeit erschließt die vorgelagerten, alltäglichen Möglichkeiten in ihrer Eigentlichkeit und begründet die Ganzheit.

Der Tod bedeutet kein „Aufhören“ im Sinne eines „Enden.“

> „Enden bedeutet zunächst *Aufhören* und das wiederum in einem ontologisch verschiedenen Sinne. Der Regen hört auf. Er ist nicht mehr vorhanden. Der Weg hört auf. Dieses Enden läßt den Weg nicht verschwinden, sondern dieses Aufhören bestimmt den Weg als diesen vorhandenen. Enden als Aufhören kann demnach bedeuten: in die Unvorhandenheit übergehen oder aber gerade erst vorhanden sein mit dem Ende. Dieses letztgenannte Enden kann wiederum entweder ein *unfertig* Vorhandenes bestimmen – ein im Bau befindlicher Weg bricht ab – oder aber die „Fertigkeit“ eines Vorhandenen konstituieren – mit dem letzten Pinselstrich wird das Gemälde fertig. Aber das Enden als Fertigwerden schließt nicht Vollendung in sich. Wohl muß dagegen, was vollendet sein will, seine mögliche Fertigkeit erreichen. Vollendung ist ein fundierter Modus der „Fertigkeit“. Diese ist selbst nur möglich als Bestimmung eines Vorhandenen oder Zuhandenen. Auch das Enden im Sinne des Verschwindens kann sich noch entsprechend der Seinsart des Seienden modifizieren. Der Regen ist zu Ende, das heißt verschwunden. Das Brot ist zu Ende, das heißt aufgebraucht, als Zuhandenes nicht mehr verfügbar. *Durch keinen dieser Modi des Endens läßt sich der Tod als Ende des Daseins angemessen charakterisieren.*“[106]
>
> „Das mit dem Tod gemeinte Enden bedeutet kein Zu-Ende-sein des Daseins, sondern ein *Sein zum Ende* dieses Seienden.“[107]

---

103 Ders. ebda. S. 233
104 Ders. ebda.
105 Ders. ebda. S. 234
106 Ders. ebda. S. 245
107 Ders. ebda.

Das eigentliche „Sein zum Tode" ist das *„Vorlaufen in die Möglichkeit"*[108]. Das „Vorlaufen" stellt ein „verstehendes Näherkommen" dar, in dem der Möglichkeitscharakter des Todes nicht nur erhalten, sondern sogar „größer" wird.[109] Das „Vorlaufen" hat somit die einer Verwirklichung entgegengesetzte Tendenz. In dieser Tendenz enthüllt sich der Tod schließlich als „Möglichkeit der Unmöglichkeit jeglichen Verhaltens zu ..., jedes Existierens"[110]. Jegliche Möglichkeit einer „Verwirklichung" des Todes ist ausgeschlossen. Das „Vorlaufen" enthält keinen „Hinweis" auf faktische, existentielle Möglichkeiten, das Dasein findet „keinen Anhalt, um auf etwas gespannt zu sein, das mögliche Wirkliche sich auszumalen und darob die Möglichkeit zu vergessen."[111] Als diese „äußerste Möglichkeit" zeigt sich der Tod als „Möglichkeit eigentlicher Existenz."

> „Das Sein zum Tode ist Vorlaufen in ein Seinkönnen *des* Seienden, dessen Seinsart das Vorlaufen selbst ist. Im vorlaufenden Enthüllen dieses Seinkönnens erschließt sich das Dasein ihm selbst hinsichtlich seiner äußersten Möglichkeit. Auf eigenstes Seinkönnen sich entwerfen aber besagt: Sich selbst verstehen können im Sein des so enthüllten Seienden: Existieren. Das Vorlaufen erweist sich als Möglichkeit des Verstehens des *eigensten* äußersten Seinkönnens, das heißt als Möglichkeit *eigentlicher Existenz.*"[112]

Das Verstehen dieser äußersten Möglichkeit entreißt das Dasein der Alltäglichkeit des Man und weist es – wie wir sahen – in die „Unbezüglichkeit". Als vereinzeltes soll das Dasein sein eigenstes Sein übernehmen. Gleichwohl bleibt es als vereinzeltes Dasein in den Seinsmodi des Besorgens und der Fürsorge, aber als „Seinkönnen, das sich im Entwurf enthüllt"[113]. Diese äußerste Möglichkeit ist unüberholbar. In sie vorlaufend versteht das Dasein die ihm äußerste Möglichkeit der Existenz: „sich selbst aufzugeben"[114]. Das Dasein weicht der Unüberholbarkeit nicht aus, sondern „gibt sich frei für sie"[115], es wird „frei für den eigenen Tod"[116].

Das ist unter dem „Vorlaufen zum Tode" zu verstehen:

> „Das vorlaufende Freiwerden *für* den eigenen Tod befreit von der Verlorenheit in die zufällig sich andrängenden Möglichkeiten, so zwar, daß es die faktischen Möglichkeiten, die der unüberholbaren vorgelagert sind, allererst eigentlich verstehen und wählen läßt. Das Vorlaufen erschließt der Existenz als äußerste Möglichkeit die Selbstaufgabe und zerbricht so jede Versteifung auf die je erreichte Existenz. Das Dasein behütet sich, vorlaufend, davor, hinter sich selbst und das verstandene Seinkönnen zurückzufallen und „für seine Siege zu alt zu werden" (Nietzsche). Frei für die eigensten, vom *Ende* her bestimmten, das heißt als *end-*

---

[108] Ders. ebda. S. 262
[109] Vgl. ders. ebda.
[110] Ders. ebda.
[111] Ders. ebda.
[112] Ders. ebda. S. 262 f.
[113] Ders. ebda. S. 263
[114] Ders. ebda. S. 264
[115] Ders. ebda.
[116] Ders. ebda.

> *liche* verstandenen Möglichkeiten, bannt das Dasein die Gefahr, aus seinem endlichen Existenzverständnis her die es überholenden Existenzmöglichkeiten der Anderen zu verkennen oder aber sie mißdeutend auf die eigene zurückzuzwingen – um sich so der eigensten faktischen Existenz zu begeben.“[117]

Daß das vorlaufende Sichhalten in der Todesmöglichkeit nicht auf deren Verwirklichung aus sein kann, begründet Heidegger damit, daß das „Aussein auf ein Mögliches als Besorgen seiner Verwirklichung“ seinen Platz hat „im Felde des Zuhandenen und Vorhandenen“[118]. „Der Tod als Mögliches“ ist jedoch „kein mögliches Zuhandenes oder Vorhandenes“[119]. Und selbst wenn das Mißverständnis des Todes als eines im Besorgen Verwirklichbaren einmal mitvollzogen würde, so würde doch eine solche angebliche Verwirklichung nichts anderes bedeuten, als daß sich das Dasein mit der „Herbeiführung des Ablebens (...) gerade den Boden für ein existierendes Sein zum Tode“[120] entzöge. Doch auch das Bedenken des Todes hinsichtlich der Umstände oder des „Zeitpunktes“ seines Eintretens beläßt der Ur-Möglichkeit nicht ihr charakteristisches Möglichsein. Ein solches Grübeln über den Tod nimmt ihm zwar nicht seinen Möglichkeitscharakter, „er wird immer noch begrübelt als kommender, wohl aber schwächt es ihn ab durch ein berechnendes Verfügenwollen über den Tod“[121].

Erst in diesem „Vorlaufen“ in den Tod [122], in dieser „Freiheit zum Tode“ vermag das Dasein die alltäglichen, faktischen, der äußersten Möglichkeit vorgelagerten Möglichkeiten eigentlich zu verstehen und zu wählen. Die Existenzmöglichkeiten sind in ihrer „Endlichkeit“, d.h. „vom Ende her“ ver-

---

117 Ders. ebda.

118 Ders. ebda. S. 261

119 Ders. ebda.

120 Ders. ebda.

121 Ders. ebda.

122 Das „Vorlaufen“ stellt einen zentralen Begriff der Todesphilosophie Heideggers dar. Mit diesem Begriff sucht Heidegger dieses „spezifische Verhalten“ gegen andere „Verhaltensweisen“, z.B. „Erwarten“ des Todes, abzuheben. So kommentiert James Demske: „So ist das eigentliche Sein zum Tode dasjenige Verstehen und Verhalten, das an diesem existenzialen Möglichkeitscharakter des Todes festhält bzw. die Möglichkeit des Todes als Möglichkeit aushält. Solches Aushalten des Todes als einer Möglichkeit faßt Heidegger terminologisch als das „Vorlaufen in den Tod“.“ (aus. Demske, J.M.: Sein, Mensch und Tod. Das Todesproblem bei Martin Heidegger. Freiburg/München 1963 S. 37) A. Sternberger hat das „Vorlaufen“ dem „Fliehen“ gegenübergestellt: „Dies Vorlaufen stellt (...) das präzise Kontrastbild zum ‚Fliehen‘ als Weglaufen dar“ (aus: Sternberger, A.: Der verstandene Tod. Eine Untersuchung zu Martin Heideggers Existenzial-Ontologie. Leipzig 1934. S. 91). Weiterhin interpretiert J. Demske dieses „Vorlaufen“ als eine „bewußte Übernahme des Todes als der immer anwesenden äußersten Möglichkeit“ (aus: Demske, J.M.: a.a.O. S. 40). Diese „bewußte Übernahme“ wird von P. Edwards dahingehend kritisiert, daß der Tod, die „totale Abwesenheit“, nur *hin*genommen, nicht *vorweg*genommen werden kann. (vgl. Edwards, P.: Heidegger und der Tod. Eine kritische Würdigung. Darmstadt 1985. S. 110). Heidegger meint aber, so wäre zu erwidern, sicher nicht eine „vorwegnehmende Verwirklichung“ des Todes, gegen die er sich ausdrücklich wendet, sondern eher ein „Bewußtmachen“ des Todes, d.h. eine „zunehmende Bereitschaft zur Angst“. Dies ist zu sehen auf dem Hintergrund der Analyse der „Eigentlichkeit“ und „Uneigentlichkeit“ bzw. des „Man“. Das Dasein soll sich im „Bewußtmachen“ des Todes aus der uneigentlichen Auslegung des Todes durch das „Man“ lösen.

standen. Mit diesem Erschließen aller vorgelagerten Möglichkeiten eröffnet sich die Möglichkeit „eines existenziellen Vorwegnehmens des *ganzen* Daseins, das heißt die Möglichkeit, als *ganzes* Seinkönnen zu existieren“[123]. Die äußerste Möglichkeit des Todes kennzeichnet eine Gewißheit, sie bleibt jedoch in dieser Gewißheit unbestimmt. Diese Unbestimmtheit äußert sich in einer „ständigen Bedrohung“[124]. Im eigentlichen „Sein zum Tode“ hält sich das Dasein in dieser „ständigen Bedrohung“, d.h. in der Angst. „Das Sein zum Tode ist wesenhaft Angst.“[125]

Die Möglichkeit zu eigentlichem Seinkönnen wird durch den Gewissensruf bezeugt. Das Gewissen ruft das Dasein auf zum „eigensten Schuldigsein“[126]. Das ganze Zitat lautet bei Heidegger:

> „Der Gewissensruf hat den Charakter des *Anrufs* des Daseins auf sein eigenstes Selbstseinkönnen und das in der Weise des *Aufrufs* zum eigensten Schuldigsein.“[127]

Dabei betont Heidegger ausdrücklich:

> „Das Gewissen ist als Phänomen des Daseins keine vorkommende und zuweilen vorhandene Tatsache. Es *„ist“* nur in der Seinsart des Daseins und bekundet sich als Faktum je nur mit und in der faktischen Existenz. Die Forderung eines „induktiven empirischen Beweises“ für die „Tatsächlichkeit“ des Gewissens und die Rechtmäßigkeit seiner „Stimme“ beruht auf einer ontologischen Verkehrung des Phänomens. Diese Verkehrung teilt aber auch jede überlegene Kritik des Gewissens als einer nur zeitweise vorkommenden und nicht „allgemein festgestellten und feststellbaren Tatsache“. Unter solche Beweise und Gegenbeweise läßt sich das Faktum des Gewissens überhaupt nicht stellen. Das ist kein Mangel, sondern nur das Kennzeichen seiner ontologischen Andersartigkeit gegenüber umweltlich Vorhandenem.“[128]

Das so aufgerufene Dasein vollzieht im Verstehen dieses Anrufes die Wahl, ein „Gewissen-haben-wollen“[129]. Im „Gewissen-haben-wollen“ erweist sich der eigentliche Modus der Erschlossenheit des Daseins: die *Entschlossenheit*[130]. In der „Entschlossenheit“ ergreift das Dasein sein eigenstes Seinkönnen und stellt sich in die „Situation.“

> „Die Situation ist das je in der Entschlossenheit erschlossene Da, als welches das existierende Seiende da ist. (...) *Dem Man dagegen ist die Situation wesenhaft verschlossen.* Es kennt nur die *„allgemeine Lage“*, verliert sich an die nächsten *„Gelegenheiten“* und bestreitet das Dasein aus der Verrechnung der „Zufälle“, die es, sie verkennend, für die eigene Leistung hält und ausgibt.“[131]

---

[123] Heidegger, M.: Sein und Zeit. a.a.O. S. 264
[124] Ders. ebda. S. 265
[125] Ders. ebda. S. 266
[126] Ders. ebda. S. 269
[127] Ders. ebda.
[128] Ders. ebda.
[129] Ders. ebda. S. 288
[130] Vgl. ders. ebda. S. 297 ff.
[131] Ders. ebda. S. 299 f.

Fassen wir zusammen:

Durch den Tod macht sich das Dasein endlich, und diese Endlichkeit ist die Voraussetzung für die Existenzwerdung des Selbst. „Die Sterblichen" – heißt es in *Das Ding* – „sind die Menschen. Sie heißen die Sterblichen, weil sie sterben können."[132] Der Mensch ist der einzige, der den Tod *als* Tod vermag.[133] Zugleich lichtet das Sein durch die Sterblichkeit des Daseins seinen Zeitlichkeitscharakter. Diese beiden Aspekte gehören untrennbar zusammen. Johannes B. Lotz formuliert es so:

> „In dieser Vermittlung haben sich eingangs *zwei* einander entgegengesetzte *Richtungen* abgezeichnet. Wie einerseits der Mensch durch die Zeit mit dem Sein vermittelt ist, so andrerseits das Sein durch die Zeit mit dem Menschen. Beide Aussagen sind keineswegs tautologisch, weil zwischen ihnen die sogenannte Kehre stattfindet. Gemäß dem Titel „Sein und Zeit" gelangt der Mensch im Durchgang *durch die Zeit zum Sein*; er muß sich zu der „Daseinsganzheit" erheben, die in der „ekstatischen Zeitlichkeit" gründet, um das Sein zu erreichen. Gemäß dem Titel „Zeit und Sein" gelangt das Sein im Durchgang *durch die Zeit zum Menschen*; es muß sich in der „Geschichte des Seins" zeitigen oder im „Geschick der Wahrheit des Seins" immer neu sich selbst geben, um zum Menschen zu kommen oder sich ihm zu übereignen. In der ersten Richtung zeigt sich das Sein als der „Entwurf", den der Mensch vollzieht; in der zweiten Richtung hingegen wird der Mensch als Entwurf des Seins offenbar (...)."[134]

Im Sterben lichtet das Sein aber nicht nur seinen Zeitlichkeitsaspekt. Durch die Radikalität und Unverständlichkeit des Todes – durch das Dunkel, die Angst und die Ungewißheit, die ihn umgeben – lichtet sich auch der Aspekt der Unverborgenheit und Verschlossenheit des Seins. Das Sein ist nicht nur intelligibel, sondern „wesentlich" *auch* Verborgenheit und Unerkennbarkeit.[135] Vor allem in seinen späteren Werken hat Heidegger diesen Aspekt des Seins immer stärker betont. So entfaltet er in *Zur Sache des Denkens* den Gedanken, Lichtung walte zugleich als Entbergung und als Verbergung. Sie ist „Lichtung der sich verbergenden Anwesenheit, Lichtung des sich verbergenden Bergens"[136]. In diesem Sinne schreibt von Herrmann:

> „So wie das Da die Stätte der Lichtung des Seins ist, so ist der in das Da hereinstehende *Tod der Ort, in dem sich die Verborgenheit des Seins bekundet*. Die Geworfenheit in das verstehende Sein zum Tode verwandelt sich in das vom Sein eröffnete Offenstehen für das Walten der Verborgenheit des Seins. Indem Heidegger die Verschlossenheit des Todes in die Verborgenheit des Seins zurückdenkt, wird sie primär zu einer Struktur des Seins."[137]

---

132 Ders.: Vorträge und Aufsätze. Pfullingen 1954. S. 177

133 Vgl. ders. ebda.

134 Lotz, J.B.: Martin Heidegger und Thomas von Aquin. Mensch-Zeit-Sein. Pfullingen 1975. S. 94

135 Zur Thematik in „Sein und Zeit": Heidegger, M.: Sein und Zeit. a.a.O. S. 212 – 230

136 Ders.: Zur Sache des Denkens. Tübingen 1969. S. 79

137 Herrmann, F.W. v.: Die Selbstinterpretation Martin Heideggers. Meisenheim am Glan 1964. S. 152

Helga Kuschbert-Tölle spricht angesichts dieses verbergend-entbergenden Charakters des Todes von einer „ursprünglichen Gegenwendigkeit des Seinsgeschehens selber (...), wonach „Sein“ in ein Seiendes aufgeht, in diesem erscheint und sich zugleich verbirgt.“[138]

### *4. Der Tod des Anderen in der Philosophie Heideggers*

Nur der Tod des eigenen Daseins, nicht aber das Sterben des Mitmenschen, ist – nach Heidegger – für die Existenzwerdung des Selbst von Bedeutung. Das „zu Ende gekommene Dasein Anderer“ ist gar nur ein „Ersatzthema für die Analyse der Daseinsganzheit“[139]. Die Erfahrung des Todes anderer Menschen raubt dem Dasein u.U. sogar die Möglichkeit, den Tod als eine dem Dasein *eigenste* Seinsmöglichkeit zu erfassen und zu verstehen. Obgleich hier eine Art Todeserfahrung gemacht werden kann, begegnet der Andere gerade nicht mehr als „Dasein“, dessen Wesen mit den Termini „In-der-Welt-sein“ bzw. „Sorge“ charakterisiert und umrissen wurde, sondern als „Nicht-mehr-in-der-Welt-sein“ im Sinne des „Nur-noch-vorhandenseins eines begegnenden Körperdings“. Heidegger schreibt:

> „Auch das Dasein der Anderen ist mit seiner im Tode erreichten Gänze ein Nichtmehrdasein im Sinne des Nicht-mehr-in-der-Welt-seins. Besagt Sterben nicht Aus-der-Welt-gehen, das In-der-Welt-sein verlieren? Das Nicht-mehr-in-der-Welt-sein des Gestorbenen ist gleichwohl noch – extrem verstanden – ein Sein im Sinne des Nur-noch-vorhandenseins eines begegnenden Körperdings. Am Sterben der Anderen kann das merkwürdige Seinsphänomen erfahren werden, das sich als Umschlag eines Seienden aus der Seinsart des Daseins (bzw. des Lebens) zum Nichtmehrdasein bestimmen läßt. Das *Ende* des Seienden qua Dasein ist der Anfang dieses Seienden qua Vorhandenes.“[140]

Und doch ist der Verstorbene kein „pures Körperding“[141] und mehr als ein „*lebloses* materielles Ding“[142], kein lediglich „Zuhandenes“, sondern „ein des Lebens verlustig gegangenes *Unlebendiges*“[143], das „noch möglicher Gegenstand der pathologischen Anatomie, deren Verstehenstendenz an der Idee von Leben orientiert bleibt“[144], ist. Auch bleibt es Gegenstand des „Besorgens“ und der „Fürsorge“ der Hinterbliebenen:

> „Der „Verstorbene“, der im Unterschied zu dem Gestorbenen den „Hinterbliebenen“ entrissen wurde, ist Gegenstand des „Besorgens“ in der Weise der Totenfeier, des Begräbnisses, des Gräberkults. Und das wiederum deshalb, weil er in seiner Seinsart „noch mehr“ ist als ein nur besorgbares umweltlich zuhandenes

---

138 Kuschbert-Tölle, H.: Martin Heidegger. Der letzte Metaphysiker? Meisenheim am Glan 1979. S. 142

139 Heidegger, M.: Sein und Zeit. a.a.O. S. 238

140 Ders. ebda.

141 Ders. ebda.

142 Ders. ebda.

143 Ders. ebda.

144 Ders. ebda.

Zeug. Im trauernd-gedenkenden Verweilen bei ihm *sind* die Hinterbliebenen *mit ihm*, in einem Modus der ehrenden Fürsorge. Das Seinsverhältnis zum Toten darf deshalb auch nicht als *besorgendes* Sein bei einem Zuhandenen gefaßt werden."[145]

Heidegger stellt weiter fest:

„In solchem Mitsein mit dem Toten ist der Verstorbene *selbst* nicht mehr faktisch „da". Mitsein meint jedoch immer Miteinandersein in derselben Welt. Der Verstorbene hat unsere „*Welt*" verlassen und zurückgelassen. *Aus ihr her* können die Bleibenden noch *mit ihm sein*."[146]

Die Beziehung der Hinterbliebenen zum Toten ist also ganz einseitiger Natur. Sie erfährt in keinster Weise „Antwort", weiß sich auch nicht getragen oder garantiert von einer transzendenten Macht. Mehr hat Heidegger zur Treue und Pietät gegenüber den Toten folglich auch nicht mehr zu sagen. Der „daseinsmäßig-phänomenale Befund" der „Charakteristik des Noch-verbleibenden" ist für Heidegger damit dann auch „erschöpft"[147]. Wir werden noch sehen, wie ganz anders Gabriel Marcel hier argumentiert. In seiner Philosophie ist aber bezeichnenderweise auch – im Unterschied zu Heidegger – nicht der eigene Tod, sondern der Tod des Anderen die eigentliche existentielle Herausforderung. Außerdem philosophiert Marcel im Horizont einer personal verstandenen und erfahrenen Transzendenz – einer Wirklichkeit, die Heidegger – wir werden es noch genauer sehen – verschlossen bleibt. Für Heidegger hat der Tod des Anderen keine existentielle Bedeutung, wie der Andere überhaupt in seinem Denken die Existenzwerdung eher bedroht und ins Man entfremdet, als er ihr dienlich ist. Sehr deutlich formuliert es Rainer Marten:

„Nicht nur die Toten und der Tod Anderer fehlt dem lebendigen Menschen. Die Anderen fehlen ihm in *Sein und Zeit* überall."[148]

Der Tod des Anderen enthüllt sich zwar als Verlust, aber nur als Verlust für die Hinterbliebenen. Der „Seinsverlust als solcher", den der Sterbende „erleidet", ist nicht zugänglich bzw. erfahrbar:

„Je angemessener das Nichtmehrdasein des Verstorbenen phänomenal gefaßt wird, um so deutlicher zeigt sich, daß solches Mitsein mit dem Toten gerade *nicht* das eigentliche Zuendegekommensein des Verstorbenen erfährt. Der Tod enthüllt sich zwar als Verlust, aber mehr als solcher, den die Verbleibenden erfahren. Im Erleiden des Verlustes wird jedoch nicht der Seinsverlust als solcher zugänglich, den der Sterbende „erleidet". Wir erfahren nicht im genuinen Sinne das Sterben der Anderen, sondern sind höchstens immer nur „dabei"."[149]

Der Tod enthüllt sich – wie wir sahen – in seiner „Unvertretbarkeit" und „Jemeinigkeit".

---

[145] Ders. ebda.
[146] Ders. ebda.
[147] Vgl. ders. ebda.
[148] Marten, R.: Der menschliche Tod. Eine philosophische Revision. Paderborn 1987. S. 48
[149] Heidegger, M.: Sein und Zeit. a.a.O. S. 238 f.

> „Am Sterben zeigt sich, daß der Tod ontologisch durch Jemeinigkeit und Existenz konstituiert wird. (...) Diesen existentiellen Tatbestand verkennt der (...) Ausweg, wenn er das Sterben Anderer als Ersatzthema für die Analyse der Ganzheit vorschiebt.“[150]

## *5. Die Unsterblichkeitsfrage bei Heidegger*

Heidegger behandelt den Tod – wie Wolfgang Stegmüller es einmal formuliert – nur *„in seiner Funktion im Leben selbst*“[151]. Das Todesthema stellt für ihn einerseits die Basis für die Gewinnung eines Begriffs der *eigentlichen Existenz* dar, andererseits führt es ihn auch „zur Herausarbeitung des existenzialontologischen Begriffs der *Endlichkeit*“[152]. Stegmüller faßt Heideggers Position folgendermaßen zusammen:

> „Für das Endlichkeitsbewußtsein ist somit das Todesbewußtsein konstitutiv; denn durch nichts sonst wird der Mensch so aus seiner Alltäglichkeit herausgeworfen und nichts zwingt ihm so das Bewußtsein der Begrenztheit ab, nichts aber auch vermag sein Wissen um die Notwendigkeit des existentiellen Einsatzes so zu steigern, als der Tod.“[153]

So bewegt sich Heidegger hier ganz im Rahmen der Immanenz. Er fragt nicht nach einem transzendenten Sinn des Todes oder einem möglichen *Danach.* Sein Thema in *Sein und Zeit* ist nicht – wie James Demske formuliert – das „Im-Tode-sein“[154], nicht das Weiterleben im Jenseits. Heideggers Anliegen ist nicht eine metaphysische Beleuchtung des Todes an und für sich, sondern das Verhältnis des Menschen zu diesem, seinem Tod und die daraus für seine Existenzwerdung resultierenden Konsequenzen. Heidegger formuliert es so:

> „Die ontologische Analyse des Seins zum Ende greift andererseits keiner existenziellen Stellungnahme zum Tode vor. Wenn der Tod als „Ende“ des Daseins, das heißt des In-der-Welt-seins bestimmt wird, dann fällt damit keine ontische Entscheidung darüber, ob „nach dem Tode“ noch ein anderes, höheres oder niedrigeres Sein möglich ist, ob das Dasein „fortlebt“ oder gar, sich „überdauernd“, „unsterblich“ ist. Über das „Jenseits“ und seine Möglichkeit wird ebensowenig ontisch entschieden wie über das „Diesseits“, als sollten Normen und Regeln des Verhaltens zum Tode zur „Erbauung“ vorgelegt werden. Die Analyse des Todes bleibt aber insofern rein „diesseitig“, als sie das Phänomen lediglich daraufhin interpretiert, wie es als Seinsmöglichkeit des jeweiligen Daseins *in dieses hereinsteht.* Mit Sinn und Recht kann überhaupt erst dann methodisch sicher auch nur *gefragt* werden, was *nach dem Tode sei,* wenn dieser in seinem vollen ontologischen Wesen begriffen ist. Ob eine solche Frage überhaupt eine mögliche

---

[150] Ders. ebda. S. 240

[151] Stegmüller, W.: Hauptströmungen der Gegenwartsphilosophie. Eine kritische Einführung. Stuttgart 1965. S. 152

[152] Ders. ebda.

[153] Ders. ebda.

[154] Vgl. Demske, J.M. a.a.O. S. 68 f.

theoretische Frage darstellt, bleibe hier unentschieden. Die diesseitige ontologische Interpretation des Todes liegt vor jeder ontisch-jenseitigen Spekulation.“[155]

Dennoch kann und muß man die Frage stellen, ob Heidegger ein Weiterleben nach dem Tode für möglich oder explizit unmöglich gehalten hat. Oder führt der Gedanke einer jenseitigen Fortexistenz Heideggers Reflexionen zur Todesthematik gar ad absurdum? Alle diese drei Positionen sind in der Sekundärliteratur zu diesem Thema bereits vertreten worden. Im weiteren will ich dieser Frage nachgehen, indem ich zunächst die Interpretationen referiere, die in den m.E. drei bedeutendsten Büchern zur Todesthematik bei Heidegger entwickelt wurden, um anschließend meine eigene Position zu dieser Frage zu skizzieren.[156] Reflexionen über Diesseits und Jenseits, Unsterblichkeit und ein mögliches Fortleben nach dem Tode sind, wie Adolf Sternberger es in seinem Buch *Der verstandene Tod* formuliert, „aufgeschoben auf eine der Ontologie möglicherweise nachfolgende, sicher aber nachgeordnete ‚Ontik‘“[157]. Auf diese Weise erscheine das Dasein als „Nichtiges“ bei Heidegger „so vollkommen entsubstantialisiert, daß es gar kein Jenseits seiner selbst haben“[158] könne und daß „seine Erschließung aus diesem Grunde rein diesseitig orientiert“[159] bleiben müsse. Entsprechend Sternbergers prinzipiellem Vorwurf, Heidegger habe in der „Ontologisierung“ des Todes den ontischen Charakter des Todes verschwinden lassen, meint er, Heidegger habe gar keinen ontischen Begriff des endlichen Daseins und schon von hierher sei er nicht in der Lage, über Endlichkeit hinauszugehen, denn schließlich beleuchte er nur Endlich*keit* oder besser: Das Wesen des Daseins als Endlichkeit, aber eben nicht *das* Endliche oder Bestimmte. Sternberger will mit der Kontingenz ganz ernst machen; der Tod müsse daher „aus dem Seinsbezirk, damit aus dem Bezirk des Verstehbaren und sich Erschließenden“[160] herausgeholt werden. „Nur wenn die indifferente stumme „Sinn“-losigkeit des widerfahrenden Todes (...) eingeräumt“ werde, „sind wir über die Natur hinaus und dem Grauen entronnen“[161], meint dieser Kritiker Heideggers. Sternberger – bei dem vieles an Camus erinnert – will keine falsche Sinnbemäntelung des Todes, sondern dessen illusionslose Bewältigung.[162] Bei Heidegger hat der Tod – so Sternberger – ein Sein „von der Seinsweise des Daseins“[163], welches ihm andererseits zugleich auch überantwortet sei. Mit der Nichtigkeit dringe daher auch nichts dem Dasein Fremdes in es ein. Daher erhalte

155 Heidegger, M.: Sein und Zeit. a.a.O. S. 247 f.

156 Ich meine die oben angeführten Bücher von Adolf Sternberger „Der verstandene Tod“, J.M. Demske „Sein, Mensch und Tod“ und Paul Edwards „Heidegger und der Tod“.

157 Sternberger, A.: a.a.O. S. 142

158 Ders. ebda. S. 146

159 Ders. ebda.

160 Ders. ebda.

161 Ders. ebda. S. 130

162 Ähnlich Sternberger spricht Erdmann Schott von der „Sinnwidrigkeit“ des Todes und der Schuld, vor welcher wir durch jenen Versuch, sie verstehen zu wollen, fliehen (vgl. Schott, E.: Die Endlichkeit des Daseins nach Martin Heidegger. Berlin 1930. S. 18).

163 Sternberger, A.: a.a.O. S. 148

es sich in seiner Ganzheit und Selbstheit auch im Augenblick der bevorstehenden Vernichtung oder wenn es „als das „nackte Daß im Nichts der Welt" dieses Nichts und dieses Daß nach ihrer Bestimmtheit zu erfahren beginnen sollte"[164].

> „Das Nichts ist so zwar Auslöschung aller Offenbarung *im Dasein,* aber nur deshalb, weil es selber offenbar ist: *So gibt es hier keinen Trost über den Tod hinaus. Aber doch nur darum, weil der Tod, als offenbar gewordener, selbst schon der Trost ist.*"[165]

So wird ein Leben nach dem Tode in Heideggers existentialontologischer Todesdeutung überflüssig: Er ist als solcher Trost und Vollendung zugleich.

Ganz anderer Meinung ist hier James Demske. Seine Analyse zu diesem Thema in seinem Werk *Sein, Mensch und Tod. Das Todesproblem bei Martin Heidegger* setzt in einer Kritik an Sternbergers Interpretation an. Hatte dieser Heidegger vorgeworfen, durch die „Ontologisierung" des Todes dessen ontischen Charakter verschwinden zu lassen, meint Demske, der Tod sei bei Martin Heidegger eben keine dem Dasein fremd gegenüberstehende Macht, daher sei er in seinem ontischen Charakter letztlich nicht verfügbar und verschwinde eben gerade nicht im Dasein. Demske führt aus:

> „Das Verstehen des Todes als einer existenzialen Struktur öffnet erst Dasein auf den Tod als ein noch ausstehendes, Dasein in seinem eigenen Sein betreffendes ontisch-existenzielles Ereignis hin, und so ermöglicht es erst das richtige Verhalten zu ihm. Wie ist aber der Tod in seiner Andersheit zu begreifen? Er darf weder als eine außerhalb des Daseins stehende fremde Macht hypostasiert noch als eine rein von außen hereinbrechende Begebenheit verflüchtigt werden. So wäre er bloß ontisch verstanden und seiner ontologischen Dimension beraubt. Als etwas aber, was ausschließlich und wesentlich dem Dasein zugehört, ist er nicht bloß ontisch, sondern ontisch-ontologisch. Vom Tode, genau wie vom Dasein selbst, muß gesagt werden: seine ontische Auszeichnung liegt darin, daß er ontologisch ist, das heißt, insofern der Tod *ist, ist* er im Dasein und als zugehörig zum Dasein. (...) In der ‚Ontologisierung' des Todes bleibt also sein Doppelcharakter bestehen: sein ontischer Zug wird nie in der Ontologie des Daseins verschlungen. Ohne den Tod als eine ontische Größe gäbe es keine Ontologie des Todes, und umgekehrt: ohne den Tod als eine ontologische Struktur gäbe es keinen ontischen Tod *für Dasein*; denn ein vollkommen unontologischer, d.i. un-verständlicher, in-intelligibler Tod wäre kein menschliches Sterben, sondern bloß ein Verenden. Das *menschliche* Enden als solches ist ontisch und ontologisch."[166]

Demske bezichtigt Sternberger, daß bei ihm „der ontologische Charakter des Todes im ontischen"[167] verschwinde. Hier sei daher noch einmal jene, von Heidegger permanent reflektierte Differenz von „ontisch" und „ontologisch" aufgegriffen: Vereinfacht könnte man den Unterschied so erklären, daß sich ontologische Fragen mit dem Sein selbst befassen, während sich ontische auf

---

[164] Ders. ebda.
[165] Ders. ebda. S. 148 f.
[166] Demske, J.M.: a.a.O. S. 67
[167] Ders. ebda. S. 68. Anm. 56

Dinge und Seiendes beziehen. Nach Heidegger „ist" „das Sein des Seienden (...) nicht selbst ein Seiendes"[168]. Was es „ist", ist die Frage der Ontologie. Heidegger selbst schreibt: „Ontologisches Fragen ist (...) gegenüber dem ontischen Fragen der positiven Wissenschaften ursprünglicher"[169]. Nach Johannes B. Lotz ist die Differenz zwischen ontisch und ontologisch der Unterschied „zwischen dem on oder Seienden und dem Sein als dessen Logos oder Grund"[170]. Ontologisches Fragen befaßt sich demnach (vor allem) mit dem Sein, ontisches Fragen (vornehmlich) mit dem Seienden und den sie kennzeichnenden Tatsachen. John Macquarrie und Edward Robinson weisen in einer Anmerkung ihrer englischen Übersetzung von *Sein und Zeit* darauf hin, daß Heidegger die Begriffe „ontologisch" und „ontisch" nicht ausdrücklich definiert, doch fügen sie sofort hinzu, daß ihre Bedeutung sehr schnell klar wird.[171] Nach Herbert Spiegelberg ist die Ontologie im Sinne Heideggers die Reflexion über das Sein im Unterschied zu der über die Dinge im Sein.[172] James Demske differenziert folgendermaßen (wobei daran zu denken ist, daß die von ihm gezogene Analogie zwischen „existential" und „existentiell" auf der einen und „ontisch" und „ontologisch" auf der anderen Seite darin ihre Ursache hat, daß sich im Dasein das Sein lichtet):

> „Die Ausdrücke ‚existenzial' und ‚ontologisch' heben sich jeweils von ‚existenziell' und ‚ontisch' ab. Während das Wort ‚existenzial' sich auf die ontologischen bzw. seinsmäßigen Strukturen der Existenz in ihrer theoretischen Durchsichtigkeit bezieht, weist ‚existenziell' auf das Existieren selbst bzw. auf den Vollzug der Existenz hin. Ähnlich ist der Unterschied zwischen ‚ontisch' und ‚ontologisch' zu fassen: ‚ontologisch' hat mit den zugrunde liegenden, ermöglichenden, das Sein eines Seienden ausmachenden Strukturen zu tun; ‚ontisch' hingegen ist das, was durch diese Strukturen ermöglicht wird."[173]

In Heideggers Satz: „Die diesseitige ontologische Interpretation liegt vor jeder ontisch-jenseitigen Spekulation"[174] bezeichnet das Wörtchen „vor" – nach James Demske – keine „ontische" oder zeitliche, „sondern eine „ontologische" Vorrangstellung, d.h. einen Vorrang im Denken und zwar im Denken im Sinne der Heideggerschen Phänomenologie, d.h. der existential-ontologischen Auslegung der Phänomene"[175].

> „Das heißt: Vom Standpunkt des ontologischen Denkens bzw. des phänomenologischen Fragens nach dem Sinn von Sein her ist die ontologische Problematik des Todes die zunächst begegnende und begründende, die ontische dagegen die begründete und erst an zweiter Stelle zu erörternde."[176]

---

168 Heidegger, M.: Sein und Zeit. a.a.O. S. 6
169 Ders. ebda. S. 11
170 Lotz, J.B.: a.a.O. S. 44
171 Vgl. Heidegger, M.: Being and Time. Übersetzt von J. Macquarrie und E. Robinson. London 1962. S. 311
172 Vgl. Spiegelberg, H.: The Phenomenological Movement. 2. Bd. The Hague 1965. S. 290
173 Demske, J.M.: a.a.O. S. 25
174 Heidegger, M.: Sein und Zeit. a.a.O. S. 248
175 Demske, J.M.: a.a.O. S. 73
176 Ders. ebda.

Heidegger ist also nie zu einer „ontisch-jenseitigen Spekulation“ vorgedrungen. Die Frage nach einem Leben nach dem Tode ist aber von Heideggers existential-ontologischen Reflexionen über den Tod – nach Demske – ganz unberührt.

Heideggers Unterscheidung zwischen der ontischen und der ontologischen Betrachtung des Todes liest sich so:

> „Innerhalb der einer Ontologie des Lebens *vorgeordneten* Ontologie des Daseins ist wiederum die existenziale Analyse des Todes einer Charakteristik der Grundverfassung des Daseins *nachgeordnet.* Das Enden von Lebendem nannten wir *Verenden.* Sofern auch das Dasein seinen physiologischen, lebensmäßigen Tod „hat“, jedoch nicht ontisch isoliert, sondern mitbestimmt durch seine ursprüngliche Seinsart, das Dasein aber auch enden kann, ohne daß es eigentlich stirbt, andererseits qua Dasein nicht einfach verendet, bezeichnen wir dieses Zwischenphänomen als *Ableben. Sterben* aber gelte als Titel für die *Seinsweise,* in der das Dasein *zu* seinem Tode *ist.* Darnach ist zu sagen: Dasein verendet nie.“[177]

Trotz dieser Feststellung stellt sich nun aber weiterhin das Problem, ob die ontische Frage nach einem eventuellen „jenseitigen“ Leben nicht doch vom ontologischen Begriff des Todes (bzw. des Lebens) tangiert wird. Sternberger jedenfalls bezweifelt, ob ein ontologischer Begriff des Todes von einer ontischen Interpretation des Jenseits getrennt werden könne, schließlich könne doch gar nicht „übersehen werden, daß unter der Perspektive der Hoffnung auch der Tod selber restlos mitverändert“[178] würde. Im Hinblick darauf, daß Heidegger den Tod öfters als „schlechthinnige Nichtigkeit“, „Vernichtung“, „Verlust des In-der-Welt-seins schlechthin“ u.a.[179] bezeichnet, stellt Sternberger fest:

> „Der Tod ist „die schlechthinnige Nichtigkeit“ des Daseins, von welcher es dermaßen durchdrungen ist, daß von ihm gar nichts gerettet werden kann.“[180]

Im Unterschied dazu geht es nach Demske innerhalb Heideggers Todesproblematik „nicht um die Rettung eines Teils des Menschen aus dem Zugrundegehen des Ganzen (...), sondern nur um die Bedeutung des Todes für die Existenz bzw. des Todes als eines Existentials des Lebens“[181]. „Damit ist aber“, so interpretiert Demske Heideggers Gedanken, „über das Schicksal des Menschen im existentiellen Tode nichts ausgesagt.“[182] Heideggers Zentralbegriff vom Tod als der „schlechthinnigen Nichtigkeit“ scheint – wie es Sternberger interpretiert – auf eine vollkommene Vernichtung des Selbst hinzuweisen. Auf der anderen Seite haben wir gesehen, daß der Tod als Existential nicht erst ein Geschehen am Ende des Lebens ist. Der Mensch ist „Sein zum Tode“, und der Tod ist immer schon anwesende Bestimmung der Existenz. In diesem Sinne kann Demske feststellen:

---

177 Heidegger, M.: Sein und Zeit. a.a.O. S. 247
178 Sternberger, A.: a.a.O. S. 143
179 Vgl. z.B. Heidegger, M.: Sein und Zeit. a.a.O. S. 236 u. S. 283 f.
180 Sternberger, A.: a.a.O. S. 145
181 Demske, J.M.: a.a.O. S. 70
182 Ders. ebda.

„Was die Charakteristik des Todes als der „schlechthinnigen Nichtigkeit" des Daseins angeht, muß folgendes gesagt werden. Für Heidegger besagt „Nichtigkeit" Betroffenheit von einem „Nicht" bzw. eine Negativität. Der Tod ist die „schlechthinnige Nichtigkeit" des Daseins, insofern er nicht bloß einen Aspekt, sondern die Ganzheit des Daseins negiert. Welcher Art ist aber diese „Negation"? Sie tritt nicht erst im Geschehen des punktuellen ontischen Todes ein, sondern ist eine jetzt und immer schon anwesende Bestimmung der Existenz; sie ist gleichsam der Stachel der Endlichkeit, der dem existierenden Dasein von Anfang an im Fleische steckt. (...) Mit anderen Worten: Der Tod ist ein Existential, eine immer anwesende Bestimmung des Daseins. Und trotzdem *ist* Dasein. Während einerseits Dasein durch das Sein zum Tode schlechthin nichtig ist, ist es andererseits kraft der Existenz schlechthin *seiend*. Der Tod als die schlechthinnige Nichtigkeit besagt: alles am Dasein ist nichtig. Aber andererseits steht genauso fest: alles am Dasein ist seiend, Dasein ist ganzheitlich, schlechthinnig seiend. Diese beiden Bestimmungen, Nichtigkeit und Seiendheit, schließen sich im Menschen merkwürdigerweise nicht aus, sondern gerade ein. Sie bestehen zusammen und durchdringen einander, so daß Dasein sowohl seiende Nichtigkeit wie auch nichtige Seiendheit ist. Dies ist gerade das Rätsel der menschlichen Endlichkeit, das Heidegger zu erfassen versucht."[183]

Was bedeutet das aber für Heideggers Stellungnahme zur Frage nach einem eventuellen Leben nach dem Tode? Nach Demske kann, wenn Dasein jetzt schon nichtig ist und dennoch *ist* bzw. existiert, keineswegs gefolgert werden, der Tod sei mit der Existenz des Daseins unvereinbar und müsse Dasein völlig vernichten.

„Höchstens könnte das Gegenteil gefolgert werden: da die schlechthinnige Nichtigkeit des Todes *vor* dem existentiellen Tode mit dem Sein des Daseins vereinbar ist, so ist sie es auch „nach" dem existentiellen Tode; der Tod verträgt sich sowohl vor wie auch „nach" dem faktischen Ableben des Menschen mit seinem Sein, d.h., er bedeutet nicht die völlige Vernichtung des Daseins."[184]

Nach Demske ist für Heidegger weder ein Fortleben nach dem Tode noch die Vernichtung des Daseins zwingend. Keine der beiden Optionen schließe er aus.

Für Paul Edwards, einen der schärfsten Kritiker von Heideggers Philosophie, sind dessen Reflexionen zum Tode an diesem Punkte (und überhaupt) schlechterdings widersprüchlich. Für Edwards ist es „einfachhin absurd", zugleich zu behaupten, daß auf der tieferen Ebene des Verstehens, d.h. auf der ontologischen Ebene, der Tod völlige Vernichtung bedeutet *und* daß auf der unmittelbareren Oberflächenebene des Lebens, d.h. auf der ontischen Ebene, Menschen vielleicht doch über den Tod hinaus leben.[185] Edwards sieht also in der Behauptung Heideggers bzw. seiner Anhänger, daß, selbst wenn der Tod in der ontologischen Analyse die „schlechthinnige Nichtung" darstelle, hier noch *keine* ontische Entscheidung über ein mögliches Weiterleben nach dem Tode getroffen sei, einen logischen Widerspruch. So erklärt z.B. Alwin

183 Ders. ebda. S. 70 f.
184 Ders. ebda. S. 71
185 Vgl. Edwards, P.: a.a.O. S. 126

Diemer, daß Heideggers Aussagen über den Tod „auch nicht das Geringste (...) über ein Fortleben nach dem Tode" sagen. Wer Heidegger „eine Leugnung der Unsterblichkeit" vorwerfe, vermenge „die ontologische Problematik (...) mit der ontischen"[186]. „Offen gestanden", schreibt Edwards, „ich finde dies alles äußerst merkwürdig. Wenn der Tod tatsächlich (...) die äußerste Nichtung bedeutet, dann gibt es kein Weiterleben nach dem Tod. Und umgekehrt, wenn die Frage nach einem Weiterleben offen bleibt, dann haben wir nicht das Recht, einfachhin und ohne Einschränkung als wahr zu behaupten, daß der Tod die äußerste Nichtigkeit bedeutet."[187] Zu der Frage, ob Heideggers fundamentalontologischer Entwurf eines Seins zum Tode Unsterblichkeit ermöglichen könnte, wurden hier also drei verschiedene Positionen vorgestellt.

1. Die Position Sternbergers, der meint, ein dermaßen „vom Nichts verschlungenes Dasein" wie bei Heidegger könnte überhaupt kein über es selbst hinausgehendes Jenseits haben. Im Tod offenbare sich denn lediglich das Nichts, welches das Dasein aber schon immer war. Dies sei der Trost, der auch ein Jenseits überflüssig mache.
2. Die Position Demskes, welche besagt: Dasein konstituiere sich ebenso aus Seiendheit wie aus Nichtigkeit als einer Einheit, welche durchaus auch den Tod überstehen könne. Es wäre durchaus vorstellbar, daß Dasein auch im Tode in einer anderen Seinsweise fortbestehe. Heideggers existentialontologischer Entwurf lasse beide Optionen, die einer völligen Vernichtung ebenso wie die eines Fortlebens in einem anderen Seinsmodus zu.
3. Die Position Edwards' als die radikalste und auch simpelste Stellungnahme zu unserem Problem, die erklärt: Heideggers ontologischer Begriff des Todes als „schlechthinnige Nichtigkeit" sei gänzlich inkompatibel mit der Behauptung, daß dies aber noch kein Weiterleben nach dem Tode ausschließen müsse.

Gegen Edwards ließe sich zunächst einwenden, daß seine Interpretation dem Wortlaut Heideggers widerspricht, der – wie wir sahen – ausdrücklich feststellt, daß „Nichtigkeit (...) keineswegs Nichtvorhandensein, Nichtbestehen"[188] bedeute. Dennoch meine auch ich, daß ein Weiterleben nach dem Tode – für Heidegger – zumindest sehr unwahrscheinlich sein dürfte. Gegen Demskes Deutung muß man nämlich fragen, ob die von ihm betonte Unterscheidung von ontologischem und ontischem Tod so überhaupt einen Sinn hat. Es ist doch gerade das Urfaktum des Todes als solchem, das Heidegger seiner Todesdeutung zugrunde legt. Und dieses Urfaktum, der Tod als Tod, läßt eine Differenz von ontologischem und ontischem Tod kaum mehr zu. Natürlich stimmt es, daß Heidegger im Zuge seiner Reflexionen die den Tod begleitenden Aspekte, wie den Bezug des Sterbenden zu seinen Angehöri-

186 Diemer, A.: Grundzüge Heideggerschen Philosophierens. In: Zeitschrift für philosophische Forschung 1950 – 1951. S. 562
187 Edwards, P.: a.a.O. S. 123
188 Heidegger, M.: a.a.O. S. 184

gen, nicht reflektiert, aber daraus kann man keinesfalls schließen, daß es nicht gerade das Konkretum des Todes als solchem sei, um den es ihm allein geht. Die ganze Heideggersche Todesdeutung fiele in sich zusammen und verlöre ihren zentralen Aspekt, wenn man meinte, es sei nicht der Tod selbst in seiner äußersten Konkretion, den Heidegger bedenkt. Auch kann die Tatsache, daß Heidegger nicht weiter nach einem möglichen Jenseits fragt, kein Indiz für das Außerachtlassen des sog. „ontischen" Todes sein. Die Interpretationen des Todes in *Sein und Zeit* (aber auch in den späteren Schriften Heideggers) sind von einer Art, die sie eine solche Unterscheidung von „ontisch" und „ontologisch", von „Vorher" und „Nachher" bezüglich des Todes nicht zulassen und daher ein Weiterleben zumindest höchst unwahrscheinlich machen. Ich argumentiere hier nur aus Heideggers System selbst heraus. Selbstverständlich kann und muß man gegen Heideggers Überlegungen kritisch anfragen, ob es nicht vollkommen sinnlos wäre, wenn die Existenz, die in ihrem „Sein zum Tode" und im Todesgeschehen selbst zu sich findet, justament in diesem Augenblick und Akt ihrer Selbstwerdung für immer vernichtet würde? Welch einen Sinn hätte eine solche Existenzwerdung, wenn sie keine Fortsetzung nach dem Tode finden könnte? Diese Fragen sind wohlgemerkt Anfragen, die man kritisch an Heideggers Philosophie *von außen heran*tragen kann, die Heidegger selbst aber nicht stellt. Für Heidegger trägt die im Tode gefundene Selbstwerdung schon ihren Sinn in sich, Heidegger forscht nicht nach einem diesen daseinsimmanenten Sinn transzendierenden Worumwillen. In einem gewissen Sinne stellt auch Sartre – wie wir sehen werden – diese kritische Frage an Heideggers Philosophie, um zu dem Ergebnis zu kommen, daß der von Heidegger behauptete Sinn des Todes trügerisch ist und folglich Leben und Tod sinnlos sind. Eine christlich orientierte Philosophie und Fundamentaltheologie könnte, an Heideggers Überlegungen zur Selbstwerdung im Tode anknüpfend, nach einem dieses Geschehen transzendierenden Sinn fragen und von hier positive Argumente für ein Weiterleben nach dem Tode entwickeln. Heidegger selbst aber – noch einmal sei es betont – tut das nicht und im Kontext seiner Philosophie scheint mir ein Weiterleben (fast) ausgeschlossen. Und zwar aus folgenden zwei Gründen: Wir werden bei Jaspers und Marcel sehen, daß die Hoffnung auf Unsterblichkeit nicht eigentlich aus dem Gedanken an den eigenen Tod, sondern primär angesichts des Todes des (geliebten) Anderen geboren wird. Der Tod des Anderen aber hat nach Heidegger keine existentielle Bedeutung. Wir werden weiterhin (bei Jaspers und Marcel) sehen, daß der Glaube an ein Leben nach dem Tode mit dem Glauben an eine göttliche Transzendenz steht und fällt. Wie aber steht es bei Heidegger um die Frage nach Gott?

### *6. Die Gottesfrage im Denken Heideggers*

Wir sahen, daß Heidegger das Sein ausschließlich unter dem Aspekt der Zeitlichkeit sieht. Die klassische Philosophie und Theologie aber hat Gott immer als die überzeitliche, überwerdehafte und ewige Wirklichkeit verstanden. Der katholische Existenzphilosoph Peter Wust – er war ohne Zweifel einer der ersten, die sich aus christlicher Sicht kritisch mit Heideggers Philosophie auseinandergesetzt haben – hat zu einem sehr frühen Zeitpunkt sehr klar erfaßt, wie sehr die Ontologie Heideggers mit ihrer (neuen) Unterscheidung in „das Vorhandensein der ansichseienden Dinge“, „das Zuhandensein der Dinge“ und „das Dasein als das spezifische Sein des Menschen“[189] von der traditionellen Metaphysik abweicht. Wust sieht klar, daß Heidegger mit der Ablehnung der Kategorie der „Vorhandenheit“ die alte substantialistische Ontologie treffen will, welche sich primär am Sein der Natur orientiert hat und von daher schließlich alles Sein in Analogie mit diesem gleichsam selbstverständlich vorhandenen Naturdasein zu interpretieren suchte. Wust hält diesen fundamentalen Einwand Heideggers für prinzipiell zulässig.

> „Bis zu einem gewissen Grade kann man Heidegger sogar darin beipflichten, daß vielleicht die alte streng-substantialistische Ontologie, namentlich die der aristotelisch-thomistischen Richtung, sich bei ihrer Seinsinterpretation etwas zu eng an die bloße Natur angelehnt hatte. Und doch vergißt Heidegger, daß selbst auch in dieser Richtung noch die gewaltige augustinische Unterströmung erkennbar ist, in der das Sein von der metaphysischen Lebendigkeit des Geistes her seine letzte Deutung erhalten hat.“[190]

Mit dem Hinweis auf die augustinische Tradition innerhalb der Philosophie, welche stets einen anderen Aspekt des Seins stärker beleuchtet hat, will Wust offensichtlich Heideggers Vorwurf entgegentreten, die gesamte Philosophiegeschichte sei der „Seinsvergessenheit“ zu bezichtigen:

> „Den dynamischen Seinsbegriff kannte also auch die Ontologie der Vorzeit sehr wohl, wenn sie auch nicht so weit ging, den relativ statischen Seinsbegriff, also Heideggers Kategorie der „Vorhandenheit“, zu unterschätzen.“[191]

Heideggers strikte Ablehnung jeglichen statischen Momentes im Sein erklärt sich für Wust nur daraus, daß das Sein ausschließlich von der Existenz des Menschen, von seiner Seinssorge und Seinsqual her gedeutet wird: Eben darin aber besteht nun die Problematik des neuen Seinsbegriffes, daß das Sein im letzten nur aus der Seinsnot, der Seinssorge und der Seinsqual verstanden wird, wie sie der Mensch in seinem Ringen um die „Existenz“ aus der gewöhnlichen Versunkenheit in das „Man“ der Alltäglichkeit heraus erlebt. Diese (neue) Seinslehre erscheint Wust zu oberflächlich, sie bleibt weit zurück hinter dem Tiefblick der klassischen Ontologie.

> „In diesem Punkt sah die ganze Vorzeit tiefer hinab auf den Grund des Seins, als es dem faustischen Menschen des Abendlandes heute zu sehen möglich ist. Schon im Hintergrunde der griechischen Ontologie taucht der Gedanke einer letzten Seinsregion auf, in der alle Seinsqual in unvordenklicher Mühelosigkeit überwunden ist. Schon bei Homer hören wir etwas davon, bei Xenophanes wird dieser Gedanke sogar scharf formuliert und die platonisch-aristotelische Meta-

---

189 Vgl. Wust, P.: Der Mensch und die Philosophie. Ges. Werke. Bd. IV. Münster 1964. S. 314 f.
190 Ders.: Weisheit und Heiligkeit. Ges. Werke. Bd. VI. Münster 1966. S. 96 f.
191 Ders. ebda. S. 97

physik ist ganz und gar von ihm erfüllt. Daß er dann in der christlichen Ontologie seine klassische Ausgestaltung erfährt, von Augustin über Bonaventura bis zu Thomas, ist geradezu eine Selbstverständlichkeit."[192]

Heideggers Ontologie aber ist nicht in der Lage, bis zu diesem Punkte vorzustoßen. Die eigentliche „veritas ontologica" der Dinge, das Prinzip des „omne ens est verum" bleibt ihr verschlossen. Die Seinsqual steht bei den modernen Philosophen im Vordergrund, weil sie stets noch insgeheim mit der Möglichkeit rechnen, daß im Sein selbst der metaphysische Widerspruch an sich inkludiert sei. So gesehen bewegt sich Heidegger – nach Wust – auf dem Wege einer fragwürdigen Ontologie. Heidegger ist nach Wust nur zur Sphäre des kontingenten, zufälligen und zeitgewordenen Seins, nicht aber zum absoluten Sein vorgedrungen. Er hat das Zufällige, das durch die Schöpfung der Zeit Zugefallene („Geworfene" nach Heidegger) unberechtigt absolut gesetzt. Deshalb ist für ihn der eigentliche Charakter des Seins Zeit, Vergänglichkeit und Vergeblichkeit, nicht aber Konstanz, Beständigkeit, „Anwesenheit". Wust kann in Heideggers Anspruch, seit zweitausend Jahren der erste Denker zu sein, der die Frage nach dem Sinn des Seins fundiert und adäquat stellt, nur eine arrogante Hybris sehen. Vor allem kann Wust nicht erkennen, was am Denken Heideggers so originell, neu und ursprünglich sein soll. Für den Philosophen von Münster ist Heideggers Denken lediglich die Fusion von Bergsons Aktivismus, Kierkegaards existentiellem Denken, Nietzsches diffuser Lebensphilosophie, Husserls Phänomenologie und dem historischen Materialismus Karl Marx'. Heideggers horrende Arroganz, mit welcher er glaubt, die große Tradition des Denkens negieren zu können, ist nur der (überzogene) Ausdruck der hochmütigen Geschichts- und Traditionslosigkeit des neuzeitlichen Geistes schlechthin. Auch Heideggers Pietätlosigkeit gegenüber dem Sein findet im allgemeinen Seinsmißtrauen der modernen Philosophie und Kultur ihre Erklärung. Für Wust geht es nicht an, das Sein nur aus den Zeitigungsformen der menschlichen Existenz erklären zu wollen. Wust sieht darin nur den alten Wahn Ludwig Feuerbachs, jeglichen idealen Seinsüberschuß als eine bloße Objektivation aus dem Innern des Menschen heraus deuten zu wollen, letztlich auch einen Rückfall in den Subjektivismus Kantischer Prägung.[193] Wust spürt, was die Attacke Heideggers gegen die traditionelle Präsenz-Metaphysik bedeutet. Um so entschiedener stellt er ihr bewußt das klassische (aristotelische) Grundkonzept der alten Metaphysik mit ihrer bekannten Unterscheidung in Ontologie und natürlicher Theologie entgegen.

„Erstens: Diese Zweigipfeligkeit liegt im Wesen der Metaphysik als der Lehre vom Sinn des Seiendseins. Die Metaphysik fragt eigentlich nach dem Moment des Seiendseins, nach der Seinsheit überhaupt in allem Seienden („ens ut sic"). Aber sie kann diese Frage so ohne weiteres nicht beantworten. Zweitens: Sie braucht für diese Antwort irgendein Seiendes, das als Maßstab dienen kann. Dieses Seiende kann aber nur das Seiende sein, in dem die „Seinsheit" im absoluten

192 Ders. ebda.
193 Vgl. ders. ebda. S. 98

> Sinne verwirklicht ist. Drittens aber: An diesen absoluten Maßstab für die Frage nach dem Sinn vom Sein kann sie nicht unmittelbar herankommen, also durch einen bloßen Sprung in die Absolutsphäre."[194]

In diesen bewußt gegen Heidegger gesprochenen Worten ruht die ganze klassische Onto-Theologie, das Metaphysische in seiner doppelten Gestalt. Zunächst gibt es das alles Seiende durchwaltende, unbestimmte Sein, dann das unbestimmte, alles kontingente Seiende schaffende, unendliche und göttliche Sein. Heidegger aber hat „den dynamischen Seinscharakter (...) überspannt und kaum noch Verständnis für das Sein im Sinne der bloßen, selbstverständlichen Vorhandenheit. Er übersieht dabei, daß die Vorhandenheit des Naturseins keineswegs eine selbstverständliche ist. Aber insofern in der Natur in ihrem bloßen Vorhandensein und in ihrer grandiosen Ruhe ein gewisses Analogon liegt zu der wahren selbstverständlichen Vorhandenheit der göttlichen Aseität, ist die Natur ein, wenn auch schattenhaftes, Abbild für die ewige Sabbatstille Gottes."[195] Wie sehr eine solche Betonung der klassischen Ontologie – wie sie Peter Wust geleistet hat – berechtigt, ja notwendig sein mag, kann und soll im Kontext dieser Arbeit nicht erörtert werden, es ist aber klar, daß eine solche „Präsenzmetaphysik" aus der Sicht Heideggers dem Verdikt der „Seinsvergessenheit" verfällt.

Die scholastische Philosophie hat stets unterschieden zwischen dem alles Seiende durchwaltenden, unbestimmten endlichen Sein und dem absoluten, subsistierenden Sein, welches das Ipsum Esse, das Sein in seiner ganzen Fülle ist. So gesehen könnte man zunächst vermuten, daß Heidegger das, was er „Sein" nennt, also das alles Seiende durchwaltende, unbestimmte Sein, mit „Gott" gleichsetzt. Dann würde seine Philosophie auf einen Pantheismus hinauslaufen. Gegen die pantheistische Deutung der Philosophie Heideggers wehrt sich vor allem Johannes B. Lotz. Was Heidegger „Sein" nennt, sei „nicht Gott und nicht ein Weltgrund"[196], betont Lotz in seinem Buch *Martin Heidegger und Thomas von Aquin.*

Es sind allerdings berechtigte Zweifel angebracht, ob Lotz nicht – um es mit Helmut Danner zu sagen – „an Heidegger vorbei"[197] redet. Ohne behaupten zu wollen, Heidegger meine den thomistischen Gottesbegriff, stellt Lotz diesen Gottesbegriff neben Heideggers Frage nach dem Gott. Dabei meint Lotz, die ontologische Differenz sei von Thomas bereits in der Weise gedacht worden, wie Heidegger sie bedenken will. Das ist natürlich im höchsten Maße problematisch. Sehr richtig bemerkt Danner:

> „Von diesem Ansatz her wird der Verweis auf den Gott im Denken von Thomas von Aquin fragwürdig. Dieser denkt Gott nicht nur als ein Seiendes, sondern als Sein, als eine dem Sein gemäße Gestalt der Ursächlichkeit, als den Ineinsfall von

---

194 Ders.: Vorlesungen und Briefe. Ges. Werke. Bd. X. Münster 1969. S. 98

195 Ders. ebda. S. 124

196 Lotz, J.B.: a.a.O. S. 36. Tatsächlich ist das ein wörtliches Zitat aus Heideggers Brief über den „Humanismus". (Vgl. Heidegger, M.: Wegmarken. Frankfurt a.M. 1967. S. 162)

197 Danner, H.: Das Göttliche und der Gott bei Heidegger. Meisenheim am Glan. 1970. S. 148

Sein und Wesenheit, als den, dessen Name am meisten im „Qui est" ausgesagt sei, als ens per essentiam, ipsum esse subsistens, ipsum esse per se subsistens, als actus purus et infinitus etc. etc. Genau gegen diesen Gott richtet sich Heideggers Wort, das besagt, man könne vor ihm weder tanzen noch beten."[198]

M.a.W.: Thomas von Aquins Versuch, Gott als das „ipsum esse subsistens" zu verstehen, ist nach Heidegger natürlich gerade Ausdruck jener Präsenzmetaphysik und Onto-Theologie, die er bekämpft. Lotz trägt seine eigene Gottesvorstellung, nämlich die thomistische, in seine Darstellung und wundert sich, daß er diese bei Heidegger nicht vorfindet.[199] Es ist fragwürdig, ob Lotz, der Heideggers Grundanliegen hier so sehr mißverstanden hat[200], überhaupt beurteilen kann, ob dessen Philosophie pantheistisch, panentheistisch[201] oder theistisch zu verstehen ist. In der Tat ist es selbst bei einer gründlichen Durchforschung der Heideggerschen Philosophie schwer zu definieren, was der Begriff „Gott" bei ihm besagen soll. Die exzellente und ausführliche Darstellung Helmut Danners zu diesem Problem muß in ihrem Endergebnis letztlich negativ ausfallen. Man kann nur sagen, was Gott nach Heidegger *nicht* ist: Er ist nicht der Gott der traditionellen Philosophie und Metaphysik, die der Seinsvergessenheit bezichtigt werden. Die traditionelle Gottesfrage wird in unserem abendländischen Denkraum vom Christentum mitbestimmt. Wir müssen an diesem Punkt festhalten, daß Heidegger zwar an wenigen Stellen das „Christentum" von einer originären christlichen Gläubigkeit unterscheidet; letztere kommt aber für ihn bei der Auseinandersetzung mit der traditionellen Gottesvorstellung nicht in Betracht. So kommt es auch, daß Heidegger sagen kann, Metaphysik und christliche Theologie seien im Grunde dasselbe; denn die Metaphysik ist als Ontologie auch Theo-

198 Ders. ebda. Danner bezieht sich hier auf Heideggers Feststellung: „Vor der Causa sui kann der Mensch weder aus Scheu ins Knie fallen, noch kann er vor diesem Gott musizieren und tanzen." (aus: Heidegger, M.: Identität und Differenz. Pfullingen 1957. S. 64)

199 „Die (...) radikale Unterordnung Gottes unter das Sein macht Heideggers Unfähigkeit deutlich, Gott als Gott zu denken, nämlich als jenen Einzigen, der nicht ein Seiender, sondern das Sein selbst ist, und damit das Sein als Sein zu denken, das erst in Gott, der gerade nicht ein Seiender ist, ganz es selbst, ganz Sein ist" (aus: Lotz, J.B.: Vom Sein zum Heiligen. Frankfurt a.M. 1990. S. 15 f.).

200 Der Versuchung, Heidegger vorschnell im Lichte der eigenen Philosophie zu (miß)deuten, sind viele Denker verfallen, so z.B. Maurice Corvez. Dieser stellt zunächst richtig fest, daß „Gott" bei Heidegger nicht der Mensch sei, nicht die Welt, nicht das Sein und nicht das Nichts. Denn die Existenz ist wesentlich begrenzt. Die Welt ist eine ontologisch endliche Realität, es ist vollkommen verfehlt, sie für das Unendliche zu halten. Das Sein ist bedürftig, denn es braucht das Seiende, und schließlich nicht das Nichts – es ist nichts anderes als das Sein. Positiv gewendet heißt das dann für Corvez, der Gott Heideggers sei unbegrenzt, unendlich, unbedürftig. (Siehe: Corvez, M.: La place de Dieu dans l'ontologie de Martin Heidegger. In: Revue Thomiste. Jg. 63. Bd. 55. Paris 1955.) Zu Recht stellt Danner fest: „Wir wissen, daß all dies nichts mit jenem Gott zu tun hat, nach dem das Denken Heideggers fragt; dieser Gott wird von Corvez nicht einmal tangiert. Vielmehr trägt er seine eigene Vorstellung von Gott, nämlich die metaphysisch-christliche, die aber Heidegger längst kritisiert hat (...), in seine Darstellung" (aus: Danner, H.: a.a.O. S. 147).

201 Einer panentheistischen Heidegger-Deutung scheint Alfred Jäger zuzuneigen. Vgl. Jäger, A.: Gott. Nochmals Martin Heidegger. Tübingen 1978

logie und umgekehrt, weil sie je nach dem Sein des Seienden im Allgemeinen und im Höchsten, d.h. als Präsentem, fragen. Die Theologie ihrerseits hat jene originäre Christlichkeit preisgegeben und ist letztlich Metaphysik geworden. Metaphysik aber ist gleichbedeutend mit Platonismus – wie Heidegger v.a. in seinen Nietzsche-Büchern betont. Die christliche Theologie unterscheidet sich im wesentlichen nicht von der platonischen Zweiweltenlehre; „der alttestamentliche Gott als Schöpfer wird zu jenem Sein des Seienden im Höchsten gemacht, das Grund ist für das Seiende im Allgemeinen, aber auch Grund seiner selbst, also causa sui.“[202] Dies sei, so sagt Heidegger, der Gottesname der Metaphysik als auch der Theologie. Hinzu kommt aus der jüdischen und christlichen Tradition die Personifizierung der causa sui als Erlösergott und Schöpfer.[203] Von diesem Gott sagt Heidegger mit Nietzsche, daß er „tot“ sei. In den Werken Hölderlins findet Heidegger eine indirekt-dichterische Rede von Gott, in der vom Göttlichen in einer adäquateren Weise als der metaphysischen gesprochen wird.[204] Eigene Aussagen über Gott finden wir bei Heidegger zuerst im Brief über den „Humanismus“. Heidegger geht nun konsequent von der Frage nach dem Sein aus. Denn nur „aus der Wahrheit des Seins läßt sich das Wesen des Heiligen denken. Erst aus dem Wesen des Heiligen ist das Wesen von Gottheit zu denken. Erst im Licht des Wesens von Gottheit kann gedacht und gesagt werden, was das Wort „Gott“ nennen soll.“[205] „Gott“, das „Göttliche“, das „Heilige“ oder auch „die Götter“, das alles sind für Heidegger letztlich „Chiffren“ des Seins, in denen sich dessen bergende Unverborgenheit lichtet – eine Dimension, „die sogar schon als Dimension verschlossen bleibt, wenn nicht das Offene des Seins gelichtet und in seiner Lichtung dem Menschen nahe ist“[206]. Das Heilige lichtet dem Dasein eine Wahrheit des Seins, die vor und über aller geschichtlichen Manifestation des jeweiligen „Weltgeschicks“ und allen Werten liegt.[207] Die Dimension des Göttlichen gehört zum Wahrheitswesen des Seins selbst und lichtet den Seinsaspekt, daß das Sein und seine Wahrheit nicht in der Gestalt aufgeht, die das geschichtlich gewachsene Seiende gerade demonstriert. In späteren Entwürfen (z.B. in den Essays *Das Ding* und *Bauen Wohnen Denken*, in: *Vorträge und Aufsätze*) tritt das Sich-zeigen von „Göttlichem“ zur Akzeptation der Sterblichkeit als Voraussetzung und Bedingung der Existenzwerdung. Dazu kommt das Gegenüber von „Erde“ (dem tragenden, fruchtenden und okkulten Element) und „Himmel“ (dem luziden, spendenden, aber auch temporären Element). Alle vier Elemente stehen in einem wechselseitigen Zueinander und Bedingungsverhältnis, das

---

202 Danner, H.: a.a.O. S. 150

203 Vgl. Danner, H.: a.a.O. S. 149 f.. Franz, H.: Das Denken Heideggers und die Theologie. In: Zeitschrift f. Theologie und Kirche. Jg. 58 (1961). Beiheft 2. Leist, F.: Nicht der Gott der Philosophen. Freiburg 1966. S. 70-101. Müller, M.: Existenzphilosophie. Von der Metaphysik zur Metahistorik. 4. Aufl. Freiburg/München 1986. v.a. S. 81–94

204 Siehe: Heidegger, M.: Erläuterungen zu Hölderlins Dichtung. Frankfurt a.M. 1963

205 Ders.: Wegmarken. a.a.O. S. 181 f.

206 Ders. ebda. S. 182

207 Vgl. ders. ebda. S. 182 f.

nicht statisch ist, sondern etwas Ereignishaftes hat und das „Geviert“ genannt wird. „Gott“ oder das „Heilige“ ist für Heidegger – und das zu verstehen ist wesentlich – ein *Seiendes*, wie z.B. bei folgendem Zitat deutlich wird:

> „Das Heilige aber, das nur erst der Wesensraum der Gottheit ist, die selbst wiederum nur die Dimension für die Götter und den Gott gewährt, kommt dann ins Scheinen, wenn zuvor und in langer Vorbereitung das Sein selbst sich gelichtet hat und in seiner Wahrheit erfahren ist.“[208]

Wenn auch bei Heidegger im Sein das „Göttliche“ stets mitgedacht ist, so führt vom Seienden kein Weg zur weiteren Erhellung dieses „Göttlichen“. Über die Existenz und das Wesen Gottes kann keine Aussage gemacht werden.[209] Wenn es wohl auch überzogen ist in Heideggers verborgenem Gott nur einen nihilistischen Begriff zu sehen – wie Hans Jonas meint[210] –, so muß man doch feststellen, daß Heideggers „Gott“ mit dem Absoluten der traditionellen Philosophie und Theologie nicht viel zu tun hat. Heidegger ist im Endlichen stehengeblieben, sein Denken geht nicht – wie Max Müller es formuliert – „in der Weise der onto-theologischen Metaphysik auf den Gott selbst zu. Nicht der Aufstieg zum Höchsten ist sein Gang (...). Denn das „endliche Denken“ ist ganz und gar *endliches* Denken.“[211] Dieses Denken erhebt den Anspruch, gemäß der eigensten Richtung seines Ganges an sich weder atheistisch noch theistisch zu sein, also eine Fragerichtung zu haben, in der diese Alternative nicht auftaucht.[212] Heideggers „Gott“ ist eine Bestimmung des endlichen Seins und ohne Zweifel kann eine solche Wirklichkeit keine Unsterblichkeitsgewißheit garantieren. Vor allem aber ist Heideggers „Gott“ ganz abstrakt und apersonal. Aus diesem Grund hat es z.B. Carl Michalson aus theologisch-biblischer Sicht kategorisch abgelehnt, Heidegger bis zu einem bestimmten Punkt zu folgen, um dann das spezifisch biblische „nachzureichen“: Der Glaube des Neuen Testaments „ist eschatologisch und nicht ontologisch“[213], d.h. er ist eine Antwort des personalen Gottes auf die Frage des Menschen nach dem Sinn des Daseins und der Geschichte. Die Bibel berichtet vom Handeln eines göttlichen Vaters. Wir werden bei Gabriel Marcel sehen, daß die Unsterblichkeitshoffnung aus dieser Erfahrung eines liebenden, göttlichen „Du“ erwächst. Außerdem ist zu beachten, daß für Heideggers Denken in den späteren Jahren das singuläre Individuum immer unwichtiger wurde. Das gilt vor allem für die Zeit nach der „Kehre“. Dabei kann die „Kehre“ – einfach formuliert – als Wendung vom Dasein zum Sein verstanden werden. „Die Kehre im Denken Heideggers“, schreibt James Demske, „ist (1) eine Perspektivänderung, wodurch sich der Blick von der

---

[208] Ders. ebda. S. 169

[209] Vgl. Möller, J.: Existentialphilosophie und katholische Theologie. Baden-Baden 1952, v.a. S. 141 ff. u. 191 f.

[210] Jonas, H.: The Gnostic Religion. Boston 1963

[211] Müller, M.: Existenzphilosophie. Von der Metaphysik zur Metahistorik. Freiburg/München 1986. S. 83 f.

[212] Vgl. Heidegger, M.: Wegmarken. a.a.O. S. 181 f.

[213] Michalson, C.: Theologie als Ontologie und als Geschichte. In: Robinson, J.M. u. Cobb, J.B.: Der spätere Heidegger und die Theologie. Zürich 1964. S. 56

Transzendenz des Daseins zum Sein als Horizont der Transzendenz wendet, und (2) eine Wandlung im Verhältnis zwischen Sein und Dasein, wodurch Sein den ontologischen Vorrang in der Transzendenz übernimmt."[214] Dabei versteht Heidegger diese Kehre nicht als „eine Änderung des Standpunktes von „Sein und Zeit", sondern in ihr gelangt das versuchte Denken erst in die Ortschaft der Dimension, aus der „Sein und Zeit" erfahren ist, und zwar erfahren aus der Grunderfahrung der Seinsvergessenheit"[215]. Diese Entwicklung gipfelt in Heideggers Feststellung, „daß nicht der Mensch das Wesentliche ist, sondern das Sein als die Dimension des Ekstatischen der Eksistenz"[216]. Wie sollten von einem solchen Ansatz her positive Argumente für ein Weiterleben des einzelnen Menschen gewonnen werden?

## *7. Die Leib-Seele-Einheit in der Anthropologie Martin Heideggers*

Wir sagten bereits, daß sich die Existenzphilosophen über alle weltanschaulichen Differenzen hinweg in ihrer Betonung der Leib-Seele-Einheit einig sind. Auch Heidegger geht von dieser fundamentalen Einheit des Menschen aus, wobei Seele und Leib nur verschiedene Seiten dieser Einheit sind. Beide Aspekte der menschlichen Einheit sind korrelativ und komplementär. Existentialanalytisch wird diese Auffassung der Leib-Seele-Beziehung als Beziehung zwischen innerlich differenzierten, aber notwendig zusammengehörigen Momenten einer Struktureinheit durch die Betrachtung des Seins des Daseins als „Sorge" begründet – einen Ansatz, der jeglichen kartesianischen Dualismus a priori überwindet. Medard Boss sieht in seinem Buch *Psychoanalyse und Daseinsanalytik* Heideggers Bedeutung für die Psychoanalyse in dem Faktum begründet, daß dieser die Subjekt-Objekt-Spaltung überwunden habe:

> „Denn in ihrer Transzendenz ist eine solche Subjekt-Objekt-Beziehung *als solche* schon immer und zum vorneherein beseitigt. Die alte Vorstellung von einer Spaltung der Welt in Subjekte und Objekte vermag und braucht deshalb durch die Daseinsanalytik gar nicht überbrückt und überwunden zu werden. (...) Ist der Mensch doch im Grunde seines Wesens schon immer der das Anwesen alles Seienden allererst ermöglichende und gewährende, daseinsanalytisch „Welt" geheißene Entschlossenheits-, Offenheits- oder Helligkeitsbezirk des Seins."[217]

Und noch deutlicher schreibt Boss in *Von der Psychoanalyse zur Daseinsanalyse*:

> „Menschsein ist (...) von allem Anfang an ein Offensein, ein verstehendes „Lichten" von der Welt, das jedem in sich abgeschlossenen Ding abgehen muß. Es ist ein Existieren im wörtlichen Sinne des Wortes Ek-sistenz, nämlich ein ursprüng-

---

[214] Demske, J.M.: a.a.O. S. 93
[215] Heidegger, M.: Wegmarken. a.a.O. S. 159
[216] Ders. ebda. S. 164
[217] Boss, M.: Psychoanalyse und Daseinsanalytik. Bern/Stuttgart 1957. S. 65 f.

> liches Schon-immer-draußen-bei-den-Dingen-und-Mitmenschen-Sein; besser noch: ein Zu-den-Dingen – und ein Zu-den-Mitmenschen-Sein."[218]

In *Sein und Zeit* stellt Heidegger fest, daß die Frage nach dem Menschen immer die Frage „nach dem Sein des ganzen Menschen, den man als leiblich-seelisch-geistige Einheit zu fassen gewohnt ist"[219], sei.

> „Leib, Seele, Geist mögen wiederum Phänomenbezirke nennen, die in Absicht auf bestimmte Untersuchungen für sich thematisch ablösbar sind; in gewissen Grenzen mag ihre ontologische Unbestimmtheit nicht ins Gewicht fallen. In der Frage nach dem Sein des Menschen aber kann dieses nicht aus den überdies erst wieder noch zu bestimmenden Seinsarten von Leib, Seele, Geist summativ errechnet werden. Und selbst für einen in dieser Weise vorgehenden ontologischen Versuch müßte eine Idee vom Sein des Ganzen vorausgesetzt werden."[220]

Aufbauend auf der Nietzscheschen Kunstauffassung und speziell seiner Betrachtungen über die Gefühle, wie sie in *Götzendämmerung* zum Ausdruck kommen, vertritt Heidegger in seinem Nietzsche-Buch die These, daß wir nicht bloß Leib haben, sondern leiblich sind, was wiederum bedeutet, daß wir „leiben":

> „Leiblich sein heißt nicht, daß einer Seele noch ein Klotz, genannt Leib, angehängt sei, sondern im Sichfühlen ist der Leib im vorhinein einbehalten in unser Selbst, und zwar so, daß er in seiner Zuständlichkeit uns selbst durchströmt. Wir „haben" einen Leib nicht so, wie wir das Messer in der Tasche tragen, der Leib ist auch nicht ein Körper, der uns nur begleitet und den wir dabei zugleich, ausdrücklich oder nicht, als auch vorhanden feststellen. Wir „haben" nicht einen Leib, sondern wir „sind" leiblich."[221]

Zum Wesen dieses Seins gehört das Gefühl als das Sichfühlen. „Das Gefühl leistet im vorhinein den einhaltenden Einbezug des Leibes in unser Dasein"[222], stellt Heidegger fest. „Wir sind nicht „lebendig" und haben dann dazu noch eine Apparatur, genannt Leib, sondern wir leben, indem wir leiben. Dieses Leiben ist etwas wesentlich Anderes als nur ein Behaftetsein mit einem Organismus. Das Meiste, was wir in der Naturwissenschaft vom Leib und seinem Leiben kennen, sind Feststellungen, bei denen der Leib zuvor zum bloßen Körper mißdeutet wurde. Dabei läßt sich sehr viel finden, nur ist das Wesentliche und Bestimmende immer schon außerhalb des Blickes und des Griffes. Das hinterherlaufende Suchen nach dem „Seelischen" zu dem vorher als Körper mißdeuteten Leib"[223], hat den Sachverhalt a priori schon verkannt.

Wir sehen: Zwischen der Seele und dem Leib besteht – nach Heidegger – ein inniger *organischer* Zusammenhang, der sich im Sinne einer Leiblich-

---

218 Ders.: Von der Psychoanalyse zur Daseinsanalyse. Wege zu einem neuen Selbstverständnis. Wien/München/Zürich. S. 147

219 Heidegger, M.: Sein und Zeit. S. 48

220 Ders. ebda.

221 Ders.: Nietzsche: Der Wille zur Macht als Kunst. Ges. Werke. Bd. 43. Frankfurt a. M. 1985. S. 117

222 Ders. ebda.

223 Ders. ebda. S. 118

keit, eines „Leibens", und nicht eines äußerlich-mechanischen Habens oder Hinzufügens verstehen läßt. Bereits die Daseinsanalytik in *Sein und Zeit* ging von der leiblich-seelisch-geistigen Einheit aus und gab der abgesonderten Behandlung von Seele und Leib nur eine methodische und ganz bedingte Rechtfertigung. Im Nietzsche-Buch wird eine Einheit von Leib und Seele vertreten, eine Vereinigung und Synthese, in der die Differenzen verschwinden. „Obzwar nicht explizite behauptet wird, daß Leib und Seele nicht zu unterscheiden sind, zwingt jedoch die Kritik an dem „Hinzufügen" von der Seele zu dem körperlich mißdeuteten Leib und an dem Suchen nach dem „Seelischen" dazu, anzunehmen, daß mit der Hilfe des „lebendigen Leibens", des „leibenden Lebens" das Begriffspaar Leib – Seele aufgehoben wird"[224], kommentiert Assen Ignatow die Ausführungen Heideggers.

Ein eventuelles – wenn auch (wie wir sahen) sehr unwahrscheinliches – Leben nach dem Tode kann daher nach Heidegger sicher nicht als Weiterexistenz einer leibbefreiten *anima separata* verstanden werden. Eine solche „unsterbliche Seele" lehnt Heidegger in seinem Brief über den „Humanismus" entschieden ab.[225]

[224] Ignatow, A.: Heidegger und die philosophische Anthropologie. Eine Untersuchung über die anthropologische Dimension des Heideggerschen Denkens. Meisenheim am Glan. 1979. S. 213

[225] Vgl. Heidegger, M.: Wegmarken. a.a.O. S. 156

# III. Die Sinnlosigkeit des Lebens und des Todes in der Philosophie Jean-Paul Sartres

## *1. Das Sein und das Nichts*

Sartre teilt das Sein in zwei deutlich abgegrenzte Sphären, nämlich das „An-sich-Sein" auf der Objektseite und das „Für-sich-Sein" auf der Subjektseite. Das „En-soi" der äußeren Objekte ist einfach, was es ist. „Das Sein ist. Das Sein ist an sich. Das Sein ist das, was es ist."[1] Es ist ohne Beziehung zu sich selbst, „massiv", „vollständige Positivität"[2]. Es ist sich selbst undurchsichtig, ohne Verneinung, nicht zeitlich, weder aktiv noch passiv, weder potentiell noch notwendig, es ist einfach. Kein Geheimnis ist ihm immanent, vielmehr ist es überflüssig, da es von keiner Ursache, weder potentieller noch aus sich notwendiger abgeleitet werden kann, noch ist ihm ein Seinssinn eingeschlossen.

Die traditionelle Unterscheidung von potentiellem und aktuellem Sein, wie sie die scholastische Philosophie kennt, lehnt Sartre ab. Die Unterscheidung von Akt und Potenz ist nur ein metaphysisches Konstrukt, welches die Vorstellung eines vorgegebenen Seinssinns – und damit eines (göttlichen) Sinnstifters – suggeriert. Das Sein *ist* einfach – ohne Begründung und Telos.

> „Es ist, und nicht einmal, wenn es zusammenbricht, kann man sagen, es sei nicht mehr. Oder mindestens gibt es ein Bewußtsein, das von ihm als einem nicht mehr Seienden Bewußtsein empfangen kann, eben weil das Bewußtsein zeitlich ist. Aber das Sein selbst existiert nicht als ein Mangel dort, wo es war: die volle Seinspositivität hat sich auf seinen Zusammenbruch zurückgebildet. Es war, und nun ist anderes Sein – das ist alles."[3]

Seinen (relativen) Sinn bekommt das Seiende erst durch einen bedeutungsgebenden Akt des Menschen eingestiftet. Das Für-sich ist das Subjekt, Selbsterfahrung und Selbsteinschätzung.[4]

> „Das ist das, was wir die Kontingenz des An-sich-Seins nennen. Aber das An-sich-Sein kann auch nicht von einem Möglichen abgeleitet werden. Das Mögli-

---

1 Sartre, J.-P.: Das Sein und das Nichts. Versuch einer phänomenologischen Ontologie. 8. Aufl. Hamburg 1982. S. 35

2 Ders. ebda. S. 34

3 Ders. ebda.

4 Sylvain Boni kommentiert lapidar: „Being is massive, static in its form and time. It does not *exist* (stand out). (...) Sartre has less to say about it than he does about the „foritself" which apprehends what-is. The „for-itself" is the consciousness which apprehends that it is not „being-initself"." (aus: Boni, S.: The Self and the Other in the Ontologies of Sartre and Buber. Washington 1982. S. 36)

> che ist eine Struktur des Für-sich, das heißt, es gehört zu einem anderen Seinsbereich. Das An-sich-Sein ist jemals weder möglich noch unmöglich, es ist. Das drückt das Bewußtsein – mit anthropomorphen Wendungen – aus, wenn es sagt, das Sein sei überzählig, das heißt, daß es das Sein absolut nicht von etwas ableiten kann, weder von einem anderen Sein noch von einem Möglichen, noch von einem notwendigen Gesetz. Ungeschaffen, ohne Seinsgrund, ohne irgendeine Beziehung zu einem anderen Sein, ist das An-sich-Sein überzählig für alle Ewigkeit."[5]

Sartre umkreist das An-sich im Horizont der Frage nach dem Nichts. Das Nichts zieht seinen Ursprung aus einem Akt oder einem Entwurf des Subjekts. Die diversen Negatitäten sind Gesichtspunkte des Seins, insofern dieses dem Subjekt bei seinem In-der-Welt-sein erscheint, Relationen, die aufgrund einer präjudikativen Erfassung des Seins entstehen. Somit sind Sein und Nichts auch nicht zwei gleichrangige Seinsprinzipien oder gleichzeitige Komponenten des Wirklichen. Weil Sein und Nichts kontradiktorische Gegensätze sind, ist das Nichts logisch später als das Sein, setzt logisch das Sein voraus. Obwohl es im Sein ist, kann es nicht eine seinsimmanente Struktur sein, denn das Sein ist reine Positivität, aus der wieder nur Sein hervortreten kann. Da nun das En-soi reine Positivität ist, geht der nichtende Bezug von einem Sein aus, das durch sein eigenes Nichts eine Einheit mit diesem bildet: vom Pour-soi, vom Menschen. Von Sartre muß zunächst die These plausibel gemacht werden, daß dem menschlichen In-der-Welt-Sein ein durch das Nichts infiziertes Für-sich-Sein zugrunde liegt. Sartre geht zur Stützung seiner These vom konkreten Bezugsganzen Mensch-in-der-Welt aus, sucht an ihm Negatives auf, um von ihm zur Fundamentalthese, daß Für-sich-Sein ein Nichts an Sein ist, zurückzuführen. Die Seinsweise des Für-sich-Seins soll der Ursprung aller Negativität sein. Sartre charakterisiert die Seinsweise des Menschen in der Welt näher als Verhalten. Grundsätzlich muß sich die Frage nach dem Negativen, der Negation und dem Nichts von jeder menschlichen Verhaltensweise aus angehen lassen. Sartre wählt die Verhaltensweise des Fragens als Ausgangspunkt. Sartre versucht also, das Nichts vom Akt des Fragens selbst aus zu klären, das ein originäres und objektiv examinierbares Verhalten des Menschen zum Sein ist. Jedes Fragen setzt einen Fragenden und ein Befragtes voraus, das sich dem Fragenden in seinem Wesen offenbaren soll. Wir fragen nun aber stets nach etwas, das wir nicht wissen. So haben wir die erste Weise des Nichts, nämlich das Nichts an Wissen. Finden wir schließlich eine Antwort, so haben wir beim wahren Urteil ein Nichts an Irrtum und bei falschem Urteil ein Nichts an Wahrheit. Bei negativen, wahren Urteilen dagegen ergibt sich ein „objektives" Nichts, entsprechend dem „Nicht" im verneinenden Urteil. Das Nichts ist folglich früher als die Verneinung und ihr Fundament. So kristallisiert sich das Nichts als ein Element der Realität heraus. Ein objektives Nichts sieht Sartre vor allem in den von ihm so genannten „negatités", wie Entfernung, Absenz, Mutation usw., Realitäten, zu deren internem Gefüge immer Negationen gehören.

[5] Sartre, J.-P.: Das Sein und das Nichts. a.a.O. S. 35

Natürlich ziehen all diese Negatitäten ihren Ursprung aus einem Akt oder einem Entwurf des Subjekts.

Da das En-soi reine Positivität ist, geht der nichtende Bezug vom Pour-soi aus. Das Für-sich „löst" sich vom Sein, so daß das Sein zum Gegenstand des Menschen wird. Das Nichts ist die Infragestellung des Seins durch das Sein, also genau das, was das Subjekt, das Bewußtsein stets tut, indem es im Sein eine Bestimmtheit weckt und durch diese Option für etwas Bestimmtes anderes ausschließt. Ein Objekt vorzustellen bedeutet: Eine Distanz, eine Leere oder ein Nichts zwischen mich und das Objekt schieben und es so zu nichten. Indem wir ein Existierendes in unserem Denken isolieren, um es bestimmen zu können, nichten wir es usw.. Auf vielfältige Weise nichtet der Mensch das En-soi durch das Nichts in seinem Bewußtsein.

Von Sartre werden noch andere nicht-urteilsmäßige, vorprädikative Verhaltensweisen herangezogen, um auch in ihnen den Ursprung des Nicht-Seins aufzufinden: Die Zerstörbarkeit der Dinge, mit der Für-sich-Sein rechnet, die es für das An-sich-Sein dagegen nicht gibt. Hier zeigt sich, wie Nicht-Sein als Möglichkeit und Wirklichkeit in dem für Für-sich-Sein gelichteten Seienden steckt.

Sartre bringt ein luzides Beispiel:

> „Der Artillerist, dem man ein Ziel anweist, gibt sich Mühe, sein Geschütz dieser Richtung gemäß *unter Ausschluß* aller anderen einzustellen. Aber das würde noch gar nichts nützen, wenn das Seiende nicht als *zerbrechlich* enthüllt worden wäre. Und was wäre denn Zerbrechlichkeit, wenn nicht eine gewisse Wahrscheinlichkeit des Nicht-Seins, die für ein unter bestimmten Umständen gegebenes Seiendes besteht? Ein Seiendes ist zerbrechlich, wenn es in seinem Sein eine bestimmte Möglichkeit von Nicht-Sein enthält. Abermals jedoch ist es der Mensch, von dem aus die Zerbrechlichkeit zu dem Seienden *gelangt,* denn die individualisierende Einschränkung, die wir eben erwähnten, ist die Bedingung der Zerbrechlichkeit: *ein* Seiendes ist zerbrechlich, nicht aber *jedes* Seiende, das sich jenseits jeder möglichen Zerstörung befindet. So läßt der Zusammenhang individualisierender Einschränkung, den der Mensch mit *einem* Seienden auf dem Urgrund seines Zusammenhanges mit dem Sein unterhält, die Zerbrechlichkeit zu diesem Seienden kommen als die Sichtbarwerdung einer ständigen Möglichkeit des Nicht-Seins. Aber das ist noch nicht alles: damit es Zerstörung geben kann, muß der Mensch sich angesichts dieser Möglichkeit des Nicht-Seins determinieren, sei es positiv oder negativ: er muß die notwendigen Maßnahmen ergreifen, um sie zu verwirklichen (Zerstörung im eigentlichen Sinne) oder um sie, durch eine Verneinung des Nicht-Seins, immer auf dem Niveau einer bloßen Möglichkeit zu halten (Schutzmaßnahmen). So ist es also der Mensch, der die Städte zerstörbar macht, gerade weil er sie als zerbrechlich setzt und als wertvoll und weil er ein sie betreffendes Insgesamt von Schutzmaßnahmen ergreift. Und wegen des Insgesamts dieser Maßnahmen kann ein Erdbeben oder ein Vulkanausbruch diese Städte oder diese menschlichen Bauwerke *zerstören.* Und der Ursinn und das Ziel des Krieges sind im geringfügigsten Aufbau des Menschen bereits enthalten. Man muß wohl anerkennen, daß die Zerstörung eine wesentlich menschliche Angelegenheit ist und *daß es der Mensch ist,* der seine Städte durch Vermittlung der Erdbeben oder direkt zerstört, der seine Schiffe durch Vermittlung der Wirbelstürme oder direkt zerstört. Zugleich muß man aber zugeben, daß

> die Zerstörung ein jedem Urteilsakt vorangehendes Verständnis für das Nichts als solches und eine Verhaltensweise *gegenüber* dem Nichts voraussetzt."[6]

Zerstörung ist also nur möglich, wenn ihr Gegenstand schon innerhalb des Seienden als „zerbrechlich" hervorgehoben ist, worin ein mögliches oder wahrscheinliches Nichtsein steckt. Hierfür ist das Subjekt verantwortlich: Es unterhält auf dem Boden seines Grundbezuges zum Sein einen individualisierenden und limitierenden Bezug zu einem bestimmten Seienden, der diesem die Zerbrechlichkeit vermittelt als Erscheinung der Möglichkeit von Nichtsein. Ein solches Seiendes fordert entweder zur Destruktion auf oder zu Schutzmaßnahmen, durch die das Nichtsein in der „bloßen Möglichkeit" gehalten wird. Über ein so als zu schützendes Verstandenes können Naturereignisse destruierend einbrechen, die sonst nicht zerstörend genannt werden könnten.[7]

Ein weiteres Beispiel: das Vermissen. Der Ort, wo ich jemanden vermisse, zeigt an ihm selbst, daß der Vermißte fehlt. Ich suche Peter im Café. Das Café gibt sich als Hintergrund für ein Zentrum, den Gesuchten; er ist als „genichtet" angeschaut. Das Zentrum, wozu der genichtete Hintergrund den Horizont bildet, ist aber selbst nicht da. Es ist eine zweifache Nichtung.[8]

> „Was dem Urteil als Grundlage dient („Peter ist nicht da"), das ist also tatsächlich das intuitive Erfassen einer zweifachen Nichtung. Wohl setzt die Abwesenheit Peters eine vorgängige Beziehung zwischen mir und diesem Café voraus; es gibt eine Unzahl von Menschen, die ohne jeden Zusammenhang mit diesem Café sind, und zwar weil es an einer realen Erwartung mangelt, durch die ihre Abwesenheit festgestellt wird. Aber ich warte ja gerade darauf, Peter zu sehen, und meine Erwartung läßt Peters Abwesenheit *geschehen* wie ein reales, das Café betreffendes Ereignis. Gegenwärtig ist die Abwesenheit ein objektiver Tatbestand, ich habe sie *entdeckt*, und sie stellt sich dar als eine synthetische Beziehung zwischen Peter und dem Raume, in dem ich ihn suche: der abwesende Peter *sucht* dieses Café *heim* und ist die Bedingung von dessen nichtender Hintergrundwerdung. Statt dessen haben Urteile, die ich dann aus Spaß fälle, wie: „Wellington ist nicht in diesem Café, Paul Valéry ist auch nicht da" usw. bloß abstrakte Bedeutung, sind bloße Anwendungsbeispiele des Prinzips der Verneinung, ohne reales Fundament und ohne Wirkfähigkeit; es wird ihnen nie gelingen, eine *reale* Beziehung zwischen dem Café, Wellington oder Valéry herzustellen: die Beziehung „ist nicht" ist hier bloß *gedacht*. Das genügt, um zu zeigen, daß das Nicht-Sein zu den Dingen nicht mittels des negativen Urteils gelangt: im Gegenteil, das negative Urteil ist bedingt und getragen vom Nicht-Sein."[9]

Schließlich ist die Entfernung als weiteres Beispiel zu nennen: Ich kann sie interpretieren als zwei Punkte, die durch eine Strecke getrennt sind oder als eine Strecke, die durch Punkte begrenzt ist. Oder sie ist eine Gegebenheit, die ich überwinden muß, um an mein Ziel zu kommen. In allen Fällen ist ein Positives mit Negativität versetzt.

---

[6] Ders. ebda. S. 45 f.

[7] Vgl. ders. ebda. S. 45

[8] Vgl. ders. ebda. S. 47

[9] Ders. ebda. S. 48

„Wird man einwenden, daß der Begriff der Entfernung ein psychologischer ist und daß er nur die Erstreckung bedeutet, die man *überwinden* muß, um vom Punkt A zum Punkt B zu gelangen? Wir antworten, daß dieselbe Negation in diesem „Überwinden" eingeschlossen ist, denn dieser Begriff drückt gerade den passiven Widerstand des Entferntseins aus. Wir schließen uns Heidegger gern darin an, daß die „menschliche Realität" „entfernend" ist, das heißt, daß sie in der Welt als das auftaucht, was die Entfernungen schafft und gleichzeitig dahinschwinden läßt (ent-fernt). Aber selbst wenn diese Ent-fernung die notwendige Bedingung dafür ist, daß es ein Entferntsein im allgemeinen „gibt", so enthält sie doch das Entferntsein in sich als negative Struktur, die überstiegen werden muß. Es wäre zwecklos, zu versuchen, die Entfernung auf das einfache Ergebnis einer *Messung* zurückzuführen."[10]

Sartre zeigt, wie Nicht-Sein vom Menschen-in-der-Welt in vielerlei Weise erfahren wird. Solche wesentlich zur Welterfahrung gehörenden „négatités" wie Zerstörbarkeit, Abwesenheit, Veränderung, Bedauern, Trennung, Entfremdung usw. sind Nicht-Seins-Phänomene, die zum Ursprung des Nicht-Seins im Für-sich-Sein zurückverfolgt werden müssen, so daß sich das Nicht-Sein in seiner ontologischen Ursprünglichkeit zeigt, nämlich als das, was das Sein des Für-sich-Seins ausmacht, als Nichts.

„Was wir durch Prüfung der *Entfernung* gesagt haben, hätten wir ebensogut sichtbar machen können durch Beschreibung von Wirklichkeiten wie Abwesenheit, Veränderung, Andersheit, Abstoßung, Reue, Trennung usw.. Es gibt eine unbegrenzte Zahl von Wirklichkeiten, die nicht nur Gegenstände des Urteils sind, sondern die vom Menschenwesen erlitten, bekämpft, gefürchtet usw. werden und die in ihrer inneren Struktur mit Negation behaftet sind wie mit einer notwendigen Bedingung ihres Daseins. Wir nennen sie Negiertheiten (négatités)."[11]

Klaus Hartmann kommentiert Sartres Reflexionen folgendermaßen:

„Gehen wir über diese vereinfachende Auffassung hinaus, so können wir zwei Fälle unterscheiden: Negatitäten, die als ganze ein negatives Vorzeichen haben, sozusagen affektiv oder pragmatisch negative Gegenständlichkeiten, und solche, die ein Negatives in sich haben, gewissermaßen objektiv negative. Ein Abgelehntes, Beargwöhntes, Entferntes oder Vermißtes kann unter Wahrung wesentlicher Züge zu einem Bejahten, Begrüßten, Nahegebrachten oder Vorgefundenen werden. Husserlsch gesprochen handelte es sich um einen entsprechend tingierten Aktcharakter, der in seinem Korrelat eine Sinnmodifikation bedingt. Das Negative wäre gegenständlich als korrelativ zu einem negativen Akt. Eine Strecke als begrenzte Linie jedoch hätte ein „noematisch" Negatives in sich oder wäre, mit Sartres Ausdruck, eine „Gestalt". Diese könnte wiederum als ganze affektiv oder pragmatisch akzentuiert sein. Sartre geht es hier nicht um das Spezifische des letzteren Beispiels; er will nur das Gemeinsame herausheben, daß das Negative „Komponente" im Positiven ist. Das Negative begegnet."[12]

---

[10] Ders. ebda. S. 60 f.

[11] Ders. ebda. S. 61

[12] Hartmann, K.: Die Philosophie J.-P. Sartres. Zwei Untersuchungen zu L'être et le néant und zur Critique de la raison dialectique. Durchgesehene, um ein Vorwort und ein Register vermehrte 2. Auflage von Grundzüge der Ontologie Sartres in ihrem Verhältnis zu Hegels Logik und Sartres Sozialphilosophie. Berlin/New York 1983. S. 46

Sartres Reflexionen zu Sein und Nichts münden in dessen anthropologische Freiheitslehre. Der nichtende Mensch umgibt sich mit einer Sphäre von Nichts. Hierdurch wird die Freiheit des Menschen evident. Der Mensch löst sich nichtend von den Determinanten seiner Faktizität, so daß Freiheit als Negation möglich wird.

> „So ist die Freiheit, als die für die Nichtung des Nichts geforderte Bedingung, keine *Eigenschaft*, die neben anderen zum Wesen des menschlichen Seins gehörte.“[13]

Sondern die Freiheit ist die Definition des Menschen schlechthin. Nichts vom En-soi kann in die Freiheit des Menschen penetrieren und ihn determinieren zu etwas, das er nicht will. Der Mensch ist absolut frei. Der Mensch ist ein Wesen, bei dem die Existenz der Essenz vorausgeht.

In der Erkenntnis der eigenen Freiheit wurzelt die *Angst*. In der Angst wird dem Menschen seine Freiheit, seine Vergangenheit zu sein und zugleich nicht zu sein, bewußt. Dies zeigt sich, wenn das bewußte Sein sich in seiner Gegenwärtigkeit gegenüber Zukunft und Gegenwart begreift, sofern Zukunft und Gegenwart als zeitliche Orte seiner eigenen Möglichkeiten verstanden werden. In Differenz zur Furcht (als Furcht vor bedrohlichem, aus der Welt begegnendem Seienden) ist Angst ein reflexives Ergreifen des Selbst, in dem ich mich um mich, um meine ungewissen Möglichkeiten ängstige. Der Mensch steht also ganz allein, zur Freiheit verurteilt, und ist nun gezwungen, sich selbst, seine Zukunft und seine ganze Welt zu entwerfen. Das Für-sich ist effektiv ein fortwährender Entwurf, ist nichts als sein Entwurf. Der Mensch existiert nur in dem Maße, in dem er sich verwirklicht; er ist die Summe seiner Erscheinungen. Daraus ergibt sich:

> „Die wesentliche Folgerung aus unseren ( ... ) Darlegungen ist, daß der Mensch, der verurteilt ist, frei zu sein, das ganze Gewicht der Welt auf seinen Schultern trägt: er ist, was seine Seinsweise betrifft, verantwortlich für die Welt und für sich selbst.“[14]

Aus dem Gefühl der absoluten Verantwortlichkeit für sich und die ganze Menschheit resultiert – nach Sartre – die Angst als ein Grundphänomen der menschlichen Existenz. Während die Furcht sich auf äußere Gegenstände, Situationen und Geschehnisse richtet, bezieht sich die Angst auf die eigene Freiheit. Die Angst entsteht, weil die eigene Zukunft offen ist und ich meine zukünftigen Handlungen nicht vorhersehen kann. Für sie besteht nämlich keine strenge Kausalitätsgesetzlichkeit wie für die externe Natur. Die psychischen Gegebenheiten lassen sich nicht in Elemente zerlegen, auf die sich kausale Strukturen anwenden lassen.[15]

> „Zunächst muß man Kierkegaard recht geben: die Angst unterscheidet sich von der Furcht dadurch, daß die Furcht Furcht der Lebewesen vor der Welt ist und die Angst Angst vor mir selbst. Das Schwindelgefühl ist Angst in dem Maße, als

[13] Sartre, J.-P.: Das Sein und das Nichts. a.a.O. S. 65 f.
[14] Ders. ebda. S. 696
[15] Vgl. ders. ebda. S. 68 f.

ich mich davor fürchte, nicht sowohl in den Abgrund zu fallen, als vielmehr mich hinabzustürzen. Eine Situation, die Furcht hervorruft, insofern sie die Gefahr enthält, von außen her mein Leben und mein Sein zu verändern, ruft die Angst hervor in dem Maße, in dem ich meinen eigenen Reaktionen dieser Situation gegenüber mißtraue. Die Artillerievorbereitung, die dem Angriff vorausgeht, kann bei dem Soldaten, der die Beschießung über sich ergehen lassen muß, Furcht hervorrufen: die Angst dagegen beginnt bei ihm, wenn er sich sein Verhalten auszumalen versucht, das er der Beschießung entgegensetzt, wenn er sich also fragt, ob er es wird „aushalten" können."[16]

In der Furcht läßt sich Fakten Rechnung tragen, um mit Risiken fertig werden zu können. In der Angst ängstigt mich dagegen mein eigenes Möglichsein, das ein durch mich Durchgehalten-sein und ein durch mich Durchgehalten-sein-müssen ist. In ihr steht die Möglichkeit entgegengesetzter Verhaltensweisen offen. Alle werden allein von mir im Sein gehalten, aber ich selbst bin auch Quelle und Grund ihrer Unsicherheit. In der Angst erfasse ich, daß alle meine der Furcht entsprossenen Planungen und Absicherungen gegen die Gefahr nur mögliche Verhaltensweisen betreffen, die nicht in der Lage sind, mich zu determinieren und zu binden. So hat sich eine Beziehung zwischen meinem gegenwärtigen und meinem zukünftigen Sein eingestellt. Für sie gilt: „ich *bin* nicht der, der ich sein werde. Zunächst bin ich nicht er, weil mich die Zeit von ihm trennt. Ferner weil, was ich bin, nicht die Grundlage dessen ist, was ich sein werde. Endlich weil überhaupt kein aktuell Daseiendes unumstößlich bestimmen kann, was ich sein werde."[17]

In der Angst „wird dem Menschen seine Freiheit bewußt oder, wenn man lieber will, die Angst ist die Seinsweise der Freiheit als Seinsbewußtsein, in der Angst befindet sich die Freiheit in ihrem für sich selbst Infragestehen."[18]

Angst ist gekennzeichnet durch die Frage: Was soll *ich* machen?[19] So gesehen, schließen Furcht und Angst einander aus, denn die Furcht ist ein unreflektiertes Ergreifen eines Begegnenden und die Angst ein reflektiertes Ergreifen des Selbst.

Sartre macht die Angst vor der Freiheit am Beispiel eines Spielers deutlich, der sich fest entschlossen hat, nicht mehr zu spielen. Daß dessen gute Vorsätze ins Wanken kommen, sobald er des Spieltisches ansichtig wird, ist die Erkenntnis der totalen Unwirksamkeit seines früher gefaßten Entschlusses, nicht mehr zu spielen. Es schien dem Spieler, als habe er durch seinen früheren Entschluß so etwas wie eine reale Schranke zwischen sich und den Spieltisch geschoben, aber nun entdeckt er, daß in Wahrheit nichts dazwischen steht und daß er seinen Entschluß neu erschaffen muß. Denn er ist Nichts, und nichts hindert ihn.

---

16 Ders. ebda. S. 71. Das ist eine der wenigen Stellen, wo Sartre Kierkegaard zitiert. Vgl. zum schwierigen und überwiegend negativen Verhältnis Sartres zu Kierkegaard: Grangier, E.: Abraham oder Kierkegaard: Wie Kafka und Sartre ihn sehen. In: Zeitschrift für phil. Forschung. Jg IV. (1949). S. 412-421

17 Ders. ebda. S. 74

18 Ders. ebda. S. 70

19 Vgl. ders. ebda. S. 71

Der Mensch wird sich selbst zu seinem eigenen Nichts.[20]

*„Das Sein, durch das das Nichts in die Welt gelangt, muß sein eigenes Nichts sein“*[21], und so ist das Pour-soi der Ort, durch den das Nichts in die Welt kommt.

Gegenüber dem (determinierten) Vergangenheitszusammenhang ist die menschliche Realität notwendig durch ihre Freiheit ein Nichts im gegenwärtigen Augenblick.

> „Es gibt im Seelenleben keinen Augenblick, wo nicht, wenigstens in der Eigenschaft sekundärer Strukturen, verneinende oder befragende Verhaltensweisen erscheinen; und fortwährend erlebt sich das Bewußtsein selbst als Nichtung seiner Vergangenheit.“[22]

Die Bedeutung der Vergangenheit ist direkt abhängig von meinem gegenwärtigen Michentwerfen.

> „Das bedeutet keineswegs, daß ich den Sinn meiner früheren Taten nach Belieben sich ändern lassen kann; sondern es bedeutet im Gegenteil, daß der Grundentwurf, der ich bin, absolut über die Bedeutung entscheidet, die für mich und für die Anderen die Vergangenheit haben kann, die ich zu sein habe. Ich allein kann nämlich in jedem Augenblick über die *Tragweite* der Vergangenheit entscheiden: nicht indem ich in jedem Falle die Wichtigkeit dieses oder jenes früheren Ereignisses erörtere, erwäge, beurteile, sondern indem ich mich auf meine Ziele hin projektiere, nehme ich die Vergangenheit mit mir und *entscheide* durch das Handeln über ihre Bedeutung.“[23]

Sartre bringt ein paar luzide Beispiele:

> „Wer kann entscheiden, ob jene geheimnisvolle Krise in meinem fünfzehnten Lebensjahr reines Pubertätsereignis „gewesen ist“ oder nicht vielmehr das erste Anzeichen eines zukünftigen Glaubenswechsels? Nur ich, je nachdem, ob oder ob nicht ich – mit zwanzig, dreißig Jahren – beschließe, meinen Glauben zu wechseln. Der Entwurf eines Glaubenswechsels verleiht mit einem Schlage einer Jugendkrise den Wert einer Ankündigung, die ich nicht ernst genommen hatte. Wer entscheidet, ob der Aufenthalt im Gefängnis, den ich nach einem Diebstahl durchgemacht habe, fruchtbringend oder beklagenswert war? Ich, je nachdem ob ich aufs Stehlen verzichte oder nun erst recht stehle. Wer kann über den Bildungswert einer Reise entscheiden, über die Ehrlichkeit eines Liebesschwures, über die Reinheit einer zurückliegenden Absicht usw.? Ich, immer ich, je nach den Zielen, durch die ich sie beleuchte.“[24]

Hier setzt auch Sartres Kritik an der Psychoanalyse Sigmund Freuds an, welche davon ausgeht, daß (frühkindliche) Erfahrungen eine das Denken und Verhalten determinierende Wirkung haben.[25]

---

20 Vgl. ders. ebda. S. 75 f.
21 Ders. ebda. S. 63
22 Ders. ebda. S. 70
23 Ders. ebda. S. 630
24 Ders. ebda. S. 630 f.
25 Vgl. ders. ebda. S. 701-723

Jacques Derrida hat in einem Interview mit dem *Nouvel Observateur* behauptet, Sartre habe die Psychoanalyse vollständig abgelehnt und nicht verstanden.[26] Walter van Rossum hat diesen Vorwurf analysiert und hervorragend zurückgewiesen.[27] Das Verhältnis Sartres zur Psychoanalyse war sehr viel diffiziler und vielschichtiger, als es der Strukturalist Derrida behauptet hat: Sartres frühe und später immer weiter differenzierte Kritik an bestimmten psychoanalytischen Modellen bezog sich auf den Naturalismus, der in diesen Modellen manchmal vorherrscht. Aus anderen, dann aber doch wieder ähnlichen Gründen verband ihn auch mit der seit den 60er Jahren in Frankreich vorherrschenden Theorie und Schule Jacques Lacans wenig.[28] Wie Manfred Frank gezeigt hat, kann man einige Passagen aus *Der Idiot der Familie* als (implizite) Kritik an Lacanschen Konzepten lesen.[29] 1969 veröffentlichte Sartre in der von ihm herausgegebenen Zeitschrift *Les Temps Modernes* den transkribierten Tonbandmitschnitt eines „Psychoanalytischen Dialogs", der gegen den Willen des Analytikers aufgenommen worden war. In seinem begleitenden Kommentar *L'homme au magnétophone* (Der Mensch auf Band)[30] legte Sartre die Gründe für die Veröffentlichung dar und erläuterte noch einmal, warum er gewisse Praktiken und gewisse Theorien gewisser Psychoanalytiker kritisierte. Soweit Sartres Ablehnung *der* Psychoanalyse. Hingegen hatte er bereits 1943 in seinem ersten philosophischen Hauptwerk *Das Sein und das Nichts* seine Vorstellungen von einer „existentiellen Psychoanalyse" dargelegt, die er in der Folge an den Beispielen Stéphane Mallarmé[31], Jean Genet (1952), Charles Baudelaire (1944), Gustave Flaubert (1971/72)[32] auf vielen tausend Seiten konkretisierte und vertiefte. In dem umfangreichen Filmdrehbuch über Sigmund Freud wandte Sartre in gewissem Sinne *seine* psychoanalytischen Vorstellungen auf die Person Sigmund Freuds an. Von Ablehnung „der" Psychoanalyse also keine Spur. Im Gegenteil: Das Projekt einer psychoanalytischen Theorie hat ihn bis in seine letzten Werke hinein intensivst beschäftigt. Sartre hat seine Autobiographie *Die Wörter* streckenweise in psychoanalytischem Vokabular verfaßt – wenn auch, um gewisse Theorien der Psychoanalyse zu widerlegen.[33]

---

26 Vgl. „Derrida l'insoumis". In: Le Nouvel Observateur v. 9. 9. 1983. S. 86

27 Vgl. Rossum, W. v.: Sich verschreiben. Jean-Paul Sartre 1939-1953. Frankfurt a. M. 1990. S. 9 f.

28 Über den Einfluß und die Stellung von Jacques Lacan in Frankreich informiert sehr ausführlich der zweite Band von Elisabeth Roudinesco „La Bataille de cent ans. Histoire de la psychanalyse en France". Paris 1986. 2 Bände

29 Frank, M.: Zur Archäologie des Individuums. Zur Hermeneutik von Sartres *Flaubert* in: Ders., Das Sagbare und das Unsagbare. Studien zur neuesten französischen Hermeneutik und Texttheorie. Frankfurt a. M. 1980. S. 36-113

30 Beide Texte sind unübersetzt und franz. wiederabgedruckt in: Situations X. 1975. S. 329-358

31 Die Studie über Mallarmé ist Fragment geblieben. Sie ist erstmals in der Zeitschrift Obliques Nr. 18/19, April 1979, S. 169-194, erschienen.

32 Sartre, J.-P.: Saint Genet. Komödiant und Märtyrer. Reinbek 1982
Baudelaire. Ein Essay. Reinbek 1978
Der Idiot der Familie – Gustave Flaubert. 5 Bde. Reinbek 1977-1979

33 Ders.: Die Wörter. Reinbek 1965

### 2. *Meine Leiblichkeit und der Andere*

Das Für-sich ordnet die Dinge der es umgebenden Welt entsprechend seiner Leiblichkeit: Was sich im Bereich seines Kopfes und darüber befindet, ist „oben“, was sich zu seinen Füßen befindet, ist „unten“. Ebenso bestimmen sich „links“ und „rechts“ entsprechend der rechten und linken Körperhälfte des erkennenden Subjekts. Was für das Für-sich leicht und schnell erreichbar ist, ist „nahe“, was für das Subjekt nur unter einem gewissen Zeitaufwand oder gar nicht zu erreichen ist, ist weiter oder weit „entfernt“.[34]

Dadurch, daß wir als physische Wesen unser Leben zu leben haben, stehen wir a priori in einer unaufhebbaren Relation zu den Objekten und zu den anderen Menschen – wenn auch beides auf eine ganz andere Weise. Unser Leib bedeutet damit für uns vor allem eine Reduzierung unserer Freiheit, unser Leib bindet uns nach allen Seiten an die Objekte und die Mitmenschen. Einen Leib besitzen heißt folglich nichts anderes, als permanent die Erfahrung der Aggressivität der Welt machen zu müssen.[35]

Nach Sartre lassen sich die (Wahrnehmungs)relationen zum Anderen keinesfalls auf ein bloßes Erkennen wie das eines toten Objekts reduzieren. Wenn sich mir aber der Andere anders demonstriert als irgendein Objekt, so muß ich den Anderen auf eine prinzipiell andere Weise erleben und erfassen als die mich umgebenden Objekte. Diese Erfahrung ist nach Sartre dort realisiert, wo ich vom Anderen erblickt werde, und sie ist auf der anderen Seite dem Anderen dort gegeben, wo er von mir im Blick erfaßt wird. Der Blick ist somit für Sartre das Phänomen, das grundsätzlich die Beziehung zwischen dem Anderen und mir stiftet. Durch die Präsenz des Anderen als Blick, dem ich mich nicht entziehen kann, registriere ich zugleich meinen Leib; denn der Blick des Anderen kann mich nur deshalb erfassen, weil ich für ihn physisch und leibhaftig gegenwärtig bin, und auch ich kann den Anderen nur sehen, weil er für mich als ein physisches Wesen präsent ist. Werde ich vom Anderen im Blick erfaßt, erlebe und erfahre ich ihn nicht auf der Ebene des Erkennens, sondern im Blick tritt mir der Andere auf der Ebene des Seins entgegen.

Doch sehen wir genau: Solange der Andere mich nicht anblickt, bleibt er für mich Objekt, kontingentes Da-Sein.

> „Dieser Leib des Anderen ist mir als das reine Ansich seines Seins gegeben – ein An-sich unter anderem An-sich, das ich auf meine Möglichkeiten hin überschreite. Dieser Leib des Anderen offenbart sich also durch zwei gleich zufällige Charakteristika: er ist hier, könnte aber auch anderswo sein, d.h. die Zeugdinge könnten sich mit Bezug auf ihn auch anders anordnen, ihn anders anzeigen, die Entfernungen des Stuhles von ihm könnten andere sein – er ist dieses Da, könnte aber auch anders sein, d.h.: ich erfasse seine ursprüngliche Zufälligkeit in Form einer gegenständlichen und zufälligen Konfiguration. In Wirklichkeit freilich bilden die zwei Charaktere nur einen einzigen. Der zweite ist lediglich eine Dar-

---

[34] Vgl. ders.: Das Sein und das Nichts. a.a.O. S. 412 ff.

[35] Vgl. ders. ebda. S. 433 ff. u. S. 638 ff.

> stellung und Entfaltung des ersteren für mich. Dieser Leib des Anderen ist das reine Faktum der Gegenwart des Anderen in *meiner* Welt, als eines Da-Seins, das sich als solches durch ein Eben-dieses-Da-Sein verrät."[36]

Der Andere, der mich nicht anblickt, ist für mich nur der Objekt-Andere. Ich degradiere ihn zum Objekt meiner Dingwelt. Ich kann mich über ihn erheben, mich beispielsweise über ihn lustig machen. Doch das ändert sich, sobald der Andere mich anblickt. Die Blickerfahrung entdeckt mir nämlich den Subjekt-Anderen, eine transzendente Gegenwart bei der Welt und damit eine reale Bedingung *meines* Objekt-Seins.

> „Unter keinen Umständen ist es also möglich, meine Gewißheit vom Subjekt-Anderen auf den Objekt-Anderen, der den Anlaß für diese Gewißheit war, zu übertragen, und umgekehrt die Evidenz der Erscheinung des Subjekt-Anderen von der konstitutionellen Wahrscheinlichkeit des Objekt-Anderen aus abzuschwächen. Mehr noch, der Blick erscheint, wie wir gesehen haben, auf dem Hintergrunde der Vernichtung des Objektes, das von ihm Kunde gibt. Wenn dieser dicke und häßliche Passant, der sich tänzelnd auf mich zu bewegt, mich plötzlich ansieht, ist es mit seiner Häßlichkeit, seiner Fettleibigkeit und seinen Tänzelschritten vorbei; solange ich mich erblickt fühle, ist er reine vermittelnde Freiheit zwischen mir und mir. Das Erblicktwerden kann also nicht von dem Objekt abhängen, das den Blick kundtut."[37]

Wir sagten, daß sich der Andere uns anders demonstriert als alle Objekte der Welt. Wenn ich erblickt werde, registriere ich zugleich, daß mich der Blick des Anderen dort trifft, wo ich so bin, wie ich bin, und auch gar nicht anders sein kann: auf meinem Leib. Und mag ich diesen meinen Leib auch bekleiden, mag ich mich gar verbergen, so ändert dies nichts an dem Faktum, daß ich diesen bestimmten Leib habe und durch ihn prinzipiell für den Anderen sichtbar bleibe. Der Andere kann uns allezeit erblicken, und zwar in der Weise, daß ich dadurch die Beziehungen zu ihm über die Beziehung erfasse, die zwischen mir und meinem Leib besteht. Der Blick des Anderen verweist mich auf meinen Leib. Doch auf der anderen Seite können wir auch sagen: Mein Leib ermöglicht mir erst das Erlebnis des Erblicktwerdens durch den Anderen. Dieweil wir die Objekte der Welt handhaben, erleben wir auch, daß wir über einen Leib verfügen. Und unsere Aufmerksamkeit wird dort auf ihn gelenkt, wo wir etwas ausführen oder erlangen wollen und durch die Imperfektibilität oder Gebrechlichkeit unseres Leibes daran gehindert werden, zum Beispiel dort, wo wir wegen Gehbehinderung ein weit entlegenes Objekt nicht erreichen können. Allerdings brauchen wir ja nur von dem Ziel, das wir uns vorgegeben haben und das zu erlangen uns unmöglich war, ablassen, oder, wie im Falle der Gehbehinderung, ein entsprechendes Utensil, also einen Gehstock oder ein Fahrzeug benutzen, und schon wird es nach Sartre – existentiell betrachtet – nebensächlich, ob wir kräftig und gesund oder schmächtig und behindert sind. D.h., im Kontakt mit der Welt werden wir uns unserer Leiblichkeit unter keinen Umständen so direkt und unausbleib-

[36] Ders. ebda. S. 444
[37] Ders. ebda. S. 366

lich bewußt, wie dies im interpersonalen Bereich dort geschieht, wo wir spontan von dem Anderen erblickt werden.

Das An-sich kann nie eine wirkliche Grenze meiner Freiheit sein, wenn ich es nicht zulasse. Sartre führt aus:

> „So bin ich, sobald ich existiere, mitten hinein zwischen von mir verschiedenen Existenzen geworfen, die um mich herum, für und gegen mich ihre Wirkfähigkeiten entfalten; ich will so schnell wie möglich mit meinem Fahrrad in die nächste Stadt gelangen. Dieses Vorhaben beinhaltet meine persönlichen Zwecke, die Beurteilung meines Platzes und der Entfernung der Stadt bis zu meinem Platze sowie die freie Anpassung der Mittel (Kräfte) an den verfolgten Zweck. Aber ein Pneu platzt, die Sonne brennt zu heiß, der Wind bläst von vorn usw., lauter Phänomene, die ich nicht vorausgesehen hatte: das ist die Umgebung. Zwar bekundet sie sich innerhalb und mittels meines hauptsächlichen Entwurfes; ihm zufolge kann der Wind als Gegenwind oder als „guter" Wind in Erscheinung treten, ihm zufolge zeigt sich die Sonne als angenehme oder lästige Wärme."[38]

Die Dinge sind nur Grenzen der von mir frei gewählten Projekte. Ich brauche meine Haltung zu den Dingen, meine Pläne und Ziele, nur zu ändern, und schon sind die Dinge keine Grenzen meiner Freiheit mehr.[39]
Kehren wir zurück zur Blickerfahrung. Wir sagten: Ich erlebe die Relation zum anderen Menschen dann, wenn ich von ihm angeblickt werde, als einen Rekurs auf mich selbst, als einen Rekurs auf mein visibles „Draußen", auf meinen Leib. Durch den Blick des Anderen werde ich auf die Dimension meiner selbst zurückbezogen, die der Andere von mir zu erblicken vermag, also auf meine „Außenseite" (déhors), meinen Leib.

Nun erlebe ich durch den Blick des Anderen die Unauflöslichkeit der Beziehung von mir zu meinem Leib vorzüglich im *Schamgefühl*. So wie für Sartre der Blick die Offenlegung der Subjektivität des Anderen ist, so ist für ihn das Schamgefühl die grundsätzlichste Verhaltensweise, welche der Blick und in generellerem Sinn die permanente Präsenz des Anderen in mir bewirkt. Das Schamgefühl übermannt mich vom Anderen her, und ich bin ihm hilflos preisgegeben, weil ich ein Äußeres habe, über das der Andere mehr verfügt als ich selbst, das aber ein Teil meines Selbst ist und für das ich verantwortlich bin.

> „Die Scham ist Enthüllung des Anderen, aber nicht in der Weise, in der ein Bewußtsein einen Gegenstand enthüllt, sondern in der Weise, in der ein Bewußtseinsmoment nebenbei ein anderes Moment als seine Motivation beinhaltet. Hätten wir das reine Bewußtsein durch das *cogito* erreicht, und wäre dieses Bewußtsein nur Bewußtsein, Scham (zu sein), so würde doch das Bewußtsein Anderer es als unfaßliche Gegenwart noch heimsuchen und sich so jeder Reduktion entziehen. Das zeigt uns deutlich genug, daß man den Anderen zunächst nicht in der Welt zu suchen hat, sondern auf seiten des Bewußtseins, und zwar als ein Bewußtsein, in dem und durch das das Bewußtsein zu dem wird, was es ist. Ebenso wie mein vom *cogito* ergriffenes Bewußtsein unbezweifelbares Zeugnis ablegt von sich selbst und seiner eigenen Existenz, so legen gewisse besonde-

---

[38] Ders. ebda. S. 638
[39] Vgl. ders. ebda. S. 639 f.

> re Bewußtseinsweisen, zum Beispiel das „Schambewußtsein", dem *cogito* gegenüber Zeugnis ab sowohl von sich selbst als auch von der Fremdexistenz, und zwar unbezweifelbar."[40]

Die Existenz des Anderen wird mir nicht in einem Akt des Erkennens bewußt, sondern ich erlebe den Anderen im innersten Kern meines Seins, in einem spezifischen Schauer. Durch die Scham ist das Faktum, daß es den Anderen gibt, unleugbar geworden. Sobald das existentielle Schamgefühl von mir Besitz ergreift, wird mir die Existenz des Anderen mit derselben Gewißheit offenbar, mit der mir – nach Descartes – das Cogito die absolute Wahrheit meiner eigenen Existenz enthüllt und vor Augen stellt.

> „Und da meine Scham als reflexiv erfaßbares ‚Erlebnis' vom Anderen mit demselben Rechte Zeugnis ablegt wie von sich selbst, kann ich sie nicht gelegentlich eines Dinges der Welt in Frage stellen, das grundsätzlich bezweifelt werden kann. Ebensoviel Wert hätte es, an meiner eigenen Existenz zu zweifeln, weil die Wahrnehmungen, die ich von meinem eigenen Körper habe (wenn ich zum Beispiel meine Hand sehe), dem Irrtum unterworfen sind. Wenn also das in völliger Reinheit freigelegte *Erblicktwerden* nicht stärker an den *Leib des Anderen* gebunden ist, als in der reinen Realisation des cogito mein Bewußtsein, Bewußtsein zu sein, an *meinen eigenen Leib* gebunden ist, muß man das Auftreten gewisser Objekte im Felde meiner Erfahrung, insbesondere die Konvergenz der Augen eines Anderen in meiner Richtung, als eine bloße *Ermahnung* auffassen, als eine bloße Gelegenheit, mein *Erblicktwerden* zu realisieren, in der Weise, in der für einen Platon die Widersprüche der empfindungsfähigen Welt die Gelegenheit dafür sind, eine philosophische Bekehrung vorzunehmen. Es ist, kurz gesagt, sicher, daß *ich erblickt werde*."[41]

Sartre interpretiert den Blick als die Manifestation der reinen Subjektivität des Anderen und für ihn ist die Scham die originäre Reaktion auf diesen Blick. Dies bedeutet allerdings keinesfalls, daß er alle Beziehungen, die zwischen mir und meinem Leib und vermittelt über meinen Leib zwischen mir und dem Anderen bestehen, ausschließlich vom Blick und der Scham her bestimmen und allein von ihnen her ihre Wesensstruktur herauskristallisieren will. Für ihn ist der Blick allerdings die unmittelbare Expression der reinen Subjektivität des Anderen: In anderer, mittelbarer Form ist ebenfalls jede Gebärde und jedes gesprochene Wort Expression einer Subjektheit. Neben der Scham zählt Sartre noch andere Reaktionen auf, wie die Furcht (la crainte) und den Stolz (la fierté). Aber wie groß die Anzahl der möglichen Reaktionen der Subjektheiten auch sein mag, nach Sartre kommt im Hinblick auf die alltägliche Erfahrung – und damit für die phänomenologische Beschreibung der menschlichen Reaktionen – dem Blick und der Scham die größte Importanz zu.

Einen Leib haben bedeutet für Jean-Paul Sartre also zunächst einmal, an einem Mangel zu leiden. Sartre spricht von „Entfremdung". Und dieser Entfremdung durch den Anderen vermag ich nicht dadurch zu entgehen, daß ich

[40] Ders. ebda. S. 362
[41] Ders. ebda. S. 366 ff.

mich in Kleider hülle; denn es bleiben dem Anderen immer noch mein Tun und meine Situation in der Welt sichtbar. Folglich habe ich nur die Möglichkeit, mich vor dem Anderen zu retten, indem ich das, was von mir für ihn sichtbar ist und was sich seinem Urteil und seiner Einschätzung darbietet, bewußt zu übernehmen und dafür einzustehen.

Scham ist nach Sartre Anerkenntnis und Bekenntnis zugleich. Ich anerkenne das, was der Andere von mir sieht, und zugleich bekenne ich mich dazu. In diesem inneren Prozeß konstituiert sich mein Selbstbewußtsein, mein Selbstbild. Was der Andere als mein Äußeres sieht, erlebe ich erst dadurch, daß ich mich dessen schäme, von „drinnen" als etwas, was ich bin und wofür ich verantwortlich bin.

Da Scham ein intentionaler, d.h. auf einen Gegenstand gerichteter Akt ist, ist das Objekt dieses Gefühls notwendigerweise das eigene Selbst. Schäme ich mich meiner, so schäme ich mich stets nur dessen, was von mir für den anderen Menschen visibel geworden ist oder es doch werden könnte: Das Objekt meiner Scham konstituiert sich für mich also ausschließlich durch den Blick des Anderen.[42] Der Andere ist folglich a priori die Anregung und Ursache meiner Scham. Er verweist mich auf einen Part meiner selbst, den ich akut durch seinen Blick entdecke und über den ich gar nicht mehr allein verfüge. Weil ich notwendigerweise nicht in der Lage bin, diese Entfremdung meiner selbst zu verhindern, schäme ich mich, durch den Blick getroffen, meines Leibes, der zum Objekt für den Anderen degradiert und entfremdet wurde. Um mich schämen zu können, muß ich primär über eine physisch-sichtbare Gestalt verfügen; wäre aber der Andere nicht präsent, hätte ich immer noch einen Leib, aber ich könnte mich seiner nicht schämen. So enthüllt mir also meine Scham den Anderen, nicht als ein visibles Objekt unter den Objekten der sichtbaren Welt, sondern, indem ich mich schäme, erlebe und erfahre ich den Anderen als eine Transzendenz, als ein Bewußtsein, das vermittelt über meinen Leib in mein Bewußtsein hineinragt und mein Innerstes – mein Selbstverständnis und Selbstwertgefühl – prägt und bestimmt.

> „Das Gegenstandsein meines Leibs für den Anderen ist nicht Gegenstand für mich und kann meinen Leib nicht als Gegenstand konstituieren: es wird erlebt als Flucht des Leibes, den ich existiere. Damit die Erkenntnisse, die der Andere von meinem Leib hat und die er mir durch die Sprache mitteilt, meinem Leib-für-mich eine Struktur besonderer Art geben können, müssen sie sich auf einen Gegenstand beziehen und muß mein Leib bereits Gegenstand für mich sein. Auf der Ebene des reflexiven Bewußtseins also können sie ins Spiel treten: was sie bestimmen, ist nicht die Faktizität als bloß *Existiertes* des nichtthetischen Bewußtseins, vielmehr die Faktizität als durch die Reflexion erfaßter Quasi-Gegenstand. Indem diese begriffliche Schicht zwischen den Quasi-Gegenstand und das reflexive Bewußtsein tritt, vollendet sie die Vergegenständlichung des psychischen Quasi-Leibs."[43]

---

[42] Vgl. ders. ebda. S. 456 f.

[43] Ders. ebda. S. 458

Wenn wir uns unseres Leibes schämen, konstatieren wir nicht lediglich das, was der Andere von uns erblickt oder erblicken könnte, vielmehr konstatieren wir zugleich den Anderen als etwas, was wir selbst nicht sind. Diese innere Negation fällt nun nach Sartre exakt zusammen mit dem Erwachen unseres Selbstbewußtseins. Ist unser „Äußeres" der alleinige Grund dafür, daß wir vom Anderen erblickt werden, und ist dieses „Äußere" ebenfalls der alleinige Grund unseres Schamgefühls, so ist es mithin auch für uns die notwendige Bedingung der Möglichkeit, uns unserer selbst bewußt zu werden. Indem sich dieses Selbstbewußtsein jedoch in der Scham konstituiert, ist es notwendigerweise moralisches Bewußtsein; denn dieses Bewußtsein unserer selbst ist nur möglich bei gleichzeitiger Akzeptanz dessen, was ein Anderer von uns erblickt. Insofern mein Selbstbewußtsein erst aus der Begegnung mit dem Anderen geboren wird, ist es vom Anderen her auch jederzeit bedroht und der Gefahr ausgesetzt, wieder in Frage gestellt und genichtet zu werden. Der Andere kann mir, wenn ich bereits zu mir selbst gekommen bin und ich mich für meinen Leib und mein Verhalten verantwortlich weiß, mein Selbstverständnis und meine Situation wieder streitig machen. Der Andere braucht mich in seinem Blick nur zum Objekt seiner Welt und seiner Interessen zu degradieren, mein Selbstverständnis negieren, und schon ist mein im Akt der Auflehnung gegen den Anderen gewonnenes Selbstbild erschüttert. Ich kann mich gegen diesen Akt der Entfremdung nur dadurch wehren, daß ich das den Subjektstatus negierende Verhältnis umkehre und wiederum den Anderen zum Objekt meiner Welt degradiere und *sein* Selbstverständnis in Frage stelle. Aus diesem unaufhebbaren Konflikt wird der Kampf geboren, der das Miteinander der Menschen notwendigerweise fundiert.

Weil und insofern Sartre annimmt, daß der Mensch in der Scham zum Bewußtsein dessen gelangt, was er vorab für den Anderen, aber alsdann auch für sich selbst ist, ist für ihn der Mensch schon immer ein zur Freiheit und folglich zur Moral verdammtes Wesen. Lediglich deswegen übermannt den Menschen ja die Scham, weil er begreift, daß das, was der Grund seiner Scham ist, unabweislich ein Part seiner selbst ist, und daß er für diese Dimension seiner selbst responsabel ist. Allerdings begründet das Wissen um die Verantwortung für das, was der Andere an mir wahrnimmt, meine Scham noch nicht hinlänglich. Ich schäme mich letztlich, weil ich mich für etwas responsabel weiß, durch das ich ohne auch nur den minimalsten eigenen Einsatz und allein durch meine Sichtbarkeit für Andere schuldig bin. Der Mensch ist Bewußtsein, weil er einen Leib besitzt; er ist sittliches oder moralisches Bewußtsein, weil er für diesen Leib und sein Verhalten je schon verantwortlich ist; und er ist endlich als sittliches Bewußtsein pure Freiheit, weil er durch seine Leiblichkeit und Sichtbarkeit immer schon schuldig ist.

Meine Leiblichkeit und ihre Eigenschaften (z.B. ‚Häßlichkeit', ‚Gebrechlichkeit', ‚Rasse' usw.), sowie die psychischen Eigenschaften, sind nicht an sich Grenzen meiner Freiheit, sie sind es nur im Kontext meiner Wahl, mich durch sie determinieren zu lassen.

> „Tatsächlich können die Rasse, die Gebrechlichkeit, die Häßlichkeit nur innerhalb der Grenzen meiner eigenen Erwählung der Gebrechlichkeit oder des Stolzes *sichtbar werden*; anders ausgedrückt, sie können nur mit einer Bedeutung erscheinen, die meine Freiheit ihnen verleiht; das bedeutet wiederum, daß sie für den Anderen *sind*, aber daß sie für mich nur sein können, wenn ich sie *wähle*. Das Gesetz meiner Freiheit, welches bewirkt, daß ich nicht sein kann, ohne mich zu erwählen, findet auch hier Anwendung: ich wähle nicht, für den Anderen das zu sein, was ich bin, sondern ich kann nur versuchen, für mich zu sein, was ich für den Anderen bin, indem ich mich als den erwähle, als der ich dem Anderen erscheine, das heißt mittels auswählender Übernahme."[44]

Die Meinung des Anderen über mich verliert damit nicht ihren Grenzcharakter; ganz im Gegenteil, sie stellt „sich dem Für-sich als objektive und äußere Grenze dar, die *verinnerlicht werden soll*"[45]. Sie hat den Charakter einer Verpflichtung. Sie erscheint nicht als ein „Hilfsmittel, das in der Bewegung des freien Entwerfens, das ich bin, als ein „zu benutzendes" entdeckt wird"[46]; vielmehr ist die Fremdmeinung „als eine meiner Situation *a priori* gesetzte Grenze"[47] zu betrachten.

Wir sehen, daß Sartre die Beziehung zum Anderen prinzipiell negativ zeichnet. Detlef Hauck sagt schlicht – Sartre interpretierend: „Der Andere drückt essentielle Fremdheit aus".[48]

Selbst die Liebe ist für Sartre nur der Versuch, die Macht des Anderen zu bändigen.[49] Sartre faßt die Beziehung zwischen Menschen grundsätzlich als Konfliktsituation auf. Das Faktum des Anderen und damit mein Für-Andere-Sein, das ein Teil meines Menschseins ausmacht, mithin einen entscheidenden Teil, führen in einen Problemkreis, der sich als auswegloser Zirkel darstellt. Das entscheidende Hindernis, das das Ausbrechen daraus unmöglich macht, findet sich in der Grundstruktur des einzelnen Menschen, in seinem Für-sich-Sein, das sein An-sich-Sein flieht und gleichzeitig verfolgt, ohne jemals zu einer Vereinigung beider Seinsweisen kommen zu können. Die Beziehung zum Anderen wird aufgrund dieser Struktur daher problematisch, weil er es ist, der mich durch seine verschiedenen Haltungen zu mir, mal auf das eine, mir eigene Sein, mal auf das andere verweist, ohne daß es mir dabei möglich ist, beide seine Haltungen des Anderen zu mir zu vereinen.[50]

Während ich die Gleichzeitigkeit beider Haltungen anstrebe, schließen sie sich aus. Daher gibt es für Sartre keine Lösung für dieses Problem. Auch der Rückzug aus dem Zirkel der Beziehung mit dem Anderen bietet sich als solche nicht an. Durch mein Mensch-Sein und durch meinen Leib-in-der-Welt bin ich der Konfrontation gezwungenermaßen ausgesetzt. So ist der Mensch

---

44 Ders. ebda. S. 667
45 Ders. ebda.
46 Ders. ebda.
47 Ders. ebda.
48 Hauck, D.: Fragen nach dem Anderen. Untersuchungen zum Denken von Emmanuel Levinas mit einem Vergleich zu Jean-Paul Sartre und Franz Rosenzweig. Essen 1990. S. 27
49 Vgl. Sartre, J.-P.: Das Sein und das Nichts. a.a.O. S. 467-486
50 Vgl. Kampits, P.: Sartre und die Frage nach dem Anderen. Wien 1975. S. 179

dem Konflikt mit dem Anderen und mit sich selbst ausgeliefert, ohne aufhören zu können, ihm ausgeliefert zu sein.[51]

### *3. Die Gottesfrage bei Sartre*

Sartre will den Menschen ganz aus sich selbst verstehen, ganz aus seiner Diesseitigkeit und unter ausdrücklicher Ausblendung jeder transzendenten Realität. Diese rein innerweltliche Interpretation der menschlichen Existenz aus sich selbst bleibt bei Sartre allerdings keine methodische, sondern führt tatsächlich zu einem expliziten Atheismus. Sartre muß die Existenz Gottes um der Freiheit und der Souveränität des Menschen willen ablehnen. Der Mensch könnte neben einem Gott seine Selbständigkeit nicht behaupten. Wäre der Mensch von Gott geschaffen, müßte er nach einer präexistenten Idee kreiert worden sein und somit eine a priori determinierte Natur besitzen.

> „Für Leibniz sind wir frei, denn alle unsere Handlungen sind Ausfluß unseres Wesens. Indessen genügt der Hinweis, daß unser Wesen nicht von uns erwählt wurde, und die ganze Freiheit ist im einzelnen nichts als die Bemäntelung einer vollkommenen Knechtschaft: Gott hat das Wesen Adams gewählt.“[52]

Vor allem aber ist es die von der Theologie behauptete Subjektivität und Personalität Gottes, die die Freiheit des Menschen bedrohen würde. Wenn schon ein fremder menschlicher Blick das Subjekt des Menschen zum Objekt, zum An-sich, zum Gegenstand macht und ihm so seine Freiheit und Unverfügbarkeit raubt, wie sehr könnte der Mensch da den allgegenwärtigen und alles perforierenden Blick eines superlativen und extramundanen Gottes ertragen? Denn entfliehen könnte der Mensch diesem Blick nie, da der Blick des Anderen das Subjekt immer in seiner Leiblichkeit trifft.

> „Und mag ich diesen meinen Leib auch in Kleider hüllen, mag ich mich gar verstecken, so ändert dies nichts an der Tatsache, daß ich diesen bestimmten Leib habe und durch ihn grundsätzlich für den Anderen sichtbar bleiben muß.“[53]

Die Idee eines Gottes erwächst aus der Erfahrung des das eigene Ich verdinglichenden Blickes des Anderen, ist gleichsam die Verabsolutierung dieser Erfahrung. Der Glaube an einen Gott erniedrigt den Menschen für immer zum Objekt und entfremdet ihn von seiner eigenen Natur, da er sich nun den Maßstab seines Soseinsollens von außen holen muß. Die menschliche Freiheit widerlegt – nach Sartre – die Existenz Gottes. Sartre will unter Leugnung jeder göttlichen Transzendenz den Menschen rein innerweltlich und aus sich selbst verstanden wissen.

Doch sehen wir genau: Nach Sartre ist die Gottesidee nichts anderes als der Versuch des Für-sich, das An-sich-Sein und das Für-sich-Sein zusam-

---

[51] Vgl. Sartre, J.-P.: Geschlossene Gesellschaft. Reinbek 1986. S. 61

[52] Ders.: Das Sein und das Nichts. a.a.O. S. 678

[53] Maier, W.: Das Problem der Leiblichkeit bei Jean-Paul Sartre und Maurice Merleau-Ponty. Tübingen 1964. S. 3

menzudenken. Gott ist nach der traditionellen Philosophie und Theologie das absolute Aussichselbstsein, Durchsichselbstsein und Insichselbstsein, die absolute Unabhängigkeit, Unbedingtheit und die sich aus sich selbst verstehende Notwendigkeit. Er ist der „unbewegte Beweger“, die absolute Harmonie und Vollkommenheit über aller Zerrissenheit, Unruhe und Kontingenznot der Welt. Zugleich ist Gott aber – nach der klassischen Metaphysik und Theologie – kein apersonales Es, sondern Person. Er ist die höchste Intelligenz und persönlicher Geist. Die Metaphysik spricht von der Aseität und der Perseität Gottes zugleich. Das aber ist für Sartre unmöglich. Das Für-sich ist ja wesensmäßig Negation. Es kann kein Wesen geben, das zugleich Person – reflektierendes und damit nichtendes Ich – und zugleich unveränderliches Sein – reine Positivität – ist. Das Sein des Bewußtseins ist notwendigerweise begrenzt, kontingent, nichtend und genichtet. Die eigentliche Möglichkeit des Seins – jene, die sich im nichtenden Akt enthüllt – ist aber, als Bewußtsein Grund seiner selbst zu sein durch den opfernden Akt, der es nichtet; das Für-sich ist das An-sich, das sich als An-sich verliert, um sich als Bewußtsein zu gründen.

> „Somit erhält das Bewußtsein von sich selbst sein bewußtes Sein und kann nur auf sich selbst verweisen, insofern es seine eigene Nichtung ist; was sich aber im Bewußtsein nichtet, ohne doch Grund des Bewußtseins genannt werden zu können, ist das kontingente An-sich.“[54]

Das An-sich kann nichts gründen; gründet es sich selbst, so gibt es sich die Modifikation des Für-sich. Es ist nur Grund seiner selbst, indem es *schon nicht mehr* An-sich ist; und hier begegnen wir dem Ursprung aller Begründung.

> „Wenn das An-sich-sein weder sein eigener Grund noch der anderer Wesen sein kann, so kommt der Grund im allgemeinen durch das Für-sich in die Welt. Das Für-sich gründet als genichtetes An-sich nicht nur sich selbst, sondern mit ihm erscheint überhaupt zum ersten Mal der Grund.“[55]

Auf eine Formel gebracht stellt Sartre fest:

> „Demnach lehrt uns die Ontologie: 1. daß, *wenn* das An-sich sich begründen soll, es nicht einmal den Versuch dazu machen könnte, ohne sich zum Bewußtsein zu machen, das heißt, der Begriff einer „*causa sui*“ enthält in sich den einer Anwesenheit bei sich selbst, das heißt einer nichtenden Auflockerung des Seins; 2. daß das Bewußtsein *tatsächlich* Entwurf ist, sich zu begründen, das heißt, zur Würde des An-und-für-sich oder An-sich-und-Ursache-seiner-selbst zu gelangen. Aber mehr kann uns die Ontologie nicht bieten. Auf ontologischer Ebene gestattet nichts die Behauptung, daß die Nichtung des An-sich zu Für-sich von Anfang an und sogar im Inneren des An-sich die Bedeutung hat, der Entwurf zu sein, Ursache seiner selbst zu werden. Die Ontologie stößt hier im Gegenteil auf einen tiefreichenden Widerspruch, denn erst durch das Für-sich kommt die Möglichkeit einer Begründung zur Welt.“[56]

---

[54] Sartre, J.-P.: Das Sein und das Nichts. a.a.O. S. 135
[55] Ders. ebda.
[56] Ders. ebda. S. 777

Jürgen Hengelbrock formuliert es so:

> „Das Für-sich-Sein hat in sich diese transzendente Dimension: etwas, worauf es hinauswill, was aber als unüberwindbarer Mangel unaufhebbare Abwesenheit in ihr ist: die Dimension der Totalität, die gegeben wäre, wenn die Kontingenz, die im Für-sich zurückbleibt, in einer gründenden Rückkehr zu sich selbst vollständig aufgehoben werden könnte.“[57]

Eine solche Totalität wäre die „unmögliche Synthese des Für-sich und des An-sich: so wäre es sein eigener Grund nicht als Nichts, sondern als Sein und würde in sich die notwendige Durchsichtigkeit des Bewußtseins bewahren und gleichzeitig auch die Koinzidenz mit sich des Seins an sich.“[58]

Eine solche Synthese ist nach Sartre – wie gesagt – unmöglich; denn sie vereinigt in sich die unvereinbaren Eigenschaften des An-sich und Für-sich. Für-sich, Bewußtsein aber setzt Dualität, Distanz zu sich selbst voraus, also ein Getrenntsein (durch das Nichts) von sich selbst. *Denn jedes Bewußtsein ist Bewußtsein von etwas*. Identität und Nichtung (d.h. Nicht-Identität) sind unvereinbare Größen. Das An-und-für-sich-Sein kann es daher nicht geben.

> „Man braucht uns jedoch nicht vorzuwerfen, ein Sein dieser Art nur zu unserem Vergnügen zu erfinden: wird nämlich durch eine letzte Bewegung der Meditation diese Totalität, deren Sein und deren Abwesenheit gleich absolut sind, als Transzendenz jenseits der Welt hypostasiert, so nennt man sie Gott. Ist Gott nicht sowohl ein Sein, das ist, was es ist, insofern es ganz Positivität und Grund der Welt ist – als auch ein Sein, das nicht ist, was es ist, und das ist, was es nicht ist, insofern es Selbstbewußtsein und notwendiger Grund seiner selbst ist? Die menschliche Wirklichkeit ist leidend in ihrem Sein, weil sie zum Sein kommt, indem sie dauernd besessen ist von der Vorstellung einer Totalität, die sie ist, ohne sie sein zu können, da sie eben das An-sich nicht erreichen könnte, ohne sich als Für-sich zu verlieren. Von Natur aus ist sie somit unglückliches Bewußtsein, ohne mögliche Überwindung des unglücklichen Zustandes.“[59]

Hengelbrock interpretiert Sartres Ideen so:

> „Die Idee Gottes, das ist der ins Jenseits projizierte Wunsch des Menschen, sich zu gründen. *Aus einer ontologischen Notwendigkeit heraus muß der Mensch Gott sein wollen*. Es ist dies sein *Schicksal*, bzw. seine *Bestimmung*, die als letzter Beweggrund all seine Einstellungen und Handlungen leitet.“[60]

Bei Sartre liest sich der Gedanke so:

> „Mensch sein heißt, darauf abzielen, Gott zu werden; oder, wenn man lieber will, der Mensch ist im Grunde genommen Begierde, Gott zu sein.“[61]

---

57 Hengelbrock, J.: Jean-Paul Sartre. Freiheit als Notwendigkeit. Einführung in das philosophische Werk. Freiburg/München 1989. S. 90

58 Sartre, J.-P.: Das Sein und das Nichts. a.a.O. S. 144

59 Ders. ebda. S. 144 f.

60 Hengelbrock, J.: a.a.O. S. 91

61 Sartre, J.-P.: Das Sein und das Nichts. a.a.O. S. 712

Freiheit ist Nichtung des Seins. Diese Nichtung erzeugt einen Mangel an Sein, den das Sein nur auf sich nimmt um eines erwarteten Gewinns willen: um den Gewinn des An-und-für-sich-Seins.

Ein längeres Zitat Sartres sei gestattet:

> „Insofern es das ist, was es nicht ist, und nicht ist, was es ist, entwirft das Für-sich, zu sein, was es ist; insofern es Bewußtsein ist, will es die Undurchdringlichkeit und die unendliche Dichtigkeit des An-sich haben; insofern es Nichtung des An-sich und beständiges Entweichen vor der Kontingenz und der Geworfenheit ist, will es seine eigene Grundlage sein. Deshalb wird das Mögliche überhaupt als das entworfen, was dem Für-sich mangelt, um An-und-für-sich werden zu können; und der grundlegende Wert, der diesen Entwurf leitet, ist eben das An-und-für-sich, das heißt das Ideal eines Bewußtseins, das die Grundlage seines eigenen An-sich-Seins wäre, und zwar mittels des reinen Bewußtseins, das es von sich selbst gewönne. Das ist jenes Ideal, das man Gott nennen kann. Man kann also sagen, daß das, was den grundlegenden Entwurf der menschlichen Realität am besten verstehbar macht, der Umstand ist, daß der Mensch das Seiende ist, das die Absicht hegt, Gott zu werden. Wie späterhin auch immer die Mythen und die Riten der betreffenden Religionen aussehen mögen, zunächst ist Gott „fühlbar dem Herzen" des Menschen als das, was den Menschen verkündet und ihn in seinem äußersten und grundlegenden Entwurf bestimmt. Und wenn der Mensch ein vorontologisches Verständnis vom Sein Gottes besitzt, so sind es weder die großen Schauspiele der Natur, noch die Macht der Gesellschaft, die es ihm verschafft haben: sondern Gott, der Wert und das oberste Ziel der Transzendenz, stellt die ständige Grenze dar, von der her der Mensch sich verkünden läßt, was er ist."[62]

Das Streben danach, Gott zu sein, ist eine ontologische Notwendigkeit. Alle Religionen sind demnach Symbole, die dem Menschen etwas über sich selbst aussagen, indem sie diese ontologische Notwendigkeit artikulieren. In diesem Sinne ist jeder Mensch notwendig religiös.

> „Eine solche Religiosität erklärt auch, woher das Für-sich den Antrieb zum Handeln nimmt: die ontologische Notwendigkeit treibt das Für-sich, in der Welt, dem Ort seines Daseins, tätig zu werden. Inmitten der anderen und der Dinge treibt sich die Freiheit um bei dem Versuch, Gott zu werden."[63]

Wir sahen: Der Mensch entwirft die Gottesidee – den Hiatus des An-sich und Für-sich, das Ideal des An-und-Für-sich –, weil seine eigene Ungesichertheit und Zerrissenheit ihn eine solche Region der Stabilität und Harmonie erhoffen lassen. Der Mensch möchte ein An-und-Für-sich sein, und weil er es nicht sein kann, projiziert er dieses Ideal ins Absolute, er kreiert die Gottesidee.

> „Abgesehen davon, daß die ontologische wie die kosmologische Beweisführung unvermögend sind, ein notwendiges Sein zu begründen, können die Erklärung und der Grund meines Seins als *des bestimmten* nicht in einem notwendigen Sein gefunden werden: Die Prämissen: „Alles was kontingent ist, muß seinen Grund

[62] Ders. ebda. S. 712

[63] Hengelbrock, J.: a.a.O. S. 131

> in einem notwendigen Sein finden. Ich bin aber kontingent", bezeichnen den Wunsch zur Begründung, aber nicht einen erklärenden Zusammenhang mit einem wirklichen Grund. In keiner Weise wird derart *diese bestimmte* Kontingenz erklärt, sondern nur die abstrakte Idee der Kontingenz im allgemeinen. Zudem handelt es sich dabei nur um einen Wert, nicht um Tatsachen."[64]

Die traditionellen Gottesbeweise, die von der Existenz der Schöpfung auf einen Schöpfer schließen, sind nach Sartre nicht beweiskräftig.

Zwei Argumente entwickelt Sartre, die ihm den Kreationismus zu widerlegen und das Sein des An-sich-Seins zu bestimmen erlauben:

1) Gott müßte, wenn es ihn gäbe, als reine Subjektivität, als reines Selbstsein gedacht werden. Wie soll aber in der reinen Subjektivität die Andersheit, die Objektivität, überhaupt nur als Vorstellung entstehen, so daß Gott sie wollen könnte? Und selbst wenn er sie wollen könnte, bliebe sie „eine innersubjektive Seinsweise"[65]. Sie wäre nichts von Gott Differentes.
2) Selbst wenn dies möglich wäre: daß Objektives aus Subjektivem hervorginge, bliebe noch folgendes Problem: Das geschaffene Sein „könnte ( ... ) sich nur gegenüber und gegen seinen Schöpfer betätigen, andernfalls verschmilzt es mit ihm"[66].

Das geschaffene Sein muß Selbstand gewinnen. Dann aber müssen alle Brücken zum Schöpfer abgebrochen werden, sonst würde es sein Sein über diese Brücken beziehen, wäre also nur ein Modus göttlichen Seins und existierte nicht selbst.

> „Wenn das Sein angesichts Gottes existiert, so kommt das daher, daß es sein eigener Träger ist, daß es nicht die leiseste Spur der göttlichen Schöpfung an sich bewahrt. Kurz, selbst wenn es geschaffen worden wäre, wäre das An-sich-Sein *unerklärbar* durch die Schöpfung, denn es gewinnt sein Sein von jenseits derselben. Das läuft auf die Aussage hinaus, daß das Sein ungeschaffen ist. Aber man darf daraus nicht schließen, daß es sich selbst schafft, denn das würde voraussetzen, daß es früher als es selbst ist."[67]

Das Argument nimmt ein altes metaphysisches Problem auf: Wie kann etwas aus einem Ursprung hervorgehen, das nicht in ihm enthalten ist: die Differenz aus der Identität, die Vielheit aus der Einheit, hier: die Objektivität, d.h. die vom Subjekt unterschiedene Gegenständlichkeit, aus der reinen Selbstdurchsichtigkeit des (göttlichen) Subjekts? Die Lösungsversuche sind so alt wie die Philosophie selber. Jürgen Hengelbrock verweist z.B. auf Thales von Milet, der im Wasser den Urstoff sah, der einer war und dennoch vielgestaltig auftrat. Heraklit hatte den Gegensatz (von Selbst und Anderem) im Urstoff selbst gesehen: Das Feuer war zugleich eines und innerlich gegensätzlich, und so war es auch sein Gestaltungsprinzip, der Logos. – Die Emanation bei Plotin sowie die Fulguration (das blitzartige Hervorgehen) bei

[64] Sartre, J.-P.: Das Sein und das Nichts. a.a.O. S. 134
[65] Ders. ebda. S. 32
[66] Ders. ebda.
[67] Ders. ebda.

Leibniz (Monadologie, § 47) sind zwei weitere Versuche, das Hervorgehen der Differenz aus der Identität zu erklären.[68]

Für Sartre aber ist dieses Hervorgehen unmöglich und widersprüchlich: Das Selbst kann das Andere nicht hervorbringen.

Jürgen Hengelbrock kommentiert das so:

> „Es mag sein, daß die vielen in der Geschichte der Philosophie gegebenen Lösungsversuche logisch nicht so befriedigen wie das einfache Verdikt: niemals wird das Objektive aus dem Subjektiven hervorgehen. Mit ihm steht und fällt Sartres ganze Ontologie. Wenn dieses Verdikt nicht gilt, könnte etwa doch das Sein aus dem Bewußtsein entspringen. – Dieses nicht hinterfragte Element *eleatischer Ontologie* bleibt die Achillesferse, die den gesamten Ansatz gefährdet."[69]

Ähnliches gilt für das zweite, den Absichten Sartres dienlichere Argument: Die mittelalterlichen Philosophen und Theologen haben durchaus Modelle entwickelt, das Verhältnis von göttlichem und geschaffenem Sein theoretisch zu fassen. Gottes Sein war vollkommen, und so konnte es außer ihm nicht noch ein anderes, von ihm losgelöstes Sein geben. Denn dann wäre das Sein geteilt gewesen, Gott würde etwas an Sein fehlen, und er wäre nicht vollkommen. – Die Schöpfung war nur so zu verstehen, daß Gott von *seinem* Sein den Geschöpfen mitteilte, die Existenz der Geschöpfe also davon abhing, daß Gott diese Mitteilung in einer Art ständiger Schöpfung („creatio continua") aufrecht erhielt. Dem Menschen teilte demnach Gott soviel Seinsfülle mit, daß sie zu einem „dominium actus", zur Herrschaft über ihr Tun, also zu freien Entscheidungen fähig waren.[70]

Sartre kann diese Überlegung nicht akzeptieren: Entweder gibt es eine Seinsbrücke zu Gott, dann ist das Geschöpf nicht selbständig. Oder es sind – selbst wenn es eine Schöpfung durch Gott gegeben hätte – alle Brücken zum Schöpfer abgebrochen.

Wenn man sich beispielsweise Thomas von Aquins subtile Reflexionen zu diesem Problemkreis vergegenwärtigt[71], kann Sartre hier wenig überzeugen. Es wird deutlich, daß ihn vor allem ein anthropologisch-existentialistisches Anliegen treibt: Der göttliche Blick raubt dem Subjekt Freiheit und Selbständigkeit.

Die Gottesfrage ist nicht eigentlich das Thema der vorliegenden Arbeit. Doch sei so viel zur Kritik an Sartres Reflexionen zur Gottesfrage gesagt: Wenn Sartre den Menschen vom angeblichen Zwang normativer Ordnungen befreien will, so riskiert er doch auch die Perversion der Freiheit, die darin besteht, daß der „Möglichkeitsmensch" (Musil) sich in der Beliebigkeit der Perspektiven verliert. Wird diese Haltung auf die Spitze getrieben, so sind Melancholie und Langeweile die denkbaren Folgen, die sich am Modell von *La Nausée* auch nachweisen lassen. Richtig schreibt Walter Lesch:

---

68 Vgl. Hengelbrock, J.: a.a.O. S. 55

69 Ders. ebda. S. 55 f.

70 Vgl. ders. ebda. S. 56

71 Vgl. z. B. Mascop, J. C.: Divine omniscience and human freedom: Thomas Aquinas and Charles Hartshorne. Macon 1984

„Die Orientierung an vorgegebenen Sinnangeboten lehnt Sartre prinzipiell ab, weil er durch sie die Freiheit des Menschen gefährdet sieht. Auch die Chiffre „Gott“ steht bei ihm für ein bedrohliches und anmaßendes Eindringen eines fremden Blicks in die Willensfreiheit des Menschen. Der postulatorische Atheismus ist hier also die direkte Folge eines Menschenbildes, das experimentell und essayistisch konzipiert ist und keine Manipulation des Experimentierfeldes gelten lassen will. Denn der selbstherrliche Mensch ist sein eigener Experimentator.“[72]

Es fragt sich natürlich, ob Sartre in seiner Philosophie nicht eher gegen ein Gottesphantom, ein falsches Gottesbild, ankämpft. Betrachtet man sich beispielsweise Gabriel Marcels Gottesbegriff, findet man Sartres „Gott“ – der mit seinem Blick alles durchdringt und die menschliche Freiheit erstickt – hier kaum wieder. Zutreffend bemerkt der gerade zitierte Walter Lesch:

„Freilich verabschiedet Sartre bei dieser Gelegenheit einen Gott, der sowieso schon lange tot war, obwohl er noch heute die Phantasie von manchen Gläubigen beschäftigen mag. Es ist das Bild eines nominalistischen Willkürherrschers, der Respekt und Gehorsam verlangt, seine Schöpfung aber in eine indifferente und geistlose Kontingenz versinken läßt. Dem Menschen bleibt nur eine gnadenlose Freiheit, da Sartre die Synthese von „en-soi“ und „pour-soi“ als utopisch ablehnt. Eine solche Anthropologie des Scheiterns muß sich notwendig als atheistisches Projekt deklarieren, obwohl der anthropomorphe, voyeuristische Gott, den Sartre ablehnt und damit indirekt als Feindbild voraussetzt, ohnehin ein Phantom ist.“[73]

Im Kontext unserer Themenstellung kann hier nicht der Ort sein der Frage nachzugehen, ob Sartre die philosophische und christlich-theologische Gotteslehre verstanden und getroffen hat. Ich verweise beispielsweise auf die Arbeit des bereits zitierten Walter Lesch, der Sartres Reflexionen zur Gottesfrage gründlich hinterfragt und luzide aufgezeigt hat, daß Sartre der christlichen Gotteslehre nicht gerecht geworden ist. Es muß allerdings betont werden, daß Sartre nicht eigentlich einen „Beweis“ für die Nichtexistenz Gottes zu führen beansprucht. Er versucht nur zu zeigen, daß die Existenz eines Wesens, das reflektierende Person und zugleich absolute Positivität ist, innerhalb unserer phänomenalen Welt, d.h. innerhalb der Welt, wie sie sich uns darstellt und von uns erfaßt werden kann, unvorstellbar ist. Ob es nicht doch Dimensionen gibt, in denen alles „ganz anders“ ist, läßt Sartre offen, wenn er es wohl auch sicher für ziemlich unwahrscheinlich hält. Eine solche Wirklichkeit wäre allerdings für uns ganz unerkennbar und daher bedeutungslos. Sartre schreibt:

„Aufgabe der Metaphysik ist es, *Hypothesen* aufzustellen, die es möglich machen, diesen Prozeß als das absolute Ereignis zu verstehen, das jenes individuelle Abenteuer, nämlich die Existenz des Seins, bekrönt. Selbstverständlich bleiben die Hypothesen Hypothesen, denn wir können weder auf eine spätere Bestätigung, noch auf eine spätere Entkräftung warten. Was ihre *Gültigkeit* ausmacht,

---

72 Lesch, W.: Imagination und Moral. Interferenzen von Ästhetik, Ethik und Religionskritik in Sartres Literaturverständnis. Würzburg 1989. S. 283

73 Ders. ebda. S. 283 f.

ist nur die Möglichkeit, die sie uns bieten, die Gegebenheiten der Ontologie auf einen Nenner zu bringen, was natürlich nicht unter dem Gesichtswinkel eines geschichtlichen Werdens erfolgen darf. Denn die Zeitlichkeit kommt erst durch das Für-sich zum Sein. Es hätte also keinen Sinn, sich zu fragen, was das Sein *vor* der Erscheinung des Für-sich gewesen ist. Aber die Metaphysik muß nichtsdestoweniger versuchen, die Eigenart und den Sinn jenes vorgeschichtlichen und die Quelle jeder Geschichte bildenden Prozesses zu bestimmen, der die Verbindung des individuellen Abenteuers (oder der Existenz des An-sich) mit dem absoluten Ereignis (oder dem Auftauchen des Für-sich) ist. Insbesondere fällt dem Metaphysiker die Aufgabe zu, zu entscheiden, ob oder ob nicht die Bewegung ein erster „Versuch" des An-sich ist, sich zu begründen, und welches die Zusammenhänge der Bewegung als einer „Krankheit des Seienden" mit dem Für-sich als mit einer noch ersteren und bis zur Nichtung reichenden Krankheit sind."[74]

Vielleicht ist Ghanem-Georges Hanas Kritik ein wenig zu negativ geraten, aber man wird ihr – nüchtern besehen – zustimmen müssen, daß Sartre kein wirklich überzeugendes Argument gegen die Existenz des Absoluten entwickelt hat:

„Sartre betrachtet die Frage nach dem Absoluten als unphilosophisch und für seine „phänomenologische Ontologie" irrelevant. Das geht aus der willkürlichen Beschränkung seiner Auffassung von der Freiheit hervor und aus der „modischen" Tendenz seiner Einteilung des Existentialismus in atheistischen und christlichen, wobei er als Vertreter des atheistischen auftritt, ohne dafür jedoch Gründe anzugeben. Bisweilen läßt er durchblicken, daß seine Philosophie darin Vollendung findet, daß die Einzelfreiheit unentwegt danach strebt, Gott zu sein, in welchem Streben sie allerdings ständig scheitert."[75]

Verschiedene Denker haben darüberhinaus in Frage gestellt, daß Sartres Philosophie notwendig zu einem philosophisch begründeten Atheismus führen muß.[76]

## *4. Der Tod im Werk Jean-Paul Sartres*

Sartre diagnostiziert für seine Zeit – sowohl in der Dichtkunst, wie auch in der Philosophie – eine Deutung des Todes, die zu verstehen ist als Reaktion auf jene herkömmliche Auffassung, der „der Tod als das Unmenschliche par excellence erschienen ist", als das, „was auf der anderen Seite der ‚Mauer' liegt"[77]. Im Gegenzug dazu hat sich – so Sartre – ein Denkmodell entwickelt, den Tod von einem ganz anderen Standpunkt aus zu betrachten, nämlich „als ein Ereignis des menschlichen Lebens"[78]. Daß diese Sicht des Todes – Sartre bezeichnet sie als idealistisch und „humanistisch" – nicht von vornherein

74 Sartre, J.-P.: Das Sein und das Nichts. a.a.O. S. 777 f.

75 Hana, G.-G.: Freiheit und Person. Eine Auseinandersetzung mit der Darstellung Jean-Paul Sartres. München 1965. S. 129 f.

76 Vgl. z. B. Paissac, H.: Le Dieu de Sartre. Paris 1950

77 Sartre, J.-P.: Das Sein und das Nichts. a.a.O. S. 670

78 Ders. ebda.

ganz unbegründet ist, gibt er selbst sogleich zu. Denn der Tod ist ambivalent, er ist „ein Grenzstein, und jeder Grenzstein (ob er am Ende oder am Anfang steht) ist ein *Janus bifrons*: Sei es, daß man ihn als zum Nichts an Sein gehörig betrachtet, das den betreffenden Ablauf begrenzt, sei es, daß man ihn, im Gegenteil, als mit der Reihe verbunden entdeckt, die er beendet, also als ein Sein, das zu einem daseienden Ablauf gehört und gewissermaßen seine Bedeutung ausmacht."[79]

Sartre gebraucht einen Vergleich aus der Musik: Der Schlußakkord einer Melodie kann verstanden werden als nach der Stille, d.h. dem Nichts an Klang zu liegend; dann ist er „in gewissem Sinne ( ... ) aus Stille gemacht, denn die Stille, die folgen wird, ist im auflösenden Akkord als seine Bedeutung schon anwesend"[80]. Ich kann den Schlußakkord aber auch verstehen als zu jenem „Seins-*Plenum,* das die betreffende Melodie ist"[81], zugehörend. So haben vor allem Dichter und Romanschriftsteller versucht, dem Tod den Anschein des Unmenschlichen zu nehmen und ihn als einen Bestandteil des Lebens zu reintegrieren, ihn „*wieder in Besitz zu bekommen*"[82]. Sartre verweist auf Rilke und Malraux:

> „In diesem Sinne bemüht sich Rilke, zu zeigen, daß das Ende jedes Menschen seinem Leben ähnelt, weil das individuelle Leben Vorbereitung dieses Endes gewesen ist; in diesem Sinne zeigt Malraux in „Conquérants", daß die europäische Kultur gewissen Asiaten den Sinn ihres Todes aufdeckt und sie dadurch plötzlich mit jener trostlosen und doch verführerischen Wahrheit erfüllt, daß das *Leben einmalig ist.*"[83]

Der Tod zeigt sich hier als „Endpunkt ( ... ), *der zu der Reihe gehört*"[84], „so verinnerlicht und vermenschlicht sich der Tod als Ende des Lebens; der Mensch kann nur noch Menschlichem begegnen; es gibt keine „andere Seite" des Lebens mehr, und der Tod ist ein menschliches Phänomen, er ist das letzte Phänomen des Lebens, also noch Leben."[85] So wird der Tod zum Sinn des Lebens wie der auflösende Akkord der Sinn der Melodie ist. Wie der Endpunkt einer Reihe allen Gliedern der Reihe immer gegenwärtig ist, so strukturiert der Tod antizipatorisch-sinngebend das Leben. Der solchermaßen zurückgewonnene und in das menschliche Leben reintegrierte Tod ist nicht bloß menschlich, „er wird auch *der meine*; indem er verinnerlicht wird, wird er individuell"[86]; er ist nicht mehr lediglich das unbekannte, von außen kommende Faktum, welches das Menschliche bedroht und begrenzt, „sondern er ist dasjenige Phänomen *meines* persönlichen Lebens, das aus diesem Leben ein einmaliges Leben macht, das heißt ein Leben, was nicht von vorn anfängt und wo man niemals zweimal dasselbe macht"[87]. Dadurch werde ich für

[79] Ders. ebda.
[80] Ders. ebda.
[81] Ders. ebda.
[82] Ders. ebda. S. 671
[83] Ders. ebda.
[84] Ders. ebda.
[85] Ders. ebda.
[86] Ders. ebda.
[87] Ders. ebda.

meinen Tod „so verantwortlich wie für mein Leben“[88], nicht für die empirischen und kontingenten Begleitumstände und Phänomene meines Ablebens, „sondern für jenen Endlichkeitscharakter, welcher bewirkt, daß mein Leben, wie auch mein Tod, *mein* Leben ist“[89]. Mein individuelles Leben wird zur Vorbereitung auf meinen individuellen Tod. Heidegger hat, nach Sartre, dieser Vermenschlichung des Todes, wie sie in der Dichtkunst bereits verbreitet war, „eine philosophische Gestalt“[90] gegeben:

> „Wenn nämlich das *Dasein nichts erduldet*, eben weil es Entwurf und Vorwegnahme ist, so muß es Vorwegnahme und Entwurf seines eigenen Todes als der Möglichkeit sein, Anwesenheit in der Welt nicht mehr zu realisieren. So ist der Tod die eigene Möglichkeit des *Daseins* geworden, das Sein der menschlichen Realität wird als „Sein zum Tode“ bestimmt.“[91]

Eine solche Theorie hat zunächst etwas Bestrickendes an sich, sie verinnerlicht den Tod und dient unseren eigenen Wünschen: Diese unleugbare Grenze unserer Freiheit wird durch Verinnerlichung von der Freiheit wieder in Besitz genommen. Der Umstand, daß der Tod „uns etwas nur über uns selbst und von einem menschlichen Standpunkt aus“[92] enthüllt, bedeutet noch nicht, daß er a priori zur menschlichen Wirklichkeit gehört. Sartre betont klar die Absurdität des Todes. Die christliche Weisheit empfiehlt, sich auf den Tod vorzubereiten, da er zu jeder Stunde eintreten kann. Auf diese Weise wird der Tod fälschlicherweise verwandelt in einen „erwarteten Tod“ und damit „eingeholt“. Hier liegt Heideggers Gedanke von der „Entschlossenheit“ begründet. Wenn man auch einen besonderen Tod erwarten kann, so kann man doch nicht den Tod erwarten. Heidegger begeht einen Zirkelschluß, wenn er den Tod und von ihm aus das Dasein selbst individualisiert. Wie will man dann beweisen, fragt Sartre, daß der Tod diese Individualität besitzt und diese Macht, sie zu verleihen? Wohl kann ich, wenn der Tod als *mein* Tod dargestellt wird, auf ihn warten: *Er* ist eine charakteristische und deutlich umschriebene Möglichkeit. Sartre führt aus:

> „Man hat oft gesagt, wir befänden uns in der Lage eines Verurteilten, zwischen anderen Verurteilten, der den Tag seiner Hinrichtung nicht weiß, der aber sieht, wie täglich Mitgefangene hingerichtet werden. Das stimmt nicht ganz genau: vielmehr müßte man uns mit einem zum Tode Verurteilten vergleichen, der sich tapfer auf den letzten Gang vorbereitet, der alle Sorgfalt darauf verwendet, auf dem Schafott eine gute Figur zu machen und der inzwischen von einer Grippeepidemie dahingerafft wird. Das hat die christliche Weisheit begriffen, die ja empfiehlt, sich auf den Tod vorzubereiten, als ob er zu *jeder Stunde* eintreten könnte. So hoffte man, ihn wieder in Besitz zu bekommen, indem man ihn in den *„erwarteten Tod“* verwandelt. Wenn der Sinn unseres Lebens die Todeserwartung wird, kann der Tod tatsächlich, wenn er eintritt, nur noch sein Siegel auf das Leben setzen. Das ist im Grunde genommen das Positivste an Heideggers „Ent-

88 Ders. ebda.
89 Ders. ebda.
90 Ders. ebda.
91 Ders. ebda.
92 Ders. ebda.

schlossenheit". Unglücklicherweise sind das Ratschläge, die leichter erteilt als befolgt werden können, nicht wegen einer für die menschliche Realität natürlichen Schwäche oder wegen eines ursprünglichen pro-jectum von Uneigentlichkeit, sondern wegen des Todes selber. Man kann nämlich *einen* besonderen Tod erwarten, aber nicht *den* Tod. Heideggers Taschenspielerstückchen ist leicht zu durchschauen: anfangs individualisiert er den Tod eines jeden von uns, indem er uns darauf hinweist, daß es der Tod einer *Person* ist, eines Individuums; das „einzige, das mir niemand abnehmen kann"; dann aber benutzt er diese unvergleichliche Individualität, die er dem Tod vom „Dasein" aus verliehen hat, dazu, das „Dasein" selbst zu individualisieren: indem es sich auf seine letzte Möglichkeit hin frei entwirft, nähert sich das „Dasein" der eigentlichen Existenz und reißt sich von der Alltäglichkeit los, um zu der unersetzlichen Einmaligkeit der Person zu gelangen. Aber da liegt ein Zirkel vor."[93]

Aber ist der Tod, der mich trifft, mein Tod? Zunächst einmal ist die Behauptung völlig unbegründet, daß „Sterben das einzige ist, das mir niemand abnehmen kann"[94]. Wenn man den Tod als äußerste und subjektive Möglichkeit betrachtet und definiert, als ein Ergebnis, das nur das Pour-soi betrifft, so ist es natürlich einleuchtend, daß niemand für mich sterben kann, so wie in der Liebe niemand anders meine Gemütsbewegungen empfinden kann.

„Keiner kann für mich lieben, wenn man darunter versteht ( ... ) die Gemütsbewegungen zu empfinden (wie banal sie auch sein mögen), die *meine* Gemütsbewegungen sind. Und das *„meine"* betrifft hier keineswegs eine von der Alltäglichkeit eingenommene Persönlichkeit (was es Heidegger ermöglichen würde, unter Benutzung unserer eigenen Argumente zu behaupten, daß ich eben „frei, zu sterben" sein muß, damit eine von mir empfundene Liebe *meine* Liebe sein kann und nicht die Liebe des „Man" in mir), sondern ganz einfach jene Selbstheit, die Heidegger ausdrücklich jedem „Dasein" zuerkennt – mag es auf eigentliche oder uneigentliche Weise existieren –, wenn er erklärt, „das Dasein ist je meines". So ist von diesem Standpunkt aus die banalste Liebe, geradeso wie der Tod, unersetzbar und einmalig: keiner kann für mich lieben."[95]

Wenn man aber meine Handlungen und Taten unter dem Blickwinkel ihrer Funktionen, ihrer Folgen und Resultate betrachtet, so besteht kein Zweifel, daß immer der Andere das machen kann, was ich mache.

„Wenn es sich darum handelt, jene Frau glücklich zu machen, ihr Leben oder ihre Freiheit zu schützen, ihr die Mittel in die Hand zu geben, ihr Heil zu versuchen oder einfach darum, mit ihr ein Heim zu begründen, ihr „Kinder zu machen", wenn es *das* ist, was man lieben nennt, dann kann ein anderer an meiner Stelle lieben, er kann sogar für mich lieben: das ist ja der Sinn jener tausendmal geschilderten Opfer in jenen sentimentalen Romanen, die uns den liebenden Helden zeigen, der das Glück der geliebten Frau ersehnt und freiwillig hinter seinem Rivalen zurücktritt, weil dieser „sie besser lieben kann als er". Hier wird der Rivale ausdrücklich damit beauftragt, zu *lieben für* ..., denn lieben wird hier ein-

---

93 Ders. ebda. S. 672 f.
94 Ders. ebda. S. 673
95 Ders. ebda.
96 Ders. ebda. S. 674

> fach definiert als „glücklich machen durch Liebe, die man einem entgegenbringt".[96]

Und so geht es mit allen meinen Verhaltensweisen.

> „Auch mein Tod tritt in diese Kategorie ein: wenn sterben gleichbedeutend ist mit sterben, um erbaulich zu wirken, um Zeugnis abzulegen, um für das Vaterland zu sterben, dann kann jeder beliebige an meiner Stelle sterben – wie in dem Volkslied, wo darum gelost wird, wer aufgegessen werden soll. Kurz, es gibt kein die Person konstituierendes Vermögen, das *meinem* Tode eigentümlich wäre."[97]

Es ist meine Subjektivität, die aus meinem Tod ein unersetzliches Subjekt macht, und nicht der Tod ist es, der dem Pour-soi die unersetzliche Selbstheit verleiht. Außerdem vermengt man hier zwei Sinngehalte des Wortes „erwarten" (attendre): „sich auf den Tod *gefaßt machen* (s'attendre à la mort) heißt nicht, auf den Tod warten (attendre la mort)."[98] Man kann nur ein bestimmtes Ereignis erwarten, das ebenso bestimmte Entwicklungen zu realisieren im Begriffe ist.

> „Ich kann auf die Ankunft des Zuges aus Chartres warten, weil ich weiß, daß er vom Bahnhof Chartres abgefahren ist und daß jede Radumdrehung ihn dem Bahnhof in Paris näher bringt. Zwar kann er Verspätung bekommen, und sogar ein Eisenbahnunglück kann geschehen: nichtsdestoweniger ist der Ablauf selbst, durch den seine Einfahrt in den Bahnhof realisiert werden wird, „im Gange", und die Phänomene, die diese Einfahrt in den Bahnhof verzögern oder unmöglich machen können, haben hier bloß die Bedeutung, daß der Ablauf ein nur relativ geschlossenes System darstellt, ein nur relativ abgesondertes, das faktisch in eine, wie Meyerson sich ausdrückt, Welt mit „Faserstruktur" eingesenkt ist. Folglich kann ich sagen, daß ich auf Peter warte und daß „ich mich darauf gefaßt mache, daß sein Zug Verspätung hat". Dagegen bedeutet die Möglichkeit meines Todes nichts anderes, als daß ich biologisch ein nur relativ geschlossenes System bin, ein nur relativ abgesondertes, sie zeigt nur die Zugehörigkeit meines Leibes zur Ganzheit alles Daseienden an. Sie gehört zum Typus der Ankunft Peters. Sie steht auf seiten der unvorhergesehenen, *unerwarteten* Behinderung, mit der man immer *rechnen* muß, auf die man aber nicht *warten* kann, denn sie verliert sich von selbst in der Unbestimmtheit."[99]

Der Tod allerdings befindet sich also auf der Seite des abrupten, unerwarteten Hindernisses, mit dem man immer rechnen muß, den man allerdings nicht erwarten kann, weil er sich von sich selbst auch in der Unbestimmtheit verliert.

> „Wenn man nämlich auch zugibt, daß die verschiedenen Faktoren streng bedingt sind, was nicht einmal bewiesen ist und also einen Zugriff in Metaphysisches erfordert, so ist doch ihre Zahl unendlich groß, und ihre Verflechtungen sind unendlicherweise unendlich; ihr Insgesamt bildet, wenigstens von dem fraglichen

[96] Ders. ebda. S. 674
[97] Ders. ebda.
[98] Ders. ebda.
[99] Ders. ebda. S. 674 f.

> Standpunkt aus, kein System, und der betreffende Erfolg – mein Tod – kann für kein Datum vorausgesehen und folglich auch nicht erwartet werden."[100]

Sartre betont, daß ein Qualitätsunterschied besteht zwischen dem Tod an der Grenze des Greisenalters und dem plötzlichen Tod im reifen Alter oder in der Jugend. Es ist deutlich, daß man allenfalls sagen kann, der Tod würde erwartet, wenn es nur den Tod des Alters oder den Tod durch explizites Todesurteil gäbe. Im Unterschied dazu ist der jähe Tod Undeterminiertheit und kann nicht erwartet werden. Dieser Qualitätsunterschied besteht aber nur insofern wir den einen oder den anderen Tod erleben, d.h. von seiner existentiellen Dimension her; rein biologisch, in bezug auf seine Ursachen und die sie bestimmenden Faktoren besteht kein Unterschied.

> „So fällt die Undeterminiertheit des einen faktisch auf den anderen zurück; das bedeutet, daß man nur in geistiger Blindheit oder in Unwahrhaftigkeit auf den Alterstod *warten* kann.[101]

Der Zufall, der über den Tod entscheidet, raubt ihm allen Charakter eines harmonischen Endes. Auf sein Beispiel aus der Musikwelt zurückkommend, betont Sartre:

> „Ein Melodieende muß ( ... ), um der Melodie ihren Sinn verleihen zu können, aus der Melodie selbst hervorgehen."[102]

Der Tod aber ist nicht meine Möglichkeit, sondern die permanent mögliche Nichtung meiner Möglichkeiten, die *„selbst keinen Teil meiner Möglichkeiten mehr bildet*."[103]

So wie nur das Pour-soi dem Bereich der an-sich-seienden Dinge sinnstiftend Bedeutung verleihen kann, so ist auch die humane Realität nur dadurch bedeutungsvoll, daß sie sich permanent engagiert in Richtung auf ihre eigene Zukunft hin, von welcher sie ihre Bestätigung erwartet. Die Zukunft ist zu verstehen als Vorentwurf einer Gegenwart, die einmal sein wird, über die wir nicht verfügen und die wir nicht determinieren, durchaus allerdings entwerfen und erwarten können. Die zukünftige Gegenwart wird die vorentworfene Bedeutung, die ich bin, bestätigen und besiegeln oder nicht, immer aber stellt die nachkommende Freiheit zwar nicht unsere gegenwärtige Freiheit dar, wohl aber das Fundament der Möglichkeiten, die wir noch nicht sind. „Deshalb muß man unser Leben so betrachten, als bestehe es nicht nur aus Erwartungen, sondern aus Erwartungen von Erwartungen, die selbst auf Erwartungen warten."[104] „Das ist eben", stellt Sartre fest, „die Struktur der Selbstheit: selbst sein heißt, zu sich kommen."[105] Insofern der Entwurf der Freiheit allein Quelle allen Sinnes ist und da der Tod nicht auf dem Fundament unserer Freiheit beruht, kann er dem Leben nur jegliche Bedeutung rauben.

---

[100] Ders. ebda. S. 675
[101] Ders. ebda. S. 676
[102] Ders. ebda.
[103] Ders. ebda.
[104] Ders. ebda. S. 678
[105] Ders. ebda.

„Wenn ich Erwartung von Erwartungen auf Erwartung bin und wenn plötzlich der Gegenstand meiner letzten Erwartung und der, welcher wartet, beseitigt werden, dann empfängt die Erwartung rückblickend den Charakter der *Absurdität.*“[106]

So ist nicht nur der Tod sinnlos, er enthüllt auch die Absurdität des menschlichen Lebens selbst.

„So ist der Tod niemals das, was dem Leben seinen Sinn verleiht: er ist im Gegenteil das, was ihm grundsätzlich jede Bedeutung nimmt. Wenn wir sterben müssen, hat unser Leben keinen Sinn, weil seine Probleme ungelöst bleiben und weil sogar die Bedeutung der Probleme unbestimmt bleibt.“[107]

Gegen diesen Umstand bietet auch der Selbstmord keine Lösung. Der Selbstmord kann keinesfalls als ein Lebensende interpretiert werden, dessen eigene Grundlage ich wäre. Insofern er Akt meines Lebens ist, fordert er selbst nach einem Sinn, der ihm nur von der Nachzeit her zukommen kann. Da er allerdings der letzte Akt meines Lebens ist, sperrt er sich gegen diese sinngebende Zukunft und bleibt vollkommen unbestimmt. Sartre will das Todesthema nur vom Standpunkt des Lebens, des Pour-soi aus erörtern:

„Weil das Für-sich das Seiende ist, dem es in seinem Sein um das Sein geht, weil das Für-sich das Seiende ist, das immer ein Hernach verlangt, gibt es in einem Sein, das Für-sich ist, für den Tod keinen Platz.“[108]

Nun gehört zur Deutung des Pour-soi bei Sartre auch eine Darstellung der Sehweise des Anderen. Bedroht schon der Blick des Anderen meine Freiheit, so versinkt durch den Tod das Sein des Pour-soi vollständig im En-soi.

„Das Kennzeichen eines toten Lebens ist, daß es ein Leben ist, zu dessen Wächter der Andere sich macht.“[109]

Die Anderen erklären nun im Nachhinein den Lebenssinn eines Toten.

„Das bedeutet nicht bloß, daß der Andere das Leben des „Dahingegangenen“ festhält, indem er es explizit und erkenntnismäßig wiederherstellt. Ganz im Gegenteil, eine derartige Wiederherstellung ist nur eine der möglichen Einstellungen des Anderen in bezug auf das tote Leben, und infolgedessen ist das Merkmal „wiederhergestelltes Leben“ (im Umkreis der Familie durch die Erinnerungen der Angehörigen, im geschichtlichen Bereich) ein besonderes Schicksal, das gewisse Leben unter Ausschluß anderer kennzeichnet. Daraus folgt mit Notwendigkeit, daß die entgegengesetzte Eigenschaft, „in Vergessenheit geratenes Leben“, auch ein spezifisches und beschreibbares Schicksal vorstellt, das gewissen Leben von Anderen her zu-kommt. Vergessen sein heißt, den Gegenstand einer Einstellung des Anderen und einer impliziten Entscheidung Anderer bilden. Vergessen sein heißt tatsächlich, entschieden und für immer als ein in eine Masse eingeschmolzener Bestandteil aufgefaßt werden (die „großen Feudalherren des 13. Jahrhunderts“, die „bürgerlichen Whigs“ des 18. Jahrhunderts, die „sowjeti-

106 Ders. ebda. S. 679
107 Ders. ebda. S. 680
108 Ders. ebda.
109 Ders. ebda. S. 681

schen Funktionäre“ usw.), es heißt keineswegs *zunichte werden*, sondern heißt, seine persönliche Existenz einbüßen und mit Anderen zu einer Kollektivexistenz konstituiert werden.“[110]

Wenn das Pour-soi selbst sein bisheriges Leben deutete, so geschah dies durch einen freien Entwurf des Selbst, der wiederum retrospektiv den Sinn des Lebens veränderte. Das tote Leben allerdings erfährt Veränderungen, ohne im geringsten dafür verantwortlich zu sein.

„Das tote Leben hört ( ... ) nicht auf, sich zu verändern, und ist trotzdem *fertig*.“[111]

Die Anderen müssen notwendig eine Haltung gegenüber den Toten einnehmen, sie können nicht keine Haltung wählen. Auch die Teilnahmslosigkeit ist ein potentielles Verhalten den Toten gegenüber.

„Insbesondere kann es, wenn es sich um die uns umgebenden Toten handelt, nicht geschehen, daß wir nicht – explizit oder implizit – über das Schicksal ihrer Unternehmungen entscheiden; das wird offenkundig, wenn es sich um den Sohn handelt, der die Unternehmung seines Vaters wiederaufnimmt, oder um den Schüler, der das Lehrgebäude und die Lehrmeinungen seines Lehrers weiter für sich maßgeblich sein läßt. Aber wenn auch die Bindung in zahlreichen Fällen weniger deutlich erkennbar ist, trifft das Gesagte doch für alle die Fälle zu, in denen der Lebende und der Tote dem gleichen geschichtlichen und konkreten Kollektiv angehören. Ich und die Menschen meiner Generation entscheiden über den Sinn der Bemühungen und Unternehmungen der vorhergehenden Generation, sei es, daß sie ihre sozialen und politischen Versuche wiederaufnehmen und fortsetzen, sei es, daß sie entschlossen einen Bruch mit der Vergangenheit herbeiführen und die Toten in die Wirkungslosigkeit hinabstoßen. Wie wir gesehen haben, ist es das Amerika von 1917, das über den Wert und den Sinn der Unternehmungen von La Fayette entscheidet. So wird von diesem Gesichtspunkt aus der Unterschied zwischen Leben und Tod klar sichtbar: das Leben entscheidet über seinen eigenen Sinn, weil es immer in Aufschub ist, es besitzt in seinem Wesen ein Vermögen zu Selbstkritik und Selbstverwandlung, welches bewirkt, daß es sich als ein „Noch-nicht“ bestimmt oder daß es, wenn man so will, wie eine Veränderung dessen ist, was es ist.“[112]

Durch das Vergessen wird der Tote „ein in eine Masse eingeschmolzener Bestandteil“[113], d.h. seine persönliche Existenz verliert sich, um mit anderen zusammen eine kollektive, anonyme Existenz zu bilden. Die Nachkommen bestimmen nun auch die Importanz des verstorbenen Individuums bzw. des vergangenen Kollektivs. Sie entscheiden über die Bedeutung der Leistungen und der Verdienste der vergangenen Generation.

„Das bedeutet, daß für das tote Leben alles schon entschieden ist [que les jeux sont faits] und es von nun an Veränderungen erleiden wird, ohne im geringsten dafür verantwortlich zu sein. Es handelt sich für das tote Leben nicht nur um ei-

---

110 Ders. ebda. S. 682
111 Ders. ebda. S. 684
112 Ders. ebda. S. 683 f.
113 Ders. ebda. S. 682

> ne willkürliche und endgültige Ganzheitsbildung; es handelt sich darüber hinaus um eine radikale Umbildung; nichts kann ihm mehr von der Innenwelt her *zustoßen*, es ist völlig abgeschlossen, man kann nichts mehr eindringen lassen; aber sein Sinn wird weiter von außen her umgewandelt."[114]

Die Erinnerung an einen Toten radikalisiert und verabsolutiert im gewissen Sinne den Status des vom Anderen Angeblicktseins und enthüllt nun vollkommen den Sinn des toten Lebens. Im Tode haben wir das Faktum äußerster Entfremdung und Entäußerung vor uns. Der Tod läßt das Pour-soi in die Sphäre des rein Äußerlichen und der Fremdbestimmung, letztlich in das Stadium des En-soi zurückfallen. Das tote Leben „wird weiter von außen her umgewandelt"[115]. Der Tod entfremdet uns selbst zum Vorteil des Anderen. Sartre sagte radikal: „Tot sein heißt, den Lebenden eine Beute sein."[116] Solange ich lebe, kann ich dem entgehen, was ich für den Anderen bin, indem ich den Blickpunkt des Anderen negiere. Die Existenz des Für-sich ist ein permanenter Kampf gegen die Blickrichtung des Anderen. Indem das Todesgeschehen unvermittelt einen der Kämpfer eliminiert, bedeutet es den Triumph des Anderen über die tote Existenz. Der Tod drängt von außen her allem, was ich in der Subjektivität erfahre und empfinde, einen fremden Sinn auf. Er eliminiert alles Subjektive, das sich während meines Lebens permanent gegen jede Veräußerlichung und Entfremdung zur Wehr gesetzt hat, um es jeder willkürlichen objektiven Bedeutung preiszugeben, die der Andere ihm zuschreiben will. Daher gehört der Tod so betrachtet auch niemals zur ontologischen Struktur des Pour-soi; als der Sieg des Anderen über mich verweist er auf ein grundsätzliches, aber kontingentes Faktum, nämlich die Existenz des Anderen. Da der Tod nicht Teil meiner Möglichkeit, meiner Freiheit ist und keine Bedeutung besitzt, die ich gebe, kommt ihm – entsprechend Sartres Zweiteilung von Freiheit und Faktizität – der augenscheinliche und fundamentale Charakter der reinen Faktizität zu. Tatsache im Bereich der menschlichen Wirklichkeit ist alles das, was von außen auf uns zukommt, also kein Akt meiner Freiheit ist, uns aber in Äußerlichkeit verwandelt. Der Tod ist eine reine Tatsache und unterscheidet sich hierin in keiner Weise von der Geburt; und die Identität von Geburt und Tod ist das, was wir – mit Heidegger – die Geworfenheit des menschlichen Daseins nennen. Insofern der Tod stets jenseits meiner Subjektivität, meines Pour-soi liegt, gibt es keinen Platz für ihn in meiner Subjektivität.

> „Also müssen wir, gegen Heidegger, zu dem Schluß gelangen, daß der Tod, weit davon entfernt, meine eigene Möglichkeit zu sein, ein *kontingentes Faktum* ist, das als solches sich mir grundsätzlich entzieht und von Anfang an zu meiner Geworfenheit gehört. Ich kann meinen Tod weder entdecken, noch erwarten, noch eine Haltung ihm gegenüber einnehmen, denn er ist das, was sich als das Unentdeckbare enthüllt, das alle Erwartungen wirkungslos macht, das in alle Haltungen und besonders in die, die man ihm gegenüber einnehmen könnte, eindringt,

114 Ders. ebda. S. 684
115 Ders. ebda.
116 Ders. ebda.

> um sie in außenweltliche und erstarrte Verhaltensweisen zu verwandeln, deren Sinn für immer anderen als uns selbst anvertraut ist. Der Tod ist, ebenso wie die Geburt, ein reines Faktum; er kommt von Draußen und verwandelt uns in Draußen. Im Grunde genommen unterscheidet er sich in keiner Weise von der Geburt, und die Identität von Geburt und Tod ist das, was wir Geworfenheit nennen."[117]

Sartre betont klar, daß wir die „gewöhnlich in eins gesetzten Vorstellungen von Tod und Endlichkeit"[118] – eine Identifizierung, von der Heideggers Spekulation über das „Sein zum Tode" erst ihren Sinn bekommt – radikal auseinanderhalten müssen. Gemeinhin nimmt man an, daß der Tod unsere Endlichkeit konstituiert und uns enthüllt. „Es kommt von dieser gedanklichen Unsauberkeit," stellt Sartre fest, „daß der Tod die Gestalt einer ontologischen Notwendigkeit annimmt und daß dagegen die Endlichkeit sich ihren Kontingenz-Charakter vom Tode ausborgt."[119] Etwa wenn Malraux, indem er behauptet, daß der Tod uns die Einmaligkeit des Lebens enthüllt, reflektiert, daß wir, weil wir sterben, unfähig sind, wieder von vorn anzufangen, und also daher endlich sind.[120] Dahingegen betont Sartre, daß der Tod eine kontingente Tatsache, die Endlichkeit aber eine ontologische Struktur des Pour-soi ist, „die die Freiheit determiniert und nur innerhalb und mittels des freien Entwurfes des Zieles existiert, das mir mein Sein verkündet."[121] Die menschliche Realität „*macht* sich endlich"[122] durch ihre Wahl, menschlich zu sein. Die menschliche Realität würde nämlich auch dann endlich bleiben – so Sartres paradoxe Folgerung – wenn sie unsterblich wäre. Sartre definiert Endlichkeit folgendermaßen:

> „Endlich sein heißt ( ... ) sich erwählen, das heißt sich, was man ist, dadurch verkünden zu lassen, daß man sich auf ein Mögliches hin, unter Ausschluß anderer, entwirft."[123]

Das Wesen der Endlichkeit ist fundiert in der „Unumkehrbarkeit der Zeitlichkeit"[124], welche auch bestünde, wenn wir ein Unendliches an Zeit zur Verfügung hätten. Diese Unumkehrbarkeit der Zeitlichkeit ist begründet im Akt meiner Freiheit, der etwas erwählt und dadurch anderes ausschließt.

> „Der Freiheitsakt (ist) also Übernahme und Erschaffung der Endlichkeit. Wenn ich mich mache, mache ich mich endlich, und auf Grund dieser Tatsache ist mein Leben einmalig."[125]

Sartre versteht die Endlichkeit also auf der Ebene psychologischer Wirklichkeiten, als eine Freiheit, die innerzeitlich ist und sich durch eine Anzahl sin-

---

117 Ders. ebda. S. 687
118 Ders. ebda.
119 Ders. ebda.
120 Vgl. ders. ebda.
121 Ders. ebda. S. 687 f.
122 Ders. ebda. S. 688
123 Ders. ebda.
124 Ders. ebda.
125 Ders. ebda.

gulärer Entscheidungen realisiert, nicht – wie Heidegger – vom „Sein zum Tode“ her.

> „Wenn ich unsterblich bin und die Möglichkeit B vorübergehen lassen mußte, um die Möglichkeit A zu verwirklichen, wird sich mir sicher die Gelegenheit bieten, diese vernachlässigte Möglichkeit auch noch zu verwirklichen. Aber allein auf Grund der Tatsache, daß diese Gelegenheit sich *nach* der vernachlässigten Gelegenheit bieten wird, wird sie nicht die gleiche sein, und deshalb würde ich mich für alle Ewigkeit dadurch *endlich gemacht* haben, daß ich die erste Gelegenheit unwiederbringlich vorübergehen ließ. So gesehen, werden der Unsterbliche und der Sterbliche als mehrere geboren und werden zu einem. Für ein zeitlich unendliches, das heißt unbeschränktes Wesen, wäre das „Leben“ in seinem eigenen Sein nicht weniger endlich, weil es sich zu einem einmaligen macht. Der Tod hat damit nichts zu schaffen; er tritt „inzwischen“ ein, und die menschliche Realität entdeckt, indem sie sich ihre eigene Endlichkeit enthüllt, deswegen noch nicht ihre Sterblichkeit.“[126]

Der Tod ist dadurch, daß er nicht vom Pour-soi ist, eine permanente Grenze meiner Freiheit und meiner Projekte, die ich als solche hinnehmen muß. Da mein Leben aber nur ein Warten auf das Warten ist, welches von einem letzten Ziel seine Bedeutung und seinen Sinn empfangen möchte und muß, dieses Letztziel aber als die absolute Nichtung meiner Freiheit sinnlos ist, demonstriert die Sinnlosigkeit des Todes auch die Sinnlosigkeit des Lebens. „Der Mensch ist eine nutzlose Leidenschaft“[127], lautet Sartres pessimistisch-nihilistische Schlußfolgerung.

---

[126] Ders. ebda.

[127] Ders. ebda. S. 770

# IV. Der Tod und das Absurde bei Albert Camus

## *1. Die Sinnfrage und das Absurde*

Mit vielen anderen Denkern und Philosophen stellt Albert Camus fest, daß eine einzige Frage im Zentrum der Philosophie steht und stehen muß, nämlich die Frage nach der letzten Sinnhaftigkeit der Wirklichkeit und der Gutheit des Seins. Camus beginnt seinen *Mythos von Sisyphos* mit den Worten:

> „Die Entscheidung, ob das Leben sich lohne oder nicht, beantwortet die Grundfrage der Philosophie. Alles andere – ob die Welt drei Dimensionen und der Geist neun oder zwölf Kategorien habe – kommt erst später. Das sind Spielereien; zunächst heißt es (hier) Antwort geben.“[1]

Es ist bekannt, welche Antwort Camus auf diese fundamentale Frage gibt: Das menschliche Leben ist „absurd“. Die Absurdität ist das zentrale Thema in Camus’ gesamtem Werk. Dabei ist für Camus das Absurde die Diskrepanz zwischen der Glücks- und Harmoniesuche des Menschen und den Schwierigkeiten und Hemmnissen, die sich dieser Suche in den Weg stellen. Der bei Camus sehr weit gefaßte Begriff des Absurden enthält vieles: Die Sterblichkeit des Menschen und seine unstillbare Sehnsucht nach ewigem Glück, die Diskrepanz zwischen seiner Erfahrung einer leid- und widerspruchsvollen Welt und seinem Verlangen nach rationaler Luzidität und ontischer Gutheit, die Sinnwidrigkeit des Lebens und sein Verlangen nach Sinn und absolutem Wert.[2] Dabei ist die Absurdität keine ontische Größe, sie „besteht“ nicht außerhalb der menschlichen Wirklichkeit. Erst durch den Menschen, der wie ein Fremder ist in einer ihm feindlichen Umwelt, ergibt sich die Situation des Absurden. Die außermenschliche Natur in ihrer strikten Gesetzhaftigkeit und Ordnung ist an sich wertneutral. Die Absurdität ist dadurch gegeben, daß die Natur dem feinen Wertschaffen des Menschen gegenüber gänzlich indifferent ist. Sie wirkt gemäß der ihr eigenen Gesetzlichkeit und kann so dem menschlichen Planen und Hoffen destruktiv in die Quere kommen. Die blinde Naturordnung besitzt keinerlei Wertorgan für die Ordnungen, die der Mensch in spirituell-moralischer, kultureller, politischer oder religiöser Hinsicht entwirft. Camus stellt fest:

> „Die primitive Feindseligkeit der Welt, die durch die Jahrtausende besteht, erhebt sich wieder gegen uns. Eine Sekunde lang verstehen wir die Welt nicht mehr. (...) Die Welt entgleitet uns: Sie wird wieder sie selbst. Die gewohnheitsmäßig mas-

1 Camus, A.: Der Mythos von Sisyphos. Ein Versuch über der Absurde. Mit einem kommentierenden Essay von L. Richter. Düsseldorf 1959. S. 9

2 Vgl. Brée, G.: Albert Camus. Gestalt und Werk. Hamburg 1960. S. 229

> kierten Kulissen werden wieder, was sie wirklich sind. Sie rücken uns fern. (...) Diese Dichte und diese Fremdartigkeit der Welt sind das Absurde."[3]

An anderer Stelle sagt Camus im *Mythos von Sisyphos*:

> „An sich ist diese Welt nicht vernünftig – das ist alles, was man von ihr sagen kann. Absurd aber ist die Gegenüberstellung des Irrationalen und des glühenden Verlangens nach Klarheit, das im tiefsten Innern des Menschen laut wird."[4]

Gerhard Stuby interpretiert das Absurde bei Camus folgendermaßen:

> „Der Tod, die Vielfalt der Wahrheiten und der Dinge, die keinen einenden Grund erkennen lassen, die Oberflächlichkeit des Wirklichen, hinter der doch eine tiefe Unergründlichkeit liegt, der Zufall auf der einen Seite und der begegnende Mensch auf der anderen Seite sind die sich widersprechenden Pole des Absurden, die in ihrer Unüberwindlichkeit, in ihrem tiefen Zwiespalt zugleich seinen Tatbestand ausmachen."[5]

Dieses Thema ist nicht neu, und Camus stellt es auch nicht als solches dar. Es ist das Thema der pessimistischen französischen Moralisten (Montaigne, Pascal, La Rochefoucauld, Fontenelle, Chamfort, Stendhal), die Andler[6], als Vorläufer Nietzsches bezeichnet hat. Es ist notwendigerweise unmöglich, die Tatsache des Absurden zum Objekt philosophisch-erkenntnistheoretischer Überlegungen zu machen. Die Absurdität ist ja die Diskrepanz zwischen der erlebten Irrationalität und der Suche des Menschen nach Licht und Klarheit. So gesehen läßt sich die Absurdität der Welt auch nicht philosophisch „beweisen". Immerhin hat auch die Gegenpartei der „blinden Vernunft" (wie Camus sagt) keinen Beweis für die Sinnhaftigkeit des Seins zu liefern.

> „Auch der Verstand sagt mir also auf seine Weise, daß diese Welt absurd ist. Sein Widerpart, die blinde Vernunft, tut vergeblich so, als wäre alles klar; ich wartete auf Beweise und wünschte, sie hätte recht. So vielen anmaßenden Jahrhunderten zum Trotz, ja – auch so vielen und beredten überzeugungskräftigen Männern zum Trotz weiß ich, daß es falsch ist. Auf dieser Ebene zumindest gibt es, wenn ich nicht wissen darf, kein Glück. Diese allgemeine, praktische oder moralische Vernunft, dieser Determinismus, diese alles klärenden Kategorien haben für einen aufrichtigen Menschen etwas Lächerliches. Sie haben mit dem Geist nichts zu tun. Sie leugnen seine tiefe Wahrheit: Daß er in Fesseln liegt."[7]

Die Frage, die Camus' Werk durchzieht, ist, wie man sich angesichts dieser Situation verhalten soll. Seine Antwort ist in gewissem Sinne eine Philosophie des Weitermachens, die Haltung des heroischen „Trotzdem". Camus nennt diese Haltung des trotzdem Weitermachens „Empörung" oder „Revolte". Sisyphos ist in diesem Sinne ein Held des Absurden, da er diese Haltung verwirklicht. Das Tragische an seiner Figur ist, daß er das ganze Ausmaß sei-

---

[3] Camus, A.: a.a.O. S. 17 f.
[4] Ders. ebda. S. 23.
[5] Stuby, G.: Recht und Solidarität im Denken von Albert Camus. Frankfurt a. M. 1965. S. 59
[6] Vgl. Andler, C.: Nietzsche, sa vie et sa pensée. Paris 1920 ff., Bd. I, S. 157-233; vgl. dazu: Stuby, G.: a.a.O. S. 59 f.
[7] Camus, A.: a.a.O. S. 23

ner unglücklichen Lage kennt: Über sie denkt er während des Abstiegs nach. Diese klare Einsicht, die seine Qual ausmachen sollte, vollendet gleichzeitig seinen Sieg. Denn die Erkenntnis der eigenen absurden Daseinssituation bedingt – wir werden das noch genauer sehen – die Möglichkeit der individuellen Freiheit. Camus spricht von der „Bewußtseinsregung" und dem „endgültige(n) Erwachen"[8] des Menschen, der sich bewußt mit seiner absurden Existenz auseinandersetzt. Camus spricht davon, daß diese Erkenntnis des Absurden und der daraus resultierende Wille zum Weitermachen eine besondere Leidenschaft ist bzw. wecken kann. „Ist die Absurdität erst einmal erkannt, dann wird sie zur Leidenschaft, zur herzzerreißendsten aller Leidenschaften."[9] Entschieden lehnt Camus jeden Versuch ab, dem Widerspruch der menschlichen Situation zu entkommen, indem man die Irrationalität der Welt leugnet und ihr einen philosophischen, politischen oder religiösen Sinn aufprägt. Camus sieht in diesem Versuch eine Art geistig-philosophischen Selbstmord, „absurde Logik"[10], sei es, daß diese Flucht ins Mystische geht[11] oder im Sinne des Kierkegaardschen Sprunges (in den paradoxen Glauben)[12] geleistet wird. Auch andere philosophische Systeme wie die Existenzphilosophie Karl Jaspers'[13], aber auch die Phänomenologie Husserls[14] zählt Camus zu diesen philosophischen Fluchtversuchen.

## 2. *Die Funktion der Jenseitsvorstellungen*

Zu diesen Versuchen, den Widerspruch zwischen dem Irrationalen der Welt und der Sehnsucht nach Heil zugunsten letzterer aufzulösen, rechnet Camus auch die religiösen Jenseitshoffnungen: Ursprung aller jenseitigen Welten, die Menschen projizierend entwerfen, ist das unauslöschbare Verlangen des menschlichen Geistes nach Einheit, das Bedürfnis, Sinn und Vernunft zu finden in einer absurden, ungeordneten Welt. Diese Projektion ist – nach Camus – durchaus notwendig, denn Einheit, Glück, absolute Vernunft usw. sind Ideen, die zwingend aus der Sinnfrage des reflektierenden Geistes hervorgehen. Der mentale Entwurf jenseitiger Welten ist vom Menschen her gesehen also als die Manifestation seiner sinnfordernden Vernunft zu verstehen, die in ihrem Verlangen nach letzten teleologischen Strukturen und Zeitpunkten allerdings zwangsläufig vor dem Absurden scheitern muß. Camus gesteht diesen Projektionen durchaus einen Wert zu: Ihre Aufgabe besteht in ihrer Funktion, als normative und regulative Ideen die positive Gestaltung der diesseitigen, realen Welt zu initiieren. Das bedeutet: Diese Ideen dürfen nicht in eine fernliegende, spekulativ anvisierte jenseitige Welt projiziert werden,

[8] Ders. ebda. S. 16
[9] Ders. ebda. S. 24
[10] Ders. ebda. S. 32
[11] Vgl. ders. ebd. S. 33 ff.
[12] Vgl. ders. ebd. S. 36 ff.
[13] Vgl. ders. ebd. S. 26
[14] Vgl. ders. ebd. S. 28 f.

sondern müssen als innerweltliche Handlungsmaxime verstanden werden, wobei allerdings auch der unbeugsame und kategorische Versuch einer Realisierung dieser Ideen von Schaden sein kann, insofern eine kompulsive Umsetzung Gewalt, Ungerechtigkeit, Unfreiheit, Tyrannei und Rücksichtslosigkeit zur Folge haben kann. Die Verlagerung dieser sinnfordernden Ideen in jenseitige Bereiche ist also nicht nur deshalb problematisch, weil sie von den realen, innerweltlichen Problemen ablenken, sondern weil ihre Hypostasierung und Überhöhung Fanatismus und unrealistische Kompromißlosigkeit hervorrufen können. Ein Beispiel hierfür ist der Priester Paneloux in *Die Pest*[15], der in seiner ersten Predigt die ausgebrochene Seuche simplifizierend und zugleich unbarmherzig als gerechtes Strafgericht Gottes deutet.

### *3. Der Tod*

Camus hat sich mit dem Tod in diversen Werken beschäftigt. Der Selbstmord steht im Mittelpunkt des *Mythos von Sisyphos* und des Stücks *Die Besessenen*; die Tötung eines anderen um des Geldes willen ist das Thema von *Der glückliche Tod* und *Das Mißverständnis*; den Tyrannenmord behandeln *Caligula* und *Die Gerechten*; der im Vollzug eines Todesurteils vollstreckte Tod ist thematisiert in *Der Fremde* und ebenfalls in *Die Gerechten*; den vom Schicksal verhängten Tod stellen *Die Pest* und *Der Belagerungszustand* dar; der Massenmord ist Thema von *Der Mensch in der Revolte*.[16] Der Gedanke der Sterblichkeit des Menschen und der Absurdität seiner Existenz gehören für Camus auf das Engste zusammen. Er läßt Caligula in dem gleichnamigen Theaterstück sagen: „Die Menschen sterben, und sie sind nicht glücklich."[17] Das Faktum seiner Endlichkeit bedingt und demonstriert die Absurdität des Lebens. Ist mein Leben aber letztlich „absurd", relativiert sich die Bedeutung alles dessen, was ich erfahre und erlebe, aufbaue und leiste. Der Tod zerstört vor allem aber auch die Sinnhaftigkeit aller Glückserfahrungen, die ich im Leben machen konnte, wobei das spezifisch sinnlich-leibliche Glücksverständnis Camus' zu beachten ist. Camus' Beschäftigung mit Leben und Tod ist durchherrscht von seiner Hochschätzung der menschlichen Wirklichkeit des Sinnlich-Leiblichen, wie sie vor allem in seinen frühen Werken zum Ausdruck kommt. In seinem Essay-Band *Hochzeit des Lichts*[18] thematisiert Camus eindringlich diesen harmonischen Einklang mit der außermenschlichen Natur. In immer neuen Wendungen von grandios-hymnischer Schönheit preist Camus das Einssein von Mensch und Natur. Er schildert das Wogen des Meeres, die Kraft des Windes, die glühende, alles durchdringende Hitze des Sonnenlichtes usw.. Er beruft sich bei diesem Einheitsdenken explizit auf Plotin. Camus hat sich während seines Studiums an

[15] Camus, A.: Die Pest. Übersetzt von G. Meister. Reinbek 1982
[16] Vgl. Pieper, A.: Albert Camus. München 1984. S. 94 f.
[17] Camus, A.: Dramen. Übersetzt von G. Meister. Reinbek 1959. S. 23
[18] Ders.: Hochzeit des Lichts. Zürich 1981

der Universität Algier gründlich mit der neuplatonischen Philosophie beschäftigt. In gewissem Sinne verendlicht Camus Plotins auf das Transzendente zielende Einheitsmystik und verlagert sie ins Innerweltliche, Irdische.[19] Die Vereinigung mit der Transzendenz wird mit dem ekstatischen Naturerleben identifiziert bzw. als solches enthüllt. In seltenen Glücksmomenten, wenn die Kontemplation oder Ekstase zu einer wirklichen Identifikation und Verschmelzung mit der Welt führt, absorbiert die Natur gleichsam das menschliche Selbst in einer Art liebenden Umarmung.[20] Die temporären Erfahrungen harmonischen Einsseins mit dem Kosmos befreien den Menschen aber nicht wirklich aus seiner absurden Daseinsweise. Das wird deutlich an der Gestalt des Patrice Meursault in Camus' Roman *Der Fremde*.[21] Meursaults Denken ist sehr auf sinnliche Qualitäten (z.B. optische Wahrnehmungen) reduziert. Meursault lebt in einem unmittelbaren, sinnlichen, präreflexiven Weltbezug, einem ganzheitlich-sinnlichen Sichverhalten, in dem Sinnlichkeit, Verstandesmäßiges und Psychisches nicht zu trennen sind. Meursaults Weltbezug läßt sich als ein inniges Verschmolzensein mit der Natur kennzeichnen. Aus diesem originären Weltverhalten, für das es nichts als die Realität des Sinnlich-Leiblichen gibt, versteht sich die Indifferenz, mit der Meursault allem begegnet, was dem alltäglichen, wissenschaftlichen, philosophischen und religiösen Denken und Werten als Sinn und Wahrheit erscheint. Allein das dem Menschen in der Sinnlichkeit Gegebene stellt für Meursault einen unfraglichen „Wert" dar, ist „wahr" und „sinnvoll" – alles andere befindet sich in einer Sphäre, die für Meursault unverständlich und unzugänglich ist, in der er ein „Fremder" ist. Nichts vermag Meursault aus dieser Indifferenz zu wecken, weder der Tod der eigenen Mutter noch eine am gleichen Tag angeknüpfte Liebesbeziehung, die für ihn allerdings das bloß Erotisch-Sexuelle nicht transzendiert, noch die berufliche Karriere. Der Roman *Der Fremde* schildert die allmähliche Bewußtwerdung seines Helden, d.h. die durch die Zäsur der von Meursault abgefeuerten Todesschüsse am Strand initiierte Loslösung von der unmittelbar-symbiotischen Weltverhaftetheit zu einer etwas mehr distanziert-reflektierenden Wirklichkeitsbeziehung, wobei der primordial-symbiotische Welt-

19 Vgl. Camus' philosophische Examensschrift, die er 1936 an der Universität Algier unter dem Titel Métaphysique chrétienne et Néoplatonisme eingereicht hat: Camus, A.: Christliche Metaphysik und Neuplatonismus. Diplôme d' Etudes Supérieures de Philosophie, 1936, aus dem Nachlaß herausgegeben, übersetzt und eingeleitet von: M. Lauble. Reinbek 1978; vgl. dazu: Schlette, H.R.: Albert Camus' philosophische Examensschrift „Christliche Metaphysik und Neuplatonismus", in: Ders. (Hrsg.): Wege der deutschen Camus-Rezeption. Darmstadt 1975, S. 319-356; außerdem: Lauble, M.: Vom Evangelium zur Metaphysik. Über Albert Camus' philosophische Examensschrift, in: Ders. (Hrsg.): Der unbekannte Camus. Zur Aktualität seines Denkens. Düsseldorf 1979. S. 36-37

20 Joseph Hermet schreibt: „C'est bien d'une sorte d'extase nocturne ou diurne qu'il s'agit, quand la contemplation conduit ainsi à une véritable identification avec le monde. Dans ces moments privilégiés, en effet, l'homme coïncide avec l'univers parce qu'il y a, entre eux, accord parfait dans une fusion telle que la nature absorbe le moi dans une sorte d'etreinte amoureuse" Hermet, J.: A la rencontre d'Albert Camus. Le dur chemin de la liberté. Paris 1990. S. 33

21 Camus, A.: Der Fremde. Übersetzt von G. Goyert u. H.G. Brenner. Reinbek 1982

bezug bei Meursault allerdings stets vorherrschend bleibt. Allen Erfahrungen, Erlebnissen und Menschen, auch während des Prozesses und seiner Verurteilung zum Tode, widmet er die gleiche Aufmerksamkeit. Alles ist für ihn gleich-wertig, nichts wird von ihm präferiert, da sich alles gleich sinnvoll oder sinnlos, weil gleich selbstverständlich und „natürlich" – wie Meursault gerne sagt – vor ihm ausbreitet.[22] So sehr Camus also mit der symbiotischen Naturbeziehung sympathisiert, demonstriert die Gestalt des Meursault doch, daß auch ein solches Mitleben und Mitempfinden mit der Natur die entfremdete Daseinsweise des Menschen nicht wirklich aufzuheben vermag – wie einige Lebensphilosophen meinten (Klages, Spengler u.a.) –; denn Meursaults präreflexiver Weltbezug bedingt seine Fremdheit in der sozialen Welt, wie umgekehrt das Leben in der sozialen Welt mit ihren Wertvorstellungen, Normen und Idealen die absurde Diskrepanz zwischen dem Sinnstreben des reflektierenden Geistes und seiner Welterfahrung hervorruft.

Weil der Tod die Möglichkeit sinnlich-körperlicher Glückserfahrungen vernichtet, ist er notwendigerweise destruktiv und sinnwidrig: der Feind des Menschen und des Lebens. Justament in seiner Destruktivität ist der Tod die radikalste Manifestation der Absurdität, die Verdichtung der vollkommenen Sinnlosigkeit und Undurchschaubarkeit des menschlichen Daseins. Michael Lauble hat in seinem Werk *Sinnverlangen und Welterfahrung* darauf hingewiesen, daß sich die Erfahrung des Todes als Negation und Destruktion menschlichen Daseins in Camus' Werken und Denken im Laufe der Zeit verschärft hat. Der Zug der Gewalttätigkeit und Nichtverstehbarkeit des Todes tritt immer dominierender hervor.[23] Der sinnlose Tod des Kindes Philippe Othon in *Die Pest* ist für den Arzt Rieux – Camus' Sprachrohr in diesem Roman – der Beweis und deutlichste Manifestation der Absurdität des menschlichen Daseins. In einer Welt, in der unschuldige Kinder sterben müssen, verbietet sich jede Art sittlicher, religiöser oder politischer Rechtfertigungsversuche. Daß Kinder unter Schmerzen sinnlos sterben, wird Rieux zum Anlaß der Empörung gegen die Wirklichkeit.

Und doch ist Camus' Sichtweise des Todes nicht nur einseitig, sondern eigenartig ambivalent: Zum einen ist der Tod stets ein entsetzliches Faktum, das dem Leben in seiner Fülle und Schönheit rüde und brüsk ein Ende setzt, zum anderen aber ist dieses Leben gerade durch das Faktum, daß es endlich ist, erst befähigt, Existenz, d.h. Eigentlichkeit und Ganzheit, zu sein. Camus teilt Heidegges Gedanken vom Sein des Menschen „zum Tode", d.h. von der Existenzwerdung des Menschen im Angesicht des Todes. Das Bewußtsein um die eigene Sterblichkeit erhellt – nach Heidegger – intensivst den Aspekt der Dringlichkeit meines Lebens. Was ich bis zu meinem Tode nicht geleistet habe, kann ich überhaupt nicht mehr leisten. Mag auch das eine oder an-

---

22 Vgl. Kampits, P.: Der Mythos vom Menschen. Zum Atheismus und Humanismus Albert Camus'. Salzburg 1968. S. 24

23 Vgl. Lauble, M.: Sinnverlangen und Welterfahrung. Albert Camus' Philosophie der Endlichkeit. Düsseldorf 1984. S. 112

dere Werk und Unternehmen von der Nachwelt fortgeführt werden können, meine Selbstwerdung und Existenzverwirklichung kann nur ich allein und niemand aus meiner Nachwelt leisten. Heidegger formuliert es so:

> „Mit dem Tod steht sich das Dasein selbst in seinem eigensten Seinkönnen bevor. In dieser Möglichkeit geht es dem Dasein um sein In-der-Weltsein schlechthin."[24]

Heidegger verwendet die paradoxe Formulierung vom Tode als der „Möglichkeit des Nicht-mehr-dasein-könnens".[25] Der Tod ist „die Möglichkeit der schlechthinnigen Daseinsunmöglichkeit".[26] Wenn das Dasein vor dieser Möglichkeit seiner selbst steht, mit dieser seiner ureigensten Möglichkeit konfrontiert wird, ist es auf sein eigenstes Seinkönnen verwiesen und insofern sind alle Bezüge zu anderem Dasein aufgehoben. Camus teilt diese Sicht des Todes: Die permanente Möglichkeit des eigenen Todes wirft den Menschen radikal auf die Gegenwart zurück, da jede Zukunft durch die stets vorhandene Todesbedrohung unsicher und fragwürdig erscheint. So ist es das Todesfatum, welches die Vergänglichkeit und Kontingenz des Menschen begründet und zugleich bloßlegt. Durch den Tod vollzieht sich aber auch die spezifische Umgestaltung und Mutation der Zeit: Sie wird zum Medium der menschlichen Existenzfindung und Vereigentlichung: Denn der Tod ist niemals nur das Futurum, sondern immer schon im Leben des Menschen selbst anwesend. Immer wieder erfahre ich den Tod am Anderen. Die permanente Anwesenheit des Todes zeigt sich nicht nur im körperlichen Verfall, sondern in einer Vielzahl von Formen der Zerrissenheit und der Spaltung des Daseins und des Seinszusammenhanges. Krankheit, Trennungen (man beachte die häufige Verwendung des Begriffes „séparation" in Camus' Werk *Die Pest*), Einsamkeit, jedes Herausgedrängtsein aus dem harmonischen Kontext der Natur usw. sind Vorschattungen des Todes im Leben jedes Menschen, Signale seiner Sterblichkeit. Insofern diese Vorschattungen des Todes das menschliche Leben durchziehen, sind die punktuellen Glückserfahrungen des Menschen auch kein Argument gegen die Absurdität des Lebens; denn diese Glückserlebnisse gleichen die negativen Dimensionen des Daseins nicht nur nicht aus, sondern kontrastieren und verdeutlichen diese nur noch schmerzhafter. Der Tod hat aber noch eine andere Dimension. Er allein nämlich konstituiert erst die individuelle Freiheit des Menschen. Er vernichtet, befreit aber auch. Das Wissen darum, daß er sterben muß, befreit den Menschen auch von allen allgemeinen Geboten und Regeln. Durchschaut der Mensch die letztendliche Absurdität des Seins, findet er zur Freiheit des absurden Menschen. Camus führt im *Mythos von Sisyphos* aus:

> „Je mehr ich hoffe, je mehr ich mich von einer mir gehörigen Wahrheit, von einer Art zu sein oder zu schaffen, beunruhigen lasse, je mehr ich schließlich mein Leben ordne und dadurch beweise, daß ich ihm einen Sinn unterstelle, um so mehr Schranken schaffe ich mir, in die ich mein Leben einzwänge. (...) Das Ab-

---

24 Heidegger, M.: Sein und Zeit. a.a.O. S. 250

25 Ders. ebda.

26 Ders. ebda.

surde klärt mich über diesen Punkt auf: Es gibt kein Morgen. Das ist von nun an die Begründung meiner tiefen Freiheit."[27]

Die Tatsache, daß ich letzten Endes sterben muß, bedingt und demonstriert die Sinnlosigkeit des Lebens. Ist mein Leben aber sinnlos, relativiert sich die Bedeutung alles dessen, was ich plane und unternehme. Indem ich ohne Beschönigung den Tod als den meine Existenz zeitlich begrenzenden Faktor anerkenne, gewinne ich eine gewisse Art von Freiheit gegenüber den Illusionen, die vor dem Tod haltmachen. So „fühlt der absurde Mensch, der ganz und gar dem Tode zugewandt ist (der hier als die offensichtliche Absurdität verstanden wird), sich losgelöst von allem, was nicht zu dieser leidenschaftlichen Aufmerksamkeit gehört, die sich in ihm kristallisiert. Er genießt eine Freiheit im Hinblick auf die allgemein anerkannten Gebote."[28] Der absurde Mensch versucht, die ihm verbleibende Zeit in vollem Bewußtsein zu füllen. Für Camus heißt das am Beispiel des Don Juan, von dem er feststellt: „Er war traurig, solange er hoffte"[29]: Immer wieder dasselbe tun; nicht aufgeben. In der Wiederholung liegt die akzeptierte Sinnlosigkeit des ewig Gleichen, des ewig Wiederkehrenden. Was Don Juan in Tätigkeit versetzt und antreibt, ist eine Ethik der Quantität, gelebte Intensität – im Gegensatz zum Heiligen, der zur Qualität neigt und nach dem tieferen Sinn und Grund des Seins fragt.

„An den tiefen Sinn der Dinge nicht glauben – das ist die Eigentümlichkeit des absurden Menschen."[30]

Man sieht, daß Camus' Einschätzung des Todes eigenartig ambivalent und trotz der distinkten Betonung der Absurdität des Lebens und des Sterbens – nicht so eindeutig nihilistisch ist wie beispielsweise bei Sartre. Wir sahen: Nach Sartre kann nur das Für-sich, das Subjekt, dem Bereich der an-sich-seienden Dinge, den Objekten, sinnstiftend Bedeutung verleihen. Auch die menschliche Realität wird – nach Sartre – nur dadurch bedeutungsvoll, daß das Leben sich permanent engagiert in Richtung auf seine eigene Zukunft hin, von welcher sie ihre Bestätigung erwartet. Die Zukunft ist zu verstehen als Vorentwurf einer Gegenwart, die einmal sein wird, über die wir nicht verfügen und die wir nicht bestimmen, die wir allerdings entwerfen und erwarten können. Die zukünftige Gegenwart wird die vorentworfene Bedeutung, die ich bin, bestätigen und besiegeln oder nicht, immer aber stellt die nachkommende Freiheit zwar nicht unsere gegenwärtige Freiheit dar, wohl aber das Fundament der Möglichkeiten, die wir noch nicht sind.

„Deshalb muß man unser Leben so betrachten, als bestehe es nicht nur aus Erwartungen, sondern aus Erwartungen von Erwartungen, die selbst auf Erwartungen warten."[31]

[27] Camus, A.: Der Mythos von Sisyphos, a.a.O. S. 52
[28] Ders. ebd., S. 53
[29] Ders. ebd., S. 62
[30] Ders. ebd., S. 63
[31] Sartre, J.-P.: Das Sein und das Nichts. Versuch einer phänomenologischen Ontologie. a.a.O. S. 678

Insofern der Entwurf der Freiheit alleinige Quelle aller Bedeutungen ist, und da der Tod nicht auf dem Fundament unserer Freiheit beruht, kann er dem Leben nur jegliche Bedeutung rauben.

> „Wenn ich Erwartung von Erwartungen auf Erwartung bin und wenn plötzlich der Gegenstand meiner letzten Erwartung und der, welcher wartet, beseitigt werden, dann empfängt die Erwartung rückblickend den Charakter der Absurdität.“[32]

So ist – nach Sartre – nicht nur der Tod sinnlos, er enthüllt auch die Sinnlosigkeit des menschlichen Lebens selbst. Gegen Heidegger gerichtet stellt Sartre fest:

> „So ist der Tod niemals das, was dem Leben seinen Sinn verleiht: Er ist im Gegenteil das, was ihm grundsätzlich jede Bedeutung nimmt. Wenn wir sterben müssen, hat unser Leben keinen Sinn, weil seine Probleme ungelöst bleiben und weil sogar die Bedeutung der Probleme unbestimmt bleibt.“[33]

Camus nimmt gewissermaßen eine mittlere Position ein zwischen Heidegger und Sartre. Der Tod treibt zwar in seiner Destruktivität die Absurdität des Lebens auf die Spitze, zugleich klärt er uns aber über unsere Situation auf. Die hierdurch geschenkte Einsicht befreit den Menschen. Die durch den Tod geschenkte Erkenntnis der Absurdität des eigenen Daseins begründet aber auch jene spezifische Solidarität und Ethik der Menschen untereinander, die Camus anstrebt.

Das wird deutlich, wenn man sich Camus' Reflexionen zum Thema Selbstmord und Mord vergegenwärtigt. Es stellt sich ja die Frage, ob der Mensch angesichts der konstatierten Sinnlosigkeit des Lebens nicht letztlich im Tod sein Heil suchen sollte, um zu demonstrieren, daß das Leben sich nicht lohnt. Ist die gewaltsame Beendigung des Lebens, sei es durch Selbstmord oder Mord, nicht die logische Konsequenz aus der Faktizität des Absurden und somit erlaubt? Camus versucht zu zeigen, daß der freiwillig oder unfreiwillig herbeigeführte Tod keine gültige Schlußfolgerung aus dem Absurden darstellt, daß vielmehr der Imperativ zu leben das einzige vom Absurden abzuleitende Prinzip darstellt, weil das Absurde sich sonst selbst negieren würde. Mit dem Tod des Menschen wird auch das Absurde aufgehoben, dessen Existenz unlösbar mit dem Leben des Menschen verknüpft ist. Wenn das Leben absurd ist und diese Absurdität notwendig und exklusiv mit dem Leben gegeben ist, wird diese Absurdität zu der Lebensaufgabe und Problemstellung, der ich mich zu stellen habe und der ich nicht durch Selbstmord – ausweichen darf. Wir sahen schon, daß im gleichzeitigen Vorhandensein des Menschen und der Welt als notwendige Konsequenz die Untrennbarkeit des Absurden von beiden begründet liegt. Diese beidseitige Abhängigkeit des Absurden von Welt und Mensch bedeutet: Mit der Auslöschung der Welt folgt die Vernichtung des Absurden ebenso wie mit der Auslöschung des Menschen. Selbstmord als Ausweg aus dem Dilemma des Absurden ist daher für Camus keine Lösung.

---

[32] Ders. ebda. S. 679
[33] Ders. ebda. S. 680

Mit der Vernichtung des Absurden wird eine Zusammengehörigkeit getrennt, die der Kernpunkt der Problemstellung ist. Hieraus folgt Camus' ethische Forderung, der Mensch müsse das Absurde akzeptieren und aushalten, es jedoch keinesfalls als gerecht anerkennen. Der absurde Mensch soll sich gegen sein Schicksal auflehnen und als „Mensch in der Revolte" leben. Selbstmord und Mord sind zwar Handlungen, durch die das Leiden und das Absurde aufgehoben werden, aber sie bedeuten zugleich den endgültigen Triumph der Unmenschlichkeit und des Absurden über die Menschlichkeit.

> „Leben heißt, das Absurde leben lassen. Das Absurde leben lassen, heißt: Ihm ins Auge sehen. Im Gegensatz zu Eurydike stirbt das Absurde nur, wenn man sich von ihm abwendet. Eine der wenigen philosophisch stichhaltigen Positionen ist demnach die Auflehnung (...). Sie ist die ständige Anwesenheit des Menschen bei sich selbst (...), sie ist ohne Hoffnung. (...) Man könnte meinen, der Selbstmord sei eine Folge der Auflehnung. Aber zu Unrecht. Denn er stellt nicht deren logischen Abschluß dar. (...) Der Selbstmord hebt das Absurde auf seine Art auf. Er zieht es mit in den gleichen Tod. Ich weiß aber, daß das Absurde, um sich zu behaupten, sich nicht auflösen darf."[34]

Die Absurdität wird zur ersten, fundamentalen Wahrheit, die bedingungslos anerkannt und akzeptiert werden muß.

> „Das einzig Gegebene ist für mich das Absurde. Das Problem ist: Zu wissen, wie man da herauskommt und ob aus diesem Absurden der Selbstmord zu folgern ist. Die erste und im Grunde einzige Voraussetzung für meine Untersuchung ist, gerade das, was mich vernichtet, festzuhalten und infolgedessen das, was ich gerade darin für wesentlich halte, zu respektieren. Ich habe es als eine Gegenüberstellung und als einen pausenlosen Kampf definiert."[35]

Das bedeutet für den bewußt gewordenen Menschen, daß mit dem Wissen um seine eigene Endlichkeit das Bewußtsein um die Notwendigkeit eines permanenten Kampfes als Auflehnung gegen sein Schicksal einhergehen muß. Der Selbstmord ist das Gegenteil der Auflehnung: Er ist Resignation. Da sich das Absurde nicht mit dem Wesen des Menschen vereinbaren läßt, ist die Konsequenz des Absurden die Auflehnung dagegen.[36] Der seiner selbst bewußte Mensch sieht der Absurdität ins Auge, ohne sich mit ihr einverstanden zu erklären. Sein trotziges Weitermachen ist die Revolte:

> „Diese Auflehnung gibt dem Leben seinen Wert. Erstreckt sie sich über die ganze Dauer einer Existenz, so verleiht sie ihr ihre Größe."[37]

Annemarie Pieper kommentiert: „Der absurde Mensch erkennt das Absurde an: Als Faktum, aber er lehnt es ab: Als Norm."[38] Wenn Leben der einzige

---

[34] Camus, A.: Der Mythos von Sisyphos, a.a.O. S. 49

[35] Ders. ebda. S. 31

[36] Joseph Hermet schreibt: „Tout mouvement de révolte commence par un non. En effet, on ne peut se révolter qu'en se dressant contre une situation injuste et, du même coup, contre celui qui est présumé en être la cause. C'est pourquoi sans l'absurde il ne saurait y avoir de révolte, car elle ne peut débuter sans une opposition qui est négation": Hermet, J.: a.a.O. S. 119

[37] Camus, A.: Der Mythos von Sisyphos a.a.O. S. 50

[38] Pieper, A.: a.a.O. S. 102

Wert, die einzige Norm, der einzige (relative) Sinn des menschlichen Daseins ist, ohne daß damit schon die Prämisse des Absurden aufgehoben würde, dann ist daraus zu folgern, daß zugleich mit dem Selbstmord auch der Mord (auch die Tötung aus Mitleid) verworfen wird. Eine eigene Begründung hierfür erübrigt sich damit von alleine. Oder vielmehr: Auf der Tatsache der zugleich und unter denselben Bedingungen gegen das Fatum revoltierenden Mitmenschen begründet sich jene Solidarität der „Schicksalsgefährten", die Camus vor allem in *Der Mensch in der Revolte* erörtert hat und auf der seine existentialistische Ethik aufbaut.

> „Der erste Fortschritt eines von der Befremdung befallenen Geistes ist demnach, zu erkennen, daß er diese Befremdung mit allen Menschen teilt und daß die menschliche Realität in ihrer Ganzheit an dieser Distanz zu sich selbst und zur Welt leidet. Das Übel, welches ein Einzelner erlitt, wird zur kollektiven Pest. (...) Aber diese Selbstverständlichkeit entreißt den Einzelnen seiner Einsamkeit. Sie ist ein Gemeinplatz, die den ersten Wert auf allen Menschen gründet. Ich empöre mich, also sind wir."[39]

### *4. Camus und das Christentum*

Im Dezember 1946 erklärt Albert Camus in einem Vortrag im Dominikanerkloster von Latour-Maubourg unter anderem:

> „Ich möchte (...) festhalten, daß ich mich nicht im Besitz irgend einer absoluten Wahrheit oder einer Botschaft fühle und deshalb niemals von dem Grundsatz ausgehen werde, die christliche Wahrheit sei eine Illusion, sondern nur von der Tatsache, daß ich ihrer nicht teilhaftig zu werden vermochte (...). Ich teile mit Ihnen das Grauen vor dem Bösen. Aber Ihre Hoffnung teile ich nicht und werde nie aufhören, gegen diese Welt zu kämpfen, in der Kinder leiden und sterben (...). Mit welchem Recht wollte übrigens ein Christ oder ein Marxist mich des Pessimismus bezichtigen? Nicht ich habe das Elend der Kreatur oder die entsetzlichen Formulierungen des göttlichen Fluchs erfunden. Nicht ich habe diese Nemo bonus gerufen oder die Verdammung der ungetauften Kinder ausgesprochen."[40]

Camus war kein dezidierter Atheist oder Nihilist, er war Agnostiker. Es waren sicher auch zeitbedingte theologische Verengungen und Einseitigkeiten, die Camus von der Kirche fernhielten, so daß Camus mit seinem Protest – wie wir heute sehen – durchaus im Recht war (beispielsweise bezüglich der damaligen theologischen Anschauung vom jenseitigen Schicksal der ungetauft sterbenden Kinder). Ingrid Di Meglio hat darauf hingewiesen, daß Camus auch von bestimmten Mißverständnissen, an denen er nicht schuldig war, gehindert wurde, sich dem katholischen Glauben zu nähern. Camus lehnt, wie wir sahen, den „Sprung" in einen paradoxen Glauben ab. Es stellt sich aber die Frage, ob Camus' Verständnis des Christentums hier nicht zu sehr „von

[39] Camus, A.: Der Mensch in der Revolte. Reinbek 1964. S. 27
[40] Camus, A.: Fragen der Zeit. Übersetzt von G. Meister. Reinbek 1960. S. 73 ff.

der tragisch-jansenistisch-protestantischen Linie der christlichen Theologie (...), die in der „theologia crucis“ den absoluten Gegensatz zwischen Mensch und Gott und den irrationalen, paradoxen Charakter des Glaubens hervorhebt“[41], beeinflußt ist. Camus' glückliche Seinserfahrung in der Natur des heimatlichen Algerien war mit seinem (von Nietzsche beeinflußten) Bild des Christentums als einer lebensfeindlichen und jenseitsorientierten Macht nicht in Einklang zu bringen, und so votierte er gegen den Glauben, um der Erde und den Menschen treu zu bleiben. Auch hier wäre kritisch zu fragen, ob Camus' Gottesbild nicht neuplatonisch-supranaturalistisch die Transzendenz Gottes einseitig akzentuiert, ohne zu sehen, daß das Christentum in Gott auch – um mit Paul Tillich zu sprechen – das „Zentrum des Seins“ und die „Tiefe des Lebens“ sieht.[42] Viele Gedanken, die Camus in *Der Mensch in der Revolte* geäußert hat, wurden später von Theologen wie J. Moltmann, R.L. Smith, R. Weth, D. Sölle und J.B. Metz aufgegriffen und in ihre politische Theologie integriert. Camus' Schwierigkeiten mit dem Christentum liegen jedoch tiefer. In seinem Drama *Das Mißverständnis* [43] ist ein alter, fast taubstummer Knecht der einzige, der von Anfang bis Schluß des Stücks – wenn auch meistens im Hintergrund – präsent ist. Er weiß um die tragischen Vorgänge, bleibt aber passiv und greift nicht ein. Insofern ist man berechtigt zu sagen, daß der alte Knecht Symbol ist für Gott, der angesichts des menschlichen Leids schweigt.[44] Es ist also die sogenannte Theodizeefrage, die Camus veranlaßt, zwar nicht die Existenz Gottes zu leugnen, aber einen angesichts des menschlichen Elends schweigenden Gott im Namen der Menschlichkeit zurückzuweisen. Camus' Philosophie ist der entschiedene Protest gegen jeden negligeanten Seinsoptimismus – von dem christliche Theologie in der Tat nicht immer frei war und ist. Wenn das absolute Chaos in Natur und Geschichte alle sittliche Ordnung und alles Gute zu überfluten droht; wenn Egoismus und Bosheit respektlos über alles Gute und alle Harmonie triumphieren, während das Edle und Wahre vom Schicksal zermalmt werden, dann verbietet sich jede Harmonisierung und „Rechtfertigung“. Der Sinn des Leidens, das beispielsweise Kinder in unserer Welt zu ertragen haben, kann bestenfalls im Glauben erfaßt – und ertragen – werden. Aber nicht der Verstand gibt hier die Antwort, sondern Gott hat sie – das jedenfalls ist die christliche Grundüberzeugung – dem Menschen von vorneherein gegeben in der Gestalt des unschuldig leidenden Christus. Doch gerade diesen Glaubensakt konnte und wollte Camus nicht vollziehen.

41 Di Meglio, I.: Antireligiosität und Kryptotheologie bei Albert Camus. Bonn 1974. S. 284
42 Vgl. ders. ebda. S. 285 f.
43 Camus, A.: Dramen. Übersetzt von G. Meister. Hamburg 1959. S. 93-146
44 Vgl. Bahners, K.: Albert Camus. Das Mißverständnis. Darstellung und Interpretation. Hollfeld/Ofr. 1984. S. 66 f.

# V. Tod und Unsterblichkeit bei Gabriel Marcel

## *1. Marcels philosophisches Anliegen*

Der Philosoph und Dramatiker Gabriel Marcel läßt sich nicht ohne weiteres einer philosophischen Richtung zuordnen. Selbst die Bezeichnung „christlicher Existentialist", die Marcel zunächst billigt, lehnt er später entschieden ab, da sie ihn zu sehr auf die Rolle eines christlichen Antipoden zu Sartre fixiert. Marcel ist kein systematischer Denker. Philosophische Systeme haben für ihn den Geruch des Abgestandenen und Obsoleten. Kennzeichen wahrer Philosophie ist für ihn nicht die Festlegung von ein für allemal gültigen dogmatischen Sätzen, sondern der Prozeß des immer neuen und aktuellen Hinterfragens der konkreten Wirklichkeit, „konkrete Ontologie". Aus diesem Grunde kommt die von Joseph Chenu und Xavier Tilliette entwickelte Qualifizierung des Marcelschen Denkens als einer „Neusokratik" diesem wohl am nächsten, da sie den suchenden und dialogischen Charakter seiner Philosophie hervorhebt. Marcel integriert souverän Anliegen und Gedanken der unterschiedlichsten Denker in seine Philosophie oder steht mit ihnen im kritischen Dialog. Zu nennen wären etwa: Platon, Kant, Fichte, Nietzsche, Hegel, Coleridge, Schelling, Kierkegaard, Bradley, Bergson, Garrigou-Lagrange, Gilson, Maritain, Claudel, Buber, Bernanos, Wust, Sartre, Camus, Heidegger u.a..[1] Dabei demonstriert Marcel eine – für einen Katholiken seiner Zeit – beachtliche Unabhängigkeit von der (neu)thomistischen Philosophie.[2]Aus-

---

1 Sehr wichtig waren für Marcel Kierkegaard, Nietzsche und die amerikanischen Idealisten Hocking und Royce. In den Schriften Kierkegaards und Nietzsches fand Marcel eine konkrete Darstellung der menschlichen Existenz, aber einen zu extremen Individualismus. In den Schriften von Hocking und Royce fand er ihm sympathische Konzepte von Loyalität und interpersonaler Beziehung. Marcel vermißte hier aber die konkrete Existenz, ihre Schriften waren ihm zu idealistisch. (Vgl. Moran, D.: Gabriel Marcel. Existentialist Philosopher, Dramatist, Educator. Lanham/New York/London 1992. S. 115 f.)

2 Dominic Anton Joseph formuliert es so: „By a careful reflective reading through his works, one will sense the main themes of his works in which there is manifest the splendour of freshness of approach to philosophy. Starting from the phenomenological level or concrete experiential, Marcel's philosophical search proceeds – a method that is remarkable, but typical and characteristic of Marcel. Moreover, it is a method grounded on his personal experience and reflections and personal meditations. Having very personally experienced the inutility of a fixed system of philosophy, he was in pursuit of a phenomenological approach." (Joseph, D.A.: Self Realization and Intersubjectivity in Gabriel Marcel. Rom 1988. S. 200 f.) Diese geistige Weite erklärt sich z.T. aus Marcels geistiger Biographie: Er wird am 7.12.1889 als Sohn eines Diplomaten, Staatsrates und späteren Direktors an der Ecole des Beaux-Arts in Paris geboren. Durch die gesellschaftliche Position und den weiten kulturellen Horizont seines Vaters kommt Marcel frühzeitig mit wichtigen Strömungen und geistigen Persönlichkeiten seiner Zeit in Kontakt. Während sein Vater einen ästhetischen Positivismus vertritt, wird Marcel von der Stiefmutter (die leibliche Mutter stirbt früh) im Sinne einer liberalen, nicht-christlichen Weltanschauung erzogen. Während seines Studiums an der Sorbonne (1906 – 1910) überwindet er den zeitgenössischen Neukantianismus und das Systemdenken hegelscher und nachhegelscher Entwürfe. Den trockenen Hochschulbetrieb ablehnend, ist er nur kurze Zeit und mit

gangspunkt von Marcels Denken ist die aus der konkreten Erfahrung der Intersubjektivität erwachsene Hoffnung. Diese Hoffnung ist eine Art vorkonfessioneller Glaube, der überall dort realisiert ist, wo ein Mensch im existentiellen Lebensvollzug sich und seine Beziehung zum konkreten Mitmenschen von einer personalen höchsten Macht, dem göttlichen „absoluten Du", getragen weiß.

Von dieser Hoffnung aus beleuchtet Marcel die großen Themen seiner Philosophie: Treue, Tod, Unsterblichkeit, den Gegensatz von „Sein" und „Haben", das „inkarnierte" Sein des Menschen, d.h. seine Leiblichkeit u.a.. Marcel unterscheidet in seinem Werk *Geheimnis des Seins* eine erste und eine zweite Reflexion, eine gegenständlich-kategoriale Denkweise und ein ontologisches Denken, das das objektivierende Wissenschaftsbewußtsein transzendiert. Dieses Denken ist für Marcel das eigentlich philosophische. Als ontologische Reflexion ist sie kein Akt des abstrakten Denkens, sondern sie erwächst aus dem konkreten Daseinsvollzug des Menschen und wird, wo dieser sich zur existenzstiftenden Wirklichkeit erhebt, zur Teilnahme am Geheimnis („mystère") des Seins.[3] Diese ontologische Reflexion schenkt kein gegenständliches Wissen, das man wie die Erkenntnisse der Naturwissenschaften jederzeit verifizieren, definieren und anderen zwingend verständlich machen könnte. Die ontologische Reflexion vermittelt überhaupt kein „Wissen" in bezug auf die obengenannten Menschheitsfragen, durchaus aber eine „prophetische Gewißheit", wie Marcel sagte.[4]

Für Marcel ist der Beruf des Philosophen kein Beruf, sondern eine Berufung zum einen und eine Antwort auf diesen Ruf zum anderen. Der Philosoph stellt keine Analysen an, er ist vielmehr auf der Suche nach Fragestellungen. Diese Suche ist nur möglich durch die eigene Erfahrung. Marcel stellt die Analogie her, so wie es keine Musik ohne Gehör gebe, könne es auch keine Philosophie ohne Erfahrung geben.[5] Außerdem definiert er die Philosophie als „Funktion eines bestimmten Anspruchs"[6]. Dieser Anspruch könnte sein, die Illusion, daß die Welt ihre Rechtfertigung in sich selbst trägt, unermüdlich zu hinterfragen. Darin sieht Gabriel Marcel Aufgabe und Verantwortung des Philosophen.

---

Unterbrechungen als Philosophiedozent an mehreren Lyzeen tätig. Stattdessen wird er Lektor und Mitarbeiter bei literarischen und philosophischen Zeitschriften (u.a. der „Nouvelle Revue Française", die zur Keimzelle der neuen französischen Literatur des 20. Jh. wird). Sein erstes bedeutendes philosophisches Werk, das „Metaphysische Tagebuch", erscheint 1927. Sein souveränes und redliches Suchen führt 1929 zur Konversion zum katholischen Glauben.

3 Vgl. Marcel, G.: Geheimnis des Seins. Wien 1952. S. 112-145. Dazu: Delhomme, J.: Die erste Reflexion. In: Gilson, E.: Christlicher Existentialismus: Gabriel Marcel. Warendorf 1951. S. 137-158. Ders.: Die zweite Reflexion. In: a.a.O. S. 159-175. Ders.: Das ontologische Mysterium: Die konkrete Ontologie. In: a.a.O. S. 176–193

4 Vgl. Foelz, S.: Gewißheit im Wagnis des Suchens. Gabriel Marcels konkretes Philosophieren auf der Schwelle zwischen Philosophie und Theologie. Bonn 1980; bes. S. 295 ff. u. 381 ff.

5 Vgl. Marcel, G.: Tragische Weisheit. Wien 1974. S. 18

6 Ders. ebda. S. 25

## 2. *Sein und Haben*

Marcel unterscheidet zwischen der Daseinsform des „Habens" und der des „Seins". Was man *hat*, sind grundsätzlich *Dinge*, nicht nur materielle, sondern auch geistige und soziale Dinge. Die Urform des Habens liegt in der Tatsache, Macht über etwas zu haben, es „possessiv" besetzen zu können. Zur Seite des Habens gehören etwa materieller Besitz, erworbene Bildung, (beruflich) Geleistetes, die gesellschaftliche Funktion. Das Selbstwertgefühl des Habens stützt sich nicht auf innere, eigene Qualitäten, sondern nur auf die Quantität des Inanspruchgenommenen, der nicht-eigenen Objekte.

Siegfried Foelz kommentiert:

> „Das possessive Haben ist auf ein Quid bezogen – sei es ein Gegenstand, ein Inhalt oder eine Funktion –, das in Beziehung zu einem Qui steht. Haben gibt es nur dort (...), wo es den „Gegensatz innen und außen" gibt. Wenden wir dies auf die Reflexion oder die Idee an, dann können wir sagen, daß es in der primären Reflexion Bezüge des Habens und des Besitzens gibt, dort, wo Subjekt und Objekt getrennt wird."[7]

Die Daseinsform des Seins hingegen versteht sich aus sich selbst heraus, aus der Qualität der selbst entfalteten Tugenden und Talente; ihr Selbstwertgefühl stützt sich eben nicht auf das Mehr oder Weniger äußerer Güter, sondern es lebt aus dem nicht-messenden, nicht-vergleichenden Wissen um die eigene Dignität. Dieses Wissen ist allerdings nicht aus dem Stolz geboren. Die Haltung des Seins weiß sich – wo sie existentiell und echt ist – als beschenkt und begnadet.

> „Vielleicht gibt es keinen unheilvolleren Irrtum als jenen, der darin besteht, daß man das Ich als Wohnung oder Zuflucht der Originalität auffaßt. Um ihn besser zu verstehen, müssen wir hier den zu Unrecht entwerteten Begriff der Gaben heranziehen. Das Beste von mir gehört mir nicht, ich bin in keiner Weise dessen Eigentümer, sondern allein dessen Verwalter. (...) Wenn ich sie als ein anvertrautes Gut betrachte, das fruchtbar zu machen ich gehalten bin, das heißt als den Ausdruck eines Rufes, der an mich ergangen ist, oder selbst zuweilen einer Frage, die mir gestellt worden ist, dann werde ich nicht daran denken, mir etwas darauf einzubilden und sie vor anderen, das heißt – noch einmal sei es gesagt – vor mir selbst, zu paradieren. Aber wenn ich recht darüber nachdenke, finde ich nichts in mir, das nicht als Gabe betrachtet werden kann oder muß. Es ist eine reine Fiction, sich ein vorherexistierendes Ich vorzustellen, dem diese Gaben vermöge eines gewissen Rechtes oder als Belohnung vorher besessener Verdienste zuerteilt wären."[8]

Das Haben stellt für Gabriel Marcel also zunächst einmal ein possessives, ein besitzendes Verhalten dar. Man besitzt Objekte (avoir possession) und Eigenschaften (avoir incarnation). Fundament und Voraussetzung für

---

7 Foelz, S.: a.a.O. S. 256

8 Marcel, G.: Homo viator. Philosophie der Hoffnung. Düsseldorf 1949. S. 14

das Habenkönnen ist die Leiblichkeit bzw. die Verleiblichung des Menschen. Der Mensch kann daher sagen, er *habe* einen Leib wie ein Objekt – wenn dieses Haben auch in sich unmoralisch und Ausdruck der Entfremdung ist. Extremster Ausdruck dieser Objektbeziehung ist für Marcel die Entledigung des Objektes Leib durch den Suizid. (Wir werden noch darauf zu sprechen kommen!). Auch für den Anderen ist der Mensch zunächst Leib. Auf der Ebene des Seins sind aber weder die Gleichsetzung des Menschen mit seinem Leib, noch seine Subjekt-Objektbeziehung, die sich durch eine Distinktion von Mensch und Leib ausdrückt, existentiell aufrecht zu erhalten. Vielmehr kann der Mensch nur sagen, er *habe* einen Leib, weil er ein Leib *ist,* und umgekehrt nur deshalb ein Leib *sein*, weil er einen Leib *hat.* So wird der Leib des Menschen zur Grenzzone von Haben und Sein, zum „Medium". Der Leib ist zum einen Medium zur Welt und zum anderen Medium zum Nächsten.

Betrachten wir zuerst die Medialität zur Welt hin: Der Mensch ist durch seine Leiblichkeit in die Welt inkarniert, in ihr „engagiert". Das *Engagement* beschreibt in Marcels Denken eine unmittelbare Teilnahme (*participation immédiate*) des Einzelnen an seiner Umwelt. Aufgrund meiner Leiblichkeit bin ich stets in das Geschehen um mich herum inkludiert. Dieses ‚passive' *Engagement* stellt aber nur einen Teil dar: Der zweite Teil betont die menschliche Existenz als Handeln (*action*). Der Mensch ist nicht nur in eine Situation gestellt, er stellt sich selbst in sie durch seine Handlungen. Genausowenig wie es eine Barriere zwischen dem Subjekt und der Welt gibt, läßt Marcel die cartesianische Sichtweise gelten, wonach der Leib (*res extensa*) im Gegensatz zum Bewußtsein bzw. der Seele steht. Er geht von der Leibgebundenheit des menschlichen Daseins aus. Der Leib ist also nicht länger eine Maschine, ein Instrument, durch welches sich das Subjekt ausdrücken muß. Er ist kein Objekt mehr, der zwischen dem Subjekt und der Welt steht. Das *Engagement* umfaßt die ganze Leiblichkeit, so daß es nicht möglich ist, vom Leib als etwas zu reden, das wir ‚haben' wie ein Objekt, sondern von etwas, das wir *sind.*

Wir sagten: Der Leib ist u.a. auch Medium zum Anderen hin. Über seinen Leib kann ich den Anderen als Subjekt erkennen. Je näher ich dem Anderen komme, um so mehr wird er ein ‚Du', mit dem zusammen ich eine Unität, ein ‚Wir', bilde. Diese Verbindung mit dem ‚Du' ist für Marcel notwendige Voraussetzung, um Existenz zu werden, um mein Sein zu realisieren. Marcels Kritik gilt also v.a. dem Denken Descartes', in dessen Philosophie ein direkter Kontakt des ‚Ich' zum ‚Du' nicht selbstverständlich ist. Meine Subjektivität ist – nach Descartes – von meinem Körper getrennt. Analog ist auch die Subjektivität des Anderen von seinem Körper getrennt. Sie bleibt mir daher verborgen, sein Körper erscheint mir wie eine ‚Maschine'. Die Emotionen des Anderen (z.B. Schmerz, Freude...) kann ich so nur auf Grund eigener Erfahrungen erkennen, unter der Voraussetzung, daß sich der Andere genau so verhält wie ich. Gabriel Marcel greift auf solche Analogieschlüsse nicht zurück. Bei ihm unterscheidet sich der Blick auf den Anderen wesentlich vom Blick auf ein Ding. Der Andere offenbart sich mir unmittelbar, wobei der Leib das Medium der Psyche ist. Marcels Philosophie ist eine „Philosophie der zweiten Person“[9].

Die Elemente des Habens sind durch die erste Reflexion zu erfassen, niemals erschließen sie aber metaphysische oder existentielle Wahrheiten, Mysterien. Personale Werte und Beziehungen können nicht als Haben gedacht werden, wenn auch das Verhältnis zum eigenen Ich, zum Mitmenschen und zum „absoluten Du“, also zu Gott, immer in Gefahr ist, funktionalisiert und im Sinne des Habens mißbraucht zu werden. Nun wird die Werthaftigkeit des Seins nach Marcel vor allem in der Begegnung mit dem geliebten Du erfaßt, in ihm sehe ich nur den Seienden, nicht den Habenden. In meinem Haben, in dem, was ich arbeite und leiste und in meinen Funktionen, bin ich immer verfügbar, disponibel und ersetzbar. Dieses „„being disposed of“ verliert dagegen immer mehr seine Bedeutung, wenn es sich um Lebewesen handelt, die schon immer für mich gezählt haben und deshalb notwendigerweise fortfahren zu zählen“[10], schreibt Marcel in *Sein und Haben*. Der geliebte Mensch ist also niemals „being disposed of“, disponibel, und es steht für Marcel fest, daß ich mich selbst oder meine Mitmenschen nur dann unter dem Aspekt des Habens sehe, wenn ich mir selbst und den anderen entfremdet bin.

### *3. Intersubjektivität und Existenz*

Die Leiblichkeit des Menschen ist also die Möglichkeit und das Fundament für sein In-der-Welt-sein ebenso wie für die Intersubjektivität. Existenz verwirklicht sich sowohl durch dieses Engagement in der Welt und Wirklichkeit, als auch durch das Engagement für den Anderen. Das In-der-Welt-sein – die Inkarnation – ist ähnlich der Intersubjektivität durch die Leiblichkeit von vorneherein gegeben. Der Mensch befindet sich schon, bevor er als Subjekt zu agieren vermag, in einer Intersubjektivität bzw. in einer Gemeinschaft, so daß nicht ein „ich denke“, sondern ein „wir sind“ die Existenz begründet. So wie der Mensch seinen Leib als *Gnade* erhalten hat, soll er sich auch in einer ständigen Bereitschaft befinden, diese Gabe auch wieder *aufzugeben*. Er soll sich nach Marcel in einem ständigen Durchgang von *Gabe* und *Aufgabe* befinden. So führen die Existenzbestimmungen des Menschen als Leib (incarnation), das Leben als Mysterium und das Leben als Dialog zur Existenzverwirklichung. Das Verhältnis zum „absoluten Du“, zum menschlichen Du

---

9 Siehe dazu den Titel des folgenden Werkes: Kampits, P.: Gabriel Marcels Philosophie der zweiten Person. Wien/München 1975. Donald F. Traub formuliert es so: „Being is meditatively recovered by the restorative power of secondary reflection. Through this reflection (recollection), being is concretely approached and there is union with it as mystery, penetrated and lived in by the being who recollects. Concrete communion with being and between beings is intersubjective. There is a union of their natures.“ (Traub, D.F.: Toward a fraternal society. A Study of Gabriel Marcel's Approach to Being, Technology and Intersubjectivity. New York/Bern/Frankfurt a.M./ Paris 1988. S. 211.)

10 Marcel, G.: Sein und Haben. Paderborn 1954. S. 147

und zur Welt, in die ich inkarniert bin, gehören für Marcel untrennbar zusammen:

> „Vom Denken Gottes, der mich gewollt hat, muß ich zu dem einen Gott weiterschreiten, der die Welt gewollt hat, kraft der immanenten Bindung, die mich mit der Welt eint und die bewirkt, daß ich bin."[11]
> „In solchem Blick erscheint Gott (...) als das, worin das Denken verbunden ist, als das wirkliche Fundament der Verbundenheit der Individualitäten."[12]

In dieser gelebten Erkenntnis gründet die geistige Verbundenheit zwischen den Individuen, „die Liebe ist"[13]. Diese geistige Intersubjektivität begründet Existenzwerdung und umgekehrt; denn „um sich zu schenken, muß man sich erst gehören"[14]. Das Leben als *Opfer* oder *Gabe* führt zur Überwindung des Habens und zur eigenen Existenz. Ich bin erst dann mein Leben, wenn ich es aus der Hand gebe, wenn ich es hin-gebe und nicht mehr habe, wenn ich weiter-gebe.

> „Man muß so tief wie möglich in die Tatsache eindringen, daß die sich Hingebenden die Verfügbarsten sind."[15]

Erst in dem Augenblick, wo ich aufhöre, mein Leben von außen als ein Besitztum, als ein Haben zu betrachten, wird mein Leben schöpferisch. Marcel spricht vom „schöpferischen Sichentfalten"[16]. Der Mensch ist sich gegeben und gefordert, sich aufgebend zu verwirklichen. Vernachlässigt er diese seine ureigenste Aufgabe, entsteht in ihm eine „metaphysische Unruhe"[17]. „Unruhigsein bedeutet (...) seines Mittelpunktes nicht mehr sicher sein, bedeutet auf der Suche sein nach dem eigenen Gleichgewicht"[18]. Unruhig sein heißt auf dem Wege sein zur Gemeinschaft. Diese Unruhe greift „nach allen Wesen, von denen ich annehmen kann, daß sie an der gleichen Erfahrung teilnehmen wie ich. Es ist eine Unruhe für uns alle"[19].

### *4. Die Treue bei Gabriel Marcel*

> „Sehr vereinfachend (...), ohne das Wesentliche zu verfälschen, möchte ich einerseits sagen, daß sich für mich der Glaube von dem Moment an erhellt, wo ich direkt die Treue im Sinn hatte; und andererseits, daß sich die Treue vom *Du* aus meinen Augen erhellte, von der vom Du her verstandenen Präsenz aus."[20]

In diesem Credo Gabriel Marcels findet sich alles, was wesentlich ist, um wahrhaftig Existenz zu werden: Der Glaubens-/Vertrauensakt als Fundament

---

[11] Ders.: Metaphysisches Tagebuch. Wien/München 1955. S. 17
[12] Ders. ebda. S. 94
[13] Ders. ebda.
[14] Ders. ebda.
[15] Ders.: Sein und Haben. a.a.O. S. 133
[16] Ders.: Geheimnis des Seins. a.a.O. S. 189
[17] Vgl. ders.: Homo viator. a.a.O. S. 191 ff. Vgl. Foelz, S.: a.a.O. S. 326-328
[18] Marcel, G.: Homo viator. a.a.O. S. 191
[19] Ders. ebda. S. 192
[20] Ders.: Schöpferische Treue. München/Paderborn/Zürich/Wien. 1963. S. 143

der Existenzwerdung, die Treue zum Anderen und seine Präsenz als unabdingbaren Weg, um dieses zu behaupten und zu leben. Marcel unterscheidet Treue und Beständigkeit:

> „Die Beständigkeit kann als rationale Armatur der Treue angesehen werden."[21]

Demnach ist die Beständigkeit ein rationales Prinzip oder eine Pflicht. Ich besuche einen Kranken, um bei einem Beispiel von Marcel zu bleiben, nicht weil ich es will, sondern aus einem Pflichtgefühl heraus. Doch genau hier gerät das eigentlich gut gemeinte Engagement in Gefahr, zu einer Lüge zu werden. Denn die „Identität dieses Vorhabens, dieser Absicht, muß unaufhörlich vom Willen behauptet werden"[22].

> „Allein, man sieht sogleich, daß bei der Treue nicht nur die Beständigkeit im Sinne der Unveränderlichkeit im Spiel ist. Sie impliziert ein anderes, sehr viel schwieriger zu fassendes Element, das ich als *Präsenz* bezeichnen möchte; und damit kommt das Paradox hinein, und dadurch läßt uns die Reflexion inmitten der Treue etwas Neues entdecken und läßt den Eindruck der *staleness*, des Abgestandenen, verschwinden, der sich unserer zu bemächtigen droht, wenn wir unsere Aufmerksamkeit auf eine Tugend, auf einen Wert vollkommener Ruhe konzentrieren. Wenn ich von diesem oder jenem behaupte: Das ist ein treuer Freund, so will ich vor allem sagen: Das ist jemand, der nicht versagt, jemand, der den Prüfungen der Umstände widersteht, weit davon entfernt ihnen auszuweichen; wenn man in Not ist, ist er da."[23]

Marcel will nicht sagen, daß zwischen Beständigkeit und Präsenz ein Gegensatz bestehe, was absurd wäre.

> „Aber in Bezug auf die Präsenz zeigt die Beständigkeit einen in gewissem Grade formalen Charakter; sagen wir noch, was vielleicht exakter ist, daß ich für mich, in bezug auf mich, auf meine Absicht, standhaft bin, – während ich für den anderen präsent bin, genauer gesagt: Für Dich. Ich kann mir durchaus einen Mann vorstellen, der mir mit dem besten Glauben der Welt versichert, daß seine Gefühle oder seine innere Verfügbarkeit mir gegenüber sich nicht verändert haben; in gewissem Maße werde ich es glauben; wenn ich aber feststelle, daß er bei einer Gelegenheit, wo mir seine Freundschaft kostbar gewesen wäre, nicht präsent war, werde ich zögern, von seiner Treue zu sprechen. Wohl verstanden, unter Präsenz verstehe ich hier nicht die Tatsache der äußeren Bekundung, sondern das objektiv viel weniger definierbare Faktum, mich fühlen zu lassen, daß er bei mir ist."[24]

In diesem letzten Gedanken verweist Marcel auf die Freiheit, das in der Liebe erschlossene ‚Du' anzuerkennen und zu bewahren, oder es zu verraten. Die Welt kennt zwar den Verrat, die Treue jedoch verewigt das ‚Du'. Dort, wo ich mich als treu bestimme, bleibe ich offen für das ‚Du'. Nur dort bleibt das ‚Du' präsent, und zwar so radikal, daß Marcel die Treue sogar als Über-

---

[21] Ders. ebda. S. 147
[22] Ders. ebda.
[23] Ders. ebda. S. 147 f.
[24] Ders. ebda. S. 148

windung der ,Ab-Wesenheit', der *absence*, deutet. Ich lasse den Geliebten nicht zu einem Objekt, einem Ding werden, auch wenn es gerade nicht visibel präsent ist. Er bleibt dennoch das ,Du', mit dem ich unauflöslich verbunden bin; die Treue als eine Art ,Mehr-Sein', als unzerstörbares ,wir'. Beschränkt sich die *absence* auf eine vorübergehende Abwesenheit des Geliebten, scheint es plausibel zu sein, seine *présence* dennoch zu behaupten. Mittels des die Treue fundierenden Engagements lasse ich eine solche Nähe zu Dir zu, selbst wenn Du im Augenblick nicht da bist. Doch was geschieht im Falle des Todes? Wir werden sehen, daß es sich mit unserer Treue zu den Toten nicht wesentlich anders verhält als mit unserer Treue zu den (noch) Lebenden.

### *5. Problem und Mysterium*

Solange man auf der Ebene des Habens Dinge und Menschen als Objekte betrachtet und sich von diesen als separiert wahrnimmt, ist es unvermeidlich, diese Relationen als „Problem" wahrzunehmen. Das Problem erscheint als eine zu lösende Aufgabe, eine Fragestellung, eine Schwierigkeit – etwas, das sich mir in den Weg stellt, mir die Sicht nimmt. Auf der Ebene des Problems ist mir die Intention des Anderen (seine Treue, seine Liebe z.B.) immer ungewiß und fraglich. Eine letzte Gewißheit der Treue kann es hier nicht geben. Vor allem aber bleibt auf der Ebene des Problems die Ewigkeit unserer Bindung und Treue ungewiß. Was das absolute, göttliche Du angeht, bleibt mir auf der Ebene des Problems dessen Existenz, Liebe und Treue hinterfragbar und ungewiß. Auf der Ebene des Mysteriums löst sich die Subjekt-Objekt-Beziehung auf, sie wird zu einem engagiert miteinander verschlungenen Seinsbezug. Man verläßt die Ebene der Ungewißheit und gelangt in die Sphäre des Geheimnisses, des „Mysteriums". Marcel sagt:

> „Ein Mysterium, das ist ein Problem, das über seine eigenen Gegebenheiten vordringt, das sie überflutet und sich selbst als einfaches Problem überschreitet."[25]

Das Problem ist etwas, das mir den Weg verstellt und meine Sicht hemmt, ohne daß ich hierbei existentiell engagiert bin. Das Mysterium aber ist etwas, bei dem ich mich selbst intensiv angesprochen und involviert fühle und das mir, obwohl mir nur partiell gegeben, auch Durchblick bietet zu den höheren Sphären des Seins. Man kann das Mysterium im Sinne Marcels mit der docta ignorantia des Cusanus in Beziehung setzen. Diese docta ignorantia darf nicht im Sinne des Skeptizismus und Relativismus fehlgedeutet werden, der die partielle Unmöglichkeit wahrer Erkenntnis lehrt, vielmehr ist sie Ausdruck des Bewußtseins einer höheren Wissensform. Die spezifische Qualität der docta ignorantia gründet nicht primär in einer gewissen Mangelhaftigkeit der menschlichen Erkenntnisfähigkeit, sondern in der gänzlichen Inkommensurabilität des Seins. Allerdings ist dem wissenden Nichtwissen ein initiie-

[25] Ders.: Sein und Haben. a.a.O. S. 29 f.

render Impetus eigen. Die docta ignorantia stagniert nicht, sondern strebt danach, sich in Richtung auf das Wissen hin fortzuentwickeln, immer im Bewußtsein, daß sie ihren Gegenstand dennoch nie absolut erfassen wird. Aus diesem Grund wird sie zur Grundlage und zum Movens des Fragens, und – bei Marcel – zum Tor des Glaubens.

Marcel würde zugeben, daß es sich bei seinen Reflexionen über die Existenz Gottes und das Leben nach dem Tode um Glaubensaussagen handelt. Allerdings würde er diese Glaubensakte als von der Vernunft und der „prophetischen Gewißheit" legitimierte Schritte in das Übervernünftige interpretieren. Glaube ist nämlich nicht ein Fürwahrhalten von Sätzen, nicht ein „Glauben, daß", sondern ein Akt des Vertrauens auf das „absolute Du", ein Akt des *Kredits*, der in existentiellen Erfahrungen mit der Transzendenz gründet. Marcel führt aus:

> „Nur muß man sich zunächst davor hüten, in die Fallen der Sprache zu geraten. Das Wort *glauben* wird oft in der schwimmendsten Bedeutung gebraucht; es kommt vor, daß es ganz einfach heißen will: ich vermute, oder sogar: es scheint mir. Es wird uns, meine ich, nicht gelingen, das Wesentliche abzuheben, wenn wir nicht entschlossen das *glauben, daß* beiseite lassen (obwohl es einige sehr seltene Fälle gibt, in denen es beibehalten werden könnte). Ich werde mich zunächst einfach an die Untersuchung begeben, was der Akt des Glaubens in oder an etwas, in oder an jemanden impliziert. Ich bin der Meinung, daß uns hier die Idee des *Kredits* leiten kann. Jemandem einen Kredit gewähren, oder besser eröffnen, das ist meiner Meinung nach der zutiefst konstitutive Vorgang des Glaubens. Man muß jedoch in seine Natur eindringen. Wir dürfen uns nicht in die Irre leiten lassen durch die Tatsache, daß Kredit gewähren dem anderen eine bestimmte Menge, eine bestimmte Summe zur Verfügung stellen heißt, in der Hoffnung, daß uns diese Summe mit einem gewissen Zuschuß, einem gewissen Nutzen, zurückgegeben werden wird. Es handelt sich darum, das Krediteinräumen von dieser materiellen Belastung zu lösen. Ich bin keineswegs trennbar von *dem, was* ich jenem X zur Verfügung stelle (auf dessen Natur man noch zurückkommen muß). Tatsächlich ist der Kredit, das Vertrauen, das ich gewähre, in gewisser Weise ich selbst. Ich gebe mich für X her. Das ist wesenhaft ein mysteriöser Akt, das wollen wir sogleich anmerken."[26]

## *6. Der Tod in der Philosophie Gabriel Marcels*

Zwei Erfahrungen waren es, die Gabriel Marcels Verhältnis zum Tod besonders geprägt haben: In seiner Kindheit wurde der Tod der geliebten Mutter zum bestimmenden Schicksalseinbruch seines frühen Lebens. Im Dienst des Roten Kreuzes mußte Marcel Jahre später, im 2. Weltkrieg, die Vermißten mit Karteiblättern und Fragebögen erfassen. Hinter den leeren Zahlen erkennt Marcel plötzlich eines Tages die erschütternde Realität des Todes. Diese Erfahrungen waren es, denen Marcel in seinen Werken Ausdruck verleihen wollte. In seinen Bühnenwerken hat Gabriel Marcel den Tod nur indirekt

---

[26] Ders.: Schöpferische Treue. a.a.O. S. 130 f.

thematisiert, d.h. in seiner existentiellen und metaphysischen Bedeutsamkeit durchzieht er die Handlung aller seiner Stücke, als konkrete Darstellung und Schilderung des Todes einer Person kommt er nicht vor.[27] In Marcels philosophischen Werken ist der Tod geradezu der Mittelpunkt, um den sein Denken, seine Reflexion permanent kreist. Dabei gibt es unterschiedliche Verhaltensmodi, um auf den Tod zu reagieren: Verbitterung, Verzweiflung, Widerstand und Auflehnung sind das eine Spektrum möglicher Verhaltensweisen, auf der anderen Seite steht die Ergebung in das schwere Schicksal. Eine andere Möglichkeit besteht in der Flucht in die oberflächliche Zerstreuung, in die negligeante Lustbarkeit, um noch „etwas vom Leben zu haben" vor dem definitiven Ende. Ein wieder anderer – mehr rationaler – Versuch, den Tod zu bewältigen, besteht darin, ihn gewissermaßen zu verharmlosen. Marcel sieht im Spiritismus beispielsweise vor allem die Gefahr, den Tod zu verharmlosen. Einen noch viel schwerwiegenderen Irrtum aber sieht Marcel in der Doktrin von der Endgültigkeit des Todes. So steht der Mensch zwischen den beiden weltanschaulichen Deutungen der oberflächlichen, simplifizierenden Antworten des Spiritismus und der hoffnungslosen Doktrin, welche die vollkommene Vernichtung des Menschen im Tode behauptet. Dem Gedanken, das Leben werde werthafter und existentieller, wenn man die Unsterblichkeit negiere, widerspricht Marcel entschieden, und er entlarvt diesen Gedanken als gefährlichen Selbstbetrug. Das Gegenteil nämlich ist wahr: Das menschliche Leben wird ohne Unsterblichkeit zu einem wertlosen Faktum, zu einer Gegebenheit ohne innere Rechtfertigung und Begründung. Welchen Sinn sollte das Leben eines Individuums oder auch die Vielzahl der Leben aller Menschen haben, wenn das irdische Dasein nicht ein letztes Ziel, eine letzte Sinngebung im Jenseits finden würde? Eine Gesellschaft, die nicht mehr das Unsterbliche im Menschen zu sehen vermag, ist eine Sozietät, die den Menschen offensichtlich nur noch unter dem Blickwinkel des Habens sehen kann. Hier wird der Mensch gleichgesetzt mit seinen Funktionen und Leistungen, mit seiner sozialen Rolle, die er für die Anderen, die Gesellschaft einnimmt. Hier wird nicht das Selbst des Menschen gesehen, sondern nur sein Nutzen für die Gesellschaft. Hat der Mensch sich, am radikalsten im Sterben, aber partiell-sukzessiv auch schon in Krankheit und Alter, dieser Funktionen entledigt, so hat er für eine solche Gesellschaft jegliche Daseinsberechtigung verloren. Die Toten sind dann die ganz und gar Bedeutungslosen und Ausgeschlossenen. Hier ist keine liebende Verbindung zu den Toten mehr gegeben und damit jeder Zugang zum Unsterblichkeitsglauben verbaut.

Marcels Überlegungen zum Tod beginnen mit einer Reflexion über die menschliche Leiblichkeit: Von meinem Leib kann ich weder sagen, ob er mein Ich ist, noch ob er nicht mein Ich ist. Wenn mein Körper also nicht

[27] Dazu: Hanley, K.: Dramatic approaches to creative fidelity. A Study in the theater and philosophy of Gabriel Marcel. Lanham/New York/London. 1987; v.a. S. 55-59. Weiter: Dubois-Dumée, J.-P.: Einsamkeit und Gemeinschaft im Bühnenwerk Gabriel Marcels. In: Gilson, E.: Christlicher Existentialismus: Gabriel Marcel. a.a.O. S. 301-322

Subjekt ist, ist er dann Objekt? Offensichtlich ist auch dieser Begriff falsch. Mein Körper ist nicht mein Werkzeug, denn er ist auch Ich. Marcel sagt daher, der Körper sei die „Grenzzone zwischen dem Sein und dem Haben“[28]. Ich bin nicht mein Körper und er ist auch nicht einfach mein Werkzeug. Es ist klar, „daß es in meiner eigenen Struktur etwas gibt, was sich dagegen sträubt, daß sich jemals diese eindeutige Beziehung zwischen mir und meinem Körper tatsächlich errichtet; und zwar gründet dieses Sträuben in den ständigen Verstößen meines Körpers gegen mein Ich, welche die Basis meiner menschlichen oder kreatürlichen Verfassung sind“[29].

> „Ich kann (...) – wenigstens genau gesprochen – nicht sagen, daß ich einen Körper habe, aber die geheimnisvolle Verbindung, die mich mit meinem Körper eint, ist die Wurzel aller meiner Möglichkeiten zu haben.“[30]

Spätestens mit meinem Tod wird deutlich, daß ich nicht mein Körper bin, beziehungsweise war. „Mein Leichnam ist wesenhaft das, was ich nicht bin, was ich nicht sein kann“[31], sagt Marcel. Mir selbst ist mein Körper weitgehend fremd und undurchschaubar, aber für die Mitmenschen bin ich zunächst und vor allem mein Körper. Daher stellt Marcel fest, daß es sinnvoller ist, den menschlichen Körper nicht als Werkzeug zu verstehen, sondern vielmehr als „Medium“ (hier gemeint als „Medium“ für die Anderen).

Wenn mein Körper nicht mein Werkzeug ist, klärt sich von hierher auch die sittliche Verbotenheit des Selbstmordes. Der Selbstmörder meint über seinen Körper autonom und ungehemmt entscheiden zu können, wie über ein Objekt, das einem zu eigen ist. Der Körper ist aber keinesfalls ein solches Objekt und austauschbar, denn der Körper ist dasjenige, über das ich im vollkommenen Maße nur dann entscheiden und bestimmen kann, wenn ich ihn gerade in den Zustand versetze, in dem ich keinerlei Möglichkeit mehr habe, über ihn zu verfügen. Man muß sehen, daß dieses Verfügen über meinen Körper, also der Selbstmord, „sofort in die Unfähigkeit, über ihn zu verfügen, ausläuft und in letzter Analyse zu einer Unverfügbarkeit. (...) Dieses absolute Verfügen ist also in Wirklichkeit ein Außer-Gebrauch-Setzen.“[32] An anderer Stelle stellt Marcel fest, der Selbstmord sei ein Akt, „bei dem (...) der Befreier, indem er sich von sich selbst befreit, gleichzeitig sich selbst ausstreicht.“[33] Der Selbstmord nun ist die radikalste Daseinsform des Habens. Der Selbstmörder bekennt in seinem Suizid, daß sein Habenwollen in besonderer Weise unbefriedigt geblieben ist und zugleich daß sein Leben ohne dieses Haben von Dingen und Sachen als wertlos anzusehen ist und auch von ihm selbst als wertlos interpretiert wird. Der Selbstmörder bekundet, daß sein „bloßes“ Sein für ihn keinen Wert darstellt. Der Selbstmörder behandelt seinen Körper als etwas Minderwertiges, über das man nach Belieben disponieren kann.

---

[28] Marcel, G.: Sein und Haben. a.a.O. S. 88
[29] Ders. ebda. S. 89
[30] Ders. ebda. S. 90
[31] Ders. ebda. S. 94
[32] Ders. ebda. S. 89
[33] Ders. ebda. S. 152

> „Ich behandle mich (hier) also selbst, als könne ich (...) disposed of sein."[34]

Dieses „being disposed of" „gewinnt nur dann seinen vollen Sinn, wenn er sich auf ein Instrument bezieht, das beiseite geworfen, außer Gebrauch gesetzt, verloren ist"[35]. Das bedeutet, daß der Selbstmörder, indem er den (eigentlich egoistischen) Akt der Selbsttötung vollzieht, sich zugleich verachtet und sich von sich selbst entfremdet. Würde ich den Wert meines Seins erfassen ohne alles Haben, würde ich erkennen, „daß die Vorstellung von mir als einem Objekt, das ich definitiv außer Gebrauch setzen kann, immer verdächtiger und absurder wird, je dichter und inniger die Intimität ist, die ich mit mir selbst bilde"[36].

Während der Selbstmörder also die Unsterblichkeit leugnet, legt der Martyrer für sie Zeugnis ab. Martyrer ist der, der sein Leben hingibt, opfert, wie Marcel sagt, für etwas oder jemanden. Wer sein Leben für einen anderen geliebten Menschen opfert, bezeugt damit den unendlichen Wert des Anderen. Wer sich für einen anderen Menschen opfert, bezeugt damit, daß die Existenz des Anderen so unendlich kostbar und wertvoll ist, daß sie jedes Opfer, auch die Preisgabe des eigenen Lebens vollkommen rechtfertigt, ja unter Umständen notwendig macht. Die Unbedingtheit, die im Akt des Martyrers spürbar wird, verweist auf die Transzendenz – Gott. Die Unbedingtheit des sittlichen Aktes, die im heldenhaften Sichopfern besonders evident hervortritt, kann letztlich nur – Kants Postulat der praktischen Vernunft – auf Gott selbst zurückzuführen sein, der uns so absolut verpflichtet. Wenn aber schon der schwache Mensch sein Leben hingibt, damit der Andere lebt, muß dann nicht erst recht Gott, der solches Handeln von uns unbedingt fordert und uns die unerklärliche, nie gedanklich auszuschöpfende Kraft gibt, so zu handeln, dem von ihm in das Dasein gerufenen Menschen das Leben schenken, das Er geben kann – das ewige? Anders formuliert: Gäbe es das ewige Leben nicht, wäre das ein (unbegreiflicher) Fehler im Sein, denn dann würde Gott, der dem Menschen die Unsterblichkeitshoffnung und eine ins Unbedingte zielende moralische Kraft in die Seele gelegt hat, diesen wider alle teleologische Strukturiertheit, Sinnhaftigkeit und Gutheit des Seins, die wir überall sehen und staunend verehren, narren und täuschen. Gott nähme hier die Gestalt des bösen, täuschenden Demiurgen Descartes' an. Denn beides gilt gleichermaßen:

> „Würde ich mich unter bestimmten extremen Umständen weigern, mein Leben hinzugeben, so hieße das nicht, es erhalten, sondern es verstümmeln. Es ist als ob das Opfer geradezu die Erfüllung wäre, als ob verlieren hier das Mittel wäre, zu retten."[37]

Und doch:

> „Was sich im Martyrium behauptet, ist nicht das Selbst, sondern das Sein, dessen Zeuge das Selbst durch den Akt wird, durch den es sich aufgibt."[38]

---

[34] Ders. ebda. S. 147
[35] Ders. ebda.
[36] Ders. ebda. S. 148
[37] Ders.: Gegenwart und Unsterblichkeit. Frankfurt a.M. 1961. S. 53
[38] Ders.: Sein und Haben. a.a.O. S. 158, Anm. 1

In diesem Sinne legt jeder Martyrer, der für den Anderen sein Leben opfert, Zeugnis ab für das Sein, seine Gutheit und Sinnhaftigkeit, die im obengenannten Sinne die Unsterblichkeit des Menschen implizieren. Entschieden wehrt sich Marcel dagegen, das Martyrium als eine Art sublimen Selbstmord zu verstehen, als weltanschaulich bemäntelten Lebensüberdruß und Seinsverachtung.

> „Ich stelle (...) die Notwendigkeit fest, (...) die scheinbare Identität und den tatsächlichen Gegensatz zwischen dem Martyrium und dem Selbstmord hervorzuheben; das eine ist Bejahung des Selbst, das andere Auslöschen des Selbst."[39]

Der Martyrer legt für die unvergleichliche Würde des menschlichen Seins Zeugnis ab; denn er wägt nicht ab, ob er selbst oder der Andere einen größeren „Nutzen" (etwa für die Gesellschaft) darstellt. Er *wertet* nicht. Die einmalige Würde menschlichen Lebens verbietet jegliche wertende Abwägung mit kontingenten Gütern (des Habens), seien diese materieller, psychischer oder geistiger Art. Glücklicherweise sind nur wenige Menschen zur Hingabe ihres Lebens gezwungen. Aber schon jeder asketische Akt ist für Marcel ein vergleichbares Zeugnis für das Sein. Indem der Asket auf Haben verzichtete, bezeugt auch er die unauslotbare Werthaftigkeit des menschlichen Seins allein aus sich heraus. Dieser Zeugnischarakter ist für Marcel das einzige legitime „ontologische Fundament des christlichen Asketismus". Auf keinen Fall nämlich darf Askese leibfeindliche Tendenzen annehmen; denn der Leib gehört – wie wir gesehen haben – nicht zu den Dingen des Habens: Der Mensch *ist* Leib. Sowohl derjenige, der seinen Körper als Objekt der Lust instrumentalisiert, als auch derjenige, der ihn als feindliche Macht ansieht und als Werkzeug seines Willens supprimiert und abzutöten trachtet, gerät in eine destruktive Dialektik, die Marcel mit der hegelschen Dialektik zwischen Herrn und Knecht vergleicht: Die harmonische Einheit von Leib und Seele wird zerstört und die Persönlichkeit nimmt Schaden.

Marcel will also deutlich klargestellt sehen, daß auch jede christliche Askese nicht Weltflucht, Daseinsverneinung ist – wie etwa im Buddhismus und Hinduismus, die die Welt als Maja, Täuschung, ablehnen und das Nirwana, das Ausgelöschtsein, das Nichts anstreben – sondern im Gegenteil Verzicht aus Affirmation und Seinsbejahung.

> „Ontologisches Fundament des christlichen Asketismus. Nur darf dieses Loslösen (Armut, Keuschheit) keine Abstraktion sein. Alles, dem man entsagt, muß gleichzeitig auf einer höheren Ebene wiedergefunden werden. Ich denke, daß alle Evangelientexte im Licht dieser Reflexion noch einmal gelesen werden müßten.[40]

Man könnte es so formulieren: Der Metaphysiker weiß um die Transzendenz, Wahrheit, Gutheit und sinnhafte Strukturiertheit des Seins; der Asket und Martyrer bezeugt diese Wahrheit mit seinem Leben. Indem der Asket und der Martyrer auf alles Haben verzichten, bezeugen sie die unendliche

---

[39] Ders. ebda. S. 158

[40] Ders. ebda.

Werthaftigkeit des (menschlichen) Seins aus sich heraus. In seinem Werk *Geheimnis des Seins* führt Marcel aus:

> „In Wahrheit ist das Opfer wesentlich schöpferisch – wobei ich natürlich an das vollkommene Opfer denke, das des Mannes, der sein Leben hingibt. (...) Es ließe sich sagen, es sei dem Selbstopfer wesensmäßig, über sich nicht Aufschluß geben zu können, oder auch, jeder Versuch einer Selbst-Rationalisierung sei zwangsläufig unangemessen. Man gibt sein Leben nicht hin, auf daß ... Wir müßten sonst das Selbstopfer als Gütertausch – dies mein Leben für solchen Zweck – auf offenem Markt ansehen. Aber gerade der Gedanke an einen Handel ist in diesem Zusammenhang unfaßbar. Der Mann, der sein Leben hingibt – sofern er sich nur bewußt ist, damit sich selbst zur Gänze hinzugeben und etwa ohne jede Hoffnung, nach dem Tode fortzuleben –, der kann, das liegt in der Natur der Sache, nichts mehr empfangen, er ist ja nicht mehr da, um etwas zu empfangen. Was ihm übrigens derjenige sicherlich zu bedenken geben wird, der es sich im Namen des gesunden Menschenverstandes angelegen sein läßt, ihm den Vollzug des Opfers auszureden: Wer gibt etwas für nichts? Und in der Tat: Vom Gesichtspunkte des gesunden Verstandes aus ist der Einwand wohl nicht zu widerlegen. Könnte es freilich nicht so sein, daß die Verständigkeit hier fehl am Platz ist? Nie werden der Hausverstand auf der einen, der Held oder Martyrer auf der anderen Seite einander begegnen. Es sind zwei Achsen, die sich nicht überschneiden können. Das Opfer ist an sich ein Wahnsinn. Doch läßt eine tiefere Reflexion (...) den wahren Wert dieses Wahnsinns aufleuchten, läßt ihn uns bejahen. Wir begreifen: Versagte sich ihm der Mensch, er sänke unter sein eigenes Maß.“[41]

Die Toten sind die, die „nichts mehr haben“, insofern ihnen mit ihrem Leib die Möglichkeit zu haben genommen ist. Insofern nun die Wirklichkeit des Opfers, d.h. des Verzichts auf Haben, demonstriert, daß das menschliche Sein das Haben übersteigt, ist hier ein Beleg für Unsterblichkeit zu sehen.

> „Der Tote ist derjenige, der nichts mehr hat (wenigstens dann, wenn wir das Wort Haben in seinen spezifizierbaren Bedeutungen nehmen). Es drängt sich der Gedanke auf, daß „nichs mehr haben“ heißt: Nicht mehr sein. Und unter diesem Gesichtspunkt neigt man gewöhnlich dazu, sich mit dem zu identifizieren, was man hat. Hierbei löst sich die Kategorie des Seins auf. Aber die Realität des Opfers ist dazu da, um uns irgendwie tatsächlich die Fähigkeit eines Seienden vor Augen zu führen, sich als dem Haben transzendent zu behaupten.“[42]

Vielleicht, so mutmaßt Marcel, bedeutet Sterben, d.h. das Ablegen des irdischen Leibes, nur das Überwinden des Habens, so wie Sterben vielleicht auch nur das Überwinden des instrumentellen Charakters der menschlichen Leiblichkeit bedeutet. Marcel führt aus:

> „Wenn aber der Körper nicht ausschließlich, ja zweifellos nicht einmal wesentlich Instrument ist, geht klar daraus hervor, daß wir uns eine völlig andere Vorstellung vom Tode machen müssen. Denn die physische Zerstörung erstreckt sich ausschließlich auf den *Körper-als-Instrument*, auf den Körper als Gesamtheit des Apparates, wo wir die Zerstörung in allen Aspekten und Phasen verfolgen können. Der *Körper-als-Medium* entzieht sich unserem Zugriff kraft seiner Defini-

[41] Ders.: Geheimnis des Seins. a.a.O. S. 223 f.
[42] Ders.: Sein und Haben. a.a.O. S. 91

> tion. Wir kennen nichts von seiner Natur und den Bedingungen, worunter er seine Tätigkeit zu entwickeln vermag. Denn schließlich kann und darf diese seine Tätigkeit nicht auf ein bloßes Funktionieren reduziert werden. Wir müssen uns überdies klar sein, daß wir als körpergebundene Wesen die Worte *Körper-als-Medium* gebrauchen und dabei uns irgend etwas vorstellen, was noch Instrument ist – ein geheimnisvolles, unbegreifliches Instrument. Aber die Aufgabe der Reflexion ist es gerade, sich von dieser Vorstellung zu befreien, sie zu zerschlagen und uns so eine Welt zu erschließen, die nicht diese Welt ist: Eine Hinordnung unseres Wesens begreiflich machen in bezug auf das, was man vielleicht einen gewissen kosmischen Consensus nennen darf; doch läßt sich dieser nicht auf Elemente zurückführen, deren Kräftespiel die exakte Wissenschaft zu ergründen sucht."[43]

(Aus diesem Zitat geht auch hervor, daß Marcel keine *anima separata* annimmt, sondern den Toten eine (gewandelte, d.h. nicht-instrumentelle, aber rein-mediale) Leiblichkeit zuspricht. Wir werden noch darauf zu sprechen kommen!) Vielleicht besteht das Wesen des Todes sogar u.a. darin, daß der geliebte Andere seine Dingnatur gänzlich transzendiert und für mich zum „reinen" „Du" wird?

> „Der Mensch, den ich liebe, muß genau die gleiche Unbill dulden, der die Dinge ausgesetzt sind, und ist zweifelsohne nach Maßgabe seiner Dingnatur den Kräften der Zerstörung unterworfen. (...) Wir müssen voll und ganz einräumen, daß der Mensch, den ich liebe, nicht allein ein *Du* ist, er ist vorab ein Objekt, das sich meinem Blick darbietet und dem ich alle die Behandlungsweisen angedeihen lassen kann, deren Möglichkeit sich meiner Beschaffenheit als körperlichem Agens einfügen. Er ist ein *Dies* und insofern ein Ding. Sofern er *Du* ist, entzieht er sich jedoch der Dingnatur, und nichts, was ich von Dingen sagen kann, gilt mehr von ihm, gilt mehr von *Dir*."[44]

Für Gabriel Marcel liegt der Schlüssel zum Geheimnis des Todes in der Intersubjektivität, der Beziehung. Dem Gedanken der Unsterblichkeit kann man sich nicht nähern von der Idee eines solipsistischen Weiterlebens. Vielmehr besteht die wesentliche Grundlage der Unsterblichkeitsidee darin, daß man sie unter dem Blickwinkel des Todes des geliebten Menschen beleuchtet. Der bekannte Satz Marcels, immer wieder leicht variiert, lautet:

> „Einen Menschen lieben, heißt sagen: Du wirst nicht sterben!"[45]

Da man nicht lieben kann, ohne die Unsterblichkeit dessen zu wollen, den man liebt, ist der Tod für den Menschen keinesfalls akzeptierbar. Um unserer Liebe willen lebe ich im Vertrauen auf unsere Unsterblichkeit. Wäre es anders, würde ich die Treue verraten, die unsere Beziehung begründet. In der Liebe weiß ich um die unendliche Würde des (geliebten) Menschen; in meiner Hoffnung auf die Unsterblichkeit des Geliebten bezeuge ich sie. Treue (crédit) ist die vollkommene Hingabe an den Anderen. Sie ist kein punktuel-

---

43 Ders. in einer einführenden „Einleitung" zu: Jouvenel, M. de: Weisungen aus dem Jenseits. Roland de Jouvenel an seine Mutter. Freiburg 1953. S. 7-19; S. 10

44 Ders.: Geheimnis des Seins. a.a.O. S. 473

45 Ders. ebda. S. 472

les Geschehen, sondern eine einmal vollzogene und permanente Beziehungsbegründung. Die wahre Treue bietet mich selbst mit allem, was ich bin, dem Anderen vorbehaltlos an, ohne dafür irgendeine (materielle) Erwiderung und Erkenntlichkeit zu erhoffen. Wahre Treue ist vollkommene Hingabe ohne wenn und aber.

Wir sahen: Nur wo solche vorbehaltslose und existentiell-ehrliche gegenseitige Hingabe vollzogen wird, werde ich ein Selbst; bekenne ich mich, indem ich mich zum Anderen bekenne, zu mir selbst. Treue gegen den Anderen ist Selbsttreue. Auch bei Jaspers vollzieht sich Existenzwerdung im Prozeß der existentiellen Kommunikation mit dem Anderen. Diese Treue ist kein einmaliger Akt, sondern immer wieder zu erneuernde und zu bestätigende Bindung, die notwendigerweise die Zeit transzendiert. Wenn ich mir selbst nur treu bin, wenn ich dem Anderen treu bin, wird jede Bindung dem Anderen gegenüber zugleich Zeugenschaft meiner selbst. Wo ich die Treue verrate, verfehle ich meine Existenz. Der Verrat „besteht darin, daß man dieses Schweigen als Nicht-Existenz, als Fall in das Nicht-Sein interpretiert“[46]. Ich manifestiere den Anderen als ein vormals gewesenes Objekt – was er für mich aber nicht war! Liebe und Treue sind nicht objektivierbar. Sie sind kein Bild, keine Erinnerung, sondern aufrechterhaltene und lebendigerhaltene Gegenwart – Präsenz.[47] Auch wo ich den Anderen aus Selbstzweck in Erinnerung behalte, subordiniere ich ihn der Ding-Natur. Ich „verzwecke“ und verobjektiviere, verdingliche ihn und verrate ihn als ‚Du‘! Das ist keinesfalls die Treue, welche Marcel meint, auch im Tod bleibt die Treue mit der Präsenz verbunden, die nur da möglich ist, wo eben ‚radikale Treue‘ herrscht.[48] So wird mein Sein zur Antwort auf den Tod des geliebten Menschen. Diese Antwort entspricht der Liebe, als Verneinung seines Todes.

Wer dem Anderen, auch oder gerade den Toten untreu wird, verleugnet und vernichtet sich selbst, indem er die emotional-geistige Einheit mit den (geliebten) Toten zerstört. Auch hier ahnen wir Gottes Wirken: Die Treue ist eine Kraft und Wirklichkeit, die die Fähigkeit der beteiligten Partner transzendiert. Folglich muß sie von Gott mitgetragene und geschenkte Realität sein, und insofern sie das ist, wäre sie wiederum eine von Gott verursachte (unglaubliche) Täuschung – göttlicher Trug –, wenn die erhoffte Ewigkeit unserer Treue nicht Wirklichkeit wäre.

> „Ist es nun faßbar, daß ein Gott, der sich unserer Liebe neigt, gegen diese selbe Liebe aufsteht, sie zu leugnen, zu vernichten?“[49]

In der Liebe frage ich nicht nach einem „Beweis“ für die Existenz dieser Liebe, ich bin mir dieser – wo sie nicht auf der Ebene des Problems, sondern als (geschenktes) Mysterium erlebt wird – nämlich ohne Zweifel gewiß. Liebe ist nicht demonstrier- und objektiv „beweis“bar, ich kann sie nur schenken

---

[46] Ders.: Homo viator. Philosophie der Hoffnung. a.a.O. S. 207
[47] Vgl. ders. ebda. S. 210
[48] Vgl. ders. ebda.
[49] Ders.: Geheimnis des Seins. a.a.O. S. 476

und empfangen. In dem nicht objektivierbaren Wissen um die Liebe des Anderen ist das Wissen um dessen Existenz selbstverständlich impliziert. Auch wenn der Andere räumlich von mir getrennt ist, ich ihn weder sehen noch berühren kann, weiß ich unerschütterlich um seine Liebe und daß er in dieser Liebe bei mir ist.

> „Du und ich, wir bleiben beisammen.“[50]

Hier ist aber kein Unterschied zu unserem Verhältnis zu den Toten. In unserer Liebe zu ihnen wissen wir intuitiv um deren Liebe und damit deren Mit-uns-sein.[51]

> „Selbst wenn ich dich nicht berühren, dich nicht sehen kann, so fühle ich, du bist mit mir, es hieße dich verleugnen, wollte ich dessen nicht sicher sein.“[52]

Das Verb „fühlen“ wird von Marcel hier jedoch nicht im psychologischen Sinn benutzt. Er meint damit die ontologische Realität der Liebe, als unzerstörbares und somit vollendetes ‚Mit-Sein‘. Diese inter-subjektive Wirklichkeit offenbart sich wiederum in der *présence*, in der Gegenwart und ‚An-Wesenheit‘ des geliebten Wesens, folglich in einer nicht objektivierbaren Realität.

Es muß etwas im Menschen geben, das das Materielle und Leibliche übersteigt. Der Mensch ist zugleich in der Welt und außerhalb der Welt. Der Mensch partizipiert wohl an den Dingen der Welt, in die er eingebunden ist, auf der anderen Seite aber weiß er, daß er diese Welt transzendiert. Hier ist auch der Punkt, wo der Mensch nicht mit dem Tode fertig wird und den Gedanken an seine Vernichtung und Auslöschung entschieden von sich weist. Marcel diskutiert die Unsterblichkeitsfrage vom Standpunkt eines lebendigen Glaubens aus. Dieser lebendige Glaube „weiß“ um die Unsterblichkeit in einer Sicherheit, an die philosophische oder theologische Argumente nicht heranreichen können. Hier findet sich ein Gedanke, der bei Max Scheler zentral ist: Die Frage nach Gott oder der Unsterblichkeit liegt bezüglich seiner Gewißheit auf einer anderen Ebene als die Ebene der philosophischen oder theologisch-dogmatischen Argumentationsfiguren. Das intuitive Wissen des Glaubens bedarf auch überhaupt nicht solcher, objektiv rationaler Argumente. Philosophische Argumente bezüglich der Unsterblichkeit der Seele sind als erkenntnismäßiges Fundament viel zu schwach, um als Grundlage so unbeirrbar behaupteter Ansichten zu dienen, wie die religiösen Überzeugungen bezüglich des ewigen Lebens es nun einmal sind.

> „Kann der Glaube an die Unsterblichkeit einem Luftgebilde gleichgehalten werden? Wer das behauptet, hat nichts von dem begriffen, was über den Glauben dargelegt wurde und darüber, was er unabdingbar sein muß, wenn er echt ist.“[53]

---

[50] Ders. ebda. S. 474
[51] Vgl. ders. ebda.: S. 469 f.
[52] Ders.: Das ontologische Geheimnis. Stuttgart 1961. S. 48
[53] Ders.: Geheimnis des Seins. a.a.O. S. 472

Wenn auch der lebendige Glaube der philosophischen Argumente nicht bedarf, schließt dieses das philosophische Nachdenken über die menschliche Unsterblichkeit nicht aus.

## *7. Die Frage nach der Möglichkeit einer christlichen Existenzphilosophie*

Man hat hin und wieder christlicher Existenzphilosophie vorgeworfen, sie könne gar keine richtige Existenzphilosophie sein, weil sie die Kontingenz und Gefährdetheit des Menschen nicht mit der Radikalität der Existenzphilosophie zeichne, bzw. – im Unterschied zu dieser – von einer letzten Gesichertheit des Menschen ausgehen müsse. Von hieraus stellt sich die Frage nach der Berechtigung eines solchen Vorwurfs.

Es müßte klar geworden sein, daß Marcel der Existenzphilosophie zuzurechnen ist. Seine christliche Philosophie bewegt sich im Denkhorizont und im Sprachgewand der Existenzphilosophie. Will man nun der Frage nachgehen, ob christliche Philosophie möglich ist, ist die Frage nach dem Verhältnis von Existenzphilosophie und christlichem Glauben also unumgänglich. Dieses Verhältnis wird ohne Zweifel überschattet von den atheistischen Weltdeutungen einiger (sehr bekannter) Existentialisten (Sartre, Camus, Merleau-Ponty). Es gibt ohne Zweifel die weit verbreitete Ansicht, die Existenzphilosophie sei prinzipiell oder doch weitgehend atheistisch. Diese Ansicht ist natürlich falsch. Schon der Blick in die Geschichte der Existenzphilosophie beweist ihre enge Verknüpfung mit dem christlichen Gedankengut. Kierkegaards Existenzphilosophie gipfelt in der Entscheidung zum Wagnis des „Sprunges“ in den christlichen Glauben. Der Einfluß der christlichen Philosophen und Denker auf die Existenzphilosophie ist kaum zu überschätzen. (Man denke nur an Paulus, Augustinus, Pascal, de Biran, um nur die größten Namen zu nennen.) Vor allem in Frankreich hat sich dann auch ein ausgesprochen christlicher Zweig der Existenzphilosophie entfaltet: Neben Marcel seien Maurice Blondel und Jacques Maritain nur beispielsweise genannt. Für Deutschland wäre neben Peter Wust noch Ferdinand Ebner zu nennen. Aber vielleicht darf man im weitesten Sinne auch Philosophen wie Guardini, E. Przywara, G. Feuerer, O. Bauhofer u.a. als der Existenzphilosophie nahestehend bezeichnen.

Die großen Existenzphilosophen Deutschlands sind aber bewußt Agnostiker; Heidegger versteht unter Transzendenz lediglich die formale Struktur des menschlichen Daseins und unterstreicht, daß der Mensch stets offen zu etwas anderem ist und deshalb sich selbst prinzipiell transzendiere. Ob dieses Transzendieren allerdings zu einer bestimmten göttlichen Realität außer dem Menschen führt, bleibt für Heidegger unentschieden. Seine Philosophie ist mit einem Atheismus wie mit einem Theismus gleich vereinbar; weshalb katholische Denker (Karl Rahner beispielsweise) ausdrücklich christliche Philosophie im Horizont Heideggerschen Denkens betreiben konnten. Erinnert sei an jene bekannte Stelle aus dem Brief über den „Humanismus“, wo Heidegger sagt, sein Denken könne weder theistisch noch atheistisch sein, und zwar „aus der Achtung der Grenzen, die dem Denken als Denken gesetzt sind".[54] Einen Schritt weiter geht Karl Jaspers: Im Vollzug der Existenzverwirklichung ergreift der Mensch ein Absolutes. Transzendenz ist jetzt ein inhaltlich Transzendentes. In Jaspers' Interpretation lebt der Mensch gleichsam in Spannung auf den unbekannten Gott oder die Transzendenz hin. Der Mensch ahnt, daß es Gott gibt, weil er als Existenz ein Transzendenzerlebnis hat. Über das Wesen dieser Transzendenz allerdings kann er nichts ausmachen. Alle Versuche, die Transzendenz in allgemeinen Kategorien und Begriffen zu denken, sind zum Scheitern verurteilt. Hier wird Existenzphilosophie zu einem „Humanismus", zu einer anthropozentrischen, rein innerweltlichen Philosophie, welche sich vor Gottes Realität verschließt. Dort wo die Existenzphilosophie sich im Sinne eines solchen atheistischen bzw. agnostizistischen Humanismus gebärdet, haben es Marcel, Wust u.a. christlich orientierte Denker dann auch abgelehnt, sich Existenzphilosophen zu nennen.

Will man aber doch christliche Existenzphilosophie verteidigen und Gabriel Marcel (u.a.) dem Existentialismus zuzählen, muß man sich mit diesen anderen Entwürfen nicht-christlicher bzw. sogar atheistischer Existenzphilosophen auseinandersetzen.

Die Befürchtung der dezidiert atheistischen Existentialisten war und ist, daß die Annahme eines Absoluten oder eines absoluten Willens hinter der Existenz jedes einzelnen Menschen das existentielle Grundanliegen verdeckt, daß jeder einzelne durch den permanenten Kampf seine eigene Existenz verwirklichen muß. Wie das Werk Gabriel Marcels beweist, verdunkelt die Voraussetzung der Existenz eines personalen Absoluten nicht die existentielle Aufgabe des Menschen, sondern erhellt diese. Darüber hinaus ist der personale Seinsgrund nach Marcel die Quelle, woraus der Mensch seine Kraft für den Vollzug seiner Existenzwerdung und der interpersonalen Treue gewinnt. Gegen jeden Atheismus betont Marcel, daß Gottes Existenz nichts Unerträgliches für den Menschen ist. Die Annahme des Daseins Gottes ist nicht gleichbedeutend mit der Vernichtung des Menschen; denn Gott ist nicht jene wesensfremde und superlative Macht, die durch ihr „Anders-sein" die Freiheit und Unverfügbarkeit des Menschen erdrückt. Gott ist vielmehr der ermöglichende Grund menschlicher Existenz. Er verhilft dem Menschen zu seinem eigentlichen Sein und ist ihm näher als er sich selbst. Oft ist Atheismus ein scharfer Protest gegen falsche und oberflächliche theologische Konstrukte. Marcel schreibt:

> „Ich erinnere mich hier zum Beispiel an das erste Gespräch, das ich mit Albert Camus vor mehr als fünfzehn Jahren geführt habe. Wie so viele andere nahm er Anstoß am Leiden von Unschuldigen, besonders von Kindern. Dem Theologen, der versucht gewesen wäre, ihm zu erklären, daß dieses Leid nicht von Gott gewollt, sondern nur geduldet ist – und man weiß zur Genüge, welch übertriebener Gebrauch von dieser Unterscheidung gemacht wurde – hätte er geantwortet, daß er einen solchen Gott ablehnen würde. Er nahm damit eine Haltung ein, die,

[54] Heidegger, M.: Wegmarken. a.a.O. S. 182

> wenn nicht von Dostojewski selbst, so doch zumindest von einer seiner Gestalten vertreten wird, in der er sie uns übermittelt, nämlich in der Gestalt des Iwan Karamasow. Hätte er das Argument zugelassen, das ich vorhin erwähnt habe, und zugegeben, daß sein Protest oder selbst seine Revolte eine Art vorläufiger Anhängerschaft an einen Gott der Gerechtigkeit und des Erbarmens impliziert? Ich bin sicher, daß er darin nur eine Art Taschenspielertrick gesehen hätte, gegen den sich seine Redlichkeit empört hätte. Was er verworfen hätte, wäre die Vorstellung, daß es möglich wäre, das Gefühl des empörten Mitleids, das er angesichts so vieler unschuldiger Opfer empfand, zu hypostasieren; ich persönlich glaube, daß er, alles in allem genommen, recht gehabt hätte."[55]

Und Marcel ergänzt:

> „Das Eigentliche des existentiellen Denkens scheint mir darin zu liegen, solche Pseudolösungen zurückzuweisen."[56]

Insofern kann der Atheismus auch dazu dienen, falsche Ideen oder Bilder von Gott zu revidieren.[57] Häufig kann man zeigen, daß sich bei nicht-christlichen, ja gar atheistischen Philosophen säkularisierte Elemente des christlichen Glaubens finden. Ganz allgemein hat Marcel immer wieder darauf hingewiesen, daß viele (auch moderne) philosophische Theorien unbewußt und unreflektiert noch immer auf den Fundamenten einer theistischen Metaphysik aufruhen, wenn auch in vielfach säkularisierter Form.[58]

Im Prinzip wußte das schon Friedrich Nietzsche. Er hat in den Philosophien und Weltanschauungen, auch den deklariert atheistischen, noch die „Schatten" des toten Gottes diagnostiziert, welche da sind die Metaphysik, die Moral, die Suche nach der Wahrheit, ja gar der Glaube an die Grammatik (*Götzendämmerung. Die Vernunft in der Philosophie.* § 5). Überall dort, wo nach einem Sinn, nach Wahrheit und Präsenz, nach dem „eigentlichen" Sein gefragt wird, lagern noch latente metaphysisch-theologische Relikte.

Auch Heidegger sieht in der Tatsache, daß alle bisherige Philosophie im Denkhorizont der Idee des Seins als beständiger Gegenwart und Selbstidentität argumentiert habe, ein Relikt des Gottesglaubens. Doch während Nietzsche noch die Schatten des toten Gottes überwinden möchte (*Die fröhliche Wissenschaft.* III. Buch. § 108) und Heidegger die traditionelle Philosophie destruieren will, will Marcel etwas anderes demonstrieren: Wenn alle Philosophien, auch alle dezidiert areligiös sein wollenden Philosophien, latent theologische Aspekte beinhalten, muß es einer Philosophie erlaubt sein, auch ganz bewußt religiöse Momente zu integrieren. Wir werden im nächsten Kapitel sehen, daß sich im Werk Jaspers' säkularisierte Elemente des theistischen Glaubens finden. Die latent-theologischen Elemente im Denken Heideggers beispielsweise zeigen sich vor allem in seiner Philosophie „nach der Kehre". Man denke an solche durch Theologie und Glaube definierten Be-

---

[55] Marcel, G.: Tragische Weisheit. Zur gegenwärtigen Situation des Menschen. Wien 1974. S. 206

[56] Ders. ebda. S. 206

[57] Vgl. ders. ebda. S. 205 f.

[58] Vgl. z.B. ders. ebda. S. 179-216

griffe wie: „Das Heilige", „Huld", „Hirt des Seins", „Gelassenheit", „Frömmigkeit des Denkens", „Hören auf die Zusage (des Seins)" usw.. In seinem Begriff „Geviert", in welchem Sterbliches und Göttliches, Erde und Himmel zusammenspielen (wie Heidegger es vor allem in seinem Essay *Das Ding* darstellt)[59], dämmert gar so etwas wie die alte (und letztlich von Augustinus herausgearbeitete) Dreiteilung der traditionellen Metaphysik in Gott, Welt und Seele auf. Die Einflüsse der biblischen und urchristlichen Geschichtserfahrung auf das existentielle Denken Martin Heideggers (vor allem in *Sein und Zeit*) ist bekannt und unumstritten.[60] Wenn es wahr ist, daß viele Philosophien nicht ohne religiös-theistische Bedeutungskomponenten auskommen, ist es dann nicht legitim, dieses zuzugeben und – unter Beachtung gewisser Bedingungen – auch ausdrücklich explizit religiöse Vorstellungen und Begriffe in der Philosophie zuzulassen? Auch Theodor Steinbüchel hat das betont:

> „So vermag auch die gegenwärtige Existentialphilosophie ihre religiösen und theologischen Ursprünge nicht zu leugnen. Erklärt sie sich für weltanschaulich neutral, so ist, abgesehen von der Frage nach der Möglichkeit solcher Neutralität, doch dieses eine gewiß, daß sie die Antriebe ihres Denkens aus der religiösen Interessiertheit des Fragens nach dem Menschen ursprünglich erhalten hat, so sehr sie selbst die Antworten des Glaubens von ihrer eigenen Frage nach Sein und Sinn des Menschen in der Welt fernhalten will."[61]

Ähnlich schreibt Hans Meyer:

> „Wer die Problematik einer christlichen Philosophie ins Auge faßt, wird von selbst auf ihr Verhältnis zur modernen Existenzphilosophie gestoßen; bildet doch das Anliegen der menschlichen Existenz, die Frage nach dem Sinn des Lebens, nach der menschlichen Lebenshaltung, das Grundanliegen des Christentums."[62]

Für Marcel hat die Bejahung Gottes in der Philosophie einen „tangentialen Charakter"[63]. Er betont, daß „sie am äußersten Punkt der philosophischen Suche auftaucht, daß sie für den Philosophen auf einen heiligen Gott gerichtet scheint, der in seiner Heiligkeit betrachtet wird, jenseits aller Repräsentation, die ihn zu entgöttlichen droht"[64].

## *8. Die Leib-Seele-Einheit bei Gabriel Marcel*

Wir sahen, daß alle Existenzphilosophen über alle ideologischen Differenzen hinweg an der Leib-Seele-Einheit des Menschen festhalten. Eine Theologie und Verkündigung, die den Glauben an ein Leben nach dem Tode an die Vor-

---

59 Vgl. Heidegger, M.: Vorträge und Aufsätze Bd. II. Pfullingen 1964. S. 37-55

60 Siehe dazu: Lehmann, K.: Christliche Geschichtserfahrung und ontologische Frage beim jungen Heidegger. In: Philosophisches Jahrbuch. Jg. 74. (1966/67) S. 126-153

61 Steinbüchel, T.: Der Umbruch des Denkens. Die Frage nach der christlichen Existenz erläutert an Ferdinand Ebners Menschdeutung. Darmstadt. 1966. S. 11

62 Meyer, H.: Weltanschauungsprobleme der Gegenwart. Recklinghausen. 1956. S. 132

63 Marcel, G.: Tragische Weisheit. a.a.O. S. 216

64 Ders. ebda.

stellung einer *anima separata*, also einer Trennung von Leib und Seele im Tode und die Weiterexistenz einer rein geistigen, leibbefreiten Seele, verknüpft, wird bei existentialistischen Denkern auf Widerspruch und Ablehnung stoßen. Albert Camus, der zu seiner Zeit noch glauben mußte, die christliche Unsterblichkeitshoffnung sei notwendigerweise mit dem *anima-separata*-Modell verbunden und stehe und falle mit diesem, zog es angesichts einer solchen, als leibfeindlich und trostlos empfundenen Perspektive vor, der Erde und den Menschen treu zu bleiben. Selbst Gabriel Marcel, der so deutlich unter den von uns behandelten Existenzphilosophen das Leben nach dem Tode glaubend bejaht und die Unsterblichkeitsfrage sogar im Kontext der Leib-Seele-Problematik diskutiert, macht keinen Versuch, die Unsterblichkeitsbegründung vom Gedanken der angeblichen Geistigkeit und Substantialität der menschlichen Seele her zu entwickeln. Eine solche metaphysische Fragestellung – wie sie für den etwa zeitgleichen Neuthomismus selbstverständlich ist – bleibt bei ihm ausgeklammert. Die Argumente für das Leben nach dem Tode werden von Marcel auf einer anderen Ebene entwickelt: auf der Ebene der menschlichen Freiheit und Existenz. Metaphysische Überlegungen, die mit den angeblichen Wesensstrukturen der Seele (Substantialität, Geistigkeit, relative Unabhängigkeit vom Leibe usw.) argumentieren, fehlen bei Gabriel Marcel aber nicht nur, weil er auch hier Existenzphilosoph bleiben möchte. Gabriel Marcel hat nicht nur gewissermaßen aus philosophischer Selbstbeschränkung ausschließlich existenzphilosophische und ethische Argumente für die Unsterblichkeit des Menschen entwickelt, vielmehr hielt er die spekulativen Argumente der Neuscholastik deshalb für verfehlt, weil er von der unauflöslichen Leib-Seele-Einheit überzeugt war. Aus diesem Grunde wurde für ihn der Begriff „Leib" zunehmend synonym für den Begriff „Leben" verwendet. Die achte Lesung aus dem *Mystère de l'Etre* befaßt sich schon mit der Gleichsetzung der einfachen Worte „mein Leib" und „mein Leben". Im ersten *Journal Métaphysique* versucht Marcel den Existenzbegriff noch stärker vom Leibbegriff her zu denken, in späteren Werken, wie *Dialog und Erfahrung,* ist die Gleichsetzung von *Leib* und *Leben* dann vollendet.[65] Der Leib ist nun die „lebendige Wirklichkeit"[66], die wir „Mensch" nennen. Der Begriff der Seele spielt bei Marcel keine zentrale Rolle – wie Friedrich Hoefeld hervorragend herausgearbeitet hat. Meist versteht Marcel unter Seele den Totaleinsatz des Lebens.[67]

> „Doch so wenig wie in der Bibel präzisiert sich bei Marcel der Begriff Seele; er gewinnt für die Entwicklung der Marcelschen Gedanken keine zentrale Bedeutung. Und wenn Marcel betont, daß die Seele kein Objekt ist und kein solches werden kann (...), so bringt er damit wieder den nicht partikular zu erfassenden Ganzheitscharakter unserer geistig-seelisch-leiblichen Totalität zum Ausdruck, die er mit dem Begriff Inkarnation bezeichnet."[68]

---

[65] Vgl. Marcel, G.: Dialog und Erfahrung. Frankfurt a.M. 1969. S. 117

[66] Ders. ebda.

[67] Vgl. z.B. ders. ebda. S. 117 f. Dazu: Hoefeld, F.: Der christliche Existentialismus Gabriel Marcels. Eine Analyse der geistigen Situation der Gegenwart. Zürich 1956. S. 53 f.

[68] Hoefeld, F.: a.a.O. S. 53

Gabriel Marcel geht es vor allem darum, das Verständnis der fundamentalen Einheit der Person zu fördern. Hier läßt sich eine Verbindung zu den biblischen „anthropologischen“ Begriffen ziehen, die denaturieren, wo sie nicht aus der Einheit des Menschen verstanden werden. Die Begriffe Fleisch, Seele, Leib, Geist sind zwar in der Heiligen Schrift nicht scharf umrissen, aber ohne Zweifel meinen Begriffe wie „bazar“, „sarx“, „soma“, „ruach“, „nephesch“, „chajim“, „psyche“, „pneuma“ u.a. nicht jeweils nur einen separierbaren „Teil“ des Menschen, sondern je einen bestimmten Aspekt der geistig-seelisch-leiblichen Ganzheit. Wie konnte Marcel aber überhaupt an ein Leben nach dem Tode glauben, wenn er die Vorstellung einer *anima separata* offensichtlich nicht akzeptieren konnte? Zu seiner Zeit erklärten die Kirche und die (neuscholastische) Theologie das Weiterleben nach dem Tode ja wirklich noch (fast) ausschließlich mit dem *anima-separata*-Modell. Marcel hat natürlich keine eigene Eschatologie entwickelt – eine solche kann nicht Aufgabe der Philosophie sein. Über das *Wie* des postmortalen Weiterlebens schweigt der Philosoph Marcel daher. Entschieden wendet er sich aber gegen jede „dogmatische Behauptung (...), die auf einen Dualismus zwischen meinem Leib und mir hinausliefe“[69]. Entsprechend der biblischen Vorstellung, daß der Mensch als geistig-seelisch-leibliche Ganzheit stirbt, spricht Marcel davon, daß das Sterben eine „Auseinandersetzung mit irgendeinem unbekannten Etwas mit sich bringt“, und daß dieses „Etwas sich als ein Ende oder eine absolute Grenze darstellt, wenn man es aus der Sicht des irdischen Lebens betrachtet“[70]. Ohne Zweifel stände Marcel heute jenen katholischen Theologen nahe, die das ewige Leben nicht als Unsterblichkeit einer von Leiblichkeit befreiten Geistseele, sondern als Auferstehung des „neuen Menschen“ in einer leib-seelischen Ganzheit verstehen, wobei sie die Auferstehung allerdings – anders als die Vertreter der (protestantischen) „Ganztodtheologie“ (Karl Barth u.a.) – in den Augenblick des Todesgeschehens selbst verlegen.

[69] Marcel, G.: Auf der Suche nach Wahrheit und Gerechtigkeit. Frankfurt a.M. 1964. S. 69
[70] Ders. ebda. S. 69f.

# VI. Tod und „Unsterblichkeit" bei Karl Jaspers

## *1. Existenzerhellung*

Es geht Jaspers, wie allen Existenzphilosophen[1] – in der Nachfolge Kierkegaards – darum, den Menschen zu seiner Selbstwerdung aufzufordern, ihn aus der Uneigentlichkeit herauszurufen zur Entscheidung der vollendeten Daseins- und Existenzverwirklichung. Nun kann das Sprechen über Existenz nicht ein allgemeines und objektiv-unpersönliches sein. Das Denken, welches Existenz „erhellen" möchte (wie Jaspers es formuliert), kann nur selbst ein „existentielles" sein. Es muß sich deutlich unterscheiden von einem Denken, das rationale Theorien entwirft. Existenzerhellung entbehrt überhaupt jeder verstandesmäßigen Einsicht. Es ist ein anderes Sprechen als das wissenschaftliche Sprechen über ein Objekt.[2] „Seine Aussage", so definiert und interpretiert es Jaspers' Schülerin Jeanne Hersch, „ist nicht allgemeingültig, aus einem einfachen Grund: Wovon es spricht ist nicht Gegenstand. Es kann dem anderen nicht vorweisen, wovon es spricht. Es verfügt weder über Beweise, noch über empirische Bestätigung, noch über Offenbarung. Mehr noch: Es kann den Sinn dessen, was es sagt, nicht im Denken eines anderen wecken, der nicht im voraus „kennt", wovon es spricht."[3] Die Methode der Existenzerhellung kann nur eine indirekte sein. Ihr Argumentieren muß in Umschrei-

[1] Innerhalb der Existenzphilosophie und ihrer Gruppen sah Jaspers selbst nur wenig Gemeinsamkeit: Das Hindenken auf den Begriff „Existenz", in dessen Folge es zum Ergreifen eines Ernstes kam, der allem bloßen Wissen abgeht; vgl. Saner, H.: Karl Jaspers mit Selbstzeugnissen und Bilddokumenten. Reinbek 1984. S. 144 ff.. Sofern Existenzphilosophie zeitweise eine bloße Modeströmung geworden war, hat er, wie auch Heidegger, nie dazugehört und das auch oft betont. Vom italienischen Existentialismus, auch von Abagnano, hatte er nur indirekt Kenntnisse. Unter den französischen Existenzphilosophen hatte er einiges von Gabriel Marcel gelesen, weniges von Merleau-Ponty (beide kannte er persönlich) und Albert Camus. Besser kannte er Jean Wahl, der als erster sein Denken in Frankreich bekannt machte. Eigentlich bewegt hat ihn nur Jean-Paul Sartre. In ihm sah er gleichsam seinen Antipoden, den radikalen Versuch, den Menschen im Horizont des Nichts zu deuten; vgl. dazu Gabriel, L.: Existenzphilosophie. Kierkegaard, Jaspers, Heidegger, Sartre. Dialog der Positionen. Wien/München 1968. Innerhalb der deutschen Existenzphilosophie stand Jaspers längere Zeit in etwas näherem Kontakt mit Ernst Mayer, Heidegger und Heinrich Barth. Auch Peter Wust kannte er. In Heideggers Philosophie sah Jaspers letztlich einen Irrweg, eine Art gnostische Philosophie; vgl. Jaspers, K.: Notizen zu Martin Heidegger, hrsg. v. H. Saner. München/Zürich 1978.

[2] Jaspers' Philosophie war hier den einen „unsympathisch" (vgl. Hartmann, N.: German Philosophy in the Last Ten Years, in: Mind 58 [1949], S. 425), den anderen gar „hysterischer Romantizismus" (Popper, K.: Die offene Gesellschaft und ihre Feinde, Bd. 2. Bern/München 1980, S. 403). Zu Recht hat Ulrich Sonderfeld herausgestellt, daß diese und ähnliche Kritik das Ergebnis einer oberflächlichen und selektiven Rezeption gewesen ist, die allein schon wegen Jaspers' Anknüpfen an Kant und Weber, und allgemein wegen dessen ausdrücklicher Wertschätzung wissenschaftlicher Rationalität, zurückzuweisen ist (vgl. Sonderfeld, U.: Philosophie als Gesamtorientierung denkender Existenz und als Aporienreflexion – im Anschluß an Karl Jaspers. Münster /New York 1989, S. 95 ff.).

[3] Hersch, J.: Karl Jaspers. Eine Einführung in sein Werk. München 1980, S. 26

bungen und Andeutungen geschehen, die sofort wieder zurücktreten müssen, um den existentiellen Sinn freizugeben. Die Existenzerhellung kann nicht beweisen, sie muß Erfahrungen provozieren. Nach Jaspers muß Existenzerhellung Aspekte der sogenannten „existentiellen Kommunikation“ annehmen.

Die Kommunikation ist bei Jaspers ein ebenso zentraler Begriff wie der der Existenz, mit dem er eng verbunden ist.[4] Jaspers hat die Arten der menschlichen Kommunikation in verschiedene Klassen oder Stufen eingeteilt.[5] Dabei befähigen die „niedrigeren“, d.h. nicht-existentiellen und uneigentlichen Kommunikationsformen den Menschen zur Orientierung in der Welt, sie ermöglichen die Verständigung auf der praktischen Ebene der simplen Alltagswirklichkeit. Die primitivste – und nach Jaspers wohl verbreitetste – Art dieser uneigentlichen Kommunikationsformen ist die der „egozentrischen Interessiertheit“[6]. Hier wird der Andere lediglich aus egoistischen Motiven benützt, und es bildet sich nur eine oberflächliche Zweck- und Interessengemeinschaft, ein Mittel-Zweck-Verhältnis, in dem es nicht wirklich um den Anderen geht, sondern der Kommunikationspartner eigentlich beliebig austauschbar ist. Diese primitive Art der Kommunikation wird auch sofort abgebrochen, wenn sie nicht mehr „nützlich“ ist und z.B. das materielle Interesse, der Sexualtrieb, der Machtwille oder der Selbstdarstellungswille usw. befriedigt sind. Diese Art der Kommunikation ist recht beleuchtet ein Kampf, in dem der Andere ausgenützt, geschwächt und beherrscht werden soll.[7] Auf einer etwas „höheren“ Ebene steht die immer noch uneigentliche Kommunikationsform des wissenschaftlichen Dialogs mit ihren Regeln, Urteilen, Denkkategorien und Grundsätzen. Auch hier findet nur ein sachlicher Ideenaustausch statt „ohne Einsatz des Selbstseins“[8]. Jaspers stellt in seinen Werken noch einige andere Arten der Kommunikation dar, die aber alle mehr oder weniger uneigentlich sind, bis er auf die wertvollste, edelste und auch schwierigste Kommunikationsart zu sprechen kommt: Die „existentielle Kommunikation“. Nur sie ist des Menschen würdig, nur sie kann ihn wirklich beglücken und aus seinem „Grauen vor dem Alleinsein mit dem unheimlich gewordenen Dasein“[9] herausführen. In der existentiellen Kommunikation fallen alle Masken und Vorbehalte. Hier treten wir in eine „Solidarität, die im Anderen wie in mir die Möglichkeit der Existenz fraglos voraussetzt“[10],

[4] Das gilt in zweifacher Hinsicht. Jaspers interpretierend stellt Ulrich Hommes fest: „Mit dem eigenen Selbstwerden offenbart sich in der Kommunikation als Ursprung des Selbstseins der Andere als mögliche Existenz. Nur indem ich mich von ihm angehen lasse dadurch, daß ich seinem Anspruch als Selbst an mich entspreche, werde ich, was ich sein kann“. (Hommes, U.: Die Existenzerhellung und das Recht. Frankfurt a.M. 1962, S. 66).

[5] Vgl. zur Problematik Jaspers, K.: Philosophie, Bd. II: Existenzerhellung. Berlin/Göttingen/Heidelberg 1956, S. 50 ff.. Ders. Von der Wahrheit. München 1958. S. 370 ff. 546 ff. Ders.: Vernunft und Existenz. München 1960. S. 71 ff..

[6] Ders., Philosophie, Bd. II: Existenzerhellung, a.a.O. S. 53

[7] Vgl. z.B. Schultheiss, J.: Philosophieren als Kommunikation. Versuch zu Karl Jaspers' Apologie des kritischen Philosophierens. Königstein/Ts. 1981. S. 86 ff.

[8] Jaspers, K.: Philosophie, Bd. II: Existenzerhellung, a.a.O. S. 100

[9] Ders. ebda. S. 56

[10] Ders. ebda. S. 243

d.h. wir akzeptieren unsere Eigenarten, individuellen Besonderheiten und unterlassen es, den Anderen zu erproben, zu messen, abzuschätzen, in Schemata zu pressen usw.. In der existentiellen Kommunikation bleibt der Andere „ganz er selbst, und ich ich selbst“[11], ohne Verstellung und Falschheit. In ihr ist der „einzelne Andere von absoluter Bedeutung“[12] und wird in seiner unableitbaren Besonderheit akzeptiert.

Wahre, existenzerhellende Philosophie wird nach Jaspers immer Momente der „existentiellen Kommunikation“ enthalten. Sie erwächst aus einer Existenz, die sich immer wieder ihrer Freiheit vergewissert, sie vollzieht sich nicht im Abstrakten und nicht in monadischer Abgeschlossenheit, vielmehr ist sie in Kommunikation, nicht nur mit den zeitgenössischen Denkern, sondern gerade auch mit den Philosophen der Vergangenheit. Der privilegierte Raum, in dem existenzerhellende Philosophie an der Kommunikation mit den größten und originellsten Geistern wächst, ist für Jaspers die philosophische Überlieferung, die Welt der großen Philosophen der Vergangenheit. Jedes ihrer Werke stellt einen hervorragenden Impetus dar, die existentielle Aufgeschlossenheit des Selbst zu wecken und zu erneuern.

> „Der Umgang mit den Toten ist die Quelle der Wahrheit unseres eigenen Wesens, damit wir nicht das schon klar Erfaßte verlieren, nicht verfallen an längst durchschaute Phantasmagorien, – damit wir nicht arm werden durch Verschwindenlassen der Mächte, die, in der Zeit kämpfend, den Menschen zu seinen höchsten Möglichkeiten lenken, – damit wir die Verantwortung gegenüber den Großen erfüllen, dadurch, daß wir nach Kräften sie neu zur Sprache bringen, – damit wir uns selber verwirklichen im hellen Raum des schon Gedachten, uns erziehen am Erwerb der Geschichte.“[13]

Gewiß hat jeder große Philosoph „seinen historischen Ort und trägt seine historischen Kleider“[14]. Das Kennzeichen seiner Größe aber ist, daß er nicht an sie gebunden scheint; die Zeit transzendierend wird der große Denker zum Zeitgenossen aller anderen, erringt er „Gleichzeitigkeit mit allen“[15], und was in seinem Werk an übergeschichtlicher Bedeutung ist, d.h. „was über die Zeiten hinweg menschliche Möglichkeiten erweckt, ihnen zum Spiegel wird, sie ermutigt und stärkt, mit ihnen im Kampf steht“[16], wird von den spätergeborenen, aber nun „gleichzeitigen“ Denkern übersetzt in einen zeitlosen Sinn.

### 2. *Grenzsituationen*

Die Existenzverwirklichung des Menschen vollzieht sich nach Jaspers im Erfahren von „Grenzsituationen“. Als „Situation“ im existentiellen Sinne bezeichnet er den gegebenen räumlichen und zeitlichen Kontext, in dem der

[11] Ders. ebda. S. 109
[12] Ders. ebda. S. 272
[13] Jaspers, K.: Die großen Philosophen. München 1957. S. 59
[14] Ders. ebda. S. 39
[15] Ders. ebda. S. 59
[16] Ders. ebda.

Mensch sich bewegt und agiert. Das Dasein befindet sich als Weltdasein immer „in Situation". Dasein kann nie von einem abstrakten Standpunkt aus ins Leere vorstoßen, es ist immer an ein bestimmtes hic et nunc gebunden. Allerdings sind die „gewöhnlichen" Situationen in einem gewissen Sinne veränderbar und manipulierbar. „Situationen bestehen, indem sie sich wandeln."[17] Die Grenzsituationen dagegen sind Gegebenheiten, die niemand wählen und denen man nicht ausweichen kann – sie gehören notwendig zum menschlichen Leben. Grenzsituationen sind beispielsweise das Leiden, der Tod, der Kampf und die Schuld.[18] Grenzsituationen sind nicht rational zu durchleuchten, ich kann und muß aber versuchen, sie existentiell zu ergreifen. Grenzsituationen sind solche, aus denen ich in der Tat nicht heraus kann und die mir als Ganzes nicht durchsichtig werden. In der Konfrontation mit der Grenzsituation kann ich die Erfahrung meiner Existenz gewinnen. Die Grenzsituation ist dabei niemals nur vorübergehende Grenze, sie ist wesensmäßig unüberwindlich. Das bedeutet, daß sie Ort des Scheiterns ist. Die Grenzsituationen „wandeln sich nicht, sondern nur in ihrer Erscheinung; sie sind, auf unser Dasein bezogen, endgültig. Sie sind nicht überschaubar; in unserem Dasein sehen wir hinter ihnen nichts anderes mehr. Sie sind wie eine Wand, an die wir stoßen, an der wir scheitern. Sie sind durch uns nicht zu verändern, sondern nur zur Klarheit zu bringen, ohne sie aus einem Anderen erklären und ableiten zu können."[19] Aber gerade im Akt des Scheiterns an der Grenzsituation verwirkliche ich Existenz, da ich zum einen die äußerste Kraft und „Entschlossenheit" (um es mit Heidegger zu sagen) aufbringe, mich hier zu behaupten, und ich zum anderen im Scheitern, bar aller empirischen Hilfen und Stützen, auch die Kontingenz und Gebrechlichkeit meiner selbst erfahrend, mich angewiesen weiß auf eine andere Macht, die mich trägt. Im Scheitern gewahrt Existenz jenseits der Grenze – die Transzendenz. Bei Sören Kierkegaard liest sich dieser Gedanke so: „Indem es sich zu sich selbst verhält, und indem es es selbst sein will, gründet sich das Selbst durchsichtig in der Macht, welche es gesetzt hat."[20] Bei Jaspers lautet derselbe Gedanke: „Wie ich Bewußtsein nur bin, indem ich zugleich das Andere des gegenständlichen Seins erblicke, unter dessen Bedingungen ich da bin, und mit dem ich umgehe, so bin ich Existenz nur in eins mit dem Wissen um Transzendenz als die Macht, durch die ich eigentlich ich selbst bin."[21]

Existenz heißt also die Erfahrung, daß ich als Mensch angewiesen und ausgerichtet bin auf eine andere Macht, die mich trägt und hält: Die Transzendenz. Aber meint Jaspers' „Transzendenz" auch den transzendenten Gott im Sinne der traditionellen Philosophie und Theologie? Bei Karl Jaspers nimmt die Transzendenz tatsächlich manchmal den Charakter eines verbor-

---

[17] Jaspers, K.: Philosophie, Bd. II: Existenzerhellung, a.a.O. S. 202
[18] Ders. ebda.
[19] Ders. ebda., S. 203
[20] Kierkegaard, S.: Die Krankheit zum Tode. Gütersloh 1982. S. 10
[21] Jaspers, K.: Vernunft und Existenz, a.a.O. S. 53

genen Gottes, eines *deus absconditus* an. Jaspers hat die Transzendenz auch hin und wieder (häufiger in den Spätwerken) Gott genannt.[22] Die empirische, wissenschaftliche oder auch metaphysisch-spekulative Erkenntnis kann nie auf die Transzendenz stoßen. Im Vergleich mit aller empirischen Wirklichkeit ist Transzendenz so unvergleichlich „anders", daß es unmöglich ist, sie zu demonstrieren oder zu beweisen. In direkter Sprache kann von ihr keinesfalls gesprochen werden. Nur für Existenz kann Transzendenz erlebt und empfunden – nicht erkannt – werden, in dem Maße, wie Existenz sich realisiert und gelebt wird. Jaspers stellt fest: „Gott ist für mich in dem Maße, als ich in Freiheit wirklich ich selbst werde."[23] Die Transzendenz verhüllt sich und spricht nur durch die Chiffren zur Existenz, welche im „Lesen" dieser Chiffrensprache etwas von der Transzendenz zu ahnen beginnt.

> „Darum bleibt (...) die Gottheit schlechthin verborgen. Nur indirekt scheint sie sich zu offenbaren, und auch hier noch verborgen in ihrer Ferne, durch die Geschichtlichkeit, in welcher Existenz ihre Transzendenz im Lesen der Chiffren des Daseins jeweils enthüllt, ohne allgemeingültig und für immer zu erfassen, was sie ist. Sie wird sichtbar in ihren Spuren: Nicht als sie selbst, sondern immer zweideutig. Sie wird kein Bestand in der Welt, aber sie kann für Existenz die vollendete Ruhe des Seins bedeuten, das als überschwengliches kein bestimmtes Sein mehr ist."[24]

Chiffre kann alles sein: Eine Landschaft, ein Kunstwerk, ein Wort, ein Gefühl, ein anderer Mensch usw.. Chiffre für Transzendenz wird ein Ding aber erst, wenn Existenz dieses als Symbol und Zeichen für das Göttliche erfährt und deutet, wenn durch die Chiffre die Transzendenz transparent wird.

Wenn Jaspers von Transzendenz oder Gott spricht, heißt das nicht, daß er damit positiv die Existenz einer Macht *extra nos* oder gar eines überweltlichen, allmächtigen und absoluten Seins (im Sinne der klassischen Metaphysik und Theologie) behauptet. Ob der Transzendenz ein wirkliches Sein *extra nos* zukommt, hält Jaspers – entsprechend der erkenntnistheoretischen Vorbehalte Kants – für unerkennbar. Alles, was wir erkennen und sagen können, ist, daß der Mensch sich als Existenz auf ein Unbekanntes hin übersteigt – transzendiert. Ich gebe dem katholischen Existenzphilosophen Peter Wust das Wort, der nachweislich einer der ersten war, der vor einer voreiligen Interpretation der Jasperschen Philosophie im metaphysischen und theistischen Sinne gewarnt hat. Wust war sich vollkommen darüber im klaren, daß Gott für Jaspers nicht schon den transzendenten und personalen Gott im traditionellen Sinne meint.

---

[22] Hier muß noch ergänzend erwähnt werden, daß Jaspers synonym für „Transzendenz" neben dem Wort „Gott" auch Bezeichnungen wie „eigentliches Sein", „eigentliche" oder „absolute Wirklichkeit" verwendet, „diese Beschreibungen aber seiner (...) methodischen Grundannahme zufolge bloß als >Chiffren< verstanden wissen will, die nichts über ein vergegenständlichbares Sein aussagen können, sondern nur auf ein in innerer Erfahrung berührtes ganz anderes indirekt hinweisen sollen": Salamun, K.: Karl Jaspers. München 1985. S. 141

[23] Jaspers, K.: Einführung in die Existenzphilosophie. München 1978. S. 37

[24] Ders.: Philosophie. Bd. III: Metaphysik. Berlin/Göttingen/Heidelberg 1956. S. 67

> „Manche lassen sich bei Jaspers verführen durch den Begriff der Transzendenz, der in seinem System eine so zentrale Rolle zu spielen scheint. Und doch ist dieser Begriff irreführend. Die transzendente Seinsschicht bei Jaspers ist keine eigentliche objektive Seinsschicht. Sie bedeutet nur so etwas wie ein imaginäres „X“, das das Leben selbst dauernd aus sich herausstellt, um sich gleichsam selber damit zu öffnen und zu narren. Und das einzig Positive, was vielleicht noch in dieser imaginären Transzendenz gesehen werden kann, ist die Tatsache, daß eben dieses aus dem Leben selbst heraufsteigende „X“ der Transzendenz ein Zeichen dafür ist, wie notwendig dem Menschen die Ehrfurcht ist vor einem Sein über ihm, das allein ihn vor der Langeweile und Oede einer bloßen Immanenz zu bewahren imstande ist.“[25]

Trotz dieses wichtigen Hinweises, der davor bewahren kann, Jaspers’ Transzendenzbegriff vorschnell theistisch zu deuten, wäre Wust entgegenzuhalten, daß Jaspers’ Transzendenzbegriff dennoch nicht restlos im existentiellen Akt des Sich-Transzendierens aufgeht. Ob der Transzendenz ein objektives Sein *extra nos* zukommt, darüber muß der Philosoph – nach Jaspers – schweigen. Schweigen bedeutet aber nicht leugnen. Immerhin sind bereits Peter Wust im Werk Karl Jaspers’ säkularisierte Elemente und Gedanken des christlichen Glaubens aufgefallen. Wust spricht davon, daß uns aus dem Werk Jaspers’ „das unaussprechliche Heimweh der Seele entgegenklingt, das Heimweh der „anima naturaliter christiana“ nach Ewigkeit, nach tiefer, tiefer Ewigkeit“[26]. Wust sieht bei Jaspers eine religiöse Erkenntnis fortleben, welche den Mystikern immer schon eigen war. „Das ist der Fall, wenn die müde Metaphysikscheu bei Jaspers sich noch den Anschein gibt, als müsse das deutende Wort fromm verstummen vor dem „Ganz Anderen“ des „deus absconditus“. Hier ist der Punkt, wo (...) bei Jaspers (...) die Analysen in die Richtung der großen Mystiker zu deuten scheinen.“[27] Bei genauem Hinsehen zeigt sich, daß Karl Jaspers den Begriff der Transzendenz keineswegs restlos von inhaltlichen Kennzeichen und Elementen religiöser Gottesvorstellungen und den Vorstellungsmustern der traditionellen Theologie „gereinigt“ hat. Überall treten religiös-theistische Vorstellungen zutage, wenn Jaspers die Transzendenz beschreibt:

> „Allen Weisen des Einen gegenüber hat den Vorrang des Einen allein der Eine Gott: 1. Er ist die reine Transzendenz – daher ist er allein das wahrhaft Umgreifende, das alles andere Umgreifende zu tragen vermag. 2. Er ist das Sein selbst ohne alle Subjektivität eines Aufgefaßtwerdens – daher ist er das Sein, das ist, wenn der Mensch verschwindet. 3. Er zeigt sich dem ursprünglichsten Innewerden des Menschseins – daher ist zwar seine jeweilige Gestalt und Sprache geschichtlich, er selbst aber das schlechthin Ewige, in dem alle Menschen sich treffen können. 4. Nur in bezug auf ihn sind Existenz und Vernunft möglich. Existenz in ihrer Geschichtlichkeit erfährt ineins mit ihrem Hellwerden das Sein

---

25 Wust, P.: Die Existenzphilosophie. Ihr Sinn und ihre Bedeutung für die Philosophie der Gegenwart. In: Kölnische Volkszeitung 75 (1934), Nr. 259 v. 23. September 1934; Nr. 266 v. 30. September 1934; Nr. 273 v. 7. Oktober 1934.

26 Ders. ebda.

27 Ders. ebda.

der Transzendenz und ist nicht einen Augenblick ohne sie. Vernunft büßt alles Vertrauen ein, wenn sie nicht in ihrem Suchen des Einen ständig Grund und Ziel im Einen der Transzendenz spürte."[28]

Mit wenig Mühe kann man in diesem kurzen Ausschnitt aus Jaspers' Werk *Von der Wahrheit* Reste der wichtigsten Attribute ausmachen, welche die traditionelle Metaphysik Gott stets zugeschrieben hat, ist hier doch – recht beleuchtet – die Rede von Gottes Absolutheit, Transzendenz, Allgegenwart und Ewigkeit – und letztlich auch von Gottes Vorsehung für den Menschen und der Angewiesenheit der menschlichen Existenz und Vernunft auf Gott.

### *3. Der Tod*

Wir sahen bereits, daß der Tod für Jaspers zu den Grenzsituationen menschlichen Daseins gehört. In der Nähe des Todes werden wir aus unserem empirisch-alltäglichen Lebensraum herausgerissen. In diesem vollständigen Preisgegebensein an ein überempirisches Geschehen erfahren wir, wer wir sind, indem wir unsere Kontingenz und Endlichkeit erleben und damit Möglichkeiten und Grenzen unseres Daseins. In einem gewissen Sinne gilt das für alle Grenzsituationen. Das Erfahren der Grenzsituationen bedeutet das Erfahren meiner Existenz. Oder: „Grenzsituationen erfahren und Existieren ist dasselbe."[29] Der Tod als unüberholbare Grenzsituation offenbart die Fragwürdigkeit unserer Existenz aber in ganz besonderer Schärfe. Das mit ihm notwendig verbundene „Schaudern (...) vor dem Gedanken des Nichtseins"[30] wird folglich ein permanenter Impuls zur Interpretation des Todesgeschehens, die in der Philosophie ganz anders als in der Religion geschieht. Jaspers hat ein tiefes Mißtrauen gegen jeden (religiösen) Unsterblichkeitsglauben.[31] Die für Religion geltende göttliche Offenbarung und Verheißung ist deshalb im philosophischen Aspekt „nur Menschenwort"[32]. Die traditionellen philosophischen Unsterblichkeitsargumente, vor allem die platonischen Beweise, welche mit der angeblichen Substantialität und Geistigkeit der menschlichen Seele argumentieren, haben sich nach Jaspers als nicht stichhaltig erwiesen und werden als „fehlerhaft und hoffnungslos"[33] klassifiziert; denn weit eher ließe sich die totale Sterblichkeit beweisen.[34] Auf der empirischen Erfahrungsebene stellt sich das Problem folgendermaßen dar: „Das Leben unserer Seele (ist) gebunden an leibliche Organe; die Erfahrung des traumlosen Schlafes zeigt in negativer rückblickender Erfahrung das Nicht-

[28] Jaspers, K.: Von der Wahrheit. München 1958. S. 702
[29] Ders.: Philosophie. Bd. II: Existenzerhellung. a.a.O. S. 204
[30] Ders. ebda. S. 224
[31] Vgl. Hommel, C.U.: Chiffer und Dogma. Vom Verhältnis der Philosophie zur Religion bei Karl Jaspers. Zürich 1968. S. 119 ff.
[32] Jaspers, K.: Die Atombombe und die Zukunft des Menschen. Politisches Bewußtsein in unserer Zeit. München 1960. S. 494
[33] Ders.: Philosophie. Bd. II: Existenzerhellung. a.a.O. S. 224
[34] Vgl. ders. ebda. S. 49

dasein; die Erfahrung der Abhängigkeit der Erinnerung vom Gehirn bei Erkrankungen zeigt sogar die Möglichkeit eines leiblichen Lebens bei sterbender Seele."[35] Damit wird auch die vergeistigte Form des Glaubens an das Fortleben der Seele unter „Kontinuität der Erinnerung"[36] als ein „Phantasma"[37] enthüllt. Jaspers lehnt jeden anthropologischen Dualismus ab, das Fortleben einer leibbefreiten Geistseele erscheint ihm ein unsinniger Gedanke. Nun müßte die Ablehnung einer *anima separata* Jaspers im Prinzip noch nicht jeden Glauben an ein Leben nach dem Tode verbauen. In der protestantischen Theologie geht die sog. „Ganztodthese", die Jaspers v.a. aus der Theologie Karl Barths kennt, mit ihm in der Ablehnung einer *anima separata* einig. Auch in der katholischen Kirche verstehen bedeutende Theologen das ewige Leben nicht als Unsterblichkeit einer vom Leibe befreiten Geistseele, sondern als Auferweckung des „neuen Menschen" in einer leib-seelischen Ganzheit; wobei sie die Auferweckung allerdings – anders als die Vertreter der sog. „Ganztodtheologie" – in den Augenblick des Todesgeschehens selbst verlegen.[38] Jaspers mißtraut allerdings jeglichem Unsterblichkeitsglauben: Der intellektuell redliche Zweifel entlarvt jeden Unsterblichkeitsglauben „mit Recht"[39] als Produkt der Todesangst und als Flucht vor der Brutalität der Wahrheit.

## *4. Jaspers' Unsterblichkeitsbegriff*

Nach diesen klaren und dezidierten Ausführungen Jaspers' zur Todesproblematik muß es zunächst erstaunen, daß sich in seinen Werken doch auch eine positive Verwendung des Unsterblichkeitsbegriffes findet.

Der Tod erscheint als Grenzsituation bei Jaspers in zweierlei Gestalt: Als mein eigener Tod oder als Tod des geliebten Anderen. Der Tod des mehr oder weniger anonymen Anderen ist – für Jaspers – niemals Grenzsituation. Grenzsituation wird der Tod nur durch meine existentielle Betroffenheit. Nun kann man bei Jaspers' Reflexionen über den Tod des geliebten Menschen Gedanken lesen, die an Überlegungen des katholischen Existenzphilosophen Gabriel Marcel erinnern – wie wir noch genauer sehen werden – und die zunächst positive Argumente zugunsten der menschlichen Unsterblichkeitshoffnung zu sein scheinen. Jaspers schreibt: Was dem Menschen „in seiner Liebe gegenwärtig geworden ist (...), darin wird er sich in einer Wirklichkeit bewußt, die mit der Vergänglichkeit des empirisch Realen nicht erschöpft ist, für die vielmehr das Wort Unsterblichkeit, von der er doch nichts weiß, einen Klang hat"[40]. Und weiter:

---

35 Ders. ebda. S. 224 f.
36 Ders. ebda. S. 225
37 Vgl. ders. ebda. S. 224
38 Wir werden auf dieses Thema noch zu sprechen kommen!
39 Jaspers, K.: Philosophie und Welt. Reden und Aufsätze. München 1958. S. 154
40 Ders. In: Luyten, Portmann, Jaspers, Barth: Unsterblichkeit. Basel 1957. S. 37

> „Dieses Bewußtsein der Unsterblichkeit (...) liegt in der Liebe als solcher, dieser wunderbaren Wirklichkeit, in der wir uns selbst geschenkt werden. Wir sind sterblich, wo wir lieblos sind, unsterblich, wo wir lieben. Unsere Liebe zu den Toten wäre treulos, wenn sie das Ewigkeitsbewußtsein verlöre.“[41]

Das „Bewußtsein der Unsterblichkeit“, von dem Jaspers spricht, gewinnen wir nicht nur in der Liebe zum Anderen, auch in unserer unbedingten Verpflichtung zum sittlich Guten ahnen wir etwas von unserer Unsterblichkeit, kristallisiert sich dieses Bewußtsein heraus.

> „Das ist der Weg, der zum eigentlichen Sinn des Unsterblichkeitsgedankens führt. Hier ist der entscheidende Wendepunkt der Erörterung: Der Mensch (...) steht vor seinem Gewissen. Er kann sich dem unterwerfen, was er als das Gute erkennt. Er verachtet sich, wenn er dem zuwiderhandelt, wenn er lügt, betrügt, verrät. In der Vergänglichkeit selber findet er Boten der Ewigkeit.“[42] „Unbedingte Handlungen geschehen in der Liebe, im Kampf, im Ergreifen hoher Aufgaben. Kennzeichen aber des Unbedingten ist, daß das Handeln gegründet ist auf etwas, demgegenüber das Leben als Ganzes bedingt und nicht das Letzte ist.“[43]

Jaspers entfaltet hier Gedanken, die an moralische Unsterblichkeitsargumente erinnern, wie sie in der Philosophiegeschichte immer wieder (z.B. von Dietrich von Hildebrand[44] u.a.) entfaltet worden sind. Selbst Kant – der ja bei Jaspers immer im Hintergrund steht – hatte die Idee der Unsterblichkeit als Postulat der praktischen Vernunft gelten lassen. Im Bewußtsein unseres Gewissens und unserer Liebe berühren wir nach Jaspers eine Realität, die über das Vergängliche hinausgeht und so ein Tor zur „Unsterblichkeit“ öffnet[45] und eine „ungegenständliche Gewißheit der Unsterblichkeit“[46] schenkt. Jaspers stellt fest: „Wem diese bildlose Gewißheit wird, der verlangt nicht mehr Beweise der Unsterblichkeit.“[47] Jaspers betont nun aber auch unser Unvermögen, etwas über das Weiterleben nach dem Tode objektiv wissen zu können. Eine Radioansprache Jaspers’ zum Thema „Unsterblichkeit“ beginnt mit dem lapidaren Satz: „Kein Mensch weiß, was nach dem Tod aus ihm wird.“[48] Und weiter heißt es:

> „Wenn wir mit der zwingenden Gewißheit des Wissens, das wir von Dingen dieser Welt haben können, sagen wollen, ob es Unsterblichkeit gebe oder nicht, bleibt die Antwort aus. Der einfache Kopf und der geschulteste Gelehrte, die angstvolle Furcht, die glückliche Erwartung und die Gelassenheit, sie sind alle gleich im faktischen Nichtwissen.“[49]

---

41 Ders. ebda. S. 38
42 Ders. ebda. S. 36 f.
43 Ders.: Einführung in die Philosophie. Zürich 1950. S. 42
44 Hildebrand, D. v.: Über den Tod. St. Ottilien 1980
45 Vgl. Jaspers, K. in: Luyten, Portmann, Jaspers, Barth: Unsterblichkeit. a.a.O. S. 37
46 Ders. ebda. S. 40
47 Ders. ebda.
48 Ders. ebda. S. 33
49 Ders. ebda. S. 35

Bei Jaspers’ Darlegungen zur Unsterblichkeitsfrage überkommt einen zunächst zwangsläufig der Eindruck einer Zwiespältigkeit. Einerseits wird von Jaspers ein Wissen über Unsterblichkeit entschieden negiert, auf der anderen Seite wird eine Gewißheit behauptet. Ist das kein Widerspruch? Ist Gewißheit nicht eine Form des Wissens? Oder anders: Wie kann man Gewißheit haben, ohne zu wissen? Dieser Widerspruch ist auch Norbert Luyten aufgefallen. Dieser stellt in seinem Buch *Ewigkeit des Menschen?* fest: „Der Begriff „Wissen“ wird anscheinend auf Gegenständliches, objektiv beweisbares Erkennen beschränkt: Das Bewußtsein von persönlicher Freiheit, die Liebe, das Gewissen sind für Jaspers nicht mehr eigentliches Wissen, sondern gleichsam eine höhere Form des Erkennens.“[50] Soweit könnte man meinen, es handle sich bloß um eine terminologische oder definitorische Frage. Daß man den Terminus „Wissen“ für eine spezifische Erkenntnisweise reserviert, wäre an sich eine Sache der Sprachregelung. Problematisch wird es, wenn diesem „Wissen“ Objektivität zugestanden, der Gewißheit bzw. dem Bewußtsein aber abgesprochen wird. Das scheint doch auf eine Auszeichnung des „Wissens“ zu deuten. Was heißt da aber „objektiv“? Spontan der originären Wortbedeutung entsprechend, nennt man eine Erkenntnis objektiv, wenn uns in ihr Wirklichkeit entgegentritt (objicit).[51] Wird bei Jaspers der Begriff „Gegenständlichkeit“ nicht zu eng gefaßt, als müsse sie sich auf externe, in der sinnlichen Wahrnehmung und Erfahrung gegebene Inhalte beziehen? Meine sittliche Selbsterkenntnis ist doch – so möchte man einwenden – nicht gegenstands- und inhaltslos! In meiner Liebe oder meinem sittlichen Bewußtsein begegne ich im wahrsten Sinne des Wortes Wirklichkeit. Warum soll eine in dieser Wirklichkeit gründende Erkenntnis nicht „objektiv“ genannt werden dürfen? In diesem Sinne schreibt Luyten:

> „In einem viel höheren und intensiveren Sinne begegne ich – bemerken wir die gleichen Wurzeln wie im Wort Gegenstand! –, wo ich mich selber in meinem aktiven Selbstvollzug wahrnehme, echter Wirklichkeit. Ist eine Erkenntnis „objektiv“, wenn sie auf Wirklichkeit trifft, dann ist gerade die Selbsterkenntnis im höchsten Masse objektiv, weil sie sich eben auf eine höhere Form von „Wirklichkeit“ bezieht.“[52]

Daß diese Wirklichkeit keine „Objekte“ im Sinne von Dingen, „Gegenständen“ meint, scheint evident. Jaspers beschränkt aber – im Gefolge von Kant – die „Objektivität“ auf die empirisch-gebundene, sogenannte gegenständliche Erkenntnis. Dadurch nun, daß Jaspers unserer im sittlichen Bewußtsein gründenden Gewißheit diesen objektiven Charakter nimmt, macht er sie zu einer subjektiven Kategorie. Indem er den Begriff Unsterblichkeit in diesem Bereich ansiedelt, gibt er ihm eine subjektive Bedeutung, die vorwiegend dem emotionalen und weniger dem erkenntnismäßigen Bereich angehört. Die Unsterblichkeit, von der der Philosoph spricht, wird so zu einer Dimen-

---

[50] Luyten, N.: Ewigkeit des Menschen? Eine kritische Auseinandersetzung mit Theorien über das Leben nach dem Tod. Freiburg/Schweiz 1988. S. 75

[51] Vgl. ders. ebda. S. 75 f.

[52] Ders. ebda. S. 76

sion unseres jetzigen menschlichen Daseins. Über ein Weiterleben nach dem Tode wird mit diesem Begriff überhaupt nichts mehr ausgesagt. In diesem Sinne ist es dann zu verstehen, wenn Jaspers schreibt: „Unsterblichkeit ist etwas ganz anderes geworden. Sie ist nicht der Tatbestand eines früheren oder des kommenden Daseins."[53]

Doch auch hier gilt ähnliches wie für Jaspers' Transzendenzbegriff: Daß der Philosoph über das Leben nach dem Tode schweigen muß, bedeutet kein Leugnen. Jaspers betont ausdrücklich: Das Nichtwissen sei aber keineswegs ein Leugnen. Eben weil wir nicht wissen, dürfen wir weder bejahen noch verneinen. „Unsterblichkeit ist weder zu widerlegen, noch zu beweisen."[54] Darüber hinaus betont Jaspers, daß die Frage nach der Unsterblichkeit (im traditionellen Sinne) nicht durch die Hoffnung auf eine innerweltliche sogenannte „Unsterblichkeit"[55] verdrängt werden darf.

### *5. Philosophischer Glaube und Religion*

Für Jaspers ist wie für Kant ein „objektives" Wissen ausschließlich in bezug auf in der Erfahrung gegebene Tatbestände möglich. Da das Weiterleben nach dem Tode nicht Erfahrungsgegenstand ist, scheidet dieses Wissen aus. Wir sahen bereits, daß die Festlegung des Wissensbegriffs zunächst ein sprachlich-definitorisches Problem ist. Es stellt sich aber die Frage, warum die Gewißheit, die mir in meiner Liebe und in meinem sittlichen Selbstbewußtsein entgegentritt (objicit), nicht einen von der Vernunft erleuchteten und legitimierten Glaubensakt zuläßt. Jaspers spricht vom „philosophischen Glauben"[56], den er aber bewußt vom Glauben der Offenbarungsreligionen unterscheidet. Anders als Kant will Jaspers dabei Religion nicht innerhalb der Grenzen der Vernunft ansiedeln, sondern ihr entgegensetzen.[57] Jaspers vermag in den Aussagen der Religionen nur Chiffren und Bilder zu sehen, menschliche Fixierungen eines absolut Unfixierbaren. „Philosophischer" Glaube kann lediglich feststellen, daß menschliche Existenz im Horizont der Transzendenz lebt und den Gedanken an ihre Vernichtung und Auslöschung im Tode entschieden von sich weist. Ob es den transzendenten Gott oder ein Leben nach dem Tode wirklich gibt, darüber muß der Philosoph schweigen.[58] Da jedes ontologische Wissen von der vergegenwärtigten Wahrheit der

[53] Jaspers, K. in: Luyten, Portmann, Jaspers, Barth: Unsterblichkeit. a.a.O. S. 38

[54] Ders. ebda. S. 34

[55] Vgl. ders. ebda. S. 36

[56] Jaspers versteht unter „philosophischem Glauben" „das Seinsinnewerden der Existenz in Unbedingtheit und Geschichtlichkeit durch den Bezug zur Transzendenz als ihrem absoluten Grund und „Ursprung": Klein, A.: Glaube und Mythos. Eine kritische, religionsphilosophisch-theologische Untersuchung des Mythos-Begriffs bei Karl Jaspers. Paderborn 1973. S. 83

[57] Vgl. Ogiermann, H.: Die Alternative „Philosophie oder Offenbarung" nach Karl Jaspers. In: Theologische Akademie, hrsg. von K. Rahner und O. Semmelroth. Bd. 1. Frankfurt a.M. 1965. S. 27-52; S. 28

[58] Wolf Hertel formuliert es – Jaspers interpretierend – so: „In der Struktur des philosophischen Glaubens wird eine Dialektik von Glaube und Unglaube sichtbar. (...) Glaube kann nicht ohne

Existenz als unangemessen und die Freiheit mindernd eingeschätzt wird, lehnt Jaspers jeden Schritt in den religiösen Glauben, d.h. Offenbarungsglauben ab. Dem Philosophierenden ist nach Jaspers Glaube, nicht aber Religion möglich.[59] Christliche Existenzphilosophen (z.B. Gabriel Marcel, Peter Wust, Ferdinand Ebner) sind Jaspers hier nicht gefolgt. Ihnen erschien der religiöse (d.h. christliche) Glaube vielmehr als die konsequente Fortführung des philosophischen Glaubens und der existentiellen Gewißheit, von denen Jaspers spricht.

Ein Vergleich der Philosophie Karl Jaspers' mit der des katholischen Existenzphilosophen Gabriel Marcel[60] macht Affinität und Differenzen deutlich.

Marcel würde Jaspers zugestehen, daß es sich hier um eine Glaubensaussage handelt. Allerdings würde Marcel diesen Glaubensakt als einen von der Vernunft und der „prophetischen Gewißheit“ legitimierten Schritt in das Übervernünftige interpretieren, nicht aber als einen „Bruch“ mit Philosophie und Vernunft, wie es Jaspers sieht, wenn er feststellt, man könne als Philosoph „nicht ohne Bruch ein Religiöser werden“[61]. Ohne Zweifel ist Jaspers' Verständnis von Religion durch Kierkegaard[62] und von der protestantischen Theologie, besonders der dialektischen Theologie Karl Barths[63], die den paradoxen, irrationalen Charakter des Glaubens betonen, beeinflußt. Was etwa das Bestreiten der Möglichkeit betrifft, über die Existenz Gottes philosophische Einsichten zu gewinnen und diese direkt mitteilen zu können, betont Johannes-Baptist Lotz, man müsse in bezug auf das metaphysisch-analoge Erkennen einen Bereich des „überkategorialen Rationalen“ unterscheiden, der bei Jaspers vollkommen ausfalle.[64] Philosophie und Religion sind – nach Jaspers – durch eine unüberbrückbare Kluft getrennt. Jaspers zieht dem Akt des Glaubens (wie er ihn versteht) das Scheitern vor. Jaspers glaubt, als Philosoph nicht glauben zu dürfen. Aber auch als Mensch will er diesen Glaubensakt nicht leisten, weil er befürchtet, der religiöse Glaube könne als (Zu)flucht dienen, als Möglichkeit, Leben und Tod in ihrer Radikalität zu ba-

Zweifel sein, ja dieser ist für den echten Glauben geradezu unerläßlich. Erst wenn der Glaube durch den Zweifel in Frage gestellt ist und diese Prüfung überstanden hat, wird er erst „entschieden““: Hertel, W.: Existentieller Glaube. Eine Studie über den Glaubensbegriff von Karl Jaspers und Paul Tillich. Meisenheim am Glan 1971. S. 45

59 Jaspers beginnt damit, daß er Offenbarung als etwas bezeichnet, das durch kein menschliches Bemühen zu erweisen ist. Im Grunde ist für ihn damit die Entscheidung gefallen: Er kann keine Offenbarung anerkennen. So bekennt er, er habe nie an Offenbarung geglaubt; Jaspers, K.: Der philosophische Glaube angesichts der Offenbarung. München 1963. S. 34 f., 50, 63, 103 f.; vgl. dazu: Pfeiffer, H.: Gotteserfahrung und Glaube. Interpretation und theologische Aneignung der Philosophie Karl Jaspers'. Trier 1975. S. 151

60 Vgl. Ricoeur, P.: Gabriel Marcel et Karl Jaspers. Philosophie du mystere et philosophie du paradoxe. Paris 1947

61 Jaspers, K.: Philosophie, Bd. I: Philosophische Orientierung. Berlin/Göttingen/Heidelberg 1956. S. 294

62 Vgl. Jaspers, K.: Der philosophische Gottesglaube angesichts der Offenbarung, a.a.O. S. 515 ff.

63 Vgl. a.a.O. S. 174 ff., 228 ff., 485 ff.

64 Vgl. Lotz, J.-B.: Die Transzendenz bei Jaspers und im Christentum. In: Stimmen der Zeit 137 (1940). S. 71-76; S. 72

gatellisieren. Damit Leben und Tod existenzstiftende Ereignisse sein können, muß ich Leiden und Tod auch als Grenzsituationen, d.h. als Situationen des Scheiterns, in ihrer ganzen Radikalität und Totalität zulassen. Jaspers will, daß der Mensch sich im Leben und im Tode vertrauensvoll – ohne alles Wissen und ohne jede Sicherheit – der Transzendenz überläßt, und dadurch seine Existenz realisiert. „Daß Gott ist, ist genug."[65]

Wenn die katholische Theologie und die ihr nahestehende Philosophie Jaspers' radikalem Verständnis vom Verhältnis zwischen Religion und Philosophie auch widersprechen muß, mindert das keinesfalls Jaspers' eminente Bedeutung, die notwendige Angewiesenheit menschlicher Existenz auf Transzendenz und Unsterblichkeitshoffnung in beispielloser Eindringlichkeit demonstriert zu haben.

[65] Jaspers, K.: Einführung in die Philosophie. a.a.O. S. 38

# VII. Tod und Unsterblichkeitshoffnung in der Philosophie Peter Wusts

Peter Wust, der „Philosoph von Münster“, gehört ohne Zweifel neben Gabriel Marcel zu den bedeutendsten christlichen Existentialisten.

Zunächst ist es auffallend, daß Wust das Thema Tod und Weiterleben (zumindest quantitativ betrachtet) nur am Rande behandelt. Das ist um so erstaunlicher, als Wust noch zu jenen Denkern gehörte, die Philosophie als die Wissenschaft vom Ganzen verstanden und alle philosophischen Bereiche – Gotteslehre, Metaphysik, Naturphilosophie, Anthropologie, Geschichtsphilosophie usw. – behandelt haben.

Zwar hat auch Wust philosophische Argumente für ein Leben nach dem Tode entfaltet, allerdings äußert er sich zu den Themen der Eschatologie auffallend zurückhaltend, obwohl ein Weiterleben nach dem Tode für Wust – im Glauben – „als Tatsache absolut feststeht“[1], wie er betont. Offensichtlich zeigt sich hier eine Verunsicherung, die wir auch schon bei Marcel konstatierten: Da Wust – wie alle Existenzphilosophen – an der psycho-physischen Einheit des Menschen festhält (wie wir noch sehen werden), kann auch er sich ein Leben nach dem Tode nicht im Sinne der *anima separata*-Lehre vorstellen. Da die katholische Theologie zu seiner Zeit das Weiterleben nach dem Tode aber noch (fast) ausschließlich durch die Trennung von Leib und Seele erklärte, mußte sich Wust hier eine gewisse Zurückhaltung auferlegen, zumal es nicht Aufgabe des Philosophen sein kann, eine explizite Eschatologie zu entwickeln.

Die weitere Untersuchung wird zeigen, daß Wust seine philosophischen Argumente für ein Leben nach dem Tode – im Unterschied zu Marcel – nicht primär von der Idee des zwischenmenschlichen Mit-Seins entwickelt. Bei Wust stehen die Reflexionen zur Unsterblichkeit ganz im Kontext seiner Gotteslehre und werden von ihr her entwickelt.

## *1. Die Gottesfrage in der Philosophie Peter Wusts*

Wust ist der Überzeugung, daß es keine philosophischen „Beweise“ für die Existenz Gottes geben kann.[2]

Wohl anerkennt Wust, daß es viele Signa für das Dasein Gottes gibt. So ist beispielsweise die vom Menschen bestaunte Einheit und Harmonie im untergeistigen Seinsbereich ein deutliches Indiz für die Schöpfermacht Gottes. Wust akzeptiert also hier das Gedankenmodell des sogenannten teleologischen Gottesbeweises. Ebenso weist der intensive Wahrheitsdrang wie auch

[1] Wust, P.: Naivität und Pietät. Gesammelte Werke. Bd.II. Münster 1964. S.98

[2] Vgl. Lohner, A.: Peter Wust: Gewißheit und Wagnis. Eine Gesamtdarstellung seiner Philosophie. a.a.O. S. 63-79. Ders.: Gott und die Menschen. Letzte Fragen und letzte Antworten des Philosophen Peter Wust. In: Rest, W. (Hrsg.): Memorial Peter Wust. Reflexionen und Vorträge zum 50. Todestag des Philosophen. Münster 1991. S. 17-50; v.a. S. 31-37

die Suche des menschlichen Willens nach dem Glück auf die Existenz Gottes. Auch dem sogenannten religiösen und moralischen Gottesbeweis erkennt Wust also eine nicht geringe Bedeutung zu. Die dem Menschenwesen gemäße Ehrfurcht vor dem Sein und seiner objektiven Vernunftbestimmtheit, die natürliche Dankesstimmung gegenüber der Wahrheit und Gutheit des Seins, die spontane Bereitschaft zur Selbsthingabe können als ein Hinweis auf Gott verstanden werden.

Von besonderer Bedeutung sind für den Philosophen von Münster allerdings die sogenannten Kontingenzbeweise, also die Gottesbeweise, welche vom Bedingten zum Unbedingten, vom Endlichen zum Absoluten fortschreiten. Ihre Idee und Struktur ist folgendermaßen zu skizzieren:

> „Sie heben an bei dem Sein, das entweder wir selbst sind oder das wir in unserer Umwelt erfahren. Nun hat aber all dieses reale Sein unserer Selbst- wie unserer Umwelterfahrung insofern den gleichen Charakter, als es, wenigstens seinem Dasein nach, keinerlei Denknotwendigkeit in sich aufweist. Auch der Materie kommt, obwohl wir sie ebensowenig vernichten wie erschaffen können, nichts von einer derartigen Vernunftnotwendigkeit zu. Außerdem aber ist auch all dieses reale Sein unserer Erfahrung dauernd dem Verfall preisgegeben, und wenn nicht dem wirklichen, dann wenigstens dem möglichen Verfall. Es hat in sich selbst keinen letzten Halt. Unsere Vernunft kann infolgedessen nicht daran vorbeikommen, diesem in sich selbst haltlosen Sein ein Sein zugrunde zu legen, dessen Wesen die absolute Seinsnotwendigkeit ist."[3]

Es scheint, als würde Wust hier die Möglichkeit rein rationaler Gottesbeweise, sprich: die Beweisbarkeit Gottes allein aus der Vernunft, vollkommen bejahen.

In *Ungewißheit und Wagnis* stellt Wust fest:

> „Daß der Menschengeist prinzipiell durch den Einsatz seiner natürlichen ratio zu einer ausreichenden Evidenz in der Frage nach der Realexistenz eines höchsten Wesens, und zwar im Sinne eines entschiedenen Ja, gelangen kann, darüber braucht kein Wort verloren zu werden."[4]

Diese Aussage überrascht zunächst in ihrer dezidierten Bestimmtheit. Auf den ersten Blick scheint Wust hier – wie Delahaye (und andere) Wust vorwerfen – alle philosophischen Einwände und Bedenken gegen die Möglichkeit von Gottesbeweisen, wie sie in der Vergangenheit entwickelt wurden, ad acta zu legen. Kant scheint vergessen, der Positivismus nicht einmal diskussionswürdig.[5]

Doch der Schein trügt! Peter Wust berücksichtigt die Einwände gegen die Gottesbeweise sehr wohl, allerdings bekommen diese Einwände bei ihm eine stark psychologisch-anthropologische bzw. existenzphilosophische Deutung.

---

[3] Wust, P.: Ungewißheit und Wagnis. a.a.O. S. 163 f.

[4] Ders. ebda. S. 162

[5] Vgl. Delahaye, K.: Die Philosophie Peter Wusts als christliche Anthropologie. In: Bd. VIII (der Gesammelten Werke Wusts. Münster 1967). S. 151-410; S. 388

So sehr Wust betont, daß dem Menschen in der Gottesfrage eine Vernunfteinsicht möglich ist, so sehr wird diese Erklärung doch durch eine andere, nicht weniger deutliche Erklärung restringiert; denn: Die Vernunfteinsicht, welche die Gottesbeweise gewähren, bringt durchaus keine endgültige Gesichertheit mit sich gegen möglicherweise erneut aufkommende Momente der Skepsis und des Zweifels. Wust weist darauf hin, daß zwar seit Jahrhunderten eine Vielzahl von Argumenten, „Beweisen" und Begründungsfiguren bezüglich der Existenz Gottes entwickelt worden sind, daß allerdings all diese mentalen Anstrengungen die Frage nach der Existenz Gottes nicht klären konnten.[6] Ein Rest an Ungewißheit bleibt immer bestehen. Dadurch ist zunächst folgendes zu bedenken: Die Voraussetzungen des Gottesbeweises sind nicht nur logischer, sondern auch psychologischer Art. Die Existenzbeweise nötigen den Verstand nicht mit letzter Sicherheit zur Zustimmung; die Existenz kann nicht „andemonstriert" werden. Die freie Entscheidung des Menschen bleibt notwendig. Deshalb verlangt die Akzeptation jedes Gottesbeweises neben seiner logischen Stringenz eine spezifisch moralisch-offene „Grundgesinnung des wahrheitssuchenden Subjekts"[7]. Dazu gehört beispielsweise das integre Streben nach der Wahrheit und die Bereitschaft, sich nicht durch Vor-Urteile hindern zu lassen, der erkannten Wahrheit zu folgen.

Man muß also betonen, daß kein Gottesbeweis, keine logische Beweiskette ausreicht, um jene Gewißheit zu erreichen, die „den Risiko- und Wagnischarakter einer solchen Erkenntnismaterie ausschließen würde"[8]. So bleibt „bei den Gottesbeweisen trotz ihrer prinzipiellen Vernunftgewißheit immer noch ein gewisser, wenn auch noch so minimaler Spielraum übrig, in dem das Erkenntniswagnis sich mitentfalten kann"[9].

Wust leugnet entschieden, daß die Existenz Gottes in letzter Klarheit und Evidenz „bewiesen" werden könne. Man hat in diesem Gedanken Wusts einen Widerspruch gesehen. So meint Helmut Lutzenberger, daß bei Wusts Position bezüglich der Beweisbarkeit der Existenz Gottes „einmal ein reines Apriori (... ) und andererseits ein Widerspruch"[10] vorliegt. In der Tat mag es ja auf den ersten Blick verwirren, wenn Wust in einem Atemzug feststellt:

> „Prinzipiell ist für den Menschengeist in der Gottesfrage zwar eine absolut gültige Vernunfteinsicht erreichbar. Aber diese Vernunfteinsicht bringt keine endgültige Gesichertheit mit sich gegen eventuell immer wieder neu einbrechende skeptische Anwandlungen."[11]

Wie diesen (scheinbaren) Widerspruch lösen? Nun: Gerade indem Wust klar die logische Stringenz der Gottesbeweise und deren denkerische Korrektheit innerhalb der menschlichen Denk- und Vernunftfähigkeit verteidigt und zu-

---

6 Vgl. Wust, P.: Ungewißheit und Wagnis. a.a.O. S. 160 f.

7 Ders.: Der Mensch und die Philosophie. a.a.O. S. 437

8 Ders. ebda. S. 436

9 Ders. ebda. S. 436 f.

10 Lutzenberger, H.: Das Glaubensproblem in der Religionsphilosophie der Gegenwart in der Sicht von Karl Jaspers und Peter Wust. München 1962. S. 110

11 Wust, P.: Der Mensch und die Philosophie. a.a.O. S. 436

gleich deren notwendiges Scheitern angesichts der Gottesfrage darlegt, demonstriert er in ungewöhnlich radikaler Weise die Kontingenz der menschlichen Natur und Erkenntnisfähigkeit.

Indem Wust die Evidenz und Luzidität der Gottesbeweise innerhalb der Grenzen unserer endlichen (!) ratio, unserer menschlichen (!) Vernunft und zugleich deren prinzipiell unzureichende Beweiskraft betont, steckt er auf seine Weise die Grenzen der menschlichen Erkenntnisfähigkeit ab. Wust argumentiert anders als Kant, seine Erkenntniskritik ist allerdings nicht weniger radikal.

Wust sagt ganz klar:

> „Denn an diesem Punkt ist die logische Maßlosigkeit unserer endlichen ratio notwendig zum Scheitern verurteilt."[12]

Wust hat übrigens selbst die Parallele zu Kant gezogen:

> „Mit Recht hat Kant die göttliche Aseität, diesen theologischen Abgrund der Vernunft, als den wahren Abgrund für unsere endliche Vernunft bezeichnet, als das theologische Rätsel, das für uns bei weitem schwieriger zu begreifen ist als das kosmologische Rätsel."[13]

Der Unterschied zwischen Wust und Kant wäre allerdings in folgendem zu sehen: Bei Kant ist die Kritik an den Gottesbeweisen allein eine erkenntnistheoretische Frage, bei Wust steht das Problem in einem mehr existenzphilosophischen Zusammenhang. Wust sieht das Problem in einem weiteren, mehr psychologisch-anthropologischen Horizont. Kant demonstriert seine Kritik an der menschlichen Erkenntnisfähigkeit bezüglich der philosophischen Gottesfrage (und letztlich aller Metaphysik) durch die Analyse der Möglichkeiten und Grenzen der Strukturen und Funktionsweisen der menschlichen Erkenntniskraft an sich; Peter Wust blendet diese erkenntnistheoretische Frage gleichsam aus angesichts des Faktums, daß im Verhältnis des Menschen zu Gott der Wagnischarakter der menschlichen Existenz besonders gravierend hervortritt. Die Endlichkeit der menschlichen Vernunft findet in der fundamentalen Unmöglichkeit einer vollkommenen Vernunftgewißheit bezüglich der Gottesbeweise ausreichend Material für ihre verneinende und zweifelnde Haltung. Es gibt bezüglich der Gottesfrage keine letzte Sicherheit, weil auf keinen Fall die verführerische Stimme im Menschen zum Schweigen gebracht werden kann, daß die Existenz Gottes vielleicht nur eine Illusion sei.

Wust nennt auch die importantesten Schwierigkeiten, die uns eine sichere Erkenntnis Gottes verunmöglichen. Da ist zunächst das Problem, daß sich uns Gott (philosophisch gesprochen) als ratio sui zeigt, „als das Wesen, das sein letztes und tiefstes Warum (und damit das Warum von allem Warum überhaupt) in sich selbst trägt und auch in sich selbst verborgen hält"[14]. Da-

---

[12] Ders.: Ungewißheit und Wagnis. a.a.O. S. 168
[13] Ders. ebda. S. 164
[14] Ders. ebda. S. 165

mit gerät unsere endliche ratio in einen schier unlöslichen Konflikt; einerseits entspricht es ihrem Wesen als kritischer Vernunft, bis ins Unendliche nach dem Warum zu forschen, ja, nach dem Warum des Warum, auf der anderen Seite ist sie gezwungen, vor der ratio sui der göttlichen Aseität, der absolut in sich selbst gründenden Vernunft, als der letzten Grenze unseres logischen Denkens endgültig halt zu machen. Versucht die Vernunft dennoch dieses Warum von allem Warum zu erforschen, „hetzt sie sich im Unergründlichen der höchsten Vernunftregion zu Tode und stößt dabei erst recht auf das für sie Alogische, gegen das sich ihr innerstes Wesen nunmehr prometheisch auflehnt“[15].

Ein anderes Problem ist die Seinsvollkommenheit Gottes. Angesichts des ens perfectissimum dämmert in der Seele des Menschen ein mysteriöser Neid herauf, welcher verwegen die angebotene Seinsfrömmigkeit beiseite schiebt.

> „Warum ist gerade dieses eine seinsgenügsame Wesen oben, am Kulminationspunkte der Seinsvollkommenheit, so kann die unbeherrschte ratio fragen, und warum nicht irgendein anderes Wesen? Warum ist Gott oben, am Gipfel der Vollkommenheit, und warum nicht wir, die Fragenden, oder warum nicht wenigstens einer von uns? Und warum ist dieses eine höchste Wesen mühelos, kampflos oben, an der Spitze der Seinshierarchie, während wir alle uns mühen müssen in endlos zermürbendem Kampf und in qualvollster Daseinsunruhe?“[16]

Halten wir noch einmal fest: Dem Menschen ist eine sichere Erkenntnis Gottes aus Kräften der Vernunft nicht möglich. Nun spürt der Mensch gerade angesichts der Gottesfrage am intensivsten die fundamentale Ungesichertheit seiner Vernunfterkenntnis, da die Existenz bzw. Nichtexistenz Gottes ihn unmittelbar existentiell berührt. Von der Gottesfrage hängt ja nicht nur alle Philosophie, sondern auch die Suche des Menschen nach seinem existentiellen Heil oder Unheil ab. Da der Mensch mit der Vernunft allein hier also nichts auszumachen vermag, muß er das Wagnis eines Glaubensaktes, eines Entscheidungsaktes eingehen. Angesichts der Gottesfrage ist der Mensch sogar „in die Ur- und Grenzsituation der höchsten Entscheidung gestellt“[17]; denn mit dieser Vorentscheidung fängt alle Philosophie gleichsam erst an.

Wust – ohne Zweifel einer der bedeutendsten Verteidiger der Möglichkeit christlicher Philosophie – will auf gar keinen Fall behaupten, alle Philosophie müßte notwendigerweise – d.h. konsequent zu Ende gedacht – christlich sein, bzw. in die Aussagen der christlichen Offenbarung einmünden (wie z.B. Anselm oder Hegel meinten). Wust will nur zeigen, „daß es eine außerchristliche *und* eine christliche Philosophie geben kann“[18].

Sie ist zunächst dort gerechtfertigt, wo die Aussagen des christlichen Glaubens dem Philosophen als Menschen in seiner Existenzwerdung Hilfe und

---

[15] Ders. ebda. S. 168
[16] Ders. ebda. S. 169
[17] Ders. ebda. S. 171
[18] Wust, P.: Zum Begriff einer christlichen Philosophie. In: Catholica. Vierteljahresschrift für Kontroverstheologie. (1933). S. 37-44; S. 43

Halt bieten, Pietät und Weisheit fördern, ihm das philosophische Staunen vor den Mysterien des Seins bewahren oder wiederfinden helfen.

Wust will zeigen, daß die integrale Verwirklichung des Menschentums und der Gehalt des Christentums konvergieren. Nur stichwortartig seien hier die wichtigsten Übereinstimmungen genannt:

Wust zeigt in seinem Werk, daß die dem Menschen angebotene Pietät am vollendetsten mit dem christlichen Gottesbild eines liebenden Vaters harmoniert[19]; daß das Phänomen des menschlichen Willens und seiner Freiheit in der christlichen Gnadenlehre seine adäquateste Darstellung hat[20]; daß die Geschichte im Horizont der christlichen Offenbarung ihre luzideste Erklärung findet[21]; daß – allgemein gesprochen – die spezifische Situation des Menschen im Lichte des christlichen Glaubens ihre vollkommenste Deutung erfährt. (In der Nachprüfung, ob das Christentum eine solche anthropologische Letzterfüllung sein kann, erinnert Wust an die Philosophie Maurice Blondels und dessen „Immanenzmethode"[22], auch an Bernhard Welte[23] u.a.)

Wust vertritt aber auch eine explizit christliche Philosophie, im Sinne einer Philosophie, die bewußt Aussagen der christlichen Offenbarung akzeptiert, wo die Vernunft an die Grenzen ihres Vermögens stößt. An der Frage, ob dies prinzipiell für eine Philosophie, welche echte Philosophie sein will, legitim ist, scheiden sich die Geister. Auch Edith Stein beispielsweise sieht das Problem der Möglichkeit christlicher Philosophie sich an der Frage entscheiden, „ob man nun die Philosophie als eine rein natürliche Wissenschaft ansieht – d.h. als eine Wissenschaft, deren einzige rechtmäßige Erkenntnisquelle die natürliche Erfahrung und Vernunft ist –, oder ob man ihr das Recht einräumt, aus der Offenbarung zu schöpfen"[24].

Ohne Zweifel: Wer in der Philosophie ausschließlich ein logisch aufgebautes System sieht, in dem aus bestimmten Prinzipien weitere Sätze nach akzeptierten logischen Methoden begründet werden, muß eine christliche Philosophie wohl ablehnen. Peter Wust hat aber nun gezeigt, daß eine solche „reine" Philosophie nicht möglich ist[25]; die Unvollkommenheit der menschlichen Erkenntniskraft nötigt den Menschen gleichsam dazu, sich von einer höheren Instanz bei der Wahrheitssuche helfen zu lassen. Keinesfalls als eine Unterjochung des Geistes versteht der Philosoph von Münster die Subordination unter die Offenbarung, sondern als eine eminente Bereicherung, da ja im Glauben viele metaphysische Rätsel eine Lösung finden, wie sie die Vernunft nicht zu vermitteln vermag. Wenn die Philosophie ihre Sendung, das Seiende

---

19 Dazu: Lohner, A.: Peter Wust: Gewißheit und Wagnis. Eine Gesamtdarstellung seiner Philosophie. a.a.O. S. 115 ff.

20 Dazu: Ders. ebda. S. 280-285

21 Dazu: Ders. ebda. S. 304-332

22 Dazu: Ders. ebda. S. 94 f.

23 Dazu: Ders. ebda. S. 95

24 Stein, E.: Endliches und ewiges Sein. Versuch eines Aufstiegs zum Sinn des Seins. Gesammelte Werke, herausgegeben von L. Gerber. Bd. II. Freiburg 1950. S. 17 f.

25 Dazu: Lohner, A.: Peter Wust: Gewißheit und Wagnis. Eine Gesamtdarstellung seiner Philosophie. a.a.O. S. 21-29

aus seinen letzten Gründen zu verstehen, nicht aus den Augen verlieren will, so wird sie gezwungen sein, ihre Reflexionen über den Bereich dessen, was ihr natürlicherweise zugänglich ist, auszudehnen. Es gibt nun einmal Seiendes, das der natürlichen Erfahrung und Vernunft unzugänglich ist. Die Offenbarung bietet uns hier allerdings eine mögliche Interpretationshilfe an, welche die Vernunft zumindestens als Hypothese zu prüfen hat. Auch Edith Stein stellt fest:

> „Die Vernunft würde zur Unvernunft, wenn sie sich darauf versteifen wollte, bei dem stehen zu bleiben, was sie mit ihrem eigenen Licht entdecken kann, und die Augen vor dem zu schließen, was ein höheres Licht ihr sichtbar macht."[26]

Ähnlich sagt es Wust: Christliche Philosophie wäre eine Philosophie, die „aus zwei Offenbarungsquellen zugleich zu schöpfen hätte, aus den beiden Quellen der natürlichen und der übernatürlichen Offenbarung und es wäre ferner eine Philosophie, bei der der Philosoph gleichsam aus zwei Augen sehen lernen müßte, aus dem Geistesauge der natürlichen Vernunft (lumen naturale) und aus dem Geistesauge der durch die Kraft des Übernatürlichen erhöhten Vernunft (lumen fidei)"[27].

Eine solche Grenzüberschreitung zur Offenbarung hin erscheint legitim, wo die Antwort des Glaubens nicht als (bequemer) Ersatz für anderweitig vorhandene und erreichbare Methoden angesehen und deren Berechtigung und Notwendigkeit nicht bestritten wird. Letztlich darf nur die Philosophie solche Grenzüberschreitungen vornehmen, da sie allein notwendigerweise an die Grenzen des Wißbaren stößt. Falsch wäre es, wenn beispielsweise die Geschichtsforscher oder Naturwissenschaftler ihre Zuflucht zu einer solchen Grenzüberschreitung in den Glauben vornehmen würden

Ähnlich schreibt beispielsweise Joseph Münzhuber: Dem Philosophen ist es „verstattet, Erklärungshypothesen als Hypotheken bei der Weltanschauung des Religiösen aufzunehmen, wenn er sie öffentlich ins „Grundbuch" eintragen läßt, nicht verheimlicht oder mit mehr oder weniger Geschick tarnt. Berechtigt ist er dazu, wenn er nachweist, daß ohne pistis-Glauben ein Erklärungsgrund prinzipiell die Grenzen menschlicher Erkenntnis übersteigt, und nicht mehr als dies sagen will: „Ohne Glauben müssen wir grundsätzlich vor einem „nonliquet" stehen bleiben: Diese oder jene Religion verfügt über eine Erklärung des sonst Unerklärlichen." „Er „beweist" sie damit nicht."[28]

Nun ist bereits die Erkenntnis der Existenz Gottes – wie wir sahen – nicht allein aus der Vernunft zu gewinnen. Allerdings trägt der Mensch – nach Wust – in sich ein vorrationales „Wissen" oder Ahnen um die Existenz eines personalen Gottes, eine originär religiöse Gottesgewißheit.

Nun geht es bei der Frage nach dieser originären Gottesgewißheit nicht um die philosophische Frage nach der rationalen Beweisbarkeit der Existenz

---

26 Stein, E.: a.a.O. S. 23

27 Wust, P.: Weisheit und Heiligkeit. a.a.O. S. 247 f.

28 Münzhuber, J.: Erkenntnis und Glaube. In: Zeitschrift für philosophische Forschung. Jg. 3 (1948). S.60-73; S. 70

Gottes, die philosophische Gottesgewißheit, sondern um das praktisch-lebendige Verhältnis des in seiner Heilsnot nach Sinn suchenden Menschen zum lebendigen Gott.

Denn natürlich ist „der Gott der Philosophen" seinen Attributen und Eigenschaften nach nicht derselbe wie der Gott der Religion und Offenbarung. Der „Gott der Philosophen" ist ein Abstraktum, das Resultat reiner Reflexion. Der Gott der Offenbarung aber ist ein personales Wesen, welches sich dem Menschen in Liebe zuwendet.

In einer Religionsphänomenologie, die in vielem an Max Scheler erinnert[29] (und auch von Rudolf Otto beeinflußt ist[30]), spricht Wust von einer inneren Gotteserfahrung des Menschen.

> „Durch das Medium des Gewissens im tiefsten Innern der Seele wird der Mensch von diesem lebendigen Gott angesprochen, und zwar wird er von ihm in einer Weise angesprochen, wie sonst nichts in der ganzen Welt ihn ansprechen kann. In diesem inneren Angesprochenwerden erfährt der Mensch ein personal-lebendiges Gegenüber, ein Du, mit dem er sich als Selbst in geheimnisvoller Kommunikation weiß."[31]

Wust will über den Weg der Konzentration auf die religiöse Erfahrung zeigen, wie der Mensch im realen Lebensvollzug zur Vorstellung Gottes gelangt, welcher Form sein primäres Bewußtsein von Gott ist und wie es sich entfaltet. Es ist Wusts Überzeugung, daß Gott von uns nicht in erster Linie „rational", d.h. durch Definition und Begriffe erkannt wird, sondern daß wir seiner auf eine eigentümliche Art, durch einen inneren Anruf, gewärtig werden. Der Mittelpunkt des Gottesbewußtseins besteht in einem mehr emotionellen Angesprochensein durch Gott. Neben rationalen Elementen in der Idee des Göttlichen, welche definierbar sind durch begriffliches Denken, beinhaltet die Begegnung des Menschen mit dem Göttlichen eine Erfahrung, welche sich dem begrifflichen Erfassen entzieht, wohl aber in den gefühlsmäßigen Potenzen der menschlichen Seele ihren Respons findet. Der Mensch besitzt als homo religiosus immer schon ein originäres „Bewußtsein einer gewissen personal-lebendigen Gottesnähe"[32], mag dieses Bewußtsein auch bei jedem Menschen unterschiedlich stark entfaltet sein. Die Reaktion des Menschen auf diesen inneren Anspruch Gottes ist ebenfalls different. Wust arbeitet vor allem drei Reaktionsformen heraus: Da ist die Gruppe der Menschen, die so sehr mit sich selbst beschäftigt oder in den Lärm der Welt einbezogen sind, daß sie den inneren Anruf zeitweilig oder überhaupt nicht wahrnehmen. Eine zweite Gruppe bilden die Menschen, die diesen inneren Anruf zwar wahrnehmen, sich aber gegen ihn auflehnen.

> „Diese innere Auflehnung kann in den verschiedensten Stärkegraden erfolgen, vom bloßen Unmut über diese innere Ruhestörung von seiten des Ewigen bis zum vollendeten Trotz und Haß, bis zur prometheischen Empörung."[33]

---

[29] Siehe dazu noch einmal das in Kapitel C.1. Gesagte!
[30] Vgl. Otto, R.: Das Heilige. 31. bis 35. Aufl. München 1963
[31] Wust, P.: Ungewißheit und Wagnis. a.a.O. S. 195
[32] Ders. ebda. S. 197
[33] Ders. ebda. S. 196

Die Ursache für diese Reaktion ist in dem Umstand zu sehen, daß der Mensch, sobald die göttliche Realität vor sein geistiges Auge tritt, die immense Distanz zwischen seiner bisherigen Existenz und der Vollkommenheit erkennt, welche Gott als Ideal vor uns stellt. Der Mensch erkennt seine moralische Unzulänglichkeit. Diese Erkenntnis ist schmerzhaft und kann dazu führen, daß der Mensch, um seinen Gewissensbissen zu entgehen, den Gottesglauben wiederum verwirft. Indem der Mensch seine eigene Unvollkommenheit und somit seine Distanz zum Göttlichen erkennt, gewinnt die Transzendenz für ihn den Charakter des tremendums, wie Wust mit Rudolf Otto[34] sagt. Der Mensch erschafft Götzen, um seinen objektiven Gottesdrang saturieren zu können, ohne das Gefühl der eigenen Unvollkommenheit ertragen zu müssen.[35] Die dritte Gruppe von Menschen bilden diejenigen, die diesen Anruf wahrnehmen und im Sinne einer positiven Entscheidung beantworten.

Es ist klar, daß der so erfahrene Gott stets ein Deus absconditus bleibt, ein verborgener Gott, der nie aus dem Dämmerlicht des Mysteriums hervortritt, während der Mensch einem unverhüllten Gott begegnen möchte. Gott enthüllt und verhüllt sich zugleich. Dadurch entsteht eine gewisse Dialektik in der religiösen Gottesgewißheit, ein spezifischer Schwebezustand zwischen Gewißheit und Ungewißheit, „ein gewisses Halbdunkel, ein eigenartiges clair obscur“[36]. Der Mensch wird von der religiösen Gottesgewißheit nie vollkommen überwältigt, da ihm keine Freiheit mehr bleiben würde für eine Selbstentscheidung. Der Atheismus ist die theoretische Formel für die Anfechtung, die den Glauben begleitet. Der Glaube ist darin Glaube, daß er von seiner anderen Möglichkeit begleitet wird. Dieser Zusammenhang bedingt, daß sich der Glaube niemals einer bequemen Sekurität überlassen kann. Ein Glaube ohne Phasen des Zweifels ist Zeichen für einen falschen Glauben. Der Zweifel und der Unglaube sind notwendiges Stimulans des Glaubens, der durch die kritische Anfrage des Unglaubens eine permanente Vergeistigung und Verjüngung erfahren muß.

> „Würde dieser beständige Wechsel zwischen Gottesnähe und Gottesferne, zwischen Deus absconditus und Deus revelatus, auf dem Heilswege der Seele nicht erfolgen, dann käme sie bald in die Gefahr, das Gottesbild des Glaubens mit den falschen Bildern ihrer Selbstsucht zu umstellen und sich hinter einer pharisäerhaften Werkgerechtigkeit in das trügerische Bewußtsein ihrer bereits erfolgten Vollendung einzuwiegen. Die Insecuritas, in der die religiöse Gottesgewißheit beständig verbleibt, verringert die Gefahr der seelischen Erstarrung in falscher Subjektivität und der Vermenschlichung des Gottesbildes durch tote Bilder und Buchstaben. Erst die zeitweilige Gottesferne kann die Seele allmählich so weit entsubjektivieren, daß sie reif wird für eine wahrhaft vergeistigte Erfahrung der religiösen Gottesgewißheit.“[37]

---

[34] Vgl. ders. ebda. S. 237
[35] Vgl. ders. ebda. S. 197
[36] Ders. ebda. S. 199
[37] Ders. ebda. S. 204

Die Ambiguität des sich offenbarenden Gottes liefert beiden Seiten (dem Ungläubigen und dem Gläubigen) Argumente für ihre Haltung. So konstituiert sich notwendig eine religiöse Gegnerschaft. Aber eine definitive Sicherheit ist beiden Parteien verwehrt. Der Glaube an die Existenz Gottes erringt nie eine solche Evidenz und Klarheit, welche jede Möglichkeit zum Zweifel eliminieren könnte.

Der Gottesglaube ist also weniger die Frucht eines rationalen Wissens als eine aus der Lebenserfahrung geborene Geisteshaltung, welche noch die Weisheit transzendiert und die Wust „Heiligkeit" nennt.

Wust wollte ein Werk *Weisheit und Heiligkeit* schreiben, sein früher Tod hat diesen Plan allerdings vereitelt. Seine Grundgedanken zu diesem Thema konnte der Philosoph von Münster aber in einzelnen Zeitschriftenartikeln darlegen.[38]

Wenden wir uns zunächst der Weisheit zu[39]:

Weisheit hängt (sprachlich wie inhaltlich) mit Wissen zusammen. Aber nicht irgendein beliebiges Wissen ist gemeint, schon gar keine bloße „Wissensanballung und Wissensthesaurierung"[40], kein „bloß extensives und mehr an der Peripherie des Soseins entlanggleitendes Vielwissen"[41]. Vielmehr geht es um ein „intensiv unter der Oberfläche der Erscheinungen hinabgreifendes Wissen", „ein intensives Wissen um die Wesenstiefe der Dinge überhaupt"[42]. Der Weise „weiß" um das Absolute und Unbedingte im Sein, das unwandelbar bleibt im Strom der kausalen Phänomenalität, um den „einen festen Standort jenseits der Pluralität des Seins"[43]. Der Weise will sein Wissen gleichsam um dieses Absolute konzentrieren, um so zu sich selbst, zur Ruhe des auf sich selbst zurückbezogenen Geistes zu gelangen. Dem Weisen fehlt „die sonderbare Wissensgier und Neubegier, die den dem Wissensaffekt Hingegebenen so ruhelos vor dem Sosein der einen Erscheinung zu dem Sosein der anderen forttreibt"[44], er hat die „Gier nach dem Extensiven"[45] überwunden und findet die Vollendung und Ruhe in sich selbst.

Wir sehen:

Mit Weisheit meint Wust das Wissen um das Unbedingte, primär aber Ruhe, Besonnenheit, Stille und Maßhaltung.

Bis hierher erscheint die Idee der Weisheit im positiven Lichte, man glaubt fast, vor dem Ideal höchstmöglicher Vollendung zu stehen. Das ändert sich, sobald Wust die Idee der Weisheit mit der Idee der Heiligkeit konfrontiert. Wust spricht meist vom Ideal der Heiligkeit als einem christlichen Ideal.

---

[38] Es handelt sich z.B. um folgende Artikel: Wust, P.: Von der abendländischen Weisheit. In: Abendland. Jg. 1 (1925/1926). S. 20-22. Ders.: Natürliche und christliche Weisheit. In: Schönere Zukunft. Jg. 9 (1933/1934). S. 360

[39] Vgl. Lohner, A.: Peter Wust: Gewißheit und Wagnis. Eine Gesamtdarstellung seiner Philosophie. a.a.O. S. 120-126

[40] Wust, P.: Weisheit und Heiligkeit. a.a.O. S. 519

[41] Ders. ebda. S. 518

[42] Ders. ebda.

[43] Ders. ebda.

[44] Ders. ebda. S. 519

[45] Ders. ebda.

Wust sieht dieses Ideal nämlich am vollendetsten im Christentum entwickelt (aus Gründen, auf die wir noch zu sprechen kommen werden), dennoch wird man sagen dürfen, daß, nach Wust, alle theistischen Religionen, welche Gott personal verstehen, dieses Ideal kennen und verwirklichen (also auch Judentum und Islam).

Wir sagten: Der Weise weiß um ein letztes Unwandelbares im Wechsel des Seins, und dieses Unwandelbare erlebt er in der Tiefe seines Selbst als den letzten metaphysischen Grund seines Wesens. (Wust erinnert etwa an das „abditum mentis“ der Mystiker[46].) Nun besteht aber die Gefahr, daß der Weise dieses Absolute nicht in seinem eigentlichen Wesen (nämlich als Gott, als Person, als ewiges Du) erkennen kann. Der Weltgrund des Weisen ist oftmals (so etwa bei den Stoikern oder im Buddhismus) „die Sphinx einer impersonalen Ordnung“, die „Notwendigkeit des Impersonal-Sachlichen“[47]. So glaubt sich der Weise allein im unendlichen Chaos eines universalen Gesetzesfatums. Dem Weisen fehlt daher „die letzte, ganz kindlich-unschuldige, ganz kindlich-vertrauensselige Naivität“[48]. Der Weise ist nicht in der Lage, den personalen Charakter, „das Vaterschaftsverhältnis des absoluten Geistes“[49] zu erkennen. Der stoische oder buddhistische Weise bleibt im „Naturalismus eines impersonalen Weltgrundes“[50] stecken. Aber gerade diese „Differenz zwischen der Weisheit eines naturalistischen und der Weisheit des personalistischen Weltgrundes ist entscheidend für alles weitere“[51]. Dem stoischen oder buddhistischen Weisen bleibt nur die Haltung des ewig Einsamen, der wie ein Eindringling in der unheimlichen Fremdheit eines universalen Gesetzesfatums eingeschlossen ist. Nun ist es auch verständlich, warum Wust das Ideal der Heiligkeit vor allem im Christentum entfaltet sieht. Denn das Christentum lehrt nicht nur einen liebenden und personalen Vatergott, sondern darüber hinaus auch, daß Gott Mensch geworden ist, ein für uns sichtbares und „greifbares“ Du, welches uns entgegengeht, um uns zu Hilfe zu kommen.

> „Ein Kinderauge tut sich auf, und in ein gütiges Vaterauge fällt sein Blick. Und damit ist sofort alle Einsamkeit des Geistes aufgehoben. Denn wo die Liebe spricht, gibt es keine Einsamkeit mehr. Aufgehoben ist aber auch alle Furcht und alle bedrückende Weltangst. Denn wo die Liebe sorgt, da gibt es keine Weltangst mehr. Es ist eines der ergreifendsten Worte des Evangeliums, jenes schlichte Wort: „Fürchtet euch nicht, ich bin es.““[52]

Das Christentum weiß um die Hilfe, welche dem Menschen von Gott zufließt; es weiß um das Getragensein des Menschen von Gott. Die profane Weisheit, die (nur) menschliche Weisheit glaubt sich allein und auf sich gestellt in der Weite des Alls.

---

46 Vgl. ders. ebda. S. 523

47 Ders. ebda. S. 525

48 Ders.: Von der abendländischen Weisheit. In: Abendland. Jg. 1 (1925/26)

49 Ders. ebda.

50 Ders. ebda. S. 22

51 Ders. ebda.

52 Ders.: Weisheit und Heiligkeit. a.a.O. S. 529

## *2. Der Gottesglaube und die Unsterblichkeitshoffnung*

In diesem aus der als „Heiligkeit“ bezeichneten Lebenseinstellung und Geisteshaltung geborenen Ahnen um die Existenz eines personalen Vatergottes wurzelt nun auch die Hoffnung auf ein Leben nach dem Tode und findet die (biblische) Offenbarung über das jenseitig Geschick des Menschen ihre Akzeptanz.

Obwohl Peter Wust, der große Philosoph des „nexus animarum“[53], mit seinen Reflexionen zum zwischenmenschlichen Mit-Sein an philosophischer Bedeutung kaum hinter Marcel zurückstehen dürfte, entfaltet Wust seine Argumente für ein Leben nach dem Tode – anders als Gabriel Marcel – nicht aus sozialen Reflexionen.

Der Philosoph von Münster entwickelt seine Argumente für ein Weiterleben allein von der personalen Gottesidee her.

Weiter gilt, daß bei Wust – an den Grenzfragen der Philosophie – philosophische Spekulation und Glaube ineinander fließen. Wenn schon die Existenz eines höchsten Wesens mit letzter Sicherheit und Gewißheit rational nicht zu erkennen ist, so gibt es erst recht Eigenschaften Gottes, von denen die Offenbarung kündet, die für den menschlichen Geist aber an sich vollkommen unverständlich sind. Auch hier erkennt Wust ganz klar die Grenzen an, welche dem menschlichen Erkenntnisvermögen gesetzt sind. Daß Gott die Liebe ist beispielsweise, weiß der Mensch letztlich nur aus der Offenbarung, der Verstand allein kann hier zu keiner definitiven Klarheit gelangen. Wenn auch der Gedanke der absoluten Selbstgenügsamkeit Gottes den Begriff seiner Liebe nahelegt, so geschieht das doch durchaus nicht zwingend.

„Kennt nicht z.B. Hegel“, so fragt Wust, „das Bild eines Gottes, der lieblos mit den Individuen spielt, der die Geschichte als ein grausames Schauspiel benützt, um sich an den unendlichen Opfern der Kreatur gleichsam einen göttlichen Selbstgenuß zu verschaffen? Nichts anderes nämlich ist im Grunde die Hegelsche „List der Vernunft“ als ein solcher liebeleerer Gott der bloßen unendlichen Allmacht. Gott muß also nie und nimmer deshalb, weil er die Selbstgenügsamkeit besitzt, zum Prinzip der Liebe übergehen. Aber er geht dazu über, und gerade dieser Übergang Gottes zum ewigen Prinzip der Liebe, den wir aus der wunderbaren Tatsache der Schöpfung erkennen können, zeigt uns erst die ganze Größe und Tiefe seines göttlichen Wesens.“[54]

Nun wissen wir allerdings aus der Offenbarung von Gottes Liebe, und der christliche Denker darf diese Wahrheit in seine Philosophie integrieren, wenn er die Quelle seiner „Erklärungshypothesen“ nicht verschleiert oder tarnt. Er darf dies um so mehr, als die unverdorbene Geisteshaltung des Menschen in ihrer Pietät und Weisheit um diesen personalen Urgrund allen Seins und aller Existenz ahnt.

---

[53] Dazu: Lohner, A.: Peter Wust: Gewißheit und Wagnis. Eine Gesamtdarstellung seiner Philosophie. a.a.O. S. 317 f.

[54] Wust, P.: Weisheit und Heiligkeit. a.a.O. S. 501

Auf diese unbegreifliche Liebe Gottes – auf sie allein – aber gründet sich jede legitime und tragfähige Unsterblichkeitshoffnung des Menschen. Aus der Liebe Gottes folgt, daß dieser seine vernunftbegabten Geschöpfe nicht entgegen ihrer originären Unsterblichkeitshoffnung ins Nichts zurückstößt.

Zwar *könnte* Gott sehr wohl „die gesamte Schöpfung einschließlich der gesamten Geisterwelt, der leibgebundenen und der leibfreien, ihrem Dasein nach widerrufen und alles vom höchsten Engel bis zum letzten Staubkörnchen ins absolute Nichts zurücksinken lassen, mit derselben Freiheit, mit der er alles aus dem Nichts hervorgerufen hat“[55]. Deshalb ist es auch unmöglich, beispielsweise die Unsterblichkeit der Seele rein philosophisch deduzieren und demonstrieren zu wollen, wie es etwa Descartes, Spinoza, Hegel u.a. versucht haben. Obwohl die Unsterblichkeit der Seele für Wust – im Glauben – “als Tatsache absolut feststeht“, betont er ausdrücklich, daß diese Qualität der Seele nicht notwendigerweise mit dem Wesen der Psyche gegeben ist. Tatsächlich ist der Schöpfung also wesensmäßig der unaustilgbare Charakter einer fortdauernden Widerruflichkeit eigen; dennoch besteht die auf der Liebe (!) Gottes beruhende Hoffnung und Glaubensgewißheit seiner im Schöpfungsakt vollzogenen Bindung an die kreatürliche Objektivität, welche das Fortbestehen der Schöpfung garantiert.
Wust führt aus:

> „Alles aus der ewigen Unwandelbarkeit des höchsten Willens heraus gesetzte Sein behält also auch nach der Setzung noch den unaustilgbaren Charakter einer *fortdauernden Widerruflichkeit, einer unglaublich erschreckenden Unsicherheit und Instabilität,* und diese Tatsache kann den spekulativen Geist als das Negative aller Dinge ebenso zum metaphysischen Erschauern bringen, wie der positive Soseinscharakter der Welt sein Staunen und seine Bewunderung hervorlocken muß. (...) Und so behält also sogar die Unsterblichkeit der endlichen Geister (ihrem tiefsten Wesen nach), trotzdem sie als Tatsache absolut feststeht, noch etwas von dem Kontingenzcharakter alles Naturhaften an sich, ein Gedanke, der am meisten geeignet ist, unser endliches Geistesauge in die völlig unergründlichen Tiefen *der göttlichen Liebe* hinabschauen zu lassen.“[56]

## *3. Die Leib-Seele-Einheit bei Peter Wust*

Wie ich in meinem Buch *Peter Wust: Gewißheit und Wagnis* ausführlich dargestellt habe, geht der Philosoph von Münster von der psycho-physischen Einheit der menschlichen Natur aus.[57] Wust betont, daß der Mensch „metaphysisch als eine Einheit zu betrachten ist, als eine von der Tiefe her aufgebaute Wesenstotalität, als ein wahrhafter Mikrokosmos“[58]. Wenn der

---

55 Ders.: Naivität und Pietät. Gesammelte Werke. Bd. II. a.a.O. S. 98

56 Ders. ebda. S. 97 f.

57 Dazu: Lohner, A.: Peter Wust: Gewißheit und Wagnis. Eine Gesamtdarstellung seiner Philosophie. a.a.O. S. 239-267

58 Wust, P.: Die Dialektik des Geistes. Gesammelte Werke. Bd. III/1. Münster 1964. S. 348

Mensch auch als Erden- und Naturwesen Eigenschaften besitzt, die denen der Tiere vergleichbar sind, und er als Vernunftwesen Fähigkeiten besitzt, die ihn zur Imago Dei machen, bedeutet das nicht, daß Leib und Seele oder Körper und Geist beim Menschen zwei getrennte Substanzen seien. Die Eigenschaften des Menschen, die wir Geist oder Vernunft nennen, verlangen nicht nach der Existenz einer Geistsubstanz oder -entität, sie erklären sich vielmehr aus der komplizierten (neuro)physiologischen Struktur des menschlichen Organismus. Der Mensch ist eine „Leibgeisteinheit" – wie Wust ausdrücklich sagt –, und „als Leibgeisteinheit ist der Mensch ein Organismus, und zwar der feinste Organismus von allen Organismen, die wir kennen"[59].

Der Mensch lebt im „metaphysischen Schnittpunkt zweier Seinszonen"[60]. Unter ihm erstreckt sich das Reich der ageistigen Natur, das Areal der Mineral-, Pflanzen- und Tierreiche. Über ihm erhebt sich die Realität des göttlichen Geistes. Die Natur folgt in Ruhe und Treue ihren Gesetzen, in ihr besteht eine starre Wesensruhe und Gebundenheit. Wust spricht mit dem klassischen Terminus von der „dira necessitas". Indem der Mensch die Demarkationslinie des Nur-Natur-Seins hinter sich gelassen hat, weist er zugleich in seiner geistigen Unvollkommenheit hin auf das vollkommene Eidos des Geistes, den der Glaube im unendlichen Geist Gottes real existierend weiß.

Zwischen diesen beiden Seinsbereichen – Natur und Gott – finden wir nun also den Menschen hineingelagert. Den jeweiligen Seinsgeschlossenheiten in den beiden Polarregionen entspricht beim Menschen „eine gewisse Seinsaufgebrochenheit, die ihn dazu verurteilt, die ihm noch fehlende letzte metaphysische Einheit zu suchen"[61].

Der Mensch ist „ein interregionales Wesen, das sich zwei verschiedenen metaphysischen Einheiten als exemplarischen Urbildern gegenübergestellt sieht"[62], er befindet sich „in einer Art Verlegenheitszone des Seins"[63], einer „Übergangsregion"[64], „ohne doch „in statu viae" in einer der beiden Sphären ausschließlich seinen festen Standpunkt zu haben"[65]. Wust spricht von der „interkosmischen Heimatlosigkeit"[66] des Menschen.

Insofern der Mensch nun „zwischen der Einheit der „reinen" Sache und der Einheit der „reinen" Person"[67] steht, finden wir sowohl geistige wie auch naturhafte Aspekte an ihm. Der Mensch ist „ein ganz eigenartiges Wesenskompositum zwischen der reinen Sache und der reinen Person"[68]. Wust kann

---

59 Ders. ebda. S. 349
60 Ders.: Weisheit und Heiligkeit. a.a.O. S. 509
61 Ders.: Die Dialektik des Geistes. a.a.O. S. 139
62 Ders. ebda. S. 141
63 Ders. ebda.
64 Ders. ebda.
65 Ders. ebda. S. 324
66 Ders. ebda. S. 141
67 Ders. ebda. S. 140
68 Ders. ebda. S. 141

sogar sagen, der Mensch sei „weder Tier noch Geist im Vollsinne des Eidos, weil er sowohl Tier als auch Geist ist“[69], und noch deutlicher: der Mensch sei „sowohl naturhaft wie göttlich“[70].

Aufgrund dieser ontischen Sonderstellung des Menschen konstatieren wir beim Menschen Dispositionen und Anlagen, die wir als geistig bestimmen (wie Verstand, Vernunft, Wille und Freiheit usw.), wie auch Anlagen, die wir als naturhaft diagnostizieren (wie die Sinnlichkeit beispielsweise, wenn Wust auch betont, daß die Sinnlichkeit des Menschen im Unterschied zu der des Tieres – immer schon geistdurchformt ist).

Wust kennt also beim Menschen die Dualität oder den Widerstreit von Natur und Geist. Aber so ähnlich wie bei Scheler (und ohne Zweifel ist hier dessen Einfluß auf Wusts Anthropologie mit Händen zu greifen[71]) dieser Dualismus von Geist und Natur (oder Drang – wie Scheler sagen würde) nicht zu einem Leib-Seele-Dualismus wird, so auch nicht bei Peter Wust.

Wust betont klar die Tatsache, „daß die menschliche Natur als eine Einheit sui generis (!) an jener Grenze steht, wo die beiden heterogenen Zonen von Gesetz und Freiheit aneinanderstoßen“[72], der Mensch kann somit „als ein Doppelwesen (...) nur in dem Sinne gelten, daß sich seine Totalexistenz wie eine Brücke über zwei an sich heterogene Seinszonen spannt.“[73]

Nun weiß Wust, daß dieser konstatierbare Antagonismus von Natur und Geist in der Geistesgeschichte immer wieder die stärksten Argumente für einen Leib-Seele-Substanzen-Dualismus geliefert hat. Der Philosoph von Münster stellt sich selbst die Frage:

> „Indessen, haben nicht wir selbst in den früheren Untersuchungen dauernd von der *Doppelnatur* des Menschen gesprochen? Geraten wir also nicht jetzt, wo wir die metaphysische Einheit unserer Natur gegen alle möglichen Einwände sicherstellen wollen, mit uns selbst in einen bedenklichen Widerstreit? Sollte nicht doch die Ansicht derer richtig sein, die die letzte Einheit unserer Natur leugnen und unser Wesen als ein bloßes Compositum von Leib und Seele (... ) betrachten? Wie sollte es denn auch denkbar sein, daß der Geist als ein so ganz und gar dem Leibe heterogenes Prinzip eben diesen Leib zugleich auch als vitales Prinzip fundiere und durchwirke? Und wie wäre es ferner möglich, daß der Mensch von jeher diesen fortdauernden Widerstreit zwischen Leib und Geist in sich beobachtete, wie es gerade die größten Geister, etwa ein Paulus, ein Augustin, ein Dante, ein Michelangelo, ein Pascal, ein Goethe, an sich erfahren haben, wenn nicht ein vollkommener Bruch zwischen diesen beiden Kardinalprinzipien unseres Wesens bestände und bis zur Wurzel unserer Natur hinabreichte?“[74]

---

69 Ders. ebda. S. 324
70 Ders. ebda. S. 138
71 Siehe dazu noch einmal das in Kapitel C.1. Gesagte!
72 Wust, P.: Die Dialektik des Geistes. a.a.O. S. 367
73 Ders. ebda. S. 366
74 Ders. ebda. S. 365

Wust betont:

> „Die Tatsache dieses unser ganzes Leben immer irgendwie bestimmenden Widerstreites zwischen Leib und Geist läßt sich freilich nicht ableugnen.“[75]

Und doch verlangt der Antagonismus von Natur und Geist nicht nach der Existenz zweier Substanzen oder Koprinzipien im Menschen. Die multiplexe psycho-physische und neurophysiologische Struktur des menschlichen Organismus, etwa die vielschichtige Wechselbezogenheit zwischen Unbewußtem und Bewußtem, die rätselhafte Antinomie von „Es“ und „Ich“, sogenannten somatischen und sogenannten psychischen Erscheinungen und Phänomenen im Menschen[76] , ist zwar so kompliziert, daß sie wohl nie restlos verstanden werden wird, ein Leib-Seele-Dualismus aber wird der konstatier- und erlebbaren menschlichen Realität am wenigsten gerecht und wirft mehr Fragen auf als er zu lösen vermag. Zwar gibt die Antinomie von Geist und Natur dem Dualismus jeglicher Couleur immer wieder Nahrung, doch diese anthropologische Simplifizierung erklärt sich aus der Dialektik unserer begrifflichen Einzelbestimmung.

> „Denn eine jede getrennte Betrachtung dieses oder jenes Einzelphänomens verfälscht schon im ersten Ansatz durch die Einseitigkeit der intentionalen Blickrichtung und Gegenstandsbesonderung die etwa zu erzielenden Forschungsresultate, so daß man hinterher das begrifflich Festgelegte immer wieder bald in dieser, bald in jener Hinsicht aufheben muß, um es noch einmal unter dem Aspekt der Totalität zu betrachten. Was wir im Bereich des Seelischen auch herausgreifen mögen, ob den Unterschied zwischen Intellekt und Willen, Anschauung und Begriff, Wahrnehmung und Denken, Sinnlichkeit und Vernunft, Verstand und Vernunft, Gedächtnis und Gewissen, oder die Differenz zwischen dem Ich selbst und seinen einzelnen Vermögen, den Zwiespalt zwischen dem unbewußten Ich und seinem Wachheitszentrum, die Antagonie zwischen dem in seiner Tiefe stehenden, in sich selbst ruhenden und dem in der zeitlichen Dimension phänomenal zerfällten, sukzessiv dahinfließenden, in seiner Aktmannigfaltigkeit sich entfaltenden Ich, überall geraten wir in das gleiche Dilemma, daß die Analyse uns in Irrtümer geführt hat, weil wir den Totalaspekt unter dem Zwang der diskursiven Intentionalität unserer Betrachtungsweise außer Acht gelassen haben.“[77]

---

[75] Ders. ebda.
[76] Vgl. ders. ebda. S. 366
[77] Ders. ebda. S. 350

# VIII. Exkurs: Der Tod in der Philosophie Sören Kierkegaards

Der folgende Exkurs soll darlegen und demonstrieren, daß viele der uns nun bereits bekannten Gedanken und Motive der Existentialisten zur Todesthematik bereits bei Sören Kierkegaard – dem geistigen Vorläufer der Existenzphilosophie – grundgelegt sind. Aus diesem Grunde behandeln wir Kierkegaards Gedanken – entgegen der chronologischen Reihenfolge – auch erst jetzt, nachdem wir die Todesreflexionen der Existentialisten (im engeren Sinne) beleuchtet und dargestellt haben.

## *1. Der Tod und die Demut vor Gott*

Im allgemeinen steht der Begriff des Todes bei Kierkegaard als Synonym für die Angst des Menschen vor dem Dasein – man denke vor allem an Kierkegaards Hauptwerk *Die Krankheit zum Tode*. Mit dem Tode – im eigentlichen Sinne des Wortes – hat sich Kierkegaard vor allem in seiner Rede *An einem Grabe*[1] beschäftigt.

Kierkegaard betont, daß man dem Tod erst dann existentiell begegnet, wenn man den Gedanken an ihn auf das eigene Ende bezieht. Ähnlich wie Heidegger – aber im deutlichen Unterschied zu Jaspers und v.a. Marcel – meint auch Kierkegaard, daß nicht der Tod des Anderen, sondern nur der Gedanke an die eigene Endlichkeit das Leben existentiell macht, ihm „Ernst" verleiht.

„Der Ernst ist, daß du wirklich den Tod denkst, und daß du somit ihn denkst als dein Los"[2].

Kurz: „Sich selbst tot denken ist der Ernst"[3]. Den Tod nur abstrakt, lediglich als Tod der Anderen oder „des Geschlechtes Los"[4] zu bedenken, ihn beispielsweise mit künstlerischen Symbolen oder literarischen Allegorien zu umkleiden[5], ist auch für Kierkegaard jener Eskapismus vor dem Ernst des Todes, den Heidegger die Flucht in das „Man" nennt. Kierkegaard nennt diese Flucht „Stimmung". „In Stimmung" begegnet man dem Tode auch in gewissen Formen der Pietät, etwa der Grabpflege und des Gedenkens der Toten. Diese Formen und Traditionen der Pietät haben – nach Kierkegaard – an sich keinen Wert für die eigene Existenzwerdung, vielmehr sind sie häufig – wie gesagt – eher eine Flucht vor der ernsten Rea-

---

1 Kierkegaard S.: An einem Grabe. In: Gesammelte Werke. 13. u. 14. Abteilung. Vier erbauliche Reden 1844; Drei Reden bei gedachten Gelegenheiten 1845. Düsseldorf/Köln 1964. S. 173 - 227

2 Ders. ebda. S. 178

3 Ders. ebda. S. 177

4 Ders. ebda. S. 176

5 Vgl. ders. ebda. S. 176

lität des Todes; wenn sie allerdings zum Anlaß werden, sich auf den eigenen Tod zu besinnen, bekommen sie eine (indirekt) existenzstiftende Wirkung.[6] (Im Unterschied zu Gabriel Marcel hat die Pietät, das liebende Gedenken des Toten, aus sich heraus nach Kierkegaard also keine Bedeutung für die Selbstwerdung.) Kierkegaard kennt aber noch eine weitere Flucht vor der Realität des Todes, die Haltung nämlich, die den Tod zwar als Wirklichkeit auch für das eigene Dasein und Leben akzeptiert, sich aber mit dem Gedanken beruhigt, der eigene Tod werde noch ein wenig „aufgeschoben".

> „Es ist da im Leben ein Trost, ein falscher Schmeichler, es ist da im Leben ein Schutz, ein heuchlerischer Betrüger, er heißt: Aufschub."[7]

Denn nicht die Tatsache, daß der Tod das Leben begrenzt, allein macht seinen Ernst aus, sondern auch das Faktum seiner Unvorhersehbarkeit. Somit versucht der trügerische Gedanke des Aufschubs den „ernste(n) Gedanke(n) des Todes" zu umgehen: „Denn Tod und Aufschub vertragen sich nicht, sie sind Todfeinde, der Ernste aber weiß, der Tod ist der Stärkere."[8]

Auch sich aus Lebensüberdruß und Schwermut „aus dem Leben fort"[9] zu wünschen und „nach dem Tode sich zu sehnen"[10], „ist Stimmung, und den Tod auf die Art zu denken ist kein Ernst."[11] Denn diese Todessehnsucht ist Flucht vor den Herausforderungen und dem Ernst des Lebens und letztlich Scheitern vor dem Selbst- und Existenzwerdungsprozeß. Insofern ist es ein „geschminkter Mut, der sich einbildet, den Tod nicht zu fürchten, wenn der gleiche Mensch das Leben fürchtet"[12].

Dabei ist der Tod im eigentlichen Sinne „nichts Wirkliches"[13], denn er ist ja das Nichts, so ist denn auch „nicht der Tod (...) das Ernste, sondern der Gedanke an den Tod."[14] D.h. der nur erduldete (biologische) Tod allein verleiht dem Leben noch nicht seine existenzstiftende Funktion, erst die ernsthafte Reflexion und Meditation der eigenen Auslöschung vermag aus dem Dasein ein Selbst zu machen:

> „Sterben ist ja jedes Menschen Los, und insofern eine recht geringe Kunst, jedoch wohl sterben können, ist ja höchste Lebensweisheit. Worin liegt der Unterschied? Darin, daß im einen Fall der Ernst der des Todes ist , im andern der des dem Tode Gehörenden. Und die Rede, welche den Unterschied setzt, kann sich ja nicht an den Toten wenden, sondern an den Lebenden."[15]

---

[6] Vgl. ders. ebda. S. 179 f.
[7] Ders. ebda. S. 182
[8] Ders. ebda.
[9] Ders. ebda. S. 183
[10] Ders. ebda.
[11] Ders. ebda.
[12] Ders. ebda. S. 184
[13] Ders. ebda. S. 177
[14] Ders. ebda.
[15] Ders. ebda. S. 178 f.

Der Tod entfaltet seine existenzstiftende Wirkung also nicht (erst) im Sterbeprozeß, sondern im todes- und endlichkeitsbewußten Vollzug des Lebens. Was Heidegger im Begriff des „Vorlaufens zum Tode“ faßt, wenn er davon spricht, man müsse den Tod „erwarten“, meint auch Kierkegaard, wenn er betont, der Einzelne müsse den Tod „aufsuchen“.[16] Sartres Kritik an Heideggers Reflexionen zur Möglichkeit, den eigenen Tod zu erwarten, trifft indirekt also auch Kierkegaard. Und das, obwohl bei Kierkegaard ein Gedanke Betonung findet, der auch für Sartre leitend ist: Der Schrecken des Todes besteht vor allem in seiner Unkalkulierbarkeit und prinzipiellen Unvorhersehbarkeit, darin daß er Lebenspläne und -entwürfe durchkreuzt. Wenn Sartre davon spricht, der Tod beende die (Lebens)kette der Erwartungen, heißt es bei Kierkegaard:

> „Möge es das Kind sein mit dem Anspruch auf ein ganzes Leben, möge es weinen für sich – es ist jetzt vorüber, nicht ein Augenblick wird bewilligt. Möge es der Jüngling sein mit seinen schönen Erwartungen, möge er bitten für sich bloß um eine einzige – es ist jetzt vorüber, es wird ihm kein Batzen bezahlt für seinen Anspruch an das Leben. Möge eine Kleinigkeit fehlen an des Mannes rühmlichem Werk, und möge dies Werk ein Weltenwunderwerk sein, und möge die ganze Menschheit es mißverstehen, weil der Schluß fehlte – es ist jetzt vorüber, die Arbeit nicht ganz fertig. Möge es ein einziges Wort sein, das für ihn die Bedeutung eines ganzen Lebens gehabt, möge er ein ganzes Leben hingeben wollen um es sagen zu dürfen – es ist vorüber, das Wort ward nicht gesprochen.“[17]

Sartre hatte mit ähnlichen Gedanken die Sinnlosigkeit des Todes und des Lebens demonstrieren wollen, diese Schlußfolgerung zieht Kierkegaard aber nicht. Und das aus folgenden Gründen: Zunächst bezeichnet der Theist Kierkegaard es als Hybris, beurteilen zu wollen, ob der jeweilige Todeszeitpunkt der richtige war. Das bedeutete nämlich, „das ganze Dasein“[18] überschauen zu wollen, „jenes Kräftespiel, das allein Gott im Himmel in Ruhe zu betrachten vermag, weil er in seiner Vorsehung es beherrscht mit weisem und allgegenwärtigem Rat“[19]. Wesentlicher aber ist etwas anderes: Die Auseinandersetzung zwischen Heidegger und Sartre, bzw. ihre unterschiedliche Bewertung und Einschätzung des Todes, entzündet sich daran, daß Heidegger meint, die zeitverkürzende Wirkung des Todes bewirke, daß sich das Ich zum Selbst erheben kann, während Sartre betont, daß der Tod für jede Existenz- und Selbstwerdung immer „zu früh“ käme. Für Kierkegaard besteht die Bedeutung und Sinnhaftigkeit des Todes aber – und dieser entscheidende Unterschied wurzelt natürlich in der streng religiösen und theozentrischen Ausrichtung seiner (Existenz)philosophie – nicht in der Möglichkeit, daß sich das Ich aus sich selbst heraus und aus eigener Kraft zu einer Existenz fortentwickle (wie Heidegger meint), sondern vielmehr – fast im Gegenteil dazu – darin, daß das Ich seine Nichtsheit erkennt und sich radikal der Gnade sei-

---

16 Vgl. ders. ebda. S. 178

17 Ders. ebda. S. 182 f.

18 Ders. ebda. S. 196

19 Ders. ebda.

nes Schöpfers anheimstellt. Was den Atheisten Sartre dazu bringt, die Sinnlosigkeit des Todes zu behaupten (die Tatsache nämlich, daß dieser die Nichtigkeit des Menschen demonstriere), macht für den dänischen Denker justament die sinnhafte und existenzstiftende Wirkung des Todes aus. Die allgemeine Rede vom Tode, der alle gleichmache, deutet Kierkegaard dahingehend, daß der Tod alle egalisiere „in der demütigen Gleichheit vor Gott."[20] Gott schenkt seine Gnade ohne Ansehen und Verdienst der Person allein aufgrund des Glaubens, d.h. aufgrund der durch die Demut bedingten vertrauenden Hinwendung des Menschen zur Transzendenz. In diesem Sinne kann der daseinsverkürzende Effekt des Todes bewirken, daß der Mensch seine demütige Hinwendung zu Gottes Gnade nicht aufschiebt. In diesem Sinne gebraucht denn auch Kierkegaard – an Heidegger erinnernde – Formulierungen von der Notwendigkeit, die (kurze) Lebenszeit zu nützen. Diese Zeit soll aber nicht genutzt werden, sich gewissermaßen aus sich selbst heraus gestalten und erheben zu wollen, sondern dafür, seine Unwürdigkeit, Sündigkeit und Nichtsheit zu erkennen und sich „klein" zu machen vor Gott.

„Siehe der Tod hat vermocht, Throne zu stürzen und Fürstentümer, jedoch der ernste Gedanke des Todes hat getan was ebenso groß ist, hat dem Ernsten geholfen die zu höchst begünstigte Verschiedenheit zu legen unter die demütige Gleichheit vor Gott, und geholfen, sich über die härteste Verschiedenheit zu erheben in der demütigen Gleichheit vor Gott."[21]

Was Heidegger das „Vorlaufen zum Tode" nennt, also vereinfacht gesagt, die existentiell-sittliche Verpflichtung und Leistung, dem Tode ins Auge zu sehen und die eigene Endlichkeit zu akzeptieren, verbunden mit der Anstrengung, die kürzer werdende Zeit sinnvoll zur Selbstwerdung und Weltgestaltung zu nützen, bekommt bei Kierkegaard eine soteriologische Komponente.

In diesem Sinne macht der Tod „wach wie nichts andres"[22], er bewirkt, daß „die bürgerliche Sicherheit beunruhigt wird"[23]. Der Ernste ist angesichts des Todes bereit, „sich selbst zu belächeln, falls diese Anstrengung ein Verdienst bei Gott sein wollte"[24]; er ist bereit , „in Ohnmacht zu verstehen, ein Mensch sei schlechthin nichts"[25].

## *2. Kierkegaard und die „Ganztodtheorie"*

Kierkegaard greift den Begriff vom Tode als einem Schlaf auf:

„Allerdings, der Tod ist ein Schlaf, und so wollen wir denn von jedem, der im Tode ruht, sagen, er schlafe, wir wollen sagen, eine stille Nacht überschatte die Toten und nichts störe ihren Frieden."[26]

---

[20] Ders. ebda. S. 192
[21] Ders. ebda.
[22] Ders. ebda. S. 185
[23] Ders. ebda. S. 186
[24] Ders. ebda.
[25] Ders. ebda.
[26] Ders. ebda. S. 184

Nun handelt es sich bei der Rede vom Tode als Schlaf nur um ein Bild, daß ungemäß verklärt und verabsolutiert sogar zu einer der „Stimmungen" werden kann, die von der existentiellen Dimension des Todes ablenken.[27] Daher präzisiert Kierkegaard – um etwaige Mißverständnisse zu vermeiden –, daß der Todesschlaf ein bewußtloser ist. Das folgende Zitat verdeutlicht, daß Kierkegaard bezüglich der postmortalen Seinsweise einen Standpunkt vertritt, der heute als „Ganztodtheorie" bezeichnet wird:

> „Siehe, wer da im Tode schläft, er ist nicht rosig wie das schlummernde Kind; er sammelt keine neue Kraft, wie der Mann, der sich stärkt; der Traum besucht ihn nicht mit seiner Freundlichkeit wie er den Greis im Schlummer besucht!"[28]

Der Tod ist eine „Nacht", „leerer Raum", „Vernichtetsein". [29] Der Tote ist „fern aller Teilnahme"[30]; er hat weder Verbindung zu den Lebenden, noch zu anderen Toten: „der Toten Menge (bildet) keinerlei Gesellschaft."[31]

Angesichts dieser Überlegungen kann man Kierkegaard als einen Wegbereiter der sogenannten „Ganztodtheorie" bezeichnen. Neben der Philosophie spricht natürlich auch der Glaube vom Leben nach dem Tode. Dabei ist seit einiger Zeit festzustellen, daß v.a. in Kreisen evangelischer Theologen Einwände gegen jede philosophische und metaphysische Unsterblichkeitsbegründungen erhoben werden. Auf philosophisch-spekulativem Wege sei hier nichts auszumachen, das Leben nach dem Tode sei ausschließlich Gegenstand des Glaubens. (In diesem Sinne finden sich bei Kierkegaard keinerlei philosophische Argumente für ein Leben nach dem Tode. Auch hier bleibt Glaube ein „Sprung". Der Glaube an ein Leben nach dem Tode wurzelt allein im Glauben an die Auferstehung Christi.) Überhaupt dürfe man das ewige Leben nicht als Unsterblichkeit der Geistseele verstehen, vielmehr gehe der Mensch im Tode ganz, d.h. mit Leib und Seele, zugrunde. Auferstehung sei Neuschöpfung, die auf die Totalvernichtung des Menschen im Tode folge. Diese sog. Ganztodthese oder Ganztodtheologie, wie sie in unserem Jahrhundert von vielen evangelischen Theologen (Karl Barth u.a.) vertreten wurde, verlegt die Auferstehung auf den Jüngsten Tag. In der „Zwischenzeit" ist der Mensch mit Leib und Seele tot, sein Bewußtsein ausgelöscht. Ein wesentliches Motiv der Ganztodtheorie ist die Ablehnung des *anima separata*-Modells. Viele katholische Theologen teilen heute diese Ablehnung des *anima separata*-Modells. Im Unterschied zu Kierkegaard, Karl Barth und den anderen Vertreter der Ganztodtheorie glauben sie aber, dem biblischen Zeugnis gerechter zu werden, wenn sie die leibliche Auferstehung in den Augenblick des Todes selbst verlegen und damit die Vorstellung eines bewußtseinslosen „Zwischenzustandes" verneinen. Wir werden im nächsten Kapitel diese

---

[27] Vgl. ders. ebda. S. 185
[28] Ders. ebda. S. 184
[29] Vgl. ders. ebda. S. 192
[30] Ders. ebda.
[31] Ders. ebda.

Theorie von der „Auferstehung im Tode" am Beispiel des katholischen Theologen Gisbert Greshake kennenlernen.[32]

Die „Ganztodtheorie" wirft nämlich einige philosophische Fragen bezüglich der Kontinuität von prä- und postmortaler Existenz und der Identität des von Gott im Sinne einer Neuschöpfung Wiedererweckten auf.

Norbert Luyten – einer der profiliertesten Kritiker der „Ganztodtheorie" – stellt die kritische Frage, ob angesichts der Behauptung, der Mensch werde zunächst einmal im Tode mit Leib und Seele vernichtet und bleibe bis zum Jüngsten Tage mit Leib und Seele tot, überhaupt „noch sinnvoll von einem Schicksal des Menschen nach seinem Tode gesprochen werden kann"[33]. Gewiß kann man sagen, Gottes Allmacht sei es möglich, ein Leben, das im Tode dem Nichts verfallen war, wieder aufzuerwecken. Doch ist es ein Unterschied, ob gesagt wird, Gott kann aus dem Nichts Leben erschaffen (welches dann eben ganz neues Leben wäre), oder ob man sagt, das ewige Leben wird *mir* nach dem Tode geschenkt – denn soll es noch *mein* Leben sein, welches *mir* geschenkt wird, muß ich auch in irgendeiner Weise dasein können, um jenes Geschenk zu empfangen. In der Ganztodtheorie verbergen sich offensichtlich einige logische Widersprüche.[34]

„Denn von einem identischen Subjekt – ich, der ich jetzt lebe – zugleich das absolute Ende und das Weiterleben auszusagen, verstösst offenbar gegen die elementarste Logik."[35]

Barth betont, daß der Mensch nach der biblischen Anthropologie eine Leib-Seele-Einheit, „leibhafte Seele, beseelter Leib" [36] ist. (Wir werden dieser exegetischen Frage im nächsten Kapitel nachgehen.) Die Anhänger der (protestantischen) Ganztodtheorie – z.B. Karl Barth – sehen in der Lehre von der Unsterblichkeit der Seele das widerbiblische Eindringen antiker Philosophien in die christliche Dogmatik. Ähnlich wie Gisbert Greshake (wir werden es im nächsten Kapitel sehen) betont auch Luyten, daß der antike Unsterblichkeits*begriff* von der Kirche adaptiert werden konnte, um die biblische Botschaft (daß der Mensch unmittelbar nach seinem Tode zu Gott kommt) verständlich zu machen, ohne daß hierbei die platonische Lehre von der Unsterblichkeit der Seele totaliter übernommen worden wäre.

„Die Unsterblichkeit, von der Paulus spricht, darf also nicht einfach mit Unsterblichkeit im platonischen Verständnis gleichgesetzt werden. Der Ge-

---

[32] Als weitere Theologen (die entweder die Ganztodtheorie oder die Theorie von der Auferstehung im Tode vertreten) seien hier nur namentlich genannt: J. Moltmann, H. Thielicke, O. Cullmann, W. Pannenberg, K. Rahner, W. Breuning, J.B. Metz, 0. Karrer, D. Falnagan, P. Benoit, A. Drexel.

[33] Luyten, N.: a.a.O. S. 122

[34] Scharf formuliert stellt sich die Frage, ob eine solchermaßen – nach einer bewußt- und leblosen „Zwischenzeit" – durch die Auferstehung „neugeschaffene" Person wirklich mit der früheren identisch ist. Oder wäre sie nur ein „Clonus", der die genetische Struktur und die Erinnerung mit jener teilt? Barth würde natürlich antworten, daß die Identität des Toten in Gott (d.h. in der göttlichen Erinnerung) bewahrt bliebe – und gar keine sicherere Basis als das göttliche Bewußtsein denkbar sei. Gewisse Fragen bleiben allerdings aus philosophischer Sicht.

[35] Luyten, N.: a.a.O. S. 139

[36] Barth, K.: Die Kirchliche Dogmatik. Bd. III/2 Zürich 1959. S. 394

brauch des Wortes im christlich-heilsgeschichtlichen Zusammenhang hat ihm eine neue Bedeutung verliehen.“[37]

---

[37] Luyten, N.: a.a.O. S. 99 f.

# IX. Exkurs: Die „Auferstehung im Tode" bei Gisbert Greshake

Wir haben gesehen, daß die „Ganztodtheorie" nicht voll zufriedenstellen kann. Die Frage nach der Kontinuität von prä- und postmortaler Existenz und der Identität des von Gott im Sinne einer Neuschöpfung Wiedererweckten bleibt unbeantwortet. Aus exegetischer Sicht muß außerdem betont werden, daß die heilige Schrift davon ausgeht, daß das Leben bei Gott sofort nach dem Tod beginnt. (Man denke an das Wort Jesu zum reuigen Schächer am Kreuz.) Alle diese Probleme werden nun von der Theorie berücksichtigt, welche von einer „Auferstehung im Tode" ausgeht und mit der sog. „Ganztodtheorie" die Ablehnung und Zurückweisung jeglichen anthropologischen Dualismus gemeinsam hat. Gisbert Greshake[1] ist ohne Zweifel der bedeutendste Vertreter dieser eschatologischen Theorie. Bevor wir uns seinen Ausführungen zur „Auferstehung im Tode" widmen, wollen wir die gedankliche Nähe Greshakes zum Existentialismus demonstrieren.

## *1. Gisbert Greshakes Todesreflexionen und der Existentialismus*

Greshakes Reflexionen zum Tode sind ohne Zweifel auch von der Existenzphilosophie beeinflußt.[2]

Es erinnert sehr stark an Albert Camus' Gedanken über die permanente Präsenz des Todes im Leben, wenn Greshake feststellt:

> „Das Leben selbst ist immer schon ein Stück Sterben, in vielfacher Gestalt greift der Tod in das Leben ein: Krankheit, Leid, Erfolglosigkeit, Altern, Pensionierung, das Lassen-müssen, Abschied-nehmen – all das sind nicht nur Zeichen und Vorboten des Todes, sondern Wirklichkeiten des Todes im Leben selbst. Das Leben, die Fülle des Lebensvollzugs, wird durch die genannten Wirklichkeiten gemindert. Das Leben stirbt nicht auf einmal ab, der Mensch muß es vielmehr nach und nach, Stück für Stück hergeben. Darum macht der Mensch in den genannten Phänomenen wirkliche Todeserfahrung. Der Tod ist also im Leben ständig präsent. Leben heißt immer auch schon Sterben. (...) Der Tod ist nicht nur im Leben, sondern das Leben ist auch im Tod gegenwärtig."[3]

Unter Anspielung auf das bekannte Sartre-Zitat heißt es wie gegen den Verfasser von *Das Sein und das Nichts* gerichtet:

> „Wie die letzten Töne einer Melodie oder eines musikalischen Themas dieses erst ganz gegenwärtig machen und es zur vollendeten Gestalt bringen, so fährt

[1] Gisbert Greshake, geb. 1933, ist Professor für Dogmatik und Ökumenische Theologie in Freiburg i.Br.

[2] Vgl. z.B. Greshake, G. u. Lohfink, G.: Naherwartung – Auferstehung – Unsterblichkeit. Untersuchungen zur christlichen Eschatologie. Freiburg/Basel/Wien 1983. S. 124 ff.

[3] Greshake, G.: Stärker als der Tod. Zukunft – Tod – Auferstehung – Himmel – Hölle – Fegfeuer. Mainz 1991. S. 53

> auch erst der Tod das Leben zu seiner Vollendung, er bringt es zu seiner endgültigen Gestalt. Bevor der Tod eintritt, hat das Leben nur Vorläufigkeitscharakter, es ist revidierbar, noch formbar, noch offen. Erst im Tod wird das Ganze des Lebens endgültig. Deswegen kommt im Tod das Leben zu sich selbst, der Tod birgt das Leben in sich hinein, er versammelt das Ganze des Lebens in sich."[4]

Wie zur Unterstützung von Heideggers Position, erst der Tod mache das Leben endlich und damit eigentlich, fährt Greshake (fast in Heideggerscher Diktion) fort:

> „Nur vom Tod her bekommt (...) das Leben Endgültigkeit. Mehr noch: Vom Tod her erhält es auch das Drängende und Unaufschiebbare. Wäre der Tod nicht, bestände das Leben aus einer schrecklichen Langeweile, alles wäre gleich-gültig, weil alles beliebig, nachholbar und ad infinitum aufschiebbar wäre."[5]

Die Nähe Greshakes zur Existenzphilosophie wird auch daran deutlich, daß der Theologe an Simone de Beauvoir erinnert:

> „Simone de Beauvoir hat in ihrem Roman Tous les hommes sont mortels (1946) die Möglichkeit eines Menschen durchgespielt, der unsterblich ist und den Tod nicht vor sich hat: Fosca, der Romanheld, ist durch ein Lebenselixier zum ewigen Leben auf dieser Welt verdammt. An ihm zeigt die Autorin, daß alle Lebensfreude, alle Erlebnismöglichkeit, alle soziale Verbundenheit und Verantwortung schwinden, wo der Tod das Leben nicht mehr begrenzt. Nichts hat mehr Gewicht, Leiden und Freuden sind für ihn nie definitiv, darum auch weniger ernst, spielerisch, oberflächlich. Kein Opfer, das Fosca bringt, keine Hingabe, die er beweist, kein Einstehen für Ideale hat für ihn den gleichen Sinn und die gleiche Bedeutung wie für die anderen Menschen, die sterben müssen. Denn der Sterbliche – das macht S. de Beauvoir deutlich – gibt bei allen Lebensvollzügen ein Stück von sich selbst her, und wäre es auch noch so klein, der Unsterbliche dagegen gibt nichts her. Darum bleibt in seinem Leben ohne Tod alles unverbindlich, oberflächlich, ein stets widerrufbares Spiel. An dieser romanhaften Erörterung kann deutlich werden, was das heißt: Der Tod gehört zum menschlichen Leben, auf daß es menschlich ist."[6]

Doch Greshake sieht tiefer als die Existenzphilosophen Heidegger und Jaspers, welche meinen, der Tod und das Leben seien auch dann sinnvoll, wenn es kein Leben nach dem Tod gibt. Ähnlich wie Marcel[7] widerspricht dem auch Greshake:

Das menschliche Leben erscheint ohne Unsterblichkeit als sinnloses Faktum, als Realität ohne interne Rechtfertigung und Begründung.

> „Zunächst scheint in diesem Ineinander von Tod und Leben der Tod das letzte und gewichtigste Wort zu haben. Und dieses Wort heißt Ende, Abbruch, Vernichtung. So scheint gerade der Tod die unzertrennbare Einheit von Leben und Tod

---

4 Ders. ebda. S. 53 f.

5 Ders. ebda. S. 54

6 Ders. ebda. S. 54 f.

7 Vgl. z.B. Greshake, G.: Theologiegeschichtliche und systematische Untersuchungen zum Verständnis der Auferstehung. In: Ders. u. Kremer, J.: Resurrectio mortuorum. Zum Verständnis der leiblichen Auferstehung. Darmstadt 1986. S. 165-371; S. 315 f.

> zum durch und durch Negativen und Sinnlosen zu machen. Kurz, seiner positiven Bedeutung für das Leben scheint der Tod als der große Feind des Lebens entgegenzustehen."[8]

Diese tiefere Sicht der Todesrealität hat Greshake ohne Zweifel aus seiner Beschäftigung mit der Bibel und ihrer Thematisierung des Todesgeschehens und -mysteriums gewonnen. Die Bibel deutet den Tod nämlich als Folge der Sünde.

Die biblisch-christliche Tradition hat angenommen, der Tod komme nicht aus Gottes guten Schöpferhänden, sondern sei eine Strafe, die aus der Sünde folgt. Die Intention, die hinter einer solchen Aussage steht, ist evident: Gott, der Lebensspendende, darf nicht zum Urheber des Bösen und Lebensfeindlichen erklärt werden.

Greshake will an der Substanz dieser Idee festhalten, sie aber differenzierter interpretieren:

> „Wir wissen heute, daß der Tod zur Konstruktion einer evolutiven Welt, aus der heraus auch der Mensch entstanden und in die hinein er gestellt ist, notwendig dazugehört. In einer Schöpfung, die sich evolutiv vollzieht, ist Leben ohne Tod schlechthin undenkbar. Die Vergänglichkeit des Gewordenen ist im evolutiven Prozeß gerade die Vorbedingung zu neuem Leben und neuen Lebensformen."[9]

Deshalb kann auch der Tod des Menschen, insofern er zeitliche Begrenzung des irdischen Lebens bedeutet, nicht Folge der Sünde sein, wohl aber die Art und Weise, wie der Mensch ihn erfährt.

Durch die Sünde hat der Mensch sein Leben pervertiert. Anstatt es als Gabe Gottes anzunehmen, es in Verantwortung vor Gott und in der Liebe zum Nächsten zu führen, lebt der Sünder ohne oder gegen Gott, verwirkt dadurch aber sein Leben: Gott überläßt ihn seinen eigenen „selbstmächtigen" Möglichkeiten, in denen der Mensch zwar glaubt, das „Leben" zu haben, die sich aber justament vom Tod her als Verstrickung in die eigene Ohnmacht, als Hybris und Überschätzung herausstellen. Das von Gott losgelöste Leben erweist sich als ein Areal voller Unheils- und Todesmächte. In der Sucht nach einem Leben, das der Mensch ohne Gott leben will und das doch seine Hoffnung nicht saturiert, wird er zum Gejagten und Ruhelosen, wo er meint, das „Leben haben zu können, ergreift er es selbstsüchtig, auch da, wo das Ergreifen zum Vergreifen an Ordnung, Recht und Gerechtigkeit wird. Schließlich endet alles friedlose Getriebe doch nur im Sinnlosen des Todes, der alles menschliche Streben nach Erfüllung als „passion inutile", als sinnloses Sich-Ereifern (J.-P. Sartre) enthüllt. (...) Denn das, worin der Sünder meint, das „Leben" zu haben (Genuß, Reichtum, Erfolg, Macht), kann ihn nicht über den Abgrund des Todes hinüberretten. So wird der Tod erfahren als dunkler, sinnwidriger Abbruch des Lebens. Denn da, wo das Leben sich wesentlich verwirklicht hat unter der Devise des Aneignens, Ergreifens, Habens, Besit-

---

[8] Greshake, G.: Stärker als der Tod. Zukunft – Tod – Auferstehung – Himmel – Hölle – Fegfeuer. a.a.O S. 55

[9] Ders. ebda. S. 56

zens (statt unter dem Vorzeichen des Beschenktwerdens, Offenseins, Entgegennehmens und Hingebens), wird auch die nackte Existenz selbst zu einem Besitz, den es unter allen Umständen, so lange wie möglich, festzuhalten gilt, da ja dessen Verlust im Tod die eigene Identität, die sich als unbedingtes Habenwollen konstituierte, schlechthin zerstört. So entsteht die Angst vor dem Sterben.“[10]

## *2. Der Schriftbefund*

Die exegetischen Fragen, die sich konkret stellen, lauten: Welches Verständnis von Auferstehung finden wir in der Heiligen Schrift? Kennt sie einen anthropologischen Dualismus, eine *anima separata*?[11] Jacob Kremer, der mit Gisbert Greshake das Werk *Resurrectio mortuorum* verfaßt hat, und auf dessen Untersuchung wir uns im weiteren stützen, begleitet seine sehr ausführliche exegetische Analyse zu diesem Thema mit der Feststellung:

> „„Auferstehung der Toten“ bzw. „Auferweckung der Toten“ sind semantisch keine eindeutigen, sondern vieldeutige (polyseme) Wortbildungen. Wer erfassen will, was in den einzelnen biblischen Schriften jeweils damit gemeint ist, muß über die Wortbedeutung hinaus vor allem den Kontext und die (textpragmatische) Funktion der Aussagen bestimmen. Ohne solche Bemühungen um ein echtes Verstehen verfällt der Bibelleser leicht irrtümlichen Vorstellungen und Auffassungen von der Auferstehung der Toten.“[12]

Man kann die exegetischen Untersuchungen zu diesem Thema folgendermaßen zusammenfassen:

Die älteren Schichten des Alten Testaments kennen keine Zukunftserwartung für den einzelnen, nur eine sehr verminderte, traurig-trostlose Schatten-Existenz in der Scheol (vgl. Is 5,14 f.). Zwar gibt es gewisse Ansätze zur Überwindung des Todesloses, eine Vorahnung, daß die Erfüllung des Jahwe-Bundes im Tode nicht einfach begrenzt werden könne (z.B. Os 13,14; Pss 16,49 u. 73; event. Ez 17,1-14); „Allgemeingut des jüdischen Volkes war diese Sicht aber nicht“[13]. Erst allmählich, in der nachexilischen Epoche (vermutlich unter persischem Einfluß[14]), setzte sich die Hoffnung durch, daß Jahwe auch der Herr der Toten ist (vgl. bes. Dn 12, 1-3; 2 Makk 7,9).

Jesus setzt die ganzheitliche Anthropologie des Alten Bundes und die eschatologischen Anschauungen des Spätjudentums voraus (vgl. das Streitge-

---

10 Ders. ebda. S. 57

11 Wir stützen uns hier v.a. auf. Kremer, J.: Auferstehung der Toten in bibeltheologischer Sicht. In: Greshake, G. u. ders.: Resurrectio mortuorum. Zum Verständnis der leiblichen Auferstehung. a.a.O. S. 7-161. Greshake, G.: Auferstehung der Toten. Ein Beitrag zur gegenwärtigen theologischen Diskussion über die Zukunft der Geschichte. Essen 1969. S. 173-318. Wohlgschaft, H.: Hoffnung angesichts des Todes. Das Todesproblem bei Karl Barth und in der zeitgenössischen Theologie des deutschen Sprachraums. München u.a. 1977. S. 319 ff.

12 Kremer, J.: a.a.O. S. 158

13 Wohlgschaft, H.: a.a.O. S. 319

14 Vgl. ders. ebda.

spräch mit den Sadduzäern: Mk 12,18 ff. par), mit dem Unterschied freilich, daß er die Auferstehung der Toten universal versteht (nicht auf die Gerechten Israels beschränkt) und daß er – bzw. die urchristliche Gemeinde – die eschatologischen Verheißungen des Alten Testaments (bes. des Deutero-Jesaia) „als *in seiner Verkündigung erfüllt* ansieht“[15] (Mk 1, 14 f.; vgl. Is 52,7; Lk 4,.17 ff.; vgl. Is 61,1 f.; Mt 11,4; vgl. Is 35,5 f.; Lk 10,23 f. u.a.). Im Neuen Testament steht „Auferstehung“ zumeist – wie auch in den jüngeren Schichten des Alten Testaments – in distinkter Dependenz zu der apokalyptischen Vorstellung eines Auferstehens aus dem Grab, hin und wieder jedoch nur als Denomination für die Gewinnung des neuen, ewigen Lebens, das auch unabhängig von einer Auferweckung aus dem Grab erreicht werden kann (z.B. durch eine Metamorphose). Häufig benennt „auferstehen“ im Neuen Testament die bereits in diesem Leben bei der Taufe bzw. Bekehrung geschehene (geistige) „Auferstehung“.[16]

In Differenz zum Begriff „ewiges Leben“ bringt der Begriff „Auferweckung“ zum einen den Gesichtspunkt der Rettung (Liberation aus der Todesgewalt) und zum anderen die Relation zum Mitmenschen sowie zur ganzen Schöpfung (Auferweckung des Leibes) zum Ausdruck.[17] Die diversen Bilder von der Auferstehung bei der Parusie haben stets die Funktion der Vermittlungs- und Vorstellungshilfe. Die mit „Auferstehung der Toten“ umrissene Realität hingegen ist als solche nicht an apokalyptische Zeit- und Raummodelle gebunden. (Kremer beruft sich hier u.a. auf 1 Thess. 4, 16 f., 1 Kor. 15,25 ff., 51-55)

Die Bücher des Neuen Testaments bekennen evident die Hoffnung auf eine personale Auferstehung bzw. Erlangung eines postmortalen ewigen Lebens aller, die an Jesus Christus glauben. Dies meint ebenfalls die Rede vom „Leib“ der Auferstandenen und von der erhofften ewigen Gemeinschaft mit dem auferweckten Christus. (Das gilt für die Paulusbriefe[18], die Johanneischen Schriften[19], die Synoptischen Evangelien und die Apostelgeschichte[20].) Über den Modus des postmortalen Daseins spricht die Bibel nur in Metaphern und mit Hinweis auf „die Herrlichkeit“ des auferstandenen Christus. Wer den Bildcharakter dieser biblischen Aussagen nicht beachtet, verkennt ihre Botschaft und behindert ihre gläubige Akzeptanz. Anders als im griechisch-hellenistischen Umfeld, das zum Teil die jüdischen Schriften beeinflußt hat, kommt nach dem Neuen Testament den Toten das ewige Leben keinesfalls aufgrund einer immortalen Seelensubstanz zu, sondern aufgrund der ihnen geschenkten pneumatischen Existenz. Dieses „ewige Leben“ ist die Erfüllung dessen, was schon im Alten Testament erhofft und ersehnt wurde.

---

[15] Ders. ebda. S. 321
[16] Vgl. Kremer, J.: a.a.O. S. 102
[17] Vgl. ders. ebda. S. 83 ff.
[18] Vgl. ders. ebda. S. 103-107
[19] Vgl. ders. ebda. S. 107-109
[20] Vgl. ders. ebda. S. 109-111

Paulus und den Lesern seiner Briefe war an dieser Zukunft der Verstorbenen sehr gelegen. Paulus appellierte explizit an die Thessalonicher[21] die Trauernden in diesem Sinne aufzurichten. Das Streben nach einer Antwort darauf, ob die Toten „auferstehen“, darf daher nicht als unbiblische oder hybride Neugierde disqualifiziert werden. Wer die „Auferstehung der Toten“ negiert oder als nicht zu erhellendes Problem dahingestellt sein läßt, muß folgerichtigerweise auch die Auferstehung Jesu und damit die Grundlage der christlichen Botschaft negieren bzw. dahingestellt sein lassen. (Kremer beruft sich hier v.a. auf 1 Kor. 15, 12 ff.)

„Leibliche Auferstehung“ ist vom Neuen Testament her mehr als eine pure Restauration des irdischen Lebens. „Auferstehung“ bezeichnet allerdings auch nicht eine vollkommene Creatio ex nihilo. Es geht vielmehr um die Errettung aus einem „Tod“, der tiefer reicht als das biologische Sterben, d.h. aus einer Daseinsweise, die der Bezeichnung „Leben“ nicht wert ist und deren Elend letztlich in einer permanenten Separation von Gott besteht; sie wurde im jüdischen und christlichen Schrifttum in der Folgezeit oftmals als „Hölle“ bezeichnet und illustriert. In Bezug auf 1 Thess. 4,17, wo das jenseitige Ziel mit den Worten „immer mit dem Herrn sein“ ausgesprochen wird, stellt Kremer fest:

> „Aus dieser Darlegung folgt aber auch, daß die Teilhabe an der Herrlichkeit des erhöhten Herrn in einem neuen pneumatischen „Leib“ für Paulus nicht wesentlich an den klinischen bzw. biologischen Tod und an eine „Auferstehung“ im Sinne von Erweckung des Begrabenen aus dem Grab gebunden ist. Dieser Vorstellung, die aus apokalyptischen Erwartungen stammt, kommt daher letztlich nur eine dienende Funktion zu.“[22]

Ewiges Leben ist im Unterschied dazu die dem verstorbenen, allerdings im Tode nicht vollkommen eliminierten Individuum geschenkte Gemeinschaft mit Gott und Christus, ein Leben, von dem das irdische nur ein malader Widerschein ist.

Das Neue Testament verbindet die leibliche Auferstehung oftmals mit zeitbedingten apokalyptischen Bildern von Endgericht und Parusie. Die Vielschichtigkeit der Bilder demonstriert, daß diese keine Prognose oder Prädiktion auf den Ablauf der letzten Tage darstellen. Die Bilder vom Ende der Welt verlangen genauso nach einer Deutung wie die von der Erschaffung der Welt und vom Garten Eden in den ersten Kapiteln der Heiligen Schrift. Die ehedem üblichen zeitlichen Vorstellungen vom Anfang und Ende der Welt können heutzutage ebensowenig wie die damaligen räumlich-kosmischen Modelle von Himmel, Erde und Unterwelt unreflektiert adaptiert werden. Kremer fährt aus:

> „Jesus selbst hat in seiner Predigt, soweit diese noch eruiert werden kann, zwar die Auferstehung der Toten damaligem Verständnis gemäß offensichtlich für die Zukunft erwartet; allerdings hat er dabei auf eine Verbindung zwischen Aufer-

21 Vgl. ders. ebda. S. 16-23
22 Ders. ebda. S. 125

> stehung der Toten und Jüngstem Tag vermutlich kein besonderes Gewicht gelegt. Dies gilt vor allem dann, wenn die Berufung auf die Patriarchen in dem Streitgespräch mit den Sadduzäern auf Jesus selbst zurückgeht, deren „Auferstehung" dort schon vorausgesetzt ist (...). Zur Predigt Jesu gehörte ebenfalls der Hinweis auf ein noch ausstehendes Gericht (vgl. z.B. Mt 10,15- 11,21 f.; 12,41), wenn dies seine Verkündigung auch nicht so bestimmte wie die des Täufers (vgl. Lk 3,7-17 par). Daß aber Jesu Gerichtsworte nicht über einen Termin informieren wollen, zeigt das Gleichnis vom reichen Prasser und armen Lazarus (Lk 16,19-31); denn dieses setzt voraus, daß schon unmittelbar nach dem Tod die Entscheidung über Heil oder Verdammnis fällt."[23]

In den divergierenden apokalyptischen Vorstellungen von der Auferweckung am Ende in Verbindung mit der Parusie und dem Gericht kommt allerdings substantiell zum Ausdruck, daß das ewige Leben ein christologisches, ekklesiales und kosmisches Ausmaß hat: Bevor nicht alle, sofern sie sich nicht selbst exkludieren, an dem Triumph des Auferstandenen partizipieren und das ganze Weltall eine neue Gestalt erhält, wird wie die Auferstehung Jesu so auch die der Glieder seines mystischen Leibes noch nicht vollendet sein. Wie Jesus mit vielen seines Volkes und seiner Zeit annimmt, daß die Patriarchen bereits bei Gott leben, so kennen auch die Apostel und Evangelisten die Hoffnung auf eine Gemeinschaft mit dem auferweckten Christus sofort nach dem Tode und vor dem Ende der Welt.[24]

Kremer beruft sich u.a. auf 1. Thess 4, 17; Röm 8,22 f.; Phil 3,20; 1 Thess 4,17 u.a.. In der Heiligen Schrift gibt es keine Hinweise darauf, daß dieses ewige Leben nur einer leibfreien Seelensubstanz (erst recht nicht aufgrund einer wesensmäßigen Immortalität) zukommt. Insofern das ewige Leben den ganzen verwandelten Menschen in seiner psycho-physischen Einheit erfaßt, kann in einem sehr tiefen Sinn von „Auferstehung im Tode" gesprochen werden, mag auch die Bibel den Ausdruck „Auferstehung" nicht für die im Sterben geschenkte Liberation aus der Todesgewalt gebrauchen (wohl aber hin und wieder, wie Mt 27, 52 für eine Auferstehung *vor* dem Jüngsten Tag). Der Grund dafür liegt in der Bindung an das apokalyptische Weltbild, vor allem aber im Bewußtsein darum, daß die sofort nach dem Tod erfolgende Errettung und Verleihung des ewigen Lebens erst am Ende der Welt in der Gemeinschaft mit allen Erlösten ihre Vollendung findet. Die nicht seltene Verwendung des Begriffs „Auferstehung" für die Akzeptation des Glaubens bzw. für die Taufe demonstriert, daß die Errettung aus dem Tod bereits in der Jetztzeit beginnt. Kremer faßt zusammen:

> „Von dorther kommt dem Leben der Christen in dieser Welt eine große Bedeutung zu: erstens im dankenden, Gott preisenden Annehmen des neuen Lebens als „Auferstandene"; zweitens im Einsatz für alle Menschen, besonders auch in der Mission, damit möglichst viele jetzt schon der Macht des Todes entrissen werden und immer mehr Anteil an dem Geist sowie der Herrlichkeit des erhöhten Herrn erhalten; drittens in der Mitarbeit an der Erneuerung und Vollendung die-

[23] Ders. ebda. S. 115 f.
[24] Vgl. ders. ebda. S. 117 ff.

ser Welt im Sinn eines von Gott ernstgenommenen menschlichen Beitrags zur neuen und bleibenden Schöpfung.“[25]

Wir sehen: Der Bibel ist der Gedanke einer Trennung von Leib und Seele im Tode fremd. Allerdings finden sich in der Schrift Elemente, an die das spätere *anima separata*-Modell anknüpfen konnte, insofern die Bibel an vielen Stellen Jenseitsaussagen mit apokalyptischen Vorstellungen verknüpft. Greshake schreibt in seinen exegetischen Analysen:

> „Die apokalyptischen Kreise verstehen die Auferstehung der Toten als die enthüllende Erfüllung eines ewigen Geschichtsplanes Jahwes, durch den diese Geschichte beendet wird und ein neuer strahlender Äon jenseitiger Zukunft anbricht, in welchen hinein die Toten auferweckt werden. – Das apokalyptische Denken ließ sich leicht vereinigen mit philosophischer Zeit-Ewigkeits-Spekulation und einer anthropologischen Uminterpretation der Totenauferstehung in die „Unsterblichkeit der Seele“.“[26]

### *3. Die Entwicklung der anima separata-Vorstellung in der christlichen Tradition*

Wir haben gesehen, daß der Bibel die Vorstellung einer *anima separata* fremd ist. Weiter sahen wir, daß nach biblischer Ausdrucksweise für die Bezeichnung „Auferstehung“ eine multiplexe Polysemie konstitutiv ist. So kann z.B. die Taufe wie auch global das christliche Leben und Sterben als Leben, Sterben und Auferstehen mit Christus interpretiert werden. Auferstehung ist – so verstanden – „ein durchlaufendes Existential des ganzen Glaubensweges“[27] – wie Greshake das formuliert. Das Mitsterben mit Christus in der Taufe und das neue Leben wird „Auferstehung“ genannt, genauso wie die Realisierung von Glaube und Liebe im johanneischen Schrifttum Auferstehung bedeutet. Und schließlich scheint auch das individuelle Mit-Christus-Sein nach dem Tod zumindest in 2 Kor 5,8 als Auferstehung verstanden zu werden.[28] Diese Beobachtungen führen Greshake zu einem interessanten Argument zugunsten der „Auferstehung im Tode“. Er schreibt:

> „Nun dürfte es ausgesprochen fatal sein, daß man der „Innenseite“ des Todesgeschehens, jenem exponierten Augenblick, in dem der Mensch leibhaftig in das Mitsterben mit Christus gestellt ist und sich aufgefordert sieht, seine Selbstbehauptungsversuche aufzugeben und sich gleich Christus glaubend, hoffend und liebend in die Hände des Vaters fallen zu lassen, die Bezeichnung „Auferstehung“ abspricht. Wenn der Tod die äußerste Ratifizierung der Taufe ist, geschieht hier auch auf zugespitzteste Weise Auferstehung und nicht nur Trennung und

---

[25] Ders. ebda. S. 161

[26] Greshake, G.: Auferstehung der Toten. Ein Beitrag zur gegenwärtigen theologischen Diskussion über die Zukunft der Geschichte. a.a.O. S. 235

[27] Ders.: „Seele“ in der Geschichte der christlichen Eschatologie. Ein Durchblick:. In: Brenning, W. (Hrsg.): Seele: Problembegriff christlicher Eschatologie. Freiburg i.Br. u.a. 1986. (= Quaestiones disputatae 106) S. 107-158; S. 148

[28] Vgl. ders. ebda.

> Weiterexistenz einer von Schöpfung her ohnehin unvergänglichen Seele und ihre Einweisung in einen „Stand“, der zwar seliges Mit-Christus-Sein, nicht aber Auferstanden-Sein, Teilhabe an seiner Auferstehung bedeutet.“[29]

Wenn die Bibel aber keinen anthropologischen Dualismus und damit keine *anima separata* kennt, stellt sich nun für Greshake die dogmengeschichtliche Frage, wie es zu diesem Paradigmenwechsel von der „leiblichen Auferstehung“ zur „Unsterblichkeit der Seele“ kommen konnte. Sehr subtil zeichnet Greshake diesen Entwicklungsweg nach: Greshake demonstriert luzide, daß es in der Frühen Kirche mindestens drei christliche Generationen gegeben hat, die ohne einen spezifischen eschatologischen Seelenbegriff ausgekommen sind. Vergegenwärtigt man sich, daß sowohl in der griechisch-hellenistischen Eschatologie wie auch in der jüdischen Apokalyptik der Seelenbegriff eine fulminante Rolle spielte, so ist es frappant, daß bei den sog. Apostolischen Vätern die Seele als Subjekt und Träger des postmortalen Schicksals so gut wie nicht vorkommt. Greshake verweist z.B. auf den Ersten und Zweiten Clemensbrief, die Ignatius-Briefe, die Märtyrerakten des Pionios u.a.. Der Begriff psyché ist hier immer gleichbedeutend mit Leben, Lebendigkeit, Personmitte. Niemals ist die Seele als Subjekt einer eschatologischen Aussage gedacht.

Die Hoffnung richtet sich ausschließlich auf die Auferstehung des einen und ganzen Menschen. Interessant ist, daß häufig der „sarkische“ (= fleischliche) Charakter der Vollendung mit Deutlichkeit betont wird. Es ist „dieses Fleisch“, das auferweckt wird. Die meisten Interpreten vermuten hinter dieser Akzentuierung bereits die anhebende Polemik gegen frühgnostische Ideen, wonach allein die Geistseele das Heil erlangt. Jedenfalls wird „sarx“ niemals als Gegenbegriff zu Seele gebraucht. Sarx meint den ganzen Menschen, gerade auch in seinen externen visiblen Bezügen: dieser konkrete Mensch in seiner psycho-physischen Einheit wird Vollendung in der Auferstehung finden. Als Beispiel zitiert Greshake einen Text aus den um 250 entstandenen Märtyrerakten des Pionios: „Ich (Pionios) eile (zur Hinrichtung), damit ich schneller auferweckt werde und die Auferstehung von den Toten kundtue“. Und zur Bestätigung heißt es dann: Sobald die Flamme seinen Körper verbrannt hatte, „sahen alle, die das Mitleid oder die Neugierde dorthin (zum Richtplatz) geführt hatte, den Leib des Pionios so, als ob er neue Glieder bekommen hätte. Er hatte erhobene Ohren, schönere Haare, einen aufsprossenden Bart. Alle seine Glieder waren so wohlgestaltet, daß man ihn für einen Jüngling hielt. Das Feuer hatte seinen Leib gleichsam verjüngt, ihm zur Ehre und zum Erweis der Auferstehung.“[30]

Man sieht, daß der Martyrer hier stirbt und *zugleich* aufersteht – *leibliche* Auferstehung im Tode. Greshake kommentiert:

---

[29] Ders. ebda. S. 148 f.

[30] Zitiert nach: Ders.: Theologiegeschichtliche und systematische Untersuchungen zum Verständnis der Auferstehung. In: Ders. u. Kremer, J.: Resurrectio mortuoram. Zum Verständnis der leiblichen Auferstehung. a.a.O. S. 182

„Der postmortale „Zwischenzustand“ – wenn überhaupt dieser Ausdruck angebracht ist – heißt demnach für den Martyrer (...) *Auferstehung* (...), deren „sarkischer“, leibhafter Charakter mit Nachdruck betont wird.“[31]

Während das Wort Seele bei den Apostolischen Vätern niemals explizit im eschatologischen Zusammenhang Verwendung findet, konstatieren wir die erste ausdrückliche Auseinandersetzung mit dem Seelenbegriff und mit der damit verbundenen Unsterblichkeitshoffnung bei den Apologeten und antignostischen Theologen. Es galt nämlich – wie Greshake darstellt – zum einen die christliche Hoffnung der heidnischen Umwelt nahezubringen und zweitens sie gegen gnostische Simplifizierungen zu verteidigen.

Nicht selten findet sich die Auffassung, in der heidnischen Umwelt des Christentums sei überwiegend der Glaube an die Unsterblichkeit der Seele verbreitet gewesen. Greshake widerlegt diese Meinung sehr überzeugend: Unter Bezugnahme auf Cicero, Celsus, Tertullian u.a. demonstriert er, daß mindestens vom ersten vorchristlichen bis zum beginnenden dritten nachchristlichen Jahrhundert bezüglich des postmortalen Geschicks radikale Skepsis oder Hoffnungslosigkeit herrschten. Im Volksglauben war neben tristen Hades-Vorstellungen und okkult-phantastischen Jenseitsbildern vielfach ein populärer Epikuräismus zu finden. Die griechische (besonders platonische) Philosophie mit ihrer Lehre von der unvergänglichen Seele bot den Apostolischen Vätern einen Ansatzpunkt, um gegen diese weitverbreitete Hoffnungslosigkeit und Skepsis eine Zukunft über den Tod hinaus überhaupt plausibel und denkbar zu machen.

Nur um „die christliche Hoffnung plausibel zu machen und denkerisch zu vermitteln, knüpfte die kirchliche Apologetik vielfach an eine philosophische Unsterblichkeitslehre bzw. an einzelne diesbezügliche philosophische Argumente an. Es ging ihnen bei ihrem Diskurs über die Unsterblichkeit nicht darum, einen „Ersatz“ für die Auferstehungslehre vorzutragen oder diese in die hellenistische Welt hinein zu übersetzen.“[32]

Platon wird gleichsam zum Verbündeten im Kampf gegen diejenigen Zeitgenossen, die sich in der Immanenz des irdischen Lebens skeptisch oder verzweifelt eingerichtet hatten. So weist z.B. Justin darauf hin, daß doch auch die griechischen Denker und Dichter an das Weiterleben der Seele glaubten und ruft dann aus: „Versteht, daß auch wir ihnen wenigstens gleichkommen. Denn nicht weniger als jene vertrauen wir auf Gott, sondern mehr ...“[33]

Greshake kommentiert:

„Wir haben hier die typisch apologetische Figur von Anknüpfung und Überbietung vor uns- die Heiden hoffen so – wir auch so und zugleich noch mehr. Gerade diese, wie auch schon die vorher angeführten Formulierungen, haben nun aber eine für das christliche Verständnis der resurrectio äußerst mißliche Kon-

---

31 Ders. ebda. S. 183

32 Ders.: „Seele“ in der Geschichte der christlichen Eschatologie. Ein Durchblick. a.a.O. S. 112

33 Justin, Apol. I,18. Zitiert nach: Greshake, G.: Theologiegeschichtliche und systematische Untersuchungen zum Verständnis der Auferstehung. In: Ders. u. Kremer, J.: Resurrectio mortuorum. Zum Verständnis der leiblichen Auferstehung. a.a.O. S. 187

> sequenz, die hinfort die weitere Geschichte dieses Glaubenssatzes bestimmen wird: In der genannten Argumentationsfigur kommt die Auferstehung des Leibes in die Gefahr, zu einer überbietenden Zusatz-Auskunft und Zusatz-Hoffnung über die Unsterblichkeitslehre hinaus zu werden. Sprechen die Heilige Schrift und die frühen Texte der Apostolischen Väter noch von der Auferstehung des einen und ganzen Menschen, so entsteht nun die Tendenz, die Hoffnung auf Auferstehung des Leibes als etwas zur Unsterblichkeit der Seele gleichsam additiv Hinzukommendes zu betrachten, sozusagen als eine „Sonderveranstaltung" Gottes, die allein die leibliche Dimension des Menschen betrifft."[34]

Diese Tendenz spitzte sich in den spezifisch antignostischen Auseinandersetzungen noch zu. Insofern der gnostische Dualismus *diese* Welt und die Materie abwerteten, betonten Tertullian, Klemens von Alexandrien, Augustinus u.a. die absolute Identität des Auferstehungsleibes mit *diesem* irdischen Leib, galt es doch, „Erlösung und Heil als Vollendungsgeschehen *an* dieser unserer irdischen Existenz selbst (und nicht *aus* ihr *heraus!*) mit Nachdruck zu vindizieren"[35].

Vor allem bei Augustinus wird die Identität des prä- und postmortalen Leibes in absoluter, geradezu physizistischer Weise betont. Alle leiblichen Organe, selbst die Speisen, die der Leib aufgenommen hat, werden auferweckt. Diese Betonung der Identität zwischen Erden- und Auferstehungsleib ging dann auch seit dem 5. Jahrhundert in viele Glaubenssymbole (Fides Damasi, Professio Fidei des Michael Palaeologus (1274) u.a.) ein und wurde zum entscheidenden Kriterium orthodoxen Auferstehungsverständnisses. Das an sich positiv zu wertende Motiv, die leibliche Realität der Auferstehung gegen die Gnostiker zu verteidigen, führte zur Annahme eines „Zwischenzustandes", insofern die physizistisch verstandene Auferstehung offensichtlich noch nicht stattgefunden hatte.

> „Damit aber trat konsequenterweise die Auferstehung als gegenwärtige Heilswirklichkeit zurück; auch hatte sie nicht ihren bevorzugten Ort im Tod des einzelnen (also im Augenblick der Trennung der Seele von der Materie) – beides waren ja gnostische Verstehensformen –, vielmehr wurde sie von der kirchlichen Theologie vornehmlich als ein massiv-materielles, geradezu „physizistisches" Geschehen am „Jüngsten Tag" verstanden."[36]

In der Frühscholastik findet eine spezifische Akzentverschiebung statt. Ging es in den ersten Jahrhunderten bei den Fragen um die Vollendung von Seele und Leib vor allem um das uneingeschränkte Heil Gottes gegen alle Diminutionen und stellten dafür die anthropologischen Aussagen nur das konkrete Begriffs- und Vorstellungsinstrumentarium dar, so erhält in der Scholastik die Anthropologie sukzessive auch ein Interesse „an sich", und die gefundenen anthropologischen Erkenntnisse werden gewissermaßen in die Eschatologie hinein „verlängert". Greshake formuliert es so:

---

[34] Ders. ebda.

[35] Ders. ebda. S. 189

[36] Ders. ebda. S. 190

> „War in der Frühen Kirche die Anthropologie eine Funktion der Eschatologie, so wird jetzt die Eschatologie eine Funktion der Anthropologie.“[37]

So verwundert es nicht, daß sehr bald die verschiedenen anthropologischen Ansätze auch die diversen eschatologischen Konzeptionen spezifizieren und modifizieren. „Gemeinsam ist allen Schulen und Theologen“, so führt Greshake aus, „die Überzeugung von einer Zusammensetzung des Menschen aus Leib und Seele sowie die Hoffnung auf Unsterblichkeit der Seele und Auferstehung des Leibes. Die Unvergänglichkeit der Seele zeigt, daß der Mensch vor Gott steht und zum ewigen Leben der Vollendung mit ihm berufen ist, die Auferstehung des Leibes artikuliert die konkrete Weise dieser Vollendung. Wie aber das Zueinander von Leib und Seele im eschatologischen Kontext genauer zu denken ist, hängt von den unterschiedlichen Anthropologien ab.“[38]

Deren Bandbreite erstreckt sich zwischen den Polen einer eher augustinisch-neuplatonischen und einer eher aristotelischen Sicht des Menschen. Auf der einen Seite stehen die meisten Schulen der Frühscholastik, an ihrer Spitze Hugo von St. Viktor und seine Schüler. Für sie sind die platonisch-neuplatonischen Kategorien das entscheidende Denkinstrumentarium der Anthropologie. Und so herrscht eine dualistische Sicht des Menschen und seine Bestimmung als Seele vor, „wenn man auch prinzipiell daran festhält, daß die Seele zusammen mit dem ihr wesensverschiedenen Leib das eine menschliche Wesen ausmacht“[39]. Dennoch sind Leib und Seele nach Hugo und seiner Schule zwei gegensätzliche Komponenten im Menschen und so geschieht im Tode die Loslösung der *anima* vom Leibe. Wohl bleibt aber auch für diese platonischen Denker die Seele nach ihrer Separation auf die Auferstehung des Leibes hingeordnet. Dies wird allerdings viel deutlicher bei den um den anderen Pol scholastischer Anthropologie sich gruppierenden Schulen: Es sind z.B. die sog. Porretaner und viele andere Lehrer der beginnenden Hochscholastik. In ihrer Anthropologie kommen trotz bleibendem neuplatonischem Einfluß bereits aristotelische Ideen mit zum Tragen.

> „Die Einheit von Seele und Leib wird hier so eng gefaßt, daß der Tod, die separatio animae a corpore, wirklich als Ende des Menschen verstanden und der anima separata konsequenterweise das Personsein abgesprochen bzw. nur deshalb zugesprochen wird, weil in ihr wesenhafte Beziehungen zum Leib bleiben, „die sie zur Person machen“, wie Anselm von Laon sagt.“[40]

Sehr ausführlich beschäftigt sich Greshake mit der Anima-forma-corporis-Lehre des Thomas von Aquin. Greshake demonstriert, daß in diesem, dem aristotelischen Hylemorphismus folgenden, Konzept „der Mensch radikal als Einheit begriffen“[41] wird. Leib und Seele sind *keine* selbständigen Prinzi-

---

[37] Ders. ebda. S. 217
[38] Ders. ebda.
[39] Ders. ebda. S. 218
[40] Ders. ebda. S. 219 f.
[41] Ders. ebda. S. 227

pien oder Vollsubstanzen. Leib und Seele als für sich existent, als actu entia, könnten nie zu einem unum simpliciter verbunden werden. Die letzte innere Einheit des Menschen besteht darin, daß der Mensch als psycho-physisches Wesen *eine* Substanz ist. Substanz im eigentlichen, ersten und vorzüglichen Sinn ist das, was weder von einem Subjekt ausgesagt wird, noch in einem Subjekt ist. Die (erste) Substanz ist also ein letztes Aussagesubjekt und Seinsfundament der Akzidentien. Denn das Sein ist folgendermaßen aufgebaut: Seiendes, das nur als Eigenschaft an anderen (ens in alio) ist: das Akzidenz; und Seiendes, bei dem das nicht der Fall ist, das Selbstand besitzt (ens in se) und deshalb das eigentliche, wesentliche Sein ist: die Substanz. Substanz ist auch das Bleibende gegenüber dem Wechselnden, das Tragende gegenüber dem Getragenen und das nur Denkbare (Noumenale) gegenüber dem Erscheinungsmäßigen (Phänomenalen). Sie ist das Wesen, das Permanente und der Grund eines Bündels von Phänomenen. Aber nun fragte sich bereits Aristoteles, was die erste Substanz zu dem macht, was sie ist. Sokrates ist als Substanz der Träger all der Erscheinungen, die mit ihm zusammenhängen. Aber was ist diese Substanz Sokrates selbst wieder? Die Antwort lautet: Sokrates ist ein Mensch. Die erste Substanz wird also nun vom Allgemeinen, von der Art her gesehen. Dieses Allgemeine bildet sein Wesen, das eidos, die Essenz, die zweite Substanz. Und auch Aristoteles meint mit Platon, daß sie das der Natur nach Frühere sei. Eidos, Essenz, Wesen usw. ist hier nicht nur ein bloßer Begriff, sondern ein ontisches Universale, Idee. Mit dem Begriff der zweiten Substanz, die das Wesen der ersten ausmacht, kommen wir zum fundamentalsten Begriff der aristotelischen Philosophie überhaupt: zum Begriff der Form, der morphé. Insoweit ein Seiendes durch die zweite Substanz in seinem Sosein bestimmt wird, kann man dieses Eidos als Form in einem seinshaften Sinn interpretieren, als etwas Bestimmendes, Gestaltendes. Die Form determiniert ein Substrat zu einem spezifischen Wesen. Alles Seiende ist Geformtsein; alles Werden Formempfangen; alles Vergehen Formverlieren. Somit ist das Gewordene stets ein Zusammengesetztes aus Stoff und Form, und das analysierende Denken vermag diese zwei Prinzipien herauszuheben und die Begriffe Materie und Form für sich nehmen. Das ist die Stoff-Form-Philosophie des Aristoteles, der Hylemorphismus. Thomas übernimmt dieses Konzept und spricht von materia und forma. Mit Hilfe des Hylemorphismus, den er also streng metaphysisch verstanden wissen will, interpretiert Thomas Leib und Seele als metaphysische Prinzipien, die sich verhalten wie materia und forma. Alles Werden ist deshalb gelenkt durch die Form. Sie ist keinesfalls erst Endprodukt, sie determiniert und steuert von Anfang an den ganzen Prozeß des Werdens. Die Form tritt aber bei Aristoteles nicht in ihrer Allgemeinheit auf, sondern in ihrer konkreten und individuellen Realisierung. Nicht die zweite Substanz wie bei Platon, sondern allein die erste ist bei Aristoteles in der materiellen Welt vorhanden. Und wenn somit die allgemeine Form wirksam wird, so nur dank ihrer Vorhandenheit in der Raum-Zeit-Dimension. Die Form ist also stets ein Allgemeines, eine zweite Substanz. Wie wird nun aber aus ihr die erste Substanz, das Individuelle? Aristoteles sieht das Individuationsprinzip in der Materie. Dadurch, daß die Form in die materielle Welt eingesenkt wird, wird sie zu einem Konkreten und Individuellen, und so entstehen die vielen singulären Exemplare, die unter eine Form fallen, das numerisch Eine im Unterschied zum artmäßig Einen der Form. Alle Dinge, die in Raum und Zeit existieren, sind deshalb eine Komposition aus Materie und Form. Weder Form noch Materie existieren in der Welt für sich; sondern immer nur die aus Materie und Form zusammengesetzte Substanz. Es existiert nur eine einzige reine Form, die für sich allein Dasein besitzt, ohne alle Materie: der unbewegte Beweger, Gott und seine ewigen Ideen. Alles andere Seiende ist stets ein Zusammengesetztes und somit individuell. Das ist die Lehre vom Hylemorphismus: Alles Seiende ist zusammengesetzt aus Materie und Form, hylé und morphé. Dabei unterscheidet Aristoteles Stoff im ersten Sinne, was schon irgendwie geformt ist: zweite Materie – das Holz z.B., aus dem der Tisch gezimmert ist. Erst der Stoff im zweiten Sinne ist das Prinzip, das Aristoteles der Form entgegenstellt: erste Materie. („Materia prima", sagt Thomas.)

Sie ist das vollkommen Unbestimmte, das Unterschiedslose, das allem Werden und Sein zugrunde liegt, das ohne alle Form ist, allerdings zu jeder Form gestaltet werden kann. Aristoteles kennt bekanntlich neben der Wirkursache noch die Zielursache oder den Zweck. Telos sagt Aristoteles, causa finalis oder causa exemplaris werden später die Scholastiker sagen. „Natur" ist „das, was aufgrund eines immanenten Prinzips (...) einem Zweck entgegeneilt". (Phys. B, 8; 199 b 15) Der Zweck, den Aristoteles hier meint, ist nichts anderes als Wesenheit, Idee und Form. Das Prinzip, das allem Werden und allen Prozessen der Natur zugrunde liegt, ist stets eine Wesenheit oder Form. Da für Aristoteles jedes Werden stets auf ein Ziel hingerichtet ist, geht dieses Ziel des Werdens schon in den Anfang des Werdens, das Wesen des Werdenden, mit ein. Der Zweck fällt zusammen mit der Form. Die Wesenheit oder Physis der einzelnen Dinge ist somit stets ein Für-etwas-geworden-Sein. Alles ist bereits durch Wesenheiten geprägt, und das Werden ist Resultat des Wesens, nicht das Wesen Resultat des Werdens. Die Form der belebten Dinge, Pflanzen, Tiere und Menschen, heißt bei Aristoteles und Thomas „Seele". Seele ist für Aristoteles und Thomas Lebensprinzip. Leben aber ist für Aristoteles Selbstbewegung, und deshalb ist auch die Seele im wesentlichen Selbstbewegung im Unterschied zu den unbelebten Dingen, die nur „von außen" fremdbewegt werden können. Die Seele ist – so Aristoteles – „die erste Entelechie eines organischen physischen Körpers". (De an. B. 1; 412 b 4) Entelechie heißt bei Aristoteles soviel wie vollendet sein, das Ziel, den Zweck erreicht haben. Und das ist dann der Fall, wenn ein Seiendes so geworden ist, wie es seiner Idee entspricht. Seele meint deshalb die Idee und das Ganze, die Sinnhaftigkeit und den Zweckzusammenhang eines lebendigen Körpers. Daher kann Aristoteles sagen, daß der Leib für die Seele da sei, d.h. alles an ihm ist um des Ganzen willen, ist auf sein Ziel hingeordnet wie ein Werkzeug (organon). Die Entelechie ist mithin kein besonderer Stoff, keine besondere Lebensenergie, sondern ganzheitsmachendes Prinzip, Idee, Logos und Eidos des belebten Körpers. Die Interpretation der Seele als Form des Leibes hat Aristoteles erst spät entwickelt. Sie ist voll entfaltet in

*De anima*. In den *Dialogen* der Jugendzeit vertritt Aristoteles noch einen platonischen Dualismus. Leib und Seele verhalten sich wie zwei getrennte und feindliche Prinzipien. Sie sind nur äußerlich verbunden. Später sind Seele und Leib zwar nicht mehr fremd, sondern arbeiten zusammen, sind aber noch immer selbständige Substanzen. Noch etwas später ist die Seele die Lebenskraft, die an irgendeiner Stelle des Leibes ihren Sitz hat. Im 8. Buch heißt es, daß die Lebewesen keine eigentlichen Selbstbeweger sind; denn man könne bei ihnen zwischen einem Bewegten und einem Bewegenden unterscheiden. Erst in *De anima* verschwindet die Zweiheit und verschmelzen Leib und Seele zu einer unio substantialis. Die Seele ist als Ganzes im ganzen Körper, und der Mensch ist eine aus Leib und Seele zusammengesetzte einheitliche Substanz.[42] Entsprechend den bereits von Empedokles aufgezählten drei Stufen von Organismen, Pflanze, Tier und Mensch, unterscheidet Aristoteles drei Arten von Seelen, deren niederste auch in der mittleren und diese wiederum in der höchsten enthalten ist. Pflanzenseele ist vegetative, Tierseele vegetative und kinetische sowie wahrnehmende, Menschenseele vegetative, kinetische, wahrnehmende sowie denkende Form des betreffenden Organismus. Pflanzenseele ist rein physiologischer, d.h. Lebenskraft schenkender Art. Die Tierseele dagegen zeigt bereits psychologische Züge, insofern die Bewegung des Tieres aus einem Begehren (orexis) hervorgeht, das seinerseits durch ein Gefühl bedingt ist. Das Gefühl wiederum wird erzeugt durch die Wahrnehmung eines Gegenstandes, der daraufhin begehrt wird. Die wahrnehmende Tierseele gewinnt nicht nur singuläre Wahrnehmungen mittels der Sinne, die Meldungen der Sinne werden durch den Gemeinsinn, der seinen Sitz im Herzen hat, verknüpft. Sensus communis werden die Scholastiker später zu diesem Gemeinsinn sagen. Auch kann das Wahrgenommene bereits beim Tier behalten werden als Vorstellung (phantasmata) bzw. – in größeren Zusammenhängen – als Erinnerung (mnéme oder anámnesis). All diese Fähigkeiten besitzt natürlich auch die Menschenseele. Sie hat der Tierseele aber noch voraus, daß sie denkt. Die Menschenseele ist Geist, der als diskursives Denken und Urteilen „Verstand" (dianoia), als Schauen der Wesenheiten und Begriffe aber Vernunft (nous) ist. In der Folgezeit warf die aristotelische Hylemorphismuslehre viele Fragen auf und fand verschiedene Auslegungen. Vor allem hing das mit folgendem Problem zusammen:

Nach Aristoteles ist allein die Materie Individuationsprinzip. Die allgemeine Wesenheit, Idee und Zweite Substanz, formt alle Exemplare einer Art, die ersten Substanzen, unmittelbar, ohne vermittelnde Instanzen und individuelle und konkrete Wirklichkeitsformen oder Seelen. Die Franziskanerschule hat später – anders als Thomas von Aquin – in der haecceitas, der „Diesheit" das Individuationsprinzip gesehen. Jedes Individuelle wird durch eine konkrete, einzelne, ihr allein eigene Form geprägt und gestaltet. Für die Lebewesen (auch die Menschen) bedeutet die aristotelische Lehre, daß sie nicht im vollsten Sinne Individuen sind, sondern nur eine, allen Vertretern ihrer Art gemeinsame Wesenheit besitzen. Lediglich die Materie unterscheidet, differen-

---

[42] Vgl. Hirschberger, J.: Geschichte der Philosophie. Bd. I. a.a.O. S. 211

ziert und individuiert die einzelnen Vertreter eines Genus. Mag man sich das bei Pflanzen, eventuell auch Tieren noch vorstellen, so ist dies im Falle des Menschen eine gewiß unannehmbare Vorstellung. Damit hängt zusammen, daß es so für Aristoteles – was später die mittelalterlich-scholastische Philosophie und Theologie sehr beschäftigt hat – auch keine individuelle Unsterblichkeit der menschlichen Seele geben kann. Die menschliche Seele ist zwar als Form und Idee präexistent und unzerstörbar. Man darf aber unter dieser Unsterblichkeit keinesfalls eine individuelle Unsterblichkeit verstehen, sondern allenfalls eine der Kollektivseele der Menschheit, bzw. der ewigen Idee „Mensch". Es geschah nicht ohne Grund, daß Alexander von Aphrodisias und Averroes nur einen einzigen tätigen Verstand annahmen, an dem alle Menschen teilhätten, und es geschah weiter nicht von ungefähr, daß im Peripatos später die Unsterblichkeit der Seele überhaupt negiert wurde (Straton von Lampsakos). Erstere hatten den logischen Geist im Auge; letztere die Seele als Lebensprinzip. Für beide Interpretationen gab Aristoteles berechtigten Anlaß.[43]

Diese letzte aristotelische Konsequenz war „christlich natürlich nicht rezipierbar"[44]. Deshalb versuchten die Theologen der Hochscholastik, einen Weg des Kompromisses zwischen Platon und Aristoteles zu gehen. So bleiben augustinisch-neuplatonische Begriffe und Kategorien unvermittelt neben aristotelischen stehen. Dies zeigt sich besonders daran, daß Theologen wie Alexander von Hales, Bonaventura, Albert u.a. die aristotelische These übernahmen, daß die Seele *Form des Leibes* ist. Doch diese These erhielt bei ihnen die Einschränkung: sie ist Form des Leibes *ihren Potenzen, nicht ihrem Wesen nach.* Das bedeutet, daß die Seele gewissermaßen lediglich „akzidentell" den Leib informiert und damit die Leib-Seele-Einheit des Menschen nicht radikal genug zum Tragen kommt. Greshake formuliert es so:

> „Für den Leib hat dies zur Konsequenz, daß er eine Eigenwirklichkeit neben der Geistseele hat, eine „forma corporeitatis", die tatsächlich – gut aristotelisch – dem Vergehen unterworfen ist. Somit blieb in der Kompromißformel: Die Seele ist Form des Leibes ihren Potenzen, nicht ihrem Wesen nach, ein Hiatus zwischen unsterblicher Geistseele, die sich als Form sozusagen nicht voll in die Materie begibt, einerseits und der Leiblichkeit, die von einer eigenen Form geprägt ist und damit der Seele auch „gegenübersteht", andererseits."[45]

Den „gordischen Knoten"[46] löst nun Thomas, indem er die Seele so konzipiert, daß sie beides zusammen in Identität ist: ihrem Wesen nach ganz Form des Leibes *und* ganz subsistenter unzerstörbarer Geist. Ihre Substantialität ist in ihrem Formsein begründet et vice versa. Die Seele ist „eine Form, die Substantialität *hat* und *verleiht*"[47].

[43] Vgl. ders. ebda. S. 215
[44] Greshake, G.: Theologiegeschichtliche und systematische Untersuchungen zum Verständnis der Auferstehung. In: Ders. u. Kremer, J.: Resurrectio mortuorum. Zum Verständnis der leiblichen Auferstehung. a.a.O. S. 224
[45] Ders. ebda. S. 225
[46] Ders. ebda.
[47] Gilson, E.: Der Geist der mittelalterlichen Philosophie. Wien 1950. S. 203

„Dieser neue thomanische Ansatz ist auf der einen Seite konsequentester Aristotelismus, aber auf der anderen Seite trägt er mit seiner Hervorhebung der Seelen-Subsistenz einen durch und durch unaristotelischen Zug in sich."[48]

Auch andere Autoren haben darauf hingewiesen, daß Thomas inkonsequent ist, wenn er zwar die aristotelische Hylemorphismuslehre für das Leib-Seele-Problem übernimmt, auf der anderen Seite aber eine postmortale *anima separata* annimmt. Offensichtlich machte Thomas hier Zugeständnisse an damalige theologisch-eschatologische Vorstellungen.

Richard Heinzmann formuliert es so:

„Damit ist aber zugleich Wichtiges über die Seele selbst ausgesagt: Es ist ihr Wesen, Geist und forma corporis zu sein; sie ist von solcher Art, daß sie zu ihrer eigenen Verwirklichung eines Körpers bedarf (De ver XVI 1 ad 13). Seele kann nur vom Leib her und auf den Leib hin verstanden und definiert werden (De spiritualibus creaturis, 9). Wenn Thomas trotzdem von der Unzerstörbarkeit (incorruptibilitas) der Seele spricht, hat das mit der Unsterblichkeit der Seele der neuplatonisch-augustinischen Tradition nichts gemein. Was Thomas damit sagen will, kann nur von dem theologischen Datum der Auferweckung der Toten her verstanden werden."[49]

Die Seele existiert also nach Thomas nach ihrer Trennung vom Leib weiter. Doch diese Ausdrucksweise ist äußerst mißverständlich. „Präziser gesagt", betont Greshake, „trennt sich die Seele nach thomanischer Auffassung nicht von einem gewissermaßen in sich bestehenden Teil des Menschen „Leib", sondern sie hört auf, materia zum menschlichen Leib zu informieren sowie sich in Leib und Welt auszudrücken und zu verwirklichen."[50] Die thomanische Auffassung von der psycho-physischen Einheit hat dann immerhin für die Eschatologie die Konsequenz, daß die *anima separata* „deshalb noch nicht Person genannt werden"[51] kann. Nach H.-J. Weber ist der Tod für Thomas daher auch „das größte Übel für jegliches Seiende (...). Im Tod (...) hört der Mensch auf zu sein, als Mensch verfällt er dem Nichts, so daß die Hochscholastik unter diesem Gesichtspunkt nur den Ganztod lehrt, da allein die lebendige Einheit aus Leib und Seele Person und Mensch ist"[52]. Greshake faßt die thomanische Position folgendermaßen zusammen:

---

[48] Greshake, G.: Theologiegeschichtliche und systematische Untersuchungen zum Verständnis der Auferstehung. In: Ders. u. Kremer, J.: Resurrectio mortuorum. Zum Verständnis der leiblichen Auferstehung. a.a.O. S. 225 f.

[49] Heinzmann, R.: Philosophie des Mittelalters. Stuttgart 1992. S. 215 f. Siehe auch: Ders.: Die Unsterblichkeit der Seele und die Auferstehung des Leibes. Münster 1965

[50] Greshake, G.: Theologiegeschichtliche und systematische Untersuchungen zum Verständnis der Auferstehung. In: Ders. u. Kremer, J.: Resurrectio mortuorum. Zum Verständnis der leiblichen Auferstehung. a.a.O. S. 229 f.

[51] Kluxen, W.: Anima separata und Personsein bei Thomas von Aquin. In: Eckert, W.P. (Hrsg.): Thomas von Aquin. Mainz 1974. S. 106. Zitiert nach: Greshake, G.: Theologiegeschichtliche und systematische Untersuchungen zum Verständnis der Auferstehung. In: Ders. u. Kremer, J.: Resurrectio mortuorum. Zum Verständnis der leiblichen Auferstehung. a.a.O. S. 229

[52] Weber, H.J.: Die Lehre von der Auferstehung der Toten in den Haupttraktaten der scholastischen Theologie. Freiburg/Basel/Wien 1973. S. 130 ff. Zitiert nach: Greshake, G.: Theologiegeschichtliche und systematische Untersuchungen zum Verständnis der leiblichen Aufer-

> „(1) Der Tod ist wirklich Zerstörung und Ende des Menschen. (...) Und weiter: Tod ist Weltuntergang, da von sich her weder die Seele ohne Leib noch erst recht der Leib ohne die Seele mit irgendeiner Wirklichkeit Kommunikation aufnehmen kann.
> (2) Was im Tod zurückbleibt, ist nicht ein menschlicher Leib, sondern ein Leichnam, der infolgedessen nur „aequivoce“ Leib genannt werden kann.
> (3) Die Seele existiert nur als „Bruchstück“ und „Krüppelwesen“ weiter. Ihr Fragmentsein wird von Thomas verglichen mit dem Status einer abgehauenen Hand (vgl. STh 1, 75, 4 ad 2).“[53]

Insofern sieht man, daß die thomanische Leib-Seele-Konzeption – konsequent zu Ende gedacht – nach einer Fortentwicklung in Richtung „Auferstehung im Tode“ verlangte, wie sie z.B. Greshake geleistet hat.

Sehr ausführlich beschäftigt sich Greshake mit den Eschatologien des zwanzigsten Jahrhunderts. Während die Neuscholastik immer mehr einem platonisierenden anthropologischen Dualismus verfiel, siegte in der protestantischen Theologie die Erkenntnis von der exegetischen Unhaltbarkeit jeglicher *anima separata*-Vorstellung. Sehr genau zeichnet Greshake die Positionen Barths[54], Bultmanns[55] und Moltmanns[56]. Die letzten beiden Theologen verlagerten die christlichen Hoffnungsbilder immer mehr ins diesseitig Zukünftige und Immanente. Greshake äußert sich zu theologischen Ansätzen, die die christliche Hoffnung auf das Weltimmanente und Politische reduzieren wollen, sehr kritisch-negativ und leidenschaftlich.[57]

### *4. Auferstehung im Tode?*

Gegen die von uns bereits ausführlich hinterfragten Schwachstellen der „Ganztodtheorie“ entwickelt Greshake nun seine eigene Position. Neben biblischen Stellen, die davon ausgehen, daß das jenseitige Leben sofort nach dem Tode beginnt, ist es auch die katholische Tradition mit ihren Elementen der Heiligenverehrung und des Gebets für die Verstorbenen (Greshake weist darauf ausdrücklich hin[58]), welche eine Ganztodlehre ausschließen.

Die Grundvorstellung einer Auferstehung im Tode ist bestrebt, eine Vielzahl von Impässen zu vermeiden, in welche die Dogmatik im Laufe ihrer Geschichte immer wieder geraten war. Die Annahme einer Diastase zwischen Vollendung der Seele und Vollendung des Leibes sowie das damit anhebende

---

stehung. a.a.O. S. 229. In: Ders. u. Kremer, J.: Resurrectio mortuorum. Zum Verständnis der leiblichen Auferstehung. a.a.O. S. 229

53 Ders. ebda.

54 Vgl. ders.: Auferstehung der Toten. Ein Beitrag zur gegenwärtigen theologischen Diskussion über die Zukunft der Geschichte. a.a.O. S. 52-95

55 Vgl. ders. ebda. S. 96-133

56 Vgl. ders. ebda. S. 134-162

57 Vgl. ders.: Stärker als der Tod. Zukunft – Tod – Auferstehung – Himmel – Hölle- Fegfeuer. a.a.O. S. 31 ff.

58 Vgl. ders. ebda. S. 93 ff.

Identitätsproblem von Erden- und Auferstehungsleib wurde dem Glauben an die Auferstehung von außerbiblischen Motiven her aufoktroyiert – wie wir gesehen haben.

Greshake faßt diesen Paradigmenwechsel von „Auferstehung des Leibes" zur „Unsterblichkeit der Seele" unter dem Stichwort „Anknüpfung und Widerspruch"[59] zusammen: In diesem Sinn wies das Christentum die hellenistische Doktrin, daß der Mensch kraft seiner immortalen Seele, die sich im Sterben vom Leibe trennt, den Tod überwindet, zunächst einmal zurück. Eine solche Vorstellung nimmt weder den Tod ernst noch die Überwindung des Todes:

Weil die Seele nach dieser Denkart vom Tod substantiell gar nicht tangiert ist, sondern sich problem- und leidlos von den materiellen Bedingungen des Leibes und der stofflichen Welt trennt, um nun endlich, exemt von der Last des Leibes, in der elysischen Welt weiterzuleben. So kommt die horrende Realität des Todes in letzter Schärfe gar nicht in den Blick. Eine solche Doktrin nimmt aber auch die Überwindung des Todes, nämlich die Hoffnung auf eine umfassende Vollendung, nicht ernst: Nicht der Mensch als ganzer, sondern nur eine Teilsubstanz des Menschen, eben die Seele, hat in dieser Hoffnung Zukunft und findet Vollendung. Darum besteht die christliche Lehre darauf, daß erst in der Auferweckung des Leibes, d.h. in der Auferstehung des ganzen Menschen, der Tod besiegt wird und der Mensch zu seiner Sinnerfüllung findet. So heißt es auch im altchristlichen Credo nicht: „Ich glaube an die unsterbliche Seele", sondern: „Ich glaube an die Auferweckung des Fleisches." Hier zeigt sich der Einwand des Christentums gegen die griechische Denkwelt und die neue Botschaft, die von ihm verkündet wird. Nicht nur ein Part des Menschen, nicht nur die Seele findet Vollendung, sondern der Leib, d.h. der ganze Mensch und damit auch die ganze Welt, in welche der Mensch mittels seines Leibes inkludiert ist. Vollendung meint für den Christen nicht „Auswandern aus der Welt", sondern Sinnerfüllung der ganzen Welt. Das ist die Bedeutung, die hinter dem Bild von der Auferweckung des Leibes steht.

Auf der anderen Seite aber integrierte das Christentum Gedanken der hellenistischen Geisteswelt. Während die Gläubigen des Alten Testaments glaubten, die Auferstehung fände erst am Ende der Welt statt, bis dahin würden die Toten in einer Art Schlaf weiterexistieren, d.h. in einem Zwischenzustand nahe dem Nichts, so war das Christentum von Anfang an der Überzeugung: Wenn wir sterben, gelangen wir sofort zu Christus, gehen wir sofort in die Gemeinschaft mit ihm und dem Vater ein (vgl. z.B. Phil 1,21 ff.; 2 Kor 5,1 ff.). Um darzustellen, daß sofort im Tod die Gottes- und Christusbegegnung sein wird, konnte man sehr gut die hellenistische Überzeugung assimilieren: Im Tod und nicht erst am Ende der Geschichte findet der Mensch zu seiner endgültigen Bestimmung.

> „Das Verstehensmodell „Auferstehung im Tod" hebt hervor, daß das todüberwindende Handeln Gottes den ganzen Menschen, d.h. in gleicher Weise Seele und

---

[59] Ders. ebda. S. 64

> Leib, betrifft. Die traditionelle Idee der „Unzerstörbarkeit“ der Seele liegt also nicht „außerhalb“ des „eigentlichen“ Auferweckungsgeschehens, sondern ist ein Moment an diesem.“[60]

Mit diesem Gedanken begegnet Greshake auch dem bekannten Lehrschreiben der römischen Glaubenskongregation vom 17.5.1979, welches den Begriff von der „Unsterblichkeit der Seele“ verteidigt, und von dem angenommen wird, daß es sich auch gegen die von Greshake entwickelten Gedanken von der Auferstehung im Tode wendet. Greshake begegnet dem Schreiben der Glaubenskongregation, indem auch er den Begriff von der „Unsterblichkeit der Seele“ akzeptiert, wenn damit zum Ausdruck gebracht werden soll, daß das Individuum sofort nach dem Tode zu Gott gelangt. Allerdings muß – angesichts des biblischen Menschenbildes – zurückgewiesen werden, daß der zur Vollendung gelangte Verstorbene anders gedacht werden könnte als in seiner „vollen Leiblichkeit“.[61]

Greshake betont also, daß zwischen der „Auferstehung des Leibes“ und der „Unsterblichkeit der Seele“ kein künstlicher Gegensatz konstruiert werden muß. Aus diesen Gründen kam es in der Vergangenheit zu einem Kompositum von hellenistischen und hebräischen Denkelementen. Im Tod gelangt der Mensch zu Gott: Dafür übernahm man das platonische Bild von der unsterblichen Seele, die sofort im Tod heimkehrt in die jenseitige Sphäre. Zugleich aber betonte man: die Vollendung findet der Mensch erst, wenn er als ganzer mit der ganzen Welt von Gott neu erweckt wird, d.h. seine letzte Erfüllung findet er erst in der Auferstehung des Fleisches. So sind in einem lange andauernden Prozeß – den wir oben skizziert haben – hellenistische und jüdische Elemente in das Glaubensbild eingeflossen, das bis heute noch das christliche Bewußtsein prägt. So wird aber auch nachvollziehbar, daß im Bewußtsein der Gläubigen allmählich die Erwartung der Auferstehung zurücktrat und statt dessen mehr und mehr der Ton auf der Heimkehr der Seele zu Gott lag. Die Auferstehung wurde gewissermaßen zu einem akzidentellen Anhang an das eigentliche Geschehen der Gottesbegegnung der Seele im Tod.

Nun stellt sich die Frage: Was meint denn Auferstehung – wenn nicht, wie in der traditionellen Auffassung, ein zukünftiges Geschehen am Ende der Zeit? Wie kann Greshake von Auferstehung im Tode sprechen, wenn der Leichnam offensichtlich noch im Grabe liegt? Also: Was meint denn Auferstehung des Fleisches? Ist damit gemeint, daß am Ende der Geschichte die menschlichen Relikte, Knochen, Sehnen und Muskeln, von Gott wieder erweckt werden, daß ein neuer Leib ersteht und dieser Leib der Seele, die schon im Jenseits ist, gleichsam hinzugegeben wird? Sind dies nicht naive Vorstellungen vor allem für heutige Menschen, die wissen, daß schon in un-

---

[60] Ders.: Theologiegeschichtliche und systematische Untersuchungen zum Verständnis der Auferstehung. In: Ders. u. Kremer, J.: Resurrectio mortuorum. Zum Verständnis der leiblichen Auferstehung. a.a.O. S. 270

[61] Vgl. Greshake, G. u. Lohfink, G.: Naherwartung – Auferstehung – Unsterblichkeit. Untersuchungen zur christlichen Eschatologie. Freiburg/Basel/Wien 1983. S. 185 ff.

serem Erdenleben nach einigen Jahren nicht ein einziges Atom unseres Leibes in uns identisch bleibt?

Was war denn eigentlich der Sinn der Hoffnung auf Auferstehung und der Sinn der Ablehnung der griechischen Antwort, allein die Seele finde Vollendung? Deren Sinn war, wie wir gesehen haben:
1. Man wollte zum Ausdruck bringen: Nicht aus eigener Kraft, auf Grund einer immortalen Psyche kommt der Mensch zur Vollendung, sondern Erfüllung findet er nur durch eine Tat Gottes, die ihm gnadenhaft geschenkt wird.
2. Nicht eine leibbefreite Seele geht aus der Welt, um letzte Heimat im Jenseits zu finden, sondern der ganze Mensch mit Leib und Seele darf Hoffnung auf Vollendung haben, der ganze Mensch, der inkludiert ist in Welt und Sozietät und sich in der Geschichte in Freiheit zu dem Selbst entwickelt, das er schließlich im Tod ist.

Wenn man auf diese originäre Intention der Glaubenswahrheit blickt, meint Auferstehung des Leibes nicht ein obskures Wiederbeleben von Knochen, Haut und Fleisch des sterblichen Leichnams, sondern das Hoffnungsbild „Auferstehung des Leibes“ will sagen, daß der Mensch nicht nur als ein ahistorisches geistiges Selbst Erfüllung findet, „daß er vielmehr mit seiner Welt und Geschichte, mit seinem ganzen Leben zu Gott heimkehrt“[62].

Können wir also das, was Auferweckung heißt, heute klarer und adäquater formulieren als die Tradition vor uns mit ihrer grob stofflichen Vorstellung „vom Öffnen der Gräber und Wiederbeleben der Totengebeine“[63]?
Bevor Greshake eine Antwort versucht, betont er:

> „Wir kommen hier an die Grenzen aller Denkbarkeit. Ein Leben über den Tod hinaus ist nun einmal unserer Erfahrung nicht zugänglich. Es sprengt alle Möglichkeiten der Welt und damit auch unserer Vorstellungskraft. Schon Paulus hat die skeptische Frage: „Wie werden die Toten auferstehen, mit was für einem Leib kommen sie?“ (1 Kor 15,35) zurückgewiesen („Du Tor“!) mit Hinweis auf die absolute Neuheit und damit Analogielosigkeit des Kommenden.“[64]

Wir sahen, daß die *anima separata*-Vorstellung dem Menschenbild der Bibel widerspricht, wir haben den leidenschaftlichen Protest der Existenzphilosophen gegen jeglichen anthropologischen Dualismus ausführlich analysiert.

Aus diesen Reflexionen folgt, daß wir einige simplifizierende Ideen der Vergangenheit nicht länger tradieren sollten. Wir brauchen nicht mehr zu formulieren: Im Tod separiert sich die Seele vom Leib und geht ins Jenseits hinüber, am Jüngsten Tag kommt dann der Leib gleichsam hinzu. Sondern mit sehr vielen, wenn nicht den meisten Theologen heute können wir formulieren: Der Christ hofft, daß *im* Tod Auferstehung geschieht. Auferstehung nicht in dem Sinn, daß der materiell-visible Leib transformiert wird; er wird ja als toter Leichnam in das Grab gesenkt. Auferstehung des Leibes meint nicht Auferstehung des Leichnams, Auferstehung meint vielmehr, daß im

---

[62] Greshake, G.: Stärker als der Tod. Zukunft – Tod – Auferstehung – Himmel – Hölle – Fegfeuer. a.a.O. S. 66
[63] Ders. ebda. S. 67
[64] Ders. ebda.

Tod der ganze Mensch mit seiner konkreten Welt und Geschichte von Gott neue Zukunft erhält. Diese Zukunft können wir uns nicht vorstellen, da wir nur die Konditionen dieser Welt kennen, die endlich ist, mit Leid und Schuld erfüllt ist. Wir wissen nicht, wie eine Zukunft über den Tod hinaus aussieht, aber wir brauchen es auch nicht zu wissen. Vor allem aber ist es nicht notwendig, Bilder einer vergangenen Zeit für obligat zu halten, die für die meisten Menschen längst unvorstellbar geworden sind.

Die Vorstellung, daß sich im Tod Auferstehung vollzieht, wird heute nicht nur von den meisten Theologen vertreten, sie hat längst Niederschlag gefunden in „offiziöse“ kirchliche Texte. So heißt es im *Holländischen Katechismus*:

> „In früheren Zeiten hat man eine Lösung gesucht in der Vorstellung vom Tode als einer Trennung von Leib und Seele. Nach dem Tode, so stellte man es sich vor, lebt die Seele getrennt vom Leibe weiter, während der Leib selbst zerfällt; beim Jüngsten Gericht werden die Leiber aus der Erde neu gesammelt. Diese klare Vorstellung war ein ehrlicher Versuch, sich die Aussagen der Schrift bildlich vorzustellen. (...) Wie sollen wir nun diese biblischen Worte verstehen? Sie sprechen vom Heute, aber das bezieht sich nicht auf etwas, das gänzlich unleiblich wäre. Zugleich aber spricht die Schrift davon, daß sie leben werden. Was besagt dies für unsere Toten? Daß wir vermuten dürfen, daß in der Tat „heute“ schon etwas angefangen hat, und daß dieses „Etwas“ nicht ohne Beziehung zur Leiblichkeit ist. Das Leben nach dem Tode ist also schon so etwas wie die Auferweckung des neuen Leibes. Dieser Auferstehungsleib ist nicht dasselbe wie die Moleküle und Atome, die in die Erde eingegangen sind. Als neuer Mensch wacht man auf, wird man erweckt.“[65]

Und auch der von der Deutschen Bischofskonferenz 1985 herausgegebene *Katholische Erwachsenen-Katechismus* betont, man verstehe den Begriff „Unsterblichkeit der Seele“ nur dann nichtig, „wenn man Ernst damit macht, daß die Seele nicht ein Teil des Menschen neben dem Leib ist, sondern das Lebensprinzip des einen und ganzen Menschen, modern formuliert: sein Ich, sein Selbst, die Mitte seiner Person“[66].

Ebenso hat diese Interpretation Aufnahme gefunden in die neuen liturgischen Texte zur Totenliturgie, in denen der Begriff Seele ostentativ vermieden wird. Es ist kein Zufall, daß man nicht mehr von Seelenruhe, Seelenamt, Allerseelen usw. spricht, sondern daß die Kirche für den Verstorbenen betet, der nun als ganzer vor Gott steht.

Wird in diesem Verstehensmodell Auferstehung aber nicht zu einem nur individuellen Geschehen, das sich immer nur am singulären Menschen vollzieht? Was ist mit der universalen Dimension der Auferstehung, wie sie in den Bildern bezeugt wird? Zur Beleuchtung dieser Problematik darf zweierlei nicht vergessen werden:

1. Durch sein Handeln in der Geschichte bewirkt der Mensch sich nicht nur selbst definitive Reife, sein Tun und Wirken hat auch eine durable, irre-

---

[65] Glaubensverkündigung für Erwachsene. Deutsche Ausgabe des Holländischen Katechismus. Freiburg/Basel/Wien 10. Aufl. 1978. S. 524 f.

[66] Katholischer Erwachsenen-Katechismus. Das Glaubensbekenntnis der Kirche. Hrsg. von der Deutschen Bischofskonferrenz. Bonn u.a. 3. Aufl. 1985. S. 407

versible Wirkung in der Geschichte selbst: Es gewinnt definitive Importanz auch für den Existenzvollzug der Anderen, der mitmenschlichen Gemeinschaft. So leben wir, auch wenn wir Zukunft bei Gott gefunden haben, bleibend und endgültig in der Geschichte fort und bleiben ihr verbunden.

2. Was im Tod des Einzelnen in Gott eingeborgen wird, ist ein Weltbezug. So wie jeder von uns bleibend die Geschichte mitgestaltet, so ist jedes Einzelschicksal getragen und geprägt von einer großen Vielfalt von Elementen und Anregungen, durch die Andere uns geprägt haben und die damit in unserer konkreten Gestalt für immer aufgehoben sind.

Auferstehung ist nicht ein individuelles Geschehen, das den Sterbenden der geschichtlich-realen Welt und der Gemeinschaft mit den Anderen enthebt, vielmehr bleibt auch der Verstorbene der weitergehenden Geschichte eng verbunden:

> „Ein Element der Geschichte kommt in ihm zur Vollendung, und er bleibt durch sein Tun und Lassen in der Geschichte gegenwärtig. So werden in der Auferstehung die Beziehungen auf beiden Seiten nicht gekündigt, sondern aufs höchste bestätigt.“[67]

Greshake faßt seine Reflexionen folgendermaßen zusammen:

> „Im Tod geschieht Auferstehung des Leibes. Behält man dagegen die Bezeichnung resurrectio allein einem besonderen Geschehen am Jüngsten Tag vor mit dem Argument, der Leichnam bleibe doch faktisch im Grabe liegen und sei eben nicht auferstanden, so kann nur schwer der Eindruck vermieden werden, die christliche Auferstehungshoffnung richte sich im Grunde doch „nur“ auf ein zweites Moment am individuellen Menschen, nämlich auf seinen (individuellen) Leib. Demgegenüber will die Redeweise von der Auferstehung im Tod zum Ausdruck bringen, daß das postmortale Leben „Auferstehungsstand“ ist, Sein in verklärter Leiblichkeit (und darin freilich zugleich Wartestand auf das endgültige Bei-Gott-Sein aller in der Vollendung des corpus Christi totius).“[68]

Man muß sehen, daß das Modell von der Auferstehung im Tode vor den Erkenntnissen der modernen anthropologischen Wissenschaften bestehen kann, während die Vorstellung von einer *anima separata* von hierher kaum mehr zu halten sein dürfte.[69]

Auch muß man sehen, daß Greshake die Existenz einer Seelensubstanz oder Seelenentität (welche den biologischen Tod überleben könnte) nicht unbedingt leugnet (wenn er sie auch nicht für sehr wahrscheinlich halten dürfte). Allerdings wäre auch eine solche Seele nie als leibfreie – d.h. ohne Auferstehungsleib – zu denken. Greshakes Theorie ist also gewissermaßen

---

67 Greshake, G.: Stärker als der Tod. Zukunft – Tod – Auferstehung – Himmel – Hölle – Fegfeuer. a.a.O. S. 71

68 Greshake G.: Theologiegeschichtliche und systematische Untersuchungen zum Verständnis der Auferstehung. In: Ders. u. Kremer, J.: Resurrectio mortuorum. Zum Verständnis der Weiblichen Auferstehung. a.a.O. S. 267f.

69 Der Autor des vorliegenden Werks arbeitet gerade an einer Studie, die den Diskussionsstand der heutigen Natur- und Geisteswissenschaften zum Leib-Seele-Problem zur Darstellung

gegenüber den verschiedenen Leib-Seele-Theorien (Leib-Seele-Dualismus, Identitätstheorie usw.) neutral. Allerdings bezeichnet Greshake seine Theorie als „die radikale Konsequenz“ der anima-unica-forma-corporis-Lehre.[70]

bringen wird. Hier kann diese Thematik – aus naheliegenden Gründen – nicht vertieft werden. Die vorliegende Arbeit ist ja primär der Existenzphilosophie gewidmet! Es sei nur darauf hingewiesen, daß unter den heutigen Neurophysiologen nur noch John Eccles einen Leib-Seele-Dualismus vertritt. (Eccles J.C. u. Popper K.R. : Das Ich und sein Gehirn. München/Zürich 9. Aufl. 1989; dazu: Lohner, A.: Dem Leib-Seele-Dualismus wirklich den Boden entzogen? In: Ethik und Sozialwissenschaften. Streitforum für Erwägungskultur. Jg. 6 (1995) Heft 1. S. 101 - 103.) Einen guten Überblick zum Forschungsstand der heutigen Leib-SeeleForschung bietet: Goller H. : Emotionspsychologie und Leib-Seele-Problem. Stuttgart u.a. 1992. Carrier, M. u. Mittelstraß, J. : Geist, Gehirn, Verhalten. Das Leib-Seele-Problem und die Philosophie der Psychologie. Berlin/NewYork 1989. Hastedt, H.: Das Leib-Seele-Problem. Zwischen Naturwissenschaft des Geistes und kultureller Eindimensionalität. Frankfurt a.M. 1989.

70 Greshake G.: Theologiegeschichtliche und systematische Untersuchungen zum Verständnis der Auferstehung. In: Ders. u. Kremer, J.: Resurrectio mortuorum. Zum Verständnis der Weiblichen Auferstehung. a.a.O. S. 272

# Epilog

Fassen wir zusammen:

Die Einschätzung und Bewertung der menschlichen Sterblichkeit und des Todes ist bei den Existenzphilosophen eine unterschiedliche. Am negativsten und hoffnungslosesten ist sie bei Jean-Paul Sartre und Albert Camus ausgefallen. Sartre wendet sich gegen die Interpretation, die dem Tode eine das Leben des Menschen abschließende Funktion zuschreibt. Der Tod ist ein sinnblindes Faktum, eine absurde Endgültigkeit, die den Menschen als die äußerste Nichtung seiner Freiheit all seiner Möglichkeiten beraubt. Der Tod ist es, der dem Menschen die alles durchherrschende Abscheu vor der Existenz, den „Ekel", verursacht. Für Camus durchzieht das Wissen um die eigene Sterblichkeit alle Erfahrungen der Absurdität, von denen das Leben bestimmt ist. Bei Martin Heidegger und Karl Jaspers erfährt der Tod eine sinnbejahendere Deutung. Nach Heidegger entreißt die „Erfahrung des Vorlaufens zum Tode" den Menschen den beruhigend-oberflächlichen Daseinsweisen des „Man". Der Tod birgt in sich die Möglichkeit, Vollendung des Daseinsganzen zu sein, insofern er als ein in Freiheit vollzogener Abschluß übernommen wird. Für Jaspers ist der Tod eine „Grenzsituation", an der der Mensch, indem er an ihr „scheitert", seine Existenz vollziehen kann. Eine eindeutig hoffnungsvolle und christliche Deutung findet der Tod in den Werken Gabriel Marcels und Peter Wusts. Diese Denker entwickeln sogar philosophische Argumente für das Weiterleben des Menschen über den Tod hinaus.

Wir sahen, daß der Glaube an ein Leben nach dem Tode eng mit der Frage nach dem Verhältnis zum Anderen verknüpft ist. Wo die Beziehung zum Anderen als relativ unwichtig für die Existenzwerdung des Selbst betrachtet wird, bleiben die Reflexionen zu einem möglichen Weiterleben vage und unbestimmt (Heidegger). Wo der Andere als Bedrohung für das eigene Selbst gesehen wird, wäre jedes Weiterleben nach dem Tode die *Hölle*. In einer solchen Philosophie muß Unsterblichkeit entschieden verneint werden (Sartre). Nur dort, wo ich meine Existenzwerdung vor allem oder ausschließlich im Verhältnis zum geliebten Du verwirkliche, findet der Unsterblichkeitsbegriff eine positive Verwendung (Jaspers) und werden philosophische Argumente für ein Leben nach dem Tode entwickelt (Marcel).

Mindestens ebenso entscheidend dafür, wie die Frage nach Unsterblichkeit in einer Philosophie beantwortet wird, ist die Gottesfrage. Wo philosophisches Denken und Bemühen die Sphäre des Endlichen und Zeitlichen nicht verläßt, bleibt auch die Unsterblichkeitsfrage ausgeblendet (Heidegger). Wo die Frage nach dem Wesen der Transzendenz im letzten unbeantwortet bleibt, kann der Begriff der Unsterblichkeit nicht viel mehr bezeichnen, als die menschliche Hoffnung auf diese (Jaspers). Wo aber Gott als das „absolute

Du" in einem lebendigen Glauben bejaht und erfahren wird, „weiß" Existenz das Weiterleben des Geliebten und die Ewigkeit unserer Liebe und Treue in und durch Gott garantiert (Gabriel Marcel, Peter Wust). Daß jeder Glaube an ein Leben nach dem Tode im Rahmen eines dezidierten Atheismus sinnlos wird, verwundert nicht. Der dem (christlichen) Existentialismus nahestehende Dietrich von Hildebrand beginnt daher sein Werk *Zeitliches im Lichte des Ewigen* zu Recht mit den Worten:

> „Die Frage, ob die Seele des Menschen unsterblich sei, ist ein Problem, von dem für jeden unendlich mehr abhängt, als von all den Fragen, die für Völker und Individuen im Mittelpunkt des Interesses zu stehen pflegen. Und doch ist sie noch eine sekundäre Frage gegenüber dem einen Wichtigsten, Fundamentalsten: dem Dasein Gottes. Das Dasein eines allmächtigen, allgütigen Herrn, durch den alles wurde und für den alles ist, des Einen, der selbst nicht geworden, sondern *aus sich selber* Dasein besitzt, hat nicht nur an sich eine ungleich größere Bedeutung, sondern bildet auch erst die sinnvolle Voraussetzung für die echte Unsterblichkeit: Für ein überzeitliches Sein des Menschen in der Ewigkeit, in dem sich die letzte, in seinem Wesen angelegte Bestimmung auswirkt. Die Unsterblichkeit der Seele ist seinsmäßig in der Existenz Gottes fundiert – und darum müssen auch die stringentesten Beweise für die Unsterblichkeit von der Existenz Gottes ausgehen."[1]

Im Laufe der Arbeit dürfte deutlich geworden sein, daß die Rede von *der* Existenzphilosophie äußerst problematisch ist. In der Tat demonstriert gerade die Todesthematik, wie heterogen das philosophische Bemühen und Ringen, welches als Existentialismus bezeichnet wird, in der Tat ist, so daß im eigentlichen Sinne nur von Existenzphilosophien (im Plural) gesprochen werden kann. Existenzphilosophie ist letztlich kein einheitliches, geschlossenes *Gedankensystem.* Es ist vielmehr ein Philosophieren aus der Lebendigkeit menschlicher Erfahrung selbst heraus. Nicht *was* einer sagt, macht ihn zum Existenzphilosophen, sondern *wie* er es sagt. Nicht die Ergebnisse des Denkens sind hier ausschlaggebend, sondern vielmehr der Ansatz, mit welchem der Denker zu fragen beginnt. Alle Existenzphilosophen eint der Appell an das Individuum, ein Selbst zu werden, die vorgeschlagenen Wege zu dieser Existenzwerdung sind dann so vielfältig wie die Antworten auf konkrete weltanschauliche Fragen. Jeder Existentialist hat primär aus seiner singulären Lebenserfahrung heraus gedacht und geschrieben, nur sekundär aus der intellektuellen Beschäftigung mit anderen Philosophen. Kein Thema demonstriert das deutlicher als die Todesproblematik: Allein Sartre nimmt explizit auf die Gedanken eines anderen (Existenz)philosophen Bezug (auf die Reflexionen Heideggers), alle sonstigen Existentialisten entwickeln ihre Gedanken in argumentativer Souveränität und Selbständigkeit. Wenn Existenzphilosophie heißt, mit der ganzen Wucht und Leidenschaft der eigenen Existenz Philosophie zu treiben, kann dies auch gar nicht anders sein.

Meine Arbeit versuchte zu zeigen, welche Bedeutung die Todesreflexionen der Existenzphilosophen für die christliche Theologie und Pastoral haben.

---

1 Hildebrand, D.v.: Zeitliches im Lichte des Ewigen. Regensburg 1932. S. 11

Hier sind natürlich an erster Stelle die christlichen Existentialisten zu nennen. Ihre Reflexionen über den Zusammenhang zwischen den positiven menschlichen Erfahrungen (der Liebe, der Treue, der Ethik, der numinosen Ergriffenheit usw.) und unserer Hoffnung auf ein postmortales Weiterleben stellen einen vorzüglichen Anknüpfungspunkt dar für die Vermittlung der christlichen Botschaft. Aber selbst eindeutig nihilistische Positionen wie die Philosophie Sartres oder Camus' haben für die christliche Theologie Wert und Bedeutung, insofern sie rein weltimmanente Sinndeutungen bei gleichzeitiger Leugnung eines postmortalen Lebens (etwa: der Sinn des Lebens bestände in den Leistungen für kommende Generationen oder Bedeutung komme nur dem Weiterwirken des überindividuellen Lebens zu – wie die Lebensphilosophie meint) als oberflächliche Täuschungen zurückweisen und so den Menschen der weitverbreiteten Todesverdrängung des „Man" (um es mit Heidegger zu sagen) entreißen. Auch an diesen Motiven hätte eine christliche Verkündigung anzuknüpfen; vor allem stimmen christlicher Glaube und (agnostizistisch-nihilistische) Existenzphilosophie ja in dem einen überein: Beiden geht es um den Menschen in seiner Existenznot. So besteht das Verdienst der Existenzphilosophie allgemein in der Restitution des Bewußtseins für die permanente Gefährdetheit des menschlichen Daseins. Durch die Existenzphilosophie – so formulierte es einmal Peter Wust – „ist an die Stelle der naturalistischen Anthropologie mit ihrem oberflächlichen Sekuritätsoptimismus jene neue Anthropologie gesetzt worden, die vom menschlichen Insekuritätsproblem her wenigstens im Begriff steht, zu den ernsten Fragestellungen der Metaphysik wieder zurückzukehren"[2]. Daß die Existenzphilosophie eine ähnliche Funktion einnehmen kann gegenüber oberflächlichen (hedonistischen und konsumorientierten) Zeitgeisterscheinungen oder einem naiven Fortschrittsglauben sei nur am Rande erwähnt.

Vor allem aber kann man in der Existenzphilosophie eine der adäquatesten Manifestationen des Lebensgefühls der Menschen unserer Zeit sehen. Schon deshalb muß Theologie und Verkündigung, welche den Menschen existentiell ansprechen will, dies in der Sprache des Existentialismus tun. Das spezifische Vokabular, welches popularisiert zur Zeitsprache und gängigem Ausdruck des modernen Lebensgefühls geworden ist, demonstriert dies. Die Begriffe von der „Seinsnot" und „Seinsqual", der „Seinssorge" und des „Scheiterns", des „Lebens in der Geworfenheit" u.ä. zeigen, wie weit der Existentialismus das heutige Denken und Empfinden zur Sprache bringt.

Wir sahen, daß alle Existentialisten über alle weltanschaulichen Unterschiede hinweg an der psycho-physischen Einheit des Menschen festhalten. Eine Theologie, die den Glauben an ein Leben nach dem Tode an die Vorstellung einer *anima separata* knüpft, wird bei existentialistischen Denkern ebenso auf Widerstand stoßen wie bei Neurophysiologen und naturwissenschaftlich orientierten Anthropologen. Nicht zuletzt wird sie beim Lebensgefühl und Selbstverständnis des heutigen Menschen auf Unverständnis und

2 Wust, P.: Die Existenzphilosophie. Ihr Sinn und ihre Bedeutung für die Philosophie der Gegenwart. a.a.O.

Ablehnung treffen. So wie die Fundamentaltheologie heute kaum mehr über kosmo-ontologische Argumente Gottes Existenz zu „beweisen“ trachtet, so ähnlich wird sie die Unsterblichkeit nicht mit Hilfe metaphysischer Argumente von der angeblichen Geistigkeit und Substantialität der menschlichen Seele vermitteln können. Vielmehr wird sie versuchen, durch die Besinnung auf existentielle Erfahrungen einen Verständigungsrahmen für die christliche Botschaft abzustecken. Wenn Josef Seifert, einer der letzten Philosophen, die einen extremen Leib-Seele-Dualismus vertreten, meint feststellen zu müssen, „nur unter der Voraussetzung einer Geistseele (sei) unsterbliches (ewiges) Leben sinnvoll“[3] und das Leib-Seele-Problem gipfle in gewisser Weise in der Frage nach Tod und Unsterblichkeit[4], so ist dieser Behauptung aus philosophischer, (natur)wissenschaftlicher und theologischer Sicht deutlich zu widersprechen. Unsere christliche Hoffnung auf postmortale Vollendung ist mit jeder Leib-Seele-Theorie vereinbar. Unsere Hoffnung auf Auferstehung gründet nicht in angeblichen metaphysischen Wesenseigenschaften der menschlichen Seele, sondern in der Hoffnung auf die Treue Gottes (wie besonders Peter Wust deutlich gemacht hat). Es kann nicht der Stärkung des Unsterblichkeitsglaubens dienen, wenn man ihn von (wissenschaftlich sehr problematischen bzw. kaum zu haltenden) Leib-Seele-Theorien abhängig macht.

[3] Seifert, J.: Das Leib-Seele-Problem und die gegenwärtige philosophische Diskussion. Eine systematisch-kritische Analyse. a.a.O. S. 264

[4] Vgl. ders. ebda. S. 256

# Literaturverzeichnis


Abel, G.: Nietzsche – Die Dynamik der Willen zur Macht und die ewige Wiederkehr. Berlin 1984

Ders.: Nominalismus und Interpretation. Die Überwindung der Metaphysik im Denken Nietzsches. In: Nietzsche und die philosophische Tradition. Würzburg 1985. S. 35 – 89

Adorno, T.W.: Zur Metakritik der Erkenntnistheorie. Stuttgart 1956

Amoroso, L.: Heideggers „Lichtung“ als „lucus a (non) lucendo“. In: Philosophisches Jahrbuch. 90 Jg. (1983). S. 153 – 158

Andler, C.: Nietzsche, sa vie et sa pensée. Paris 1920

Appelbaum, D.: Contact and attention. The anatomy of Gabriel Marcel's metaphysical method. Washington 1986

Bahners, K.: Albert Camus. Das Mißverständnis. Darstellung und Interpretation. Hollfeld/Ofr. 1984

Bartels, E.: Ludwig Klages. Seine Lebenslehre und der Vitalismus. Meisenheim am Glan 1953

Barth, K.: Die Kirchliche Dogmatik. Bd. III/2. Zürich 1959

Barwirsch, J.: Von Marx über Nietzsche zu Othmar Spann. Zur 15. Wiederkehr des Todestages von 0. Spann. In: Zeitschrift für philosophische Forschung. Bd. XIX. S. 692 – 702

Beaufret, J.: Wege zu Heidegger. Frankfurt a.M. 1976

Beauvoir, S. de: Das andere Geschlecht. Reinbek b. Hamburg 1992

Becher, E.: Rudolf Eucken und seine Philosophie. Langensalza 1927

Beck, F.A.: Rudolf Eucken. Ein Geistesbild. Berlin 1927

Benk, A.: Skeptische Anthropologie und Ethik. Die philosophische Anthropologie Helmuth Plessners und ihre Bedeutung für die theologische Ethik. Frankfurt a. M. u. a. 1987

Bergson, H.: Die seelische Energie. Aufsätze und Vorträge. Jena 1928

Bernarth, K.: Anima forma corporis. Eine Untersuchung über die ontologischen Grundlagen der Anthropologie des Thomas v. Aquin. Bonn 1969

Bieri, P. (Hrsg.): Analytische Philosophie des Geistes. Königstein/Ts. 1981

Blattmann, E.: Peter Wust als Denker und Leser des Bösen. Frankfurt a.M. u.a. 1994

Blumenberg, H.: Geld oder Leben. Eine metaphorologische Studie zur Konsistenz der Philosophie Georg Simmels. In: Böhringer, H. u. Gründer, K. (Hrsg.): Ästhetik und Soziologie um die Jahrhundertwende: Georg Simmel. Frankfurt a.M. 1974. S. 121 – 134

Bochenski, I.: Europäische Philosophie der Gegenwart. Bern 1947

Boer, W. de: Heideggers Mißverständnisse der Metaphysik. In: Zeitschrift für philosophische Forschung. Bd. IX (1955). S. 500 – 545

Boni, S.: The Self and the Other in the Ontologies of Sartre and Buber. Washington 1982

Boss, M.: Psychoanalyse und Daseinsanalytik. Bern/Stuttgart 1957

Ders.: Von der Psychoanalyse zur Daseinsanalyse. Wege zu einem neuen Selbstverständnis. Wien/München/Zürich 1979

Brecht, F.J.: Einführung in die Philosophie der Existenz. Heidelberg 1948
Brée, G.: Albert Camus. Gestalt und Werk. Hamburg 1960
Brenk, B.: Metaphysik des einen und absoluten Seins. Mitdenkende Darstellung der metaphysischen Gottesidee des späten Max Scheler. Meisenheim am Glan 1975
Brose, K.: Sklavenmoral. Nietzsches Sozialphilosophie. Bonn 1990
Bucher, A.J.: Martin Heidegger. Metaphysikkritik als Begriffsproblematik. Bonn 1972
Bucher, R.: Nietzsches Mensch und Nietzsches Gott. Das Spätwerk als philosophisch-theologisches Programm. Frankfurt a.M. u.a. 1986
Budde, G.: Welt und Menschheitsfragen in der Philosophie Rudolf Euckens. Langensalza 1925

Camus, A.: Christliche Metaphysik und Neuplatonismus. Diplome d'Etudes Supérieures de Philosophie, 1936, aus dem Nachlaß herausgegeben, übersetzt und eingeleitet von M. Lauble. Reinbek 1978
Ders.: Dramen. Übersetzt von G. Meister. Reinbek 1959
Ders.: Fragen der Zeit. Übersetzt von G. Meister. Reinbek 1960
Ders.: Der Fremde. Übersetzt von G. Goyert u. H.G. Brenner. Reinbek 1982
Ders.: Hochzeit des Lichts. Zürich 1981
Ders.: Der Mensch in der Revolte. Reinbek 1964
Ders.: Der Mythos von Sisyphos. Ein Versuch über das Absurde. Mit einem kommentierenden Essay von L. Richter. Düsseldorf 1959
Ders.: Die Pest. Übersetzt von G. Meister. Reinbek 1982
Carrier, M. u. Mittelstraß, J.: Geist, Gehirn, Verhalten. Das Leib-Seele-Problem und die Philosophie der Psychologie. Berlin/New York 1989
Coreth, E.: Metaphysik. Eine methodisch-systematische Grundlegung. 3. Aufl. Innsbruck/Wien/München 1980
Corvez, M.: La place de Dieu dans l'ontologie de Martin Heidegger. In: Revue Thomiste. Jg. 63. Bd. 55. Paris 1955

Danner, H.: Das Göttliche und der Gott bei Heidegger. Meisenheim am Glan 1970
Danto, A.C.: Friedrich Nietzsche. In: Hoerster, N. (Hrsg.): Klassiker des philosophischen Denkens. Bd. II. S. 230 – 273
Davignon, R.: Le mal chez Gabriel Marcel: comment affronter la souffrance et la mort? Montréal/Paris 1985
Delahaye, K.: Die Philosophie Peter Wusts als christliche Anthropologie. In: Bd. VIII (der Gesammelten Werke Wusts. Münster 1967). S. 151 – 410
Delhomme, J.: Die erste Reflexion. In: Gilson, E. (Hrsg.): Christlicher Existentialismus: Gabriel Marcel. Warendorf 1951. S. 137 – 158. Ders.: Die zweite Reflexion. In: a.a.0. S. 159 – 175. Ders.: Das ontologische Mysterium: Die konkrete Ontologie. In: a.a.0. S. 176 – 193
Delp, A.: Tragische Existenz. Zur Philosophie Martin Heideggers. Freiburg 1935
Dempf, A.: Die ewige Wiederkehr, Ibn Chaldun und Oswald Spengler. In: Hochland. 20. Jg. Bd. I. S. 113 – 130
Demske, J.M.: Sein, Mensch und Tod. Das Todesproblem bei Martin Heidegger. Freiburg/München 1963
Deussen, J.: Klages'Kritik des Geistes. Leipzig 1934
Diemer, A.: Grundzüge Heideggerschen Philosophierens. In: Zeitschrift für philosophische Forschung. Bd. V (1950/51) S. 547 – 567
Dilthey, W.: Die dichterische und philosophische Bewegung in Deutschland 1770 – 1800. Gesammelte Schriften, herausgegeben von Georg Misch. Bd. V. Stuttgart/Göttingen 1957. S. 12 – 27

Di Meglio, I.: Antireligiosität und Kryptotheologie bei Albert Camus. Bonn 1974
Djurić, M.: Nietzsche und die Metaphysik. Berlin/New York 1985
Dubis-Dumée, J.-P.: Einsamkeit und Gemeinschaft im Bühnenwerk Gabriel Marcels. In: Gilson, E.: Christlicher Existentialismus: Gabriel Marcel. a.a.O. S. 301 – 322

Eccles, J.C. u. Popper, K.R.: Das Ich und sein Gehirn. München/Zürich 9. Aufl. 1989
Edwards, P.: Heidegger und der Tod. Eine kritische Würdigung. Darmstadt 1985
Engert, J.: Max Scheler und die analoge Gotteserkenntnis. In: Xenion. Ehrengabe für die Görresversammlung zu Regensburg 9.- 14. Sept. 1928. Regensburg 1928
Eucken, R.: Mensch und Welt. Leipzig 1918
Ders.: Der Sinn und Wert des Lebens. 8. Aufl. Leipzig 1921
Ders.: Der Wahrheitsgehalt der Religion. 3. Aufl. Leipzig 1912

Figl, J.: Dialektik der Gewalt. Nietzsches hermeneutische Religionsphilosophie mit Berücksichtigung unveröffentlichter Manuskripte. Düsseldorf 1984
Fink, E.: Nietzsches Philosophie. Stuttgart 1960
Foelz, S.: Gewißheit im Wagnis des Suchens. Gabriel Marcels konkretes Philosophieren auf der Schwelle zwischen Philosophie und Theologie. Bonn 1980
Frank, M.: Zur Archäologie des Individuums. Zur Hermeneutik von Sartres „Flaubert". In: Ders.: Das Sagbare und das Unsagbare. Studien zur ersten französischen Hermeneutik und Texttheorie. Frankfurt a.M. 1980. S. 36 – 113
Franz, H.: Das Denken Heideggers und die Theologie. In: Zeitschrift für Theologie und Kirche. Jg. 58 (1961) Beiheft 2
Frauchiger, E.: Die Bedeutung der Seelenkunde von Klages für Biologie und Medizin. Bern 1947

Gabriel, L.: Existenzphilosophie. Kierkegaard, Jaspers, Heidegger, Sartre. Dialog der Positionen. Wien/München 1968
Ganzoni, W.: Die neue Schau der Seele. Goethe – Nietzsche – Klages. Wien/Stuttgart 1954
Geyser, J.: Augustin und die phänomenologische Religionsphilosophie der Gegenwart mit besonderer Berücksichtigung Max Schelers. Münster 1923
Ders.: Lehrbuch der allgemeinen Psychologie. 2. Bde. Münster 3. Aufl. 1920
Ders.: Max Schelers Phänomenologie der Religion. Nach ihren wesentlichsten Lehren allgemein verständlich dargestellt und beurteilt. Freiburg i.Br. 1924
Gilson, E.: Der Geist der mittelalterlichen Philosophie. Wien 1950
Glaubensverkündigung für Erwachsene. Deutsche Ausgabe des Holländischen Katechismus. Freiburg/Basel/Wien 10. Aufl. 1978
Goller, H.: Emotionspsychologie und Leib-Seele-Problem. Stuttgart u.a. 1992
Grangier, E.: Abraham oder Kierkegaard: Wie Kafka und Sartre ihn sehen. In: Zeitschrift für philosophische Forschung. Jg. IV. (1949). S. 412 – 421
Greshake, G.: Auferstehung der Toten. Ein Beitrag zur gegenwärtigen theologischen Diskussion über die Zukunft der Geschichte. Essen 1969
Ders. u. Lohfink, G.: Naherwartung – Auferstehung – Unsterblichkeit. Untersuchungen zur christlichen Eschatologie. Freiburg/Basel/Wien 1983
Ders.: „Seele" in der Geschichte der christlichen Eschatologie. Ein Durchblick. In: Brenning, W. (Hrsg.): Seele: Problembegriff christlicher Eschatologie. Freiburg i.Br. u.a. 1986. (= Quaestiones disputatae 106) S. 107 – 158
Ders.: Stärker als der Tod. Zukunft – Tod – Auferstehung – Himmel – Hölle – Fegfeuer. Mainz 1991

Ders.: Theologiegeschichtliche und systematische Untersuchungen zum Verständnis der Auferstehung. In: Ders. u. Kremer, J.: Resurrectio mortuorum. Zum Verständnis der leiblichen Auferstehung. Darmstadt 1986. S. 165 – 371

Ders.: Tod – und dann? Ende – Reinkarnation – Auferstehung. Der Streit der Hoffnungen. Freiburg i.Br. 1988

Grützmann, R.H.: Kritiker und Neuschöpfer der Religion im 20. Jahrhundert. Keyserling, Ziegler, Blüher, Chamberlain, Steiner, Scholz, Scheler, Hauck. Leipzig 1921

Haeffner, G.: Martin Heidegger (1889 – 1976). In: Höffe, 0.: Klassiker der Philosophie. Bd. II. Von Immanuel Kant bis Jean-Paul Sartre. München 1981. S. 361 – 384

Hana, G.-G.: Freiheit und Person. Eine Auseinandersetzung mit der Darstellung Jean-Paul Sartres. München 1965

Hanley, K.: Dramatic approaches to creative fidelity. A Study in the theater and philosophy of Gabriel Marcel. Lanham/New York/London 1987

Hartmann, K.: Die Philosophie J.-P. Sartres. Zwei Untersuchungen zu L'être et le néant und zur Critique de la raison dialectique. Durchgesehene, um ein Vorwort und ein Register vermehrte 2. Auflage von Grundzüge der Ontologie Sartres in ihrem Verhältnis zu Hegels Logik und Sartres Sozialphilosophie. Berlin/New York 1983

Hartmann, N.: German Philosophy in the Last Ten Years. In: Mind 58 (1949)

Hartmann, P.N.: Max Scheler als Existenzphilosoph. In: Franziskanische Studien. Jg. 31 (1949). S. 423 f.

Hastedt, H.: Das Leib-Seele-Problem. Zwischen Naturwissenschaft des Geistes und kultureller Eindimensionalität. Frankfurt a.M. 1989

Hauck, D.: Fragen nach dem Anderen. Untersuchungen zum Denken von Emmanuel Levinas mit einem Vergleich zu Jean-Paul Sartre und Franz Rosenzweig. Essen 1990

Havenstein, M.: Nietzsche als Erzieher. Berlin 1922

Heidegger, M.: Being and Time, übersetzt von J. Macquarrie und E. Robinson. London 1962

Ders.: Einführung in die Metaphysik. Tübingen 1953

Ders.: Erläuterungen zu Hölderlins Dichtung. Frankfurt a.M. 1963

Ders.: Holzwege. Frankfurt a.M. 1950

Ders.: Identität und Differenz. Pfullingen 1957

Ders.: Nietzsche: Der Wille zur Macht als Kunst. Gesammelte Werke. Bd. 43. Frankfurt a.M. 1985

Ders.: Sein und Zeit. Tübingen 1963

Ders.: Zur Sache des Denkens. Tübingen 1969

Ders.: Vorträge und Aufsätze. Pfullingen 1954

Ders.: Was ist Metaphysik? Frankfurt a.M. 1960

Ders.: Wegmarken. Frankfurt a.M. 1967

Ders.: Vom Wesen der Wahrheit. Frankfurt a.M. 1943

Heinzmann, R.: Philosophie des Mittelalters. Stuttgart 1992

Ders.: Die Unsterblichkeit der Seele und die Auferstehung des Leibes. Münster 1965

Hengelbrock, J.: Jean-Paul Sartre. Freiheit als Notwendigkeit. Einführung in das philosophische Werk. Freiburg/München 1989

Hengstenberg, H.E.: Die Tragik eines Philosophen. Zur Denkgeschichte Max Schelers, In: Germania. Nr. 233 (1934)

Henke, D.: Gott und Grammatik. Nietzsches Kritik der Religion. Pfullingen 1981
Hermet, J.: A la rencontre d' Albert Camus. Le dur chemin de la liberté. Paris 1990
Hermann, F.W.: Die Selbstinterpretation Martin Heideggers. Meisenheim am Glan 1964
Hersch, J.: Karl Jaspers. Eine Einführung in sein Werk. München 1980
Hertel, W.: Existentieller Glaube. Eine Studie über den Glaubensbegriff von Karl Jaspers und Paul Tillich. Meisenheim am Glan 1971
Hessen, J.: Max Scheler. Eine kritische Einführung in seine Philosophie. Essen 1948
Hildebrand, D.v.: Max Scheler als Persönlichkeit. In: Hochland 26. Jg. 1928/29. Nr. 4. S. 76
Ders.: Über den Tod. St. Ottilien 1980
Ders.: Zeitliches im Lichte des Ewigen. Regensburg 1932
Hill, C.G.: Jean-Paul Sartre. Freedom and Commitment. New York/San Francisco/Bern/Baltimore/Frankfurt a.M./Berlin/Wien/Paris 1992
Hirschberger, J.: Geschichte der Philosophie. Bd. I. u. II. Freiburg/Basel/Wien 1976
Hoefeld, F.: Der christliche Existentialismus Gabriel Marcels. Eine Analyse der geistlichen Situation der Gegenwart. Zürich 1956
Hollenbach, M.: Urleidenschaft und natürliche Gotteserkenntnis. Zu Max Schelers Fundierung des religiösen Bewußtseins. In: Der beständige Aufbruch. Festschrift für Erich Przywara. Hrsg. von Siegfried Behn. Bd. I. Nürnberg 1959. S. 40 – 47
Hommel, C.U.: Chiffer und Dogma. Vom Verhältnis der Philosophie zur Religion bei Karl Jaspers. Zürich 1968
Hommes, U.: Die Existenzerhellung und das Recht. Frankfurt a.M. 1962
Howland, M.D.: The gift of the other: Gabriel Marcel's concept of intersubjectivity in Walter Percy's novels. Pittsburgh 1990
Hübner-Funk, S.: Ästhetizismus und Soziologie bei Georg Simmel. In: Böhringer, H. u. Gründer, K. (Hrsg.): Ästhetik und Soziologie um die Jahrhundertwende: Georg Simmel. a.a.0. S. 44 – 58
Huonder, Q.: Das Unsterblichkeitsproblem in der abendländischen Philosophie. Stuttgart/Berlin/Köln/Mainz 1970

Ignatow, A.: Heidegger und die philosophische Anthropologie. Eine Untersuchung über die anthropologische Dimension des Heideggerschen Denkens. Meisenheim am Glan 1979

Jäger, A.: Gott. Nochmals Martin Heidegger. Tübingen 1978
Jaspers, K.: Die Atombombe und die Zukunft des Menschen. Politisches Bewußtsein in unserer Zeit. München 1960
Ders.: Einführung in die Existenzphilosophie. München 1978
Ders.: Einführung in die Philosophie. Zürich 1950
Ders.: Die großen Philosophen. München 1957
Ders.: Notizen zu Martin Heidegger, herausgegeben von H. Saner. München/Zürich 1978
Ders.: Philosophie. Bd. I: Philosophische Orientierung. Berlin/Göttingen/Heidelberg 1956
Ders.: Philosophie. Bd. II. Existenzerhellung. Berlin/Göttingen/Heidelberg 1956
Ders.: Philosophie. Bd. III. Metaphysik. Berlin/Göttingen/Heidelberg 1956
Ders.: Der philosophische Glaube angesichts der Offenbarung. München 1963
Ders.: Philosophie und Welt. Reden und Aufsätze. München 1958
Ders.: Rechenschaft und Ausblick. München 1951

Ders.: Vernunft und Existenz. München 1960
Ders.: Von der Wahrheit. München 1958
Jonas, H.: The Gnostic Religion. Boston 1963
Jordan, P.: Die weltanschauliche Bedeutung der modernen Physik. München 1971
Joseph, D.A.: Self Realization and Intersubjectivity in Gabriel Marcel. Rom 1988
Jouvenel, M. de: Weisungen aus dem Jenseits. Roland de Jouvenel an seine Mutter. Mit einer einführenden „Einleitung" von Gabriel Marcel. Freiburg 1953

Kampits, P.: Gabriel Marcels Philosophie der zweiten Person. Wien/München 1975
Ders.: Der Mythos vom Menschen. Zum Atheismus und Humanismus Albert Camus. Salzburg 1969
Ders.: Sartre und die Frage nach dem Anderen. Wien 1975
Kanthack, K.: Das Denken Martin Heideggers. Die große Wende der Philosophie. Berlin 1964
Kasdorf, H.: Ludwig Klages. Werk und Wirkung. Einführung und kommentierende Bibliographie. Bonn 1969
Katholischer Erwachsenen-Katechismus. Das Glaubensbekenntnis der Kirche. Hrsg. von der Deutschen Bischofskonferenz. Bonn u.a. 3. Aufl. 1985
Kaulbach, F.: Nietzsches Idee einer Experimentalphilosophie. Köln/Wien 1980
Kierkegaard, S.: An einem Grabe. In: Gesammelte Werke. 13. u. 14. Abteilung. Vier erbauliche Reden; Drei Reden bei gedachten Gelegenheiten 1845. Düsseldorf/ Köln 1964. S. 173 – 227
Ders.: Die Krankheit zum Tode. Gütersloh 1982
Klages, L.: Ausdrucksbewegung und Gestaltungskraft. 3. u. 4. Aufl. Leipzig 1923
Ders.: Der Geist als Widersacher der Seele. Dritte, verb. Auflage, in zwei Bänden. München 1954
Ders.: Grundlegung der Wissenschaft vom Ausdruck. Leipzig 1936
Ders.: Handschrift und Charakter. 11. bis 13. Aufl. Leipzig 1929
Ders.: Vom kosmischen Eros. 3. Aufl. Jena 1930
Ders.: Mensch und Erde. 5. Aufl. Jena 1937
Ders.: Die psychologischen Errungenschaften Nietzsches. Leipzig 1926
Ders.: Rhythmen und Runen. Leipzig 1944
Klein, A.: Glaube und Mythos. Eine kritische, religionsphilosophisch-theologische Untersuchung des Mythos-Begriffs bei Karl Jaspers. Paderborn 1973
Kluxen, W.: Anima Separata u. Personsein b. Thomas v. Aquin. In: Eckert P.W. (Hrsg.) Thomas v. Aquin. Interpretation u. Rezeption. Mainz 1974. S. 96 – 117
Knodt, R.: Friedrich Nietzsche. Die ewige Wiederkehr des Leidens. Selbstverwirklichung und Freiheit als Problem einer Ästhetik und Metaphysik. Bonn 1987
Konickal, J.: Being and My Being: Gabriel Marcel's metaphysics of incarnation. Frankfurt a.M./Berlin/Bern/New York/Paris/Wien 1992
Kraenzlin, G.: Existenzphilosophie und Panhumanismus. Schlehdorf 1950
Kreis, R.: Der gekreuzigte Dionysos. Würzburg 1986
Kremer, J.: Auferstehung der Toten in bibeltheologischer Sicht. In: Greshake, G. u. ders.: Resurrectio mortuorum. Zum Verständnis der leiblichen Auferstehung. Darmstadt 1986. S. 7 – 161
Kuhn, H.: Begegnung mit dem Nichts. Tübingen 1950
Kunnas, T.: Nietzsches Lachen. Eine Studie über das Komische in Nietzsches Werken. München 1982
Kunz, H.: Martin Heidegger und Ludwig Klages. Daseinsanalytik und Metaphysik. München 1976

Kuschbert-Tölle, H.: Martin Heidegger. Der letzte Metaphysiker? Meisenheim am Glan 1979

Landmann, M.: Georg Simmel: Konturen seines Denkens, In: Böhringer, H. u. Gründer, K.: Ästhetik und Soziologie um die Jahrhundertwende: Georg Simmel. a.a.0. S. 3 – 11

Lauble, M.: Vom Evangelium zur Metaphysik. Über Albert Camus' philosophische Examensschrift. In: Ders. (Hrsg.): Der unbekannte Camus. Zur Aktualität seines Denkens. Düsseldorf 1979. S. 36 – 37

Ders.: Sinnverlangen und Welterfahrung, Albert Camus' Philosophie der Endlichkeit. Düsseldorf 1984

Leese, K.: Krisis und Wende des christlichen Geistes. Studien zum anthropologischen und theologischen Problem der Lebensphilosophie. Berlin 1941

Lehmann, K.: Christliche Geschichtserfahrung und ontologische Frage beim jungen Heidegger. In: Philosophisches Jahrbuch. Jg. 74 (1966/67). S. 126 – 153

Ders.: Der Tod bei Heidegger und Jaspers. Heidelberg 1938

Leist, F.: Nicht der Gott der Philosophen. Freiburg 1966

Lesch, W.: Imagination und Moral. Interferenzen von Ästhetik, Ethik und Religionskritik in Sartres Literaturverständnis. Würzburg 1989

Levy, B.: Le nom de l'homme. Dialogue avec Sartre. Lagrasse 1984

Lewin, J.: Geist und Seele. Ludwig Klages' Philosophie. Berlin 1931

Lohner, A.: Diesseits von Gut und Böse. Eine geistige Autorität im Nachkriegsdeutschland. Zum 25. Todestag von Karl Jaspers. In: Rheinischer Merkur v. 23.2.94

Ders.: Gott und die Menschen. Letzte Fragen und letzte Antworten des Philosophen Peter Wust. In: Rest, W. (Hrsg.): Memorial Peter Wust. Reflexionen und Vorträge zum 50. Todestag des Philosophen. Münster 1991. S. 17 – 50

Ders.: Dem Leib-Seele-Dualismus wirklich den Boden entzogen? In: Ethik und Sozialwissenschaften. Streitforum für Erwägungskultur. 6. Jg. 1/1995 S. 101 – 103

Ders.: Personsein und Lebensrecht. Eine Auseinandersetzung mit den Thesen Peter Singers und Norbert Hoersters. In: Reiter, J. u. Keller, R. (Hrsg.): § 218. Urteil und Urteilsbildung. Freiburg/Basel/Wien 1993. S. 293 – 320

Ders.: Peter Wust: Gewißheit und Wagnis. Eine Gesamtdarstellung seiner Philosophie. Paderborn/München/Wien/Zürich 1995

Ders.: Rechtfertigung der Abtreibung? Eine Auseinandersetzung mit Peter Singer und Norbert Hoerster. Bonn 1993

Ders.: Naivität und Pietät, Weisheit und Heiligkeit. Elemente theresianischer Spiritualität in Werk und Denken Peter Wusts. In: Internationale Katholische Zeitschrift „Communio". 26. Jg. (1997). S. 311-324

Ders.: Wie Gott zum Lückenbüßer und die Welt zur Maschine wurde. Zum 400. Geburtstag des Philosophen René Descartes. In: Internationale Katholische Zeitschrift „Communio". 25. Jg (1996). S. 180 – 192

Lorscheid, B.: Das Leibphänomen. Eine systematische Darbietung der Schelerschen Wesensschau des Leiblichen in Gegenüberstellung zu leibontologischen Auffassungen der Gegenwartsphilosophie. Bonn 1962

Lotz, J.B.: Martin Heidegger und Thomas von Aquin. Mensch – Zeit – Sein. Pfullingen 1975

Ders.: Sein und Existenz. Kritische Studien in systematischer Absicht. Freiburg 1965

Ders.: Die Transzendenz bei Jaspers und im Christentum. In: Stimmen der Zeit 137 (1940). S. 71 – 76
Ders.: Vom Sein zum Heiligen. Frankfurt a.M. 1990
Luijpen, W.A.M.: Existentielle Phänomenologie. Eine Einführung. München 1971
Lukács, G.. Die Zerstörung der Vernunft. Berlin 1954
Lutzenberger, H.: Das Glaubensproblem in der Religionsphilosophie der Gegenwart in der Sicht von Karl Jaspers und Peter Wust. München 1962
Luyten, N.: Ewigkeit des Menschen? Eine kritische Auseinandersetzung mit Theorien über das Leben nach dem Tod. Freiburg/Schweiz 1988
Ders.: Luyten, Portmann, Jaspers, Barth: Unsterblichkeit. Basel 1957

Maier, W.: Das Problem der Leiblichkeit bei Jean-Paul Sartre und Maurice Merleau-Ponty. Tübingen 1964
Marcel, G.: Auf der Suche nach Wahrheit und Gerechtigkeit. Frankfurt a.M. 1964
Ders.: Dialog und Erfahrung. Frankfurt a.M. 1969
Ders.: Gegenwart und Unsterblichkeit. Frankfurt a.M. 1961
Ders.: Geheimnis des Seins. Wien 1952
Ders.: Die Erniedrigung des Menschen. Frankfurt a.M. 1964
Ders.: Homo viator. Philosophie der Hoffnung. Düsseldorf 1949
Ders.: Der Mensch als Problem. Frankfurt a.M. 1964
Ders.: Die Menschenwürde und ihr existentieller Grund. Frankfurt a.M. 1965
Ders.: Metaphysisches Tagebuch. Wien/München 1955
Ders.: Das ontologische Geheimnis. Stuttgart 1961
Ders.: Schöpferische Treue. München/Paderborn/Zürich 1963
Ders.: Sein und Haben. Paderborn 1954
Ders.: Tragische Weisheit. Zur gegenwärtigen Situation des Menschen. Wien 1974
Ders.: Der Untergang der Weisheit. Die Verfinsterung des Verstandes. Heidelberg 1960
Marten, R.: Der menschliche Tod. Eine philosophische Revision. Paderborn 1987
Marx, W.: Die Sterblichen. In: Guzzoni, U.: Nachdenken über Heidegger. Eine Bestandaufnahme. Hildesheim 1980. S. 160 – 175
Mascop, J.C.: Divine omniscience and human freedom. Thomas Aquinas and Charles Hartshorne. Macon 1984
Meinertz, J.: Das Sein und das Nichts, die Angst, der Tod und die Zeit. Grundzüge des Existierens und Grundprobleme der Tiefenpsychologie. In: Zeitschrift für philosophische Forschung. Bd. IX (1955). S. 32 – 55
Mende, G.. Studien über die Existenzphilosophie. Berlin 1956
Mensing, C.: Der Gegensatz von Seele und Geist. In: Die christliche Welt. Jg. 43 (1929). S. 613 – 620
Meyer, H.: Weltanschauungsprobleme der Gegenwart. Recklinghausen 1956
Michalson, C.: Theologie als Ontologie und als Geschichte. In: Robinson, J.M. u. Cobb, J.B.: Der spätere Heidegger und die Theologie. Zürich 1964
Möller, J.: Existentialphilosophie und katholische Theologie. Baden-Baden 1952
Moran, D.: Gabriel Marcel. Existentialist, Philosopher, Dramatist, Educator. Lanham/New York/London 1992
Müller, M.: Existenzphilosophie. Von der Metaphysik zur Metahistorik. Freiburg/München 1986
Münzhuber, J.: Erkenntnis und Glaube. In: Zeitschrift für philosophische Forschung. Jg. 3 (1948). S. 60 – 73
Mundhenk, J.: Die Seele im System des Thomas v. Aquin. Hamburg 1980

Nietzsche, F.: Sämtliche Werke. Krit. Studienausgabe. Hrsg. von Colli u. Montinari. Bd. I – XV. Berlin/New York 1967 ff.
Ders.: Umwertung aller Werte. Aus dem Nachlaß zusammengestellt und hrsg. von Fr. Würzbach. München 1977
Ders.: Werke in drei Bänden. Hrsg. von K. Schlechta. München 1977
Noack, H.: Die Philosophie Westeuropas im zwanzigsten Jahrhundert. Basel/Stuttgart 1962

Oduev, S.F.: Auf den Spuren Zarathustras. Der Einfluß Nietzsches auf die bürgerliche deutsche Philosophie. Köln 1977
Ogiermann, H.: Die Alternative „Philosophie oder Offenbarung" nach Karl Jaspers. In: Theologische Akademie, herausgegeben von K. Rahner u. 0. Semmelroth. Bd.I. Frankfurt a.M. 1965. S. 27 – 52
Otto, R.: Das Heilige. 31. bis 35. Aufl. München 1963

Paissac, H.: Le Dieu de Sartre. Paris 1950
Pautrat, B.: Brief an den Narren. Über einen ungeheuren Augenblick. In: Guzzoni, A. (Hrsg.): 90 Jahre philosophische Nietzsche-Rezeption. Hain 1979
Peccorini, F.L.: Selfhood as Thinking Thought in the Work of Gabriel Marcel: A New Interpretation. New York 1987
Pfeiffer, H.: Gotteserfahrung und Glaube. Interpretation und theologische Aneignung der Philosophie Karl Jaspers'. Trier 1975
Pieper, A.: Albert Camus. München 1984
Pöggeler, 0.: Der Denkweg Martin Heideggers. Pfullingen 1963
Pöll, W.: Wesen und Wesenserkenntnis. Untersuchungen mit bes. Berücksichtigung der Phänomenologie Husserls und Schelers. München 1936
Popper, K.: Die offene Gesellschaft und ihre Feinde. Bd. I u. II. Bern/München 1980

Randall, A.B.: The mystery of hope in the philosophy of Gabriel Marcel (1888-1973): Hope and Homo viator. Lewiston/Queenston/Lampeter 1992
Ratzinger, J.: Eschatologie – Tod und ewiges Leben. Regensburg 1977
Reidemeister, K.: Die Unsachlichkeit der Existensphilosophie. Vier kritische Aufsätze. Berlin/Göttingen/Heidelberg 1954
Reiner, H.: Gesinnungsethik und Erfolgsethik. In: Archiv für Rechts- und Sozialphilosophie. 40. Jg. (1952/53). S. 520–533
Ricoer, P.: Gabriel Marcel et Karl Jaspers. Philosophie du mystére et philosophie du paradoxe. Paris 1947
Ries, W.: Friedrich Nietzsche. Wie die wahre Welt endlich zur Fabel wurde. Hannover 1977
Rintelen, F.-J. v.: Die Bedeutung des philosophischen Wertproblems. In: Philosophia perennis. Festgabe für Josef Geyser. Regensburg 1930. S. 927–971
Riva, F.: Corpo e metafora in Gabriel Marcel. Milano 1985
Röd, W.: Descartes. Die innere Genese des cartesianischen Systems. München/Basel 1964
Roos, R.: Regeln zu einer philosophischen Lesung Nietzsches. In: Berlinger, R. u. Schrader, W. (Hrsg.): Nietzsche kontrovers VI. Würzburg 1987
Rossum, W. v.: Sich verschreiben. Jean-Paul Sarte 1939–1953. Frankfurt a.M. 1990
Roudinesco, E.: La Bataille de cent ans. Histoire de la psychanalyse en France. Paris 1986

Rouger, F.: Le Monde et le Moi. Ontologie et systeme chez le premier Sartre. Paris 1986

Salamun, K.: Karl Jaspers. München 1985
Salome, L.: Friedrich Nietzsche in seinen Werken. Mit Anmerkungen von Thomas Pfeiffer. Hrsg. von Ernst Pfeiffer. Frankfurt a.M. 1983
Saner, H.: Karl Jaspers mit Selbstzeugnissen und Bilddokumenten. Reinbek 1984
Sartre, J.-P.: Baudelaire. Ein Essay. Reinbek 1978
Ders.: Der Ekel. Reinbek b. Hamburg 1982
Ders.: Geschlossene Gesellschaft. Reinbek 1986
Ders.: Der Idiot der Familie – Gustave Flaubert. 5 Bde. Reinbek 1977-1979
Ders.: Saint Genet. Komödiant und Martyrer. Reinbek 1982
Ders.: Das Sein und das Nichts. Versuch einer phänomenologischen Ontologie. Reinbek 1982
Ders.: Die Wörter. Reinbek 1965
Schaeffler, R.: Martin Heidegger und die Frage nach der Technik. In: Zeitschrift für philosophische Forschung. Bd. IX (1955). S. 116 – 117
Scheler, M.: Vom Ewigen im Menschen. Ges. Werke. Bd. V. Bern 1954
Ders.: Schriften aus dem Nachlaß. Ges. Werke. Bd. I. Zur Ethik und Erkenntnislehre. Bern 1957
Ders.: Schriften aus dem Nachlaß. Ges. Werke. Bd. III. Philosophische Anthropologie. Bonn 1987
Ders.: Die Stellung des Menschen im Kosmos. Bern/München 1962
Schilpp, P.A. u. Hahn, L.E.: The Philosophy of Gabriel Marcel. La Salle 1984
Schlawin, H.: Heideggers Überwindung der Metaphysik. In: Zeitschrift für philosophische Forschung. Bd. VIII (1954). S. 585 – 594
Schlette, H.R.: Albert Camus' philosophische Examensschrift „Christliche Metaphysik und Neuplatonismus". In: Ders. (Hrsg.): Wege der deutschen Camus-Rezeption. Darmstadt 1975. S. 319 – 356
Schmalenberg, E.: Zum Todesverständnis bei Simone de Beauvoir. Berlin 1972
Schmidt, G.: Aufklärung und Metaphysik. Die Neubegründung des Wissens durch Descartes. Tübingen 1965
Schneider, M.: Das mechanistische Denken in der Kontroverse. Descartes' Beitrag zum Geist-Maschine-Problem. Stuttgart 1993
Schneider, U.: Grundzüge einer Philosophie des Glücks bei Nietzsche. Berlin 1983
Schott, E.: Die Endlichkeit des Daseins nach Martin Heidegger. Berlin 1930
Schütt, H.-P.: Substanzen, Subjekte und Personen. Eine Studie zum cartesianischen Dualismus. Heidelberg 1990
Schultheiss, J.: Philosophieren als Kommunikation. Versuch zu Karl Jaspers' Apologie des kritischen Philosophierens. Königstein/Ts. 1981
Seifert, J.: Das Leib-Seele-Problem und die gegenwärtige philosophische Diskussion. Eine systematisch-kritische Analyse. Darmstadt 1989
Siebert, 0.: Rudolf Euckens Welt- und Lebensanschauung und die Hauptprobleme der Gegenwart. Langensalza 1925
Simmel, G.: Brücke und Tür. Essays des Philosophen zur Geschichte, Religion, Kunst und Gesellschaft, im Verein mit Margarete Susman herausgegeben von Michael Landmann. Stuttgart 1957
Ders.: Hauptprobleme der Philosophie. Leipzig 1911
Ders.: Das individuelle Gesetz. Philosophische Exkurse, herausgegeben von Michael Landmann. Frankfurt a.M. 1968

Ders.: Das Individuum und die Freiheit. Essays. Berlin 1984
Ders.: Kant und Goethe. Leipzig 1916
Ders.: Schopenhauer und Nietzsche. Ein Vortragszyklus. Leipzig 1907
Ders.: Soziologie. Untersuchungen über die Formen der Vergesellschaftung. 5. Aufl. Berlin 1968
Ders.: Über soziale Differenzierung. Soziologische und psychologische Untersuchungen. Amsterdam 1890
Ders.: Zur Metaphysik des Todes. In: Logos. Internationale Zeitschrift für Philosophie und Kultur. Bd. I (1910/11). S. 57 – 70
Simon, J.: Sprache und Sprachkritik bei Nietzsche. In: Lutz-Bachmann, M. (Hrsg.): Über Friedrich Nietzsche. Eine Einführung in seine Philosophie. Frankfurt a.M. 1985
Sonderfeld, U.: Philosophie als Gesamtorientierung denkender Existenz und als Aporienreflexion – im Anschluß an Karl Japsers. Münster/New York 1998
Spengler, 0.: Der Untergang des Abendlandes. Umrisse einer Morphologie der Weltgeschichte. München 1963
Spiegelberg, H.: The Phenomenological Movement. Bd. I u. II. The Hague 1965
Stegmüller, W.: Hauptströmungen der Gegenwartsphilosophie. Eine kritische Einführung. Stuttgart 1965
Stein, E.: Endliches und ewiges Sein. Versuch eines Aufstiegs zum Sinn des Seins. Gesammelte Werke, herausgegeben von L. Gerber. Bd. II. Frankfurt 1950
Steinbüchel, T.: Der Umbruch des Denkens. Die Frage nach der christlichen Existenz, erläutert an Ferdinand Ebners Menschdeutung. Darmstadt 1966
Sternberger, A.: Der verstandene Tod. Eine Untersuchung zu Martin Heideggers Existential-Ontologie. Leipzig 1934
Ströker, E.: Der Tod im Denken Max Schelers. In: Good, P. (Hrsg.): Max Scheler im Gegenwartsgeschehen der Philosophie. Bern/München 1975. S. 199 – 213
Stuby, G.: Recht und Solidarität im Denken von Albert Camus. Frankfurt a.M. 1965

Tennen, H.: Georg Simmel und Karl Jaspers – ein Vergleich. In: Böhringer, H. u. Gründer, K. (Hrsg.): Ästhetik und Soziologie um die Jahrhundertwende: Georg Simmel. a.a.0. S. 135 – 174
Ternus, J.: Die Wiederentdeckung des Leibes in der philosophischen Anthropologie der Gegenwart. In: Vom Wert des Leibes in der Antike, Christentum und Anthropologie der Gegenwart. Salzburg/Leipzig 1936. S. 81 – 112
Traub, D.F.: Toward a fraternal society. A Study of Gabriel Marcel's Approach to Being, Technology and Intersubjectivity. New York/Bern/Frankfurt a.M./ Paris 1988

Vattimo, G.: Jenseits vom Subjekt. Nietzsche, Heidegger und die Hermeneutik. Graz/Wien 1986
Vetter, A.: Nietzsche. München1926

Wach, J.: Das Problem des Todes in der Philosophie unserer Zeit. Tübingen 1934
Wardman, H.W.: Jean-Paul Sartre. The evolution of his thought and art. Lewiston/ Queenston/Lampeter 1992
Weber, H.J.: Die Lehre von der Auferstehung der Toten in den Haupttraktaten der scholastischen Theologie. Freiburg/Basel/Wien 1973
Weier, W.: Strukturen menschlicher Existenz. Grenzen heutigen Philosophierens. Paderborn 1977

Weymann-Weye, W.: Das Problem der Personeinheit in der ersten Periode der Philosophie Max Schelers. Emsdetten 1940
Wohlgschaft, H.: Hoffnung angesichts des Todes. Das Todesproblem bei Karl Barth und in der zeitgenössischen Theologie des deutschen Sprachraums. München u.a. 1977
Wood, P.R.: Understanding Jean-Paul Sartre. University of South Carolina 1990
Wundt, M.: Rudolf Eucken. Langensalza 1927
Wust, P.: Von der abendländischen Weisheit. In: Abendland. Jg. 1 (1 925/26). S. 20 – 22
Ders.: Die Existenzphilosophie. Ihr Sinn und ihre Bedeutung für die Philosophie der Gegenwart. In: Kölnische Volkszeitung 75 (1934). Nr. 259 v. 23.9.1934; Nr. 266 v. 30.9.1934; Nr. 273 v. 7.10.1934
Ders.: Die Auferstehung der Metaphysik. Gesammelte Werke. Bd. I. Münster 1963
Ders.: Zum Begriff einer christlichen Philosophie. In: Catholica. Vierteljahresschrift für Kontroverstheologie. (1933). S. 37 – 44
Ders.: Aufsätze und Briefe. Gesammelte Werke. Bd. VII. Münster 1966
Ders.: Die Dialektik des Geistes. Gesammelte Werke. Bd. III/1. Münster 1964
Ders.: Naivität und Pietät. Gesammelte Werke. Bd. II. Münster 1954
Ders.: Natürliche und christliche Weisheit. In: Schönere Zukunft. Jg. 9 (1933/34). S. 360
Ders.: Der Mensch und die Philosophie. Gesammelte Werke. Bd. IV. Münster 1964
Ders.: Ungewißheit und Wagnis. Gesammelte Werke. Bd. IV. Münster 1964
Ders.: Vorlesungen und Briefe. Gesammelte Werke. Bd. X. Münster 1969
Ders.: Weisheit und Heiligkeit. Gesammelte Werke. Bd. Vl. Münster 1966

Ziegler, T.: Friedrich Nietzsche. Berlin 1900
Zimmermann, F.: Einführung in die Existenzphilosophie. Darmstadt 1977
Zimmermann, 0.: Mensch und Welt. Eine Philosophie des Lebens. Von Rudolf Eucken. In: Stimmen der Zeit. Bd. 96. (1919) S. 248